TCG TRADING CARD GAME
일러스트 작법서 입문편

노진 저

TCG TRADING CARD GAME
일러스트 작법서 입문편

| 만든 사람들 |
기획 IT · CG기획부 | **진행** 유명한 · 양종엽 | **집필** 노진 | **편집 · 표지디자인** D.J.I books design studio 원은영

| 책 내용 문의 |
도서 내용에 대해 궁금한 사항이 있으시면
저자의 홈페이지나 디지털북스 홈페이지의 게시판을 통해서 해결하실 수 있습니다.
디지털북스 홈페이지 www.digitalbooks.co.kr
디지털북스 페이스북 www.facebook.com/ithinkbook
디지털북스 카페 cafe.naver.com/digitalbooks1999
디지털북스 이메일 digital@digitalbooks.co.kr
저자 이메일 mrn5374@naver.com
저자 홈페이지 blog.naver.com/mrn5374
네오아카데미 홈페이지 http://cafe.naver.com/neoaca

| 각종 문의 |
영업관련 hi@digitalbooks.co.kr
기획관련 digital@digitalbooks.co.kr
전화번호 (02) 447-3157~8

FOREWORD 머리말

디자이너들은 더욱 가치가 있고, 심화적인 디자인을 하기 위해 많은 노력을 하고 있습니다. 기존의 것을 리메이크하여 트렌드에 맞추기도 하고, 해당 디자인의 가치를 세분화하여 정밀하게 표현하기도 합니다. 혹은 같은 키워드로 새로운 창작물을 만들기도 하고, 키워드만 바꾸어 창작물을 수정하기도 합니다. 이 과정에서 더 높은 가치를 발현하기 위해서는 목적과 트렌드, 독자가 보는 창작물에 대한 많은 이해가 필요합니다.

게임과 만화 등의 문화산업은 이전에 비하여 크게 발전하였고, 그 수와 품질 또한 상당히 높은 수준으로 올랐습니다. 계속 고품질의 새로운 창작물이 만들어지는 지금 시대에는 단순하게 끄적거리는 디자인과 글과 말로써 부가적인 표현을 진행해야 하는 수준의 디자인의 입지로는 설 자리가 굉장히 좁아졌다고 할 수 있습니다. 이러한 환경 속에서 단 한 장의 그림으로 이목을 끄는 디자인을 창작한다는 것은 점점 어려운 일이 되어가고 있습니다.

계열 디자인의 전공을 하거나 해부학의 지식과 기본기를 깊게 익힌다고 하여 모두가 시각적으로 눈에 띄는 디자인을 만들 수 있는 디자이너가 되는 것은 아닙니다. 물론 이런 기본기들은 창작에 많은 도움이 됩니다. 하지만 목적과 발현하고자 하는 가치에 대한 충분한 이해가 되지 않은 상태라면 스스로가 만든 창작물의 이미지로 다른 이의 시선을 사로잡는 것은 힘듭니다. 그것으로는 독자의 시선을 단 1초라도 뺏을 수 없을지도 모릅니다.

그림에 있어서 가장 중요한 것은 독자의 시선을 얼마나 끌 수 있느냐의 부분입니다. 아무리 오래 걸린 대작이라도 시선이 가지 않으면 그림으로써의 가치가 떨어질 수밖에 없습니다. 캐릭터의 인체가 어떻고, 좌우가 비대칭이고의 문제는 사실 뒷전으로, 시선이 가지 않으면 그 부분조차 보이지 않기에 그림으로써 평가 받기는 어렵습니다.

디자인을 하거나 그림을 그리는 것에 무조건 잘 할 수 있는 정석적인 방법은 없습니다. 얼마나 자신의 그림을 매력적으로 어필해내느냐가 관건이라 생각합니다. 그림을 보기도 하고 보여주기도 하면서 대중적으로 어필 될 수 있도록 꾸준한 노력을 한다면 누구든지 좋은 그림을 그려낼 수 있을 거라고 확신합니다.

FOREWORD 머리말

일러스트레이터와 그림쟁이

온라인 게임이나 모바일 게임, 애니메이션, 만화 등에는 정말 많은 그림과 이미지디자인이 존재합니다. 캐릭터일러스트, 배경일러스트, 의상디자인, 게임포스터, 컨셉 디자인 등 언제나 우리의 시선을 이끄는 이미지들이 많습니다. 이 모든 이미지의 공통점은 누군가에 의해 창작이 되어 시각적인 새로운 가치를 발현하여 독자의 이목을 끈다는 점입니다.

창작을 하는 사람이 창작물을 그려 다른 이에게 보여준다는 것은 즐거운 일입니다. 게임, 만화 등에서 보여주기 위한 그림을 그리기 위하여 나 자신이 아닌 다른 이의 눈을 의식하여 그려낸다는 것은 굉장히 어렵습니다. 하지만 그 고민의 시간을 이겨내어 독자에게 만족감을 준다는 것은 창작자의 입장에서는 더할 나위 없이 기쁘지 않을 수 없습니다.

좋은 일러스트레이터란 독자의 두 눈과 마음에 만족감을 주는 것을 즐기는 사람이 아닐까 싶습니다.

프리랜서의 일러스트 제작과 아트 작업 수록 그 외

이 책에는 게임일러스트 프리랜서 활동으로 얻은 경험과 생각을 그림에 입문하는 사람과 초급자가 이해하기 쉽게 풀고자 하였습니다. 프로그램과 툴 사용법으로는 많은 양의 툴 중 쓰지 않는 것은 우선 배제하는 형식으로 기본적으로 다루어야 할 내용을 줄여서 접근 장벽을 낮추었습니다. 또한 포토샵의 설치와 태블릿의 사용법 등의 기초부터, 일러스트레이션 제작의 노하우와 포토샵의 응용을 예시를 통해 이해하기 쉽게 구성해 놓았습니다.

일러스트레이터로서 활동을 위한 기본적인 지식과 경험을 통한 정보는 일러스트레이터에 입문함에 있어 좋은 참고가 될 수 있을 것입니다. 튜토리얼을 통한 이미지의 구상과 효율적인 구현 방법, 시선을 끌기 위한 컬러링 및 표현 방법의 예로 하여금 일러스트 제작에 있어 도움이 되기를 바랍니다.

이 책을 통해 일러스트레이터에 입문하는 많은 지망생과 그림쟁이 분들의 멋진 창작에 기분 좋은 촉매제 역할을 할 수 있으면 좋겠습니다.

JNAME / 노진
jname@eightstudio.co.kr
mrn5374@naver.com

CONTENTS 목차

CONTENTS 목차

PART 1

프리랜서 일러스트레이터 입문하기

게임시장과 TCG 게임

그림 입문하기

프리랜서 일러스트레이터

게임 일러스트레이터란

게임 그래픽 디자인과 게임 캐릭터 디자인, 게임 컨셉디자인 등의 아트워크를 전문적으로 제작하는 사람을 모두 포함하여 일컫는 말입니다.

게임 일러스트레이터의 이전과 이후

게임 일러스트레이터란 직업이 보편적으로 퍼진 시기는 그리 길지 않습니다. 불과 몇 년 전만 하여도 일반인은 물론 지망생조차 업계에 대해서 잘 알지 못하였습니다. 컨셉디자이너와 게임 일러스트레이터, 일러스트레이터의 경계나 하는 일을 뚜렷하게 구분하지도 못하였고, 어떤 수순으로 준비를 하여 업계에 발을 내디뎌야 할지를 잘 알지 못하였습니다. 게임이 어떤 방식과 어떤 플로우로 만들어지는지에 대한 정보나 지식 또한 습득하기가 쉽지 않았습니다.

하지만 인터넷을 통한 다양한 정보의 빠른 보급은 게임 일러스트의 수준을 빠르게 끌어올리기 충분했습니다. 세상에 많은 일러스트레이터의 작품을 앉은 자리에서 쉽게 감상할 수 있게 되었고, 지망생들은 경력자가 남긴 아트워크와 경험들을 참조하여 더 발전된 포트폴리오를 준비할 수 있게 되었습니다. 수많은 게임 아트 아카데미와 게임 관련 대학, 많은 서적이 나오면서 그 경쟁은 더 심화되었습니다.

이전에는 컨셉디자이너의 아트워크를 단순히 재구성하거나 기획의 내용을 자신의 스타일로 표현하여 어필하는 능력을 필요로 했습니다. 하지만 현재는 이전의 내용을 포함하면서 보다 심화하여 캐릭터의 시선, 동작과 동세, 디자인, 구도, 현장감, 색감, 매력, 사용처에 따른 레이아웃, 독자의 시선처리 등까지 파악하여 상세히 어필할 수 있는 능력을 요하게 되었습니다. 즉 단순히 생각을 그린 그림으로써가 아닌, 창작자의 자세를 필요로 하는 크리에이티브 일러스트레이션으로써 보여주게 되었습니다.

현 시대에서 경쟁하여 살아남을 수 있는 일러스트레이터가 되기 위해서는 기본적인 아트워크의 제작 능력은 물론, 독자가 원하는 것을 이해하는 능력과 효율적인 실무 스킬을 가지고 있어야 보다 좋은 일러스트레이터가 될 수 있습니다.

게임 산업의 현재

세상이 발전하며 바빠지는 만큼 현대에 지친 많은 사람들은 여유와 휴식, 여가를 원합니다. 생활수준 또한 많이 개선된 만큼 여가 활동에 투자하는 사람들이 늘게 되었습니다. 그에 따라 최소한의 시간과 노력으로 즐길 수 있는 게임 산업도 덩달아 발전하게 됩니다.

엔씨소프트의 '리니지'와 웹젠의 '뮤', 넥슨의 '바람의 나라' 등의 MMORPG(다중 접속 온라인 역할 수행 게임)와 RPG 게임을 시작으로 우리나라 게임 산업은 크게 발전합니다. 이후 MORPG, 시뮬레이션, 액션 게임, 롤플레잉 등의 여러 장르의 게임이 개발되고 히트를 치며 그 수나 규모 또한 크게 발전하였습니다.

리니지 – 엔씨소프트 http://lineage.plaync.com

뮤 – 웹젠 http://www.muonline.co.kr/main

바람의 나라 – 넥슨 http://baram.nexon.com/main/index.aspx

던전앤파이터 – 네오플 http://www.neople.co.kr/
http://df.nexon.com/?GO=home

테일즈위버 – 소프트맥스, 넥슨 http://tales.nexon.com/
http://www.softmax.co.kr/

RPG에 이어 롤플레잉이나 캐쥬얼 등의 여러 복합 장르의 게임이 출시되었습니다.

그 이후에 후발주자로 굉장히 많은 온라인 게임이 발매되게 되고 온라인 게임 시장 업계의 말로 들자면, 현 장르로써는 '상당한 포화 상태'에 이르게 됩니다. 웬만한 게임은 개발 비용도 못 건진 채 서비스 종료를 하는 경우가 빈번하게 생기게 되고 투자 대비 수익이 좋지 못한 온라인 게임은 일부의 게임을 제외하고는 정체기를 맞이하게 됩니다. 기본적으로 온라인 게임은 높은 개발 비용도 문제이지만, 서비스 중인 많은 게임과 1세대 개발사의 연이은 대작으로 하여금 성공의 문틈이 좁아졌습니다. 그렇게 수익의 보장이 떨어지니 새로운 개발사의 신규 개발이 원활하게 진행되지 않게 되었습니다.

대부분 큰 개발사의 대작들이 오랫동안 상위권을 점령하고 있습니다. 최근 들어서 모바일 게임도 전체 순위권에 오르는 것을 확인할 수 있습니다.

이후 이 포화 시장을 두고 등장하게 되는 것이 모바일 게임 시장입니다. 스마트폰의 보급과 시스템의 사양이 높아짐에 따라 이전에는 구현할 수 없었던 수준의 모바일 게임의 개발이 진행 가능하게 되고, 게임 개발 프로그램인 유니티의 등장으로 개발의 기본 진입 장벽이 낮아졌습니다. 즉, 소규모 개발사도 모바일 게임을 보다 수월하게 개발할 수 있게 되었습니다. 이후 여러 게임사들은 서로 경쟁하며 점차 고품질의 게임을 출시하게 됩니다. 넥스트플로어의 '드래곤플라이트'와 선데이토즈의 '애니팡' 등의 큰 성공을 선두로 모바일 게임 시장은 엄청난 성장을 띠게 됩니다.

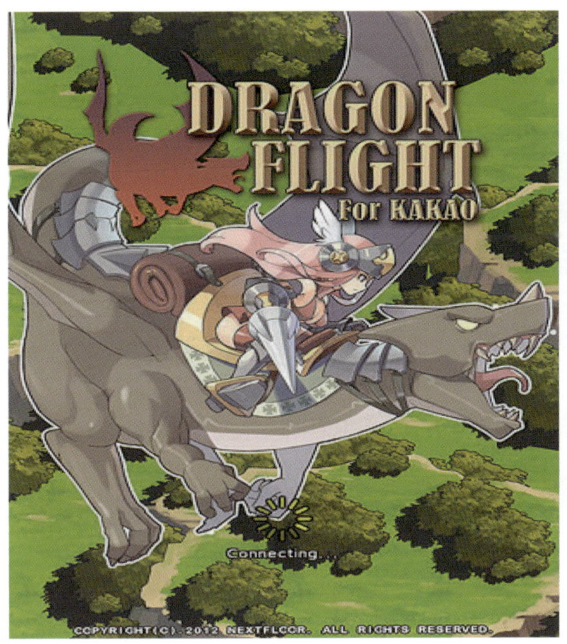

드래곤플라이트 - 넥스트플로어 http://www.nextfloor.com/

애니팡 - 선데이토즈
http://corp.sundaytoz.com/anipang-for-kakao/

모바일 게임 시장과 온라인 게임 시장에는 큰 차이점이 존재합니다. 기존 온라인 게임이 큰 볼륨과 장대한 시나리오 등을 기반으로 유저가 즐길 수 있는 컨텐츠의 폭이 넓었던 게임이라면, 모바일 게임은 주로 최소한의 볼륨으로 유저가 시간을 틈틈이 잠깐 내어 즐길 수 있는 범위로 개발이 되었습니다.

많은 개발사들은 짧은 개발 기간과 저렴한 개발 비용으로 퍼즐 게임부터 종, 횡 스크롤 게임, 디펜스와 오펜스 게임 등을 많이 개발되게 되었습니다. 단기간의 높은 수익을 위한 게임 플랫폼과 체계를 굳혀가게 됩니다. 이때 등장한 비즈니스 수익모델이 '인앱 결제' 시스템입니다.

게임 플레이에 도움이 되는 펫과 아이템 등의 유료 판매와 경쟁 시스템은 유저의 과금을 유도하기에 충분했습니다.

'인앱 결제' 시스템은 모바일 게임 앱 내에서 결제할 수 있는 시스템으로써 손쉽게 결제할 수 있다는 장점이 있습니다. 앱 안에서 유저의 과금을 유도하기 위해 개발사들은 여러 가지 수익모델을 제시합니다. 게임에 도움되는 장비를 유료로 판매하기도 하고, 직접적인 게임 골드를 유료로 판매하기도 합니다.

수익모델도 게임 내 '보석'과 '다이아' 등으로 환전을 하는 듯한 UI 디자인과 구매 방식으로 발전하게 됩니다. 또한 개발사는 추가적인 수익을 올리기 위하여 다양한 수익모델을 개발하게 됩니다. 시즌 별 '한정판'을 판매한다든지, '일정 확률로 획득'할 수 있는 확률형 아이템 등을 개발합니다.

드래곤플라이트 – 넥스트플로어 http://www.nextfloor.com/

수익 모델의 범위가 커짐에 따라 수익을 낼 수 있는 부분이 많아지므로 시장이 더욱 활성화되고 수익 모델이 적용 가능한 적합한 게임들이 속속 개발되게 됩니다. 시나리오나 스토리가 있는 어드벤쳐형 유료 게임으로는 경쟁 시스템이 포함된 '인앱 결제'의 수익을 따라가지 못했습니다. 그래서 대부분의 개발사들은 게임 플레이가 반복되는 루프형 게임, 유저들과 경쟁할 수 있는 부분 유료 게임을 개발하게 됩니다.

모바일 게임 시장이 활성화된 지 오래되지 않고, 소규모의 개발사도 수월한 제작이 가능해졌으며, 시장의 규모가 활성화됨에 따라 많은 개발사들이 가능성을 보고 모바일 게임 시장으로 뛰어들게 됩니다. 그에 따라 개발에 필요한 기획이나 그래픽 등이 더 필요하게 되고 모바일 게임의 특성상 비교적 작은 범위 내로 차별성을 두는 게임을 개발하기 위하여 리소스 개발자들의 수요도 보다 더 많아지게 되었습니다.

TCG | 게임

TCG 게임의 등장 점차 모바일 게임 시장이 활성화되고 모바일 게임으로써는 새로운 장르의 게임도 등장하게 됩니다. 그 중 기존의 단순한 점수로 경쟁하는 모바일 게임과는 다른 경쟁 방식의 TCG(트레이딩 카드 게임 이하. TCG) 게임이 등장합니다.

판타지마스터즈 – 제오닉스 http://www.fantasymasters.co.kr/default.asp

밀리언아서–스퀘어 에닉스 재팬, 액토즈소프트
http://www.jp.square–enix.com/
http://www.actozma.com/system.html

신격의 바하무트 – 싸이게임즈
http://www.cygames.co.jp/

TCG 장르 게임은 정해진 카드 게임 규칙에 따라 자신만의 카드의 묶음(이하 덱)을 만들어 상대와 대전하는 오프라인 게임입니다. 가장 잘 알려진 예로 TCG의 흥행을 이끈, 현시대 TCG 장르의 조상 격인 코나미의 '유희왕'이 있습니다. 이 TCG 게임이 온라인과 모바일로 넘어오면서 NTCG(네트워크 트레이딩 카드 게임 이하. NTCG)로 인터넷을 통해 보다 많은 사람과 대결하고 경쟁할 수 있게 되었습니다.

기존 오프라인 TCG는 상대와 자신이 모두 카드와 덱을 가지고 있고, 같은 장소에서만 대결이 가능한 것이 가장 큰 단점이었습니다. 하지만 이런 오프라인 TCG가 NTCG로 넘어오고부터 소셜 네트워크로 친구나 다수의 불특정 유저와 경쟁할 수 있게 되면서 많은 활성화가 되었습니다.

어린 시절 모두가 가지고 싶어했던 멋진 일러스트의 블랙 매지션 카드
유희왕 '블랙 매지션 - 스튜디오 다이스

밀리언아서의 카드합성 - 스퀘어 에닉스 재팬, 액토즈소프트
http://www.jp.square-enix.com/ , http://www.actozma.com/system.html

TCG는 유저들에게 수집을 통한 카드의 소유로 큰 만족감을 주고, 유저들은 자신이 가진 카드와 덱으로 경쟁하는 재미가 있습니다. 또한 카드에 그려져 있는 멋진 일러스트와 캐릭터마다 부가적인 스토리가 있어 몰입도가 매우 큽니다. 카드마다 고유한 능력과 스테이터스가 존재하여 유저들은 더 좋은 카드와 멋진 일러스트를 수집하기 위해 부스터팩(카드가 들어있는 묶음의 팩)을 구매하기도 합니다. NTCG에서는 '카드 뽑기'라는 뽑기 아이템으로 부스터팩을 대신했습니다.

이런 화려한 연출과 높은 등급의 랜덤 카드 뽑기는 유저들의 소유욕과 쾌감을 자극하기엔 굉장히 적절했습니다.

게임 내에서 시즌마다 새로운 카드가 출시되고, 더 좋은 스테이터스와 화려

밀리언아서의 카드뽑기 - 스퀘어 에닉스 재팬, 액토즈소프트
http://www.jp.square-enix.com/
http://www.actozma.com/system.html

한 일러스트로 무장한 카드가 출시되면서 유저들의 소유욕을 자극했습니다. 추가적으로 발전하여 카드 자체를 강화하거나 합성의 방식으로 새로운 카드를 얻을 수도 있게 되었습니다.

기존의 온라인 게임의 MMORPG 등의 장르에서 컨셉디자이너가 아닌 일러스트레이터는 NPC의 일러스트나 메인 포스터 일러스트 등의 업무가 전부인 정도였는데, TCG의 등장으로 일러스트레이터 수요 또한 굉장히 활성화가 된 것입니다. TCG 게임 하나의 타이틀이 원활하게 플레이 되려면 기본 수 백장의 카드가 필요하고, 게임의 유지 업데이트를 하면서 수 천장의 카드까지 필요하게 된 경우도 있습니다. 이전에는 단순히 콘셉트에 적합한 일러스트를 작성하는 것이 목표였다면, 현재는 유저의 눈높이를 맞춘 화려함과 매력적인 일러스트를 작성하는 것이 가장 중요한 일이 되었습니다.

TCG 게임시장 TCG 게임의 시장은 해마다 증가하고 있습니다. TCG 장르는 확고한 매니아층을 많이 확보하고 있고, 매니아층을 중심으로 소셜 네트워크까지 결합하여 라이트 유저들에게도 빠르게 확산되어 빠르게 시장을 넓혀가고 있습니다. 예로 액토즈소프트의 '확산성 밀리언 아서'는 2013년 1분기에만 하나의 타이틀로 전체 매출의 절반에 가까운 매출을 올렸습니다.

10대부터 30대의 남성을 타깃으로 미소녀를 내세운 TCG는 유저들의 수집 의욕을 자극합니다.
데빌메이커 도쿄 − 스마일게이트, 팜플
http://www.smilegate.com/ , http://www.palmple.com/devilmaker/intro

화려한 일러스트뿐 아니라 스토리가 보이는 몰입도 높은 게임들도 등장하고 있습니다

큐라레 : 마법 도서관 – 스마일게이트, 팜플
http://www.smilegate.com/
http://www.palmple.com/devilmaker/intro

언리쉬드 – 유스티스 http://unleashed.iustice.net/

이처럼 국내외 여러 나라에서 액토즈소프트의 '확산성 밀리언아서'와 싸이게임즈의 '신격의 바하무트' 등이 히트를 치면서 여러 모바일 게임 회사들이 속속 신작을 내놓고 있습니다.

회사의 개발자들은 TCG 게임은 유저 충성도가 높고 고객단가가 높은 게임에 속한다고 말합니다. 즉, 유저당 과금하는 금액대가 크기에 유저의 수가 여타 게임에 비해 적더라도 고수익이 발생합니다. 즉, 게임이 매우 흥행하지 않더라도 개발 비용을 회수하고도 순익이 날 수 있는 확률이 크기에, 많은 개발사들이 TCG 게임 시장에 뛰어들게 되었습니다.

그 결과 현재는 셀 수 없을 정도의 TCG 게임이 만들어졌고 점차 TCG 게임의 게임성도 특화되고 독창적으로 진화하고 있습니다. 현재의 TCG는 타 장르와 결합하여 같은 TCG라도 RPG 방식의 TCG, 롤플레잉 TCG, 카드를 소환하면 3D 모델링이 등장하는 TCG 등 각기 독창적인 게임성을 가진 많은 타이틀이 개발되고 있습니다.

국내 뿐 아니라 일본, 중국 등 해외에서도 현재 상당히 흥행하고 있기에 매니아층이 모두 사라지거나 TCG 장르라는 자체가 사라지지 않는 이상 TCG 장르의 게임은 계속 될 수 있을 것입니다.

**TCG 게임에서
일러스트레이터의
역할**

TCG 게임에서 일러스트레이터는 게임 안에서 보여지게 될 일러스트레이션(이하 일러스트)을 담당하게 됩니다. 유저가 뽑은 카드에 새겨진 일러스트레이션을 작업하게 되는 것입니다.

기본적으로 덱을 구성하는 카드의 종족이나 스테이터스, 역할을 알 수 있게 일러스트를 작성하게 됩니다. 예를 들어 '악당 마법사' 라는 콘셉트라면 캐릭터가 검은 후드와 스태프를 착용한 채로 소름이 끼치는 어둠의 마법을 구사하는 장면을 그려내는 것입니다. 일러스트레이터마다 다르게 표현할 수도 있지만, 기본적으로 클라이언트(카드를 필요로 하는 회사, 또는 주체)는 유저의 눈높이에 맞춘 대중적인 스타일과 느낌을 선호하게 됩니다.

TCG 장르에서 일러스트레이터는 매우 큰 비중을 차지하게 됩니다. 캐릭터 일러스트가 주축으로 게임이 플레이되기 때문에 다른 장르의 게임보다 일러스트의 중요도가 높습니다. 일러스트의 품질 자체가 유저가 느끼는 그 게임의 퀄리티가 되기도 합니다.

체인크로니클 – 액토즈소프트, 세가
http://cc.mobile.actoz.com/teaser/web.html
http://www.sega.com/

체인크로니클 플레이 – 액토즈소프트, 세가
http://cc.mobile.actoz.com/teaser/web.html
http://www.sega.com/

일러스트레이터는 클라이언트 기획자가 원하는 이미지를 기획에 맞추어 제시할 수 있어야 하며, 해당 콘셉트에 대해 설득력 있는 일러스트를 작성하여야 합니다. 비중이 높은 캐릭터나 3D로 제작하는 경우엔 3D 제작을 위한 원화 혹은 SD(슈퍼 데포르메, 2등신 등 인상을 강조시키는 방법의 작법. 이하 SD)의 시트 등을 겸할 수 있습니다. 간단히 일러스트와 그 일러스트를 해당 타이틀 장르에 구현할 수 있게 설계도를 그리는 작업으로 표현할 수도 있습니다.

데빌메이커 도쿄 카드 진화– 스마일게이트, 팜플
http://www.smilegate.com/ , http://www.palmple.com/devilmaker/intro

카드를 합성시키거나 게임 내에서 경험치를 일정량 획득하게 될 경우
카드가 진화하거나 새로운 카드를 습득할 수 있습니다.

그라나사 – 티엔소프트, 네오위즈게임즈
http://tnsoft.net/home/ , http://www.neowizgames.com/

현재 주로 사용되는 방법은 카드 자체에 캐릭터성을 부여하여 유저가 카드를 성장시키는 방법과 합성하여 경험치를 얻어 진화하는 방법입니다. 가끔 카드가 진화함에 따라 캐릭터가 성장하여 외관이 변형이 되는데, 일러스트레이터는 이 부분까지 고려하여 일러스트를 작업하게 됩니다.

작업을 세분화하여 나눌 수 있겠지만, 일러스트는 특성상 일러스트레이터가 작업한 부분을 다른 일러스트레이터가 이어서 작업하기가 수월하지 않습니다. 기존에 작업하던 일러스트레이터의 일러스트를 모두 파악한 후 이어서 진행하여야 하기에 각 일러스트의 모든 부분을 한 명에게 전담하는 것이 보통입니다.

게임 일러스트레이터

프리랜서 일러스트레이터의 현재

예전에 프리랜서 일러스트레이터라고 한다면 "정확히 뭘 하는 사람이지?" "그림으로 입에 풀칠은 하는가?" 등 비관적인 얘기가 많았습니다. 단순히 도안 작업을 하는 줄로만 알고 있는 경우가 빈번했습니다. 하지만 시대가 흐르고 게임 산업, 특히 모바일 게임 산업이 크게 발전함에 따라 그 수요와 위치가 굉장히 개선되었습니다. 이전과 비교하면 "할 수 있는 일이 넘쳐난다." 라고 표현할 수 있습니다.

체인크로니클 – 액토즈소프트, 세가
http://cc.mobile.actoz.com/teaser/web.html , http://www.sega.com/

수 백명의 일러스트레이터가 작화에 참여한 TCG 게임들

확산성 밀리언아서 재팬 – 스퀘어 에닉스 재팬
http://www.jp.square-enix.com/
http://www.actozma.com/system.html

超破壊!!バルバロッサ – 인블루
http://www.inblue.co.jp/

한국 뿐 아니라 해외에서도 그 수요를 감당하기 위해 국내 아티스트에게 활발한 컨택이 오고 있습니다.

不良道 ～ギャングロ～ド – 어플리봇 http://www.applibot.co.jp/

프리랜서 일러스트레이터는 단기 외주 계약식으로 진행하므로 여러 회사의 일을 다중으로 작업하는 경우나, 원화가로 활동하면서 부수입으로 진행하는 경우가 가장 많습니다. 가끔 한 타이틀을 꾸준히 외주 계약식으로 작업하다 해당 회사에 취업되기도 합니다.

화려한 색감과 우수한 연출 등으로 표현하는 유명 젊은 프리랜서 일러스트레이터의 경우는

'경력'이라는 부분을 상회하는 부분이 생깁니다. 흔히 네임벨류(이름의 가치. 이하 네임벨류)라고 하는 부분인데, 이런 네임벨류는 단순히 일러스트 제작의 노동력으로 가치를 매기지 않고, 그 작가의 본연의 가치로써 대우하게 됩니다. 즉, 일반 작가들과 비교하여 상당히 좋은 대우를 제시 받게 됩니다.

하지만 모든 일러스트레이터가 걱정없이 잘 활동하는 것은 아닙니다. 프리랜서 특성상 자유 계약으로 진행을 하기에, 업무가 많은 시기도 있고 없는 시기도 있을 수 있습니다. 많은 개선이 되었다고 하지만 아직은 보수적인 사회에서 정규 경력이 아닌 비정규직은 자칫 스스로의 미래에 치명적일 수 있습니다. 또한 고단가의 일을 받는다고 해도 일이 없는 기간이 길어지면 생활에 지장이 갈 수밖에 없는 현실입니다.

어떤 일이든 스스로를 개척한다는 느낌으로 도전해본다면 프리랜서라는 것은 상당히 매력적인 일이 될 수 있겠습니다.

개인 작업 : 악마의 기사장 2014년

프리랜서 일러스트레이터의 자세

새로운 것과 멋진 일러스트, 예쁜 그림을 창조해 낸다는 것은 굉장히 설레는 일입니다. 상상하던 나만의 캐릭터를 구현하고 멋진 분위기를 캔버스에 옮겨 담을 수 있다는 것은 언제나 정말 환상적인 일입니다. 그러나 좋은 상황만 있지는 않습니다. 기존보다 새로운 것을 만든다는 것은 언제나 고민의 연속이고 갈등의 반복이며, 창작의 고통이 따릅니다. 창작이란 기존에 있는 부분이 아니기에 모든 것을 고민하고 상상해서 작업해야 되기 때문입니다. 하지만 그 고통 또한 자신의 미래를 열어가는 계단이라고 느낀다면 모든 것이 즐거운 일이 될 수 있습니다.

프리랜서 일러스트레이터와 그림쟁이는 독자에게 그림으로써 이야기를 전달합니다. 때로는 좋지 않은 얘기를 들을 수도 있고, 달콤한 얘기를 들을 수도 있습니다. 언제나 자신의 창작물에 관한 내용에 대해서는 비판과 혹평에 관대한 마음을 가지고 있어야 합니다. 사람마다 모두 느끼고 겪어온 부분이 다르기에 취향도 다르고 생각도 다릅니다. 좋은 얘기와 나쁜 얘기 모두 관심이 있기에 나올 수 있는 말들입니다. 어떤 말에도 언제나 감사하다고 생각하며 모든 이야기를 가슴에 새겨듣는 사람이 되면 대단히 좋은 일러스트레이터로 성장할 수 있습니다.

필자가 생각하는 프로 일러스트레이터의 자세란 그림을 그리는 것도 좋아해야 하지만, 자신이 그린 그림을 보여주는 것을 보다 좋아해야 한다고 봅니다.

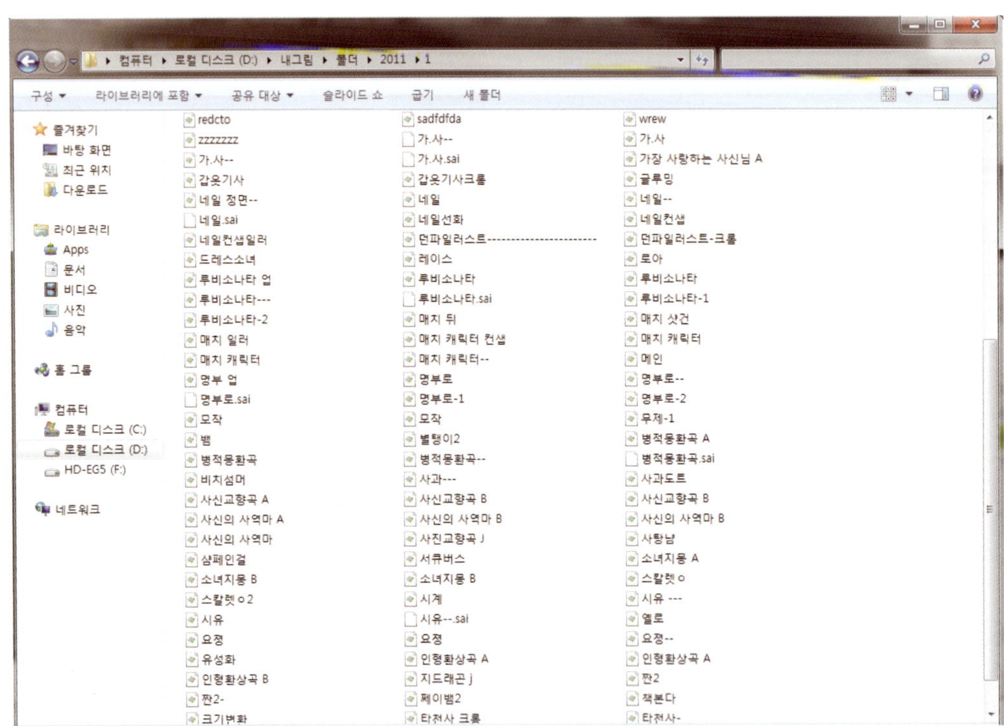

필자의 2011년 상반기에 작업한 개인 작업이 있는 폴더입니다. 개인 작업과 팬아트, 사진 모작 등 가리지 않고 그림은 생각날 때마다 틈틈이 해주면 좋습니다. 이후 연도에는 대부분 상업적인 작업으로, 기회가 된다면 웹 등을 통하여 공개하겠습니다.

자신의 스타일과 개성을 중요시 하는 일러스트레이터도 많고, 유행을 언제나 선도하는 일러스트레이터도 있고, 클래식을 선호하는 일러스트레이터도 있습니다. 그리고 독학하며 그리는 경우도 있고, 공부하며 배우고 있는 지망생들도 있을 것입니다. 이들 모두의 공통점은 '노력'을 한다는 점입니다.

시간이 흘러감에 따라 트렌드는 언제나 변화하기 마련입니다. 작년에 블랙과 화이트의 심플이 대세였다면 올해는 작년의 트렌드에 색을 더한 컬러풀한 색감이 대세가 될 수 도 있습니다. 고정관념으로 굳어버린 생각이 아닌 언제나 유동적인 생각을 하고 있어야 합니다.

유동적인 생각을 가지고 있는 다는 것은 어렵습니다. 끊임없이 변화하는 트렌드를 모두 캐치하고 그 트렌드를 자신의 스타일에 녹여야 보다 더 눈에 띄는 일러스트레이터가 될 수 있습니다. 단순히 따라 하는 그림으로는 많은 일러스트레이터들 사이에서 별달리 눈에 띄지 않을 수밖에 없습니다.

기본기부터 툴 사용법, 화려한 스킬과 툴의 응용, 그리고 그림에 대한 지식과 그것을 표현할 수 있는 드로잉 능력이 중요하다고 합니다. 하지만 이것은 단지 권장하는 말일 뿐, 꼭 모두가 가는 방향으로만 진행할 필요는 없습니다. 얼마든지 다른 방법으로 트렌드를 따라 갈 수도 있고 좋은 일러스트레이터가 될 수 있습니다.

가장 중요한 부분은 스스로의 재능을 가두는 틀을 깨는 것이라고 생각합니다.

그림을 그리는 이유

그림 입문하기

그림을 그리는 사람이리면 그림을 그리는 이유가 세일 중요합니다. 스스로에게 그림을 그리는 이유의 물음을 던져보고 답할 수 있어야 합니다. 단순히 그림이 좋아서, 그림 그리는 것을 즐겨서, 보여주는 것이 좋아서 등의 직관적인 답도 있을 것입니다. 또한 그림을 잘 그려서 게임 일러스트레이터가 되고 싶어서, 나만의 RPG 게임의 캐릭터를 그리고 싶어서, 일러스트레이터로서 활동하고 돈을 벌고 싶어서 등 현실적이고 구체적인 답도 있을 것입니다.

그림은 완성이라는 하나의 산을 넘으면 또 다음 산을 넘기까지 휴식의 기간이 길어지는 경우가 많습니다. 주변에 심심찮게 그림 하나를 끝내거나 도중에 몇 시간이나 몇 일을 웹 서핑이나 단순히 시간 때우기 용으로 TV만 보는 등 시간을 어이없게 허비하는 경우가 많습니다. 자신 스스로의 목표가 확고하지 못하여 그림을 그려야 되는 확실한 이유가 없기에 지칠 수밖에 없습니다. 물론 휴식이 나쁜 것은 아니지만, 과하면 게으름이 됩니다. 웹 서핑을 한다면 다른 일러스트레이터들의 일러스트도 구경하고, 친구나 커뮤니티 동료들의 그림도 한 번씩 보는 것이 좋습니다. 휴식을 한다면 시간을 정해 놓고 게으름의 영역까지 가지 않도록 쉬어주는 것이 좋습니다. 이런 부분이 다시금 그림을 그리는 일에 기름을 부어 줄 수 있을 것입니다.

아무리 좋아 하는 것이라도 강제적이면 흥미가 떨어지고 지치기 마련입니다. 스케줄은 정하되 그림을 강압적으로 그리기 위한 스케줄이 아닌 그림을 그려야 되는 열정과 노력의 이유를 더 만들어 보시기 바랍니다.

그릴 것을 생각하는 방법

그림이라는 것은 어떤 것인지 그림을 그리는 사람이라면 당연히 고민해 본 적이 있을 것입니다. 그림은 각자가 가지고 있는 생각을 시각적으로 볼 수 있게 표현하는 것입니다. 누구나 그림을 그리기 위하여 많은 생각을 합니다. 그림을 생각하는 방법에도 다양한 방법이 존재합니다. 그 어떤 사람도 처음에 생각했던 느낌을 완벽하게 생각하며 이어나갈 수 없습니다. 그렇기에 스스로의 생각하는 노하우를 가지고 있으면 도움이 됩니다.

그림 컨셉의 설정 그림에서 컨셉은 그릴 요소에 대한 시대상과 디자인, 동세와 동작, 구도 등이 있습니다. 처음 그림을 그릴 때 컨셉이 있고 없고의 차이는 그림을 그릴수록 더 커집니다. 처음에 '바구니를 들고 가는 소녀'를 그리려고 하다가 바구니 그리기와 걷는 포즈가 잘 안돼서 '단순히 서 있는 소녀'가 되버리는 비슷한 경험이 많을 것입니다. 이러한 부분의 초기 기획이 계속 변경되는 불상사를 피하기 위해 초기 컨셉 설정은 중요한 것이라고 할 수 있습니다.

개인 작업 꽃소녀 – 2011년

우선 무슨 캐릭터를 그릴지가 필요합니다. 간단히 아이디어를 메모하거나 생각할 필요가 있습니다. 단순히 소년? 소녀? 정도의 컨셉도 좋습니다. 아이디어는 구체적일수록 더 확실한 그림을 그릴 수 있기에 미리 정해 놓는 것이 좋습니다.

키워드 설정 키워드는 간결하면서 확실한 설정을 어필할 수 있습니다. 간단히 '구름', '사슴', '사과' 같은 사물이나 동물부터 '행복한~', '즐거운~', '어두운~' 등의 형용사로도 키워드를 설정할 수 있습니다.

개인 작업 꽃소녀의 스케치 – 2011년

예를 들어 '꽃', '소녀', '무언가 흩날리는' 이라는 키워드로 이미지를 작성한다고 생각해봅니다. 그렇다면 꽃을 소녀가 들고 있고, 꽃잎이 흩날리는 상황을 생각해볼 수도 있습니다. 또, 소녀의 몸에 꽃 장식이 달려 있고 거기에서 꽃잎이 흩날리며 떨어질 수도 있습니다. 제약을 받지 않고 자유롭게 생각을 해주는 게 좋습니다.

표현이 어려운 부분이 생길 수도 있지만 자유롭게 생각한 뒤 그 생각을 구현하기 위해 노력을 해야 합니다. 초기 설정 없이 작업을 진행하게 되면 후에 그림을 모아 봤을 때 언제나 비슷한 그림만이 남을 수 있습니다. 비슷한 것만 그리면 당연하게 발전이 없어지는 지름길이 될 수 밖에 없습니다.

그리고자 하는 동세와 느낌을 고민

키워드의 설정이 모두 되었다면 실질적으로 그릴 부분을 고민하게 됩니다. 일러스트에서 가장 중요한 부분은 캐릭터이므로 캐릭터에 대한 세부적인 고민을 합니다.

캐릭터성을 띄는 캐릭터를 그리기 위해 필요한 기본 요소는 아래와 같습니다.

*기본 : 나이, 성별, 직업, 동세

나이와 성별은 모두 알고 있는 부분입니다. 몇 살처럼 보이게 그릴 것인지, 성별은 무엇인지는 기본적으로 자각하고 지나가야 합니다. 그 외 다른 부분의 고민도 많이 필요하겠지만 기본적으로 저 부분만 있다면 캐릭터로 뭘 말하고자, 뭘 그리고자 했는지 알 수 있습니다.

적성과 재능 그리고 노력

적성 적성이란 어떤 일에 적응하는 능력이나 소질 등을 모두 포함하여 말합니다.

"그림이 좋아서 그림을 시작했어요."라고 말하는 사람은 정말 많습니다. 하지만 반은 시작한지 며칠 되지 않아서 포기하곤 합니다. 그림을 '좋아한 것'이 아니라 그림이 '좋아 보인 것' 뿐입니다. 스스로가 좋아 하는 것과 다른 사람들이 좋다고 하니 눈치 보며 따라가는 '좋아 보이는 것'은 확실하게 구분할 줄 알아야 합니다.

시선을 의식하고 분위기를 따라 가는 것은 분명 필요합니다. 하지만 그게 스스로의 결정에 큰 역할을 해 버린다면, 그것은 스스로가 원한 것이 아닌 주변을 의식한 겉치장과 포장밖에는 되지 않을 것입니다.

스스로가 원하여 하고 싶은 일이 제일 적성에 맞는 일입니다. 당장에 잘 그려지지 않는 부분은 적성이 맞지 않는 것이 아니라 아직 스스로가 공부를 하지 않은 부분이라고 생각하면 좋겠습니다.

재능과 노력 그림이라고 하면 재능이 큰 관여를 한다고 생각하는 경우가 많습니다. 많은 지망생이나 그림을 처음 시작하는 사람이 가장 크게 고민하는 부분입니다. "과연 내가 그림에 재능이 있는 것일까." 라고 스스로에게 물어보다 지친 뒤, 답을 받고자 다른 그림을 그리는 이에게 "그림 얼마나 그렸어요?"라고 자주 물어봅니다. 상대가 길게 그렸으면 위안을 삼고, 짧게 그렸으면 초조해집니다.

처음 취미로 시작할 때는 가벼운 마음으로 시작하지만, 투자한 노력과 시간이 깊어질 수록 이 고민은 깊어갑니다. 이미 그림을 몇 개월, 몇 년을 계속 그렸는데 발전이 없는 것 같다면 더더욱 그렇게 느껴질 것입니다.

필자는 재능이란 답답한 마음과 고민을 이겨내고 노력하는 부분이라고 생각합니다. 이를 간단히 수식어로 쓴다면 '재능=노력'이라고 표현하고 싶습니다. 그림의 재능이 아무리 좋아도 그리지 않는다면 노력을 따라갈 수는 없습니다. 노력 여하에 따라 실력이 오르는 것은 당연한 것인데 그림에서 재능과 노력을 구분 짓는다는 것 자체가 우스운 부분입니다. 처음부터 그림을 잘 그리는 사람은 없습니다. 자신이 그런 사람이라고 말하는 사람이 있다면 그건 "당사자가 관심을 받고 싶은 것이다."라고 확실하게 말씀 드릴 수 있습니다.

필자의 오래 전 그림

디지털 작업으로 몇 번째인지는 정확히 기억이 나지 않는데, 확실한 것은 태블릿을 접한 지 오래 됐다는 것과 1주일 내내 그렸다는 것이네요. 난해한 위치의 홍조가 포인트가 되겠습니다. 이런 것으로 촉매제가 될 지 모르겠지만 첨부를 해보았습니다.

누구든지 나에게 맞는 일을 찾기란 쉽지 않습니다. 그것보다는 스스로가 하고자 하는 일을 스스로의 적성에 맞게 조금씩 바꿀 수 있으면 좋겠습니다. 포기하지 않고 즐겁게 꾸준히 그리다 보면 어느새 도약을 한 자신을 반드시 볼 수 있을 것입니다.

그림의 개성과 스타일

개인 작업 남자 캐릭터 - 2011년

취미로 하는 사람이라면 따라 그리는 것에 만족감을 느껴 개성이나 스타일을 고민할 필요가 없습니다. 하지만 직업으로 삼길 원하는 지망생은 큰 문제에 부딪히게 됩니다. 일러스트레이터로서 자신의 그림의 개성과 스타일에 대해서 많은 고민을 하게 됩니다. 지망생들은 창작을 시도하면 그림이 생각보다 잘 나오지 않아 슬럼프에 빠지기도 합니다.

참고를 하는 것은 그림을 그리는 공부에 큰 도움이 됩니다. 하지만 자칫 자신의 개성과 스타일을 잃어버릴 수 있다는 조언을 온라인이나 오프라인에서 심심찮게 들을 수 있습니다. 하지만 참고를 하는 것은 자기 자신의 개성을 잃어버리는 길이 되지는 않는다고 생각합니다. 참고 자체에서도 스스로가 원하는 화풍의 방향이나 느낌에 따라 참고하는 부분이 각자 모두 다르기 때문입니다.

"내 그림체를 가지고 싶어."라고 자신의 완성형의 스타일을 바로 앞에 두려고 합니다. 일러스트 업계에 입문하길 원하는 지망생이라면 이 부분은 최대한 멀리 두는 것이 낫습니다. 기본적인 그림을 그리는 능력이 많이 없는 상태에서 개성만을 고집하다간 흔히 말하길 "인체와 얼굴 삑 그림체"가 되어버립니다. 틀어진 그림체 자체도 개성입니다.

업계에선 대중이 원하는 스타일과 게임마다의 세계관에 맞춘 일러스트를 원하고 필요로 합니다. 그렇다 보니 업계에 있는 그림들이 사뭇 비슷한 느낌의 양상을 띄기도 합니다. 이 부분은 상당히 조심스러운 이야기이지만 대중이 늘 접하던 보편적인 그림 스타일의 범위에서 벗어나지 않게 개성을 가지는 것이 안정적인 상업 일러스트레이터로서 활동할 수 있는 밑거름이 될 수 있습니다. 다르게 풀어 말하자면 사람이 무의식, 의식적으로 평상시에 접하는 내용의 범위에서 크게 다르지 않게 조절해야 낯설어 보이지 않기에 흔히 접할 수 있는 것에서부터 파생하는 것이 포인트가 되겠습니다. 독자들이 선호하지 않는 그림은 상업 일러스트로써는 가치가 떨어진다고 말할 수 있습니다.

자신의 스타일과 개성은 많은 경험과 그림들이 쌓여 갈 때쯤 자연스럽고 멋있게 풍겨질 것입니다.그때가 되면 어떤 그림을 그리더라도 유행을 선도할 수 있는 아티스트가 되어 있지 않을까 싶습니다. 아티스트 본연의 가치에 대해서 많은 고민을 해보면 좋겠습니다.

그림 입문하기

추천하는 입문 공부법

아날로그 작업과 디지털작업

그림은 아날로그(손으로 그리는 연필 그림 등. 이하 아날로그)로 작업하는 것과 디지털(PC와 포토샵 등의 프로그램으로 그리는 방법. 이하 디지털)작업이 있습니다. 어떤 부분으로 공부를 해야 되는지 고민하는 경우가 많습니다. 단순하게 아날로그 작업을 하는 직업을 지망한다면 아날로그로, 디지털로 작업을 하는 직업을 지망한다면 디지털로 진행하시기 바랍니다.

어떤 것이든 그림 그리는 것이라 서로 도움이 될 수 있습니다만, 디지털 작업을 하기 위한 공부라면 디지털로 작업하는 것이 훨씬 더 낫습니다.

보고 따라 그리기

아무것도 모르는 상태라면 단순히 여러 그림들을 따라 그려 보시면 좋습니다. 애니메이션, 게임 일러스트 등 연필로라도 당장 따라 그려본다면 반은 시작된 것입니다. 갈팡질팡 하는 지망생은 그림에 입문하기에 따라 그리는 것 보다 더 좋은 방법은 없습니다.

어느 정도의 그림이라는 감을 잡았다면 창작을 해보면 됩니다. 따라 그리는 것 이상이 되어 창작에 도전한다면 크리에이터(창작자. 이하 크리에이터)로서의 자질은 충분합니다.

꾸준한 그림 그리기

어떤 일이든 노력을 해야 발전할 수 있습니다. 일러스트레이터도 마찬가지입니다. 일러스트레이터는 꾸준히 손을 쉬지 않고 있어야 좋습니다. 이쪽 말로 '손이 풀린다'라고 표현하는데, 꾸준히 그림을 그리게 되면 확연히 이전의 나와 비교하여 그림으로든 느낌으로든 달라지는 느낌을 느낄 수 있습니다. 마치 운동을 꾸준히 했을 때 내 몸이 점차 가벼워지고 상쾌해지는 것과 같이 말입니다.

모작과 창작을 겸하면서 하는 것이 기본적으로 좋습니다. 무에서 유가 나오기는 굉장히 어렵습니다. 하지만 유에서 유를 만드는 것은 보다 수월합니다. 처음부터 창작을 하기엔 큰 무리가 따르기에 모작부터 시작하여 차근차근 올라가는 것을 추천합니다.

**충분한
휴식과 운동**

몸이 피곤하면 생각도 잘 나지 않는 법입니다. 생각도 잘 나지 않는데 의자에 앉아 있는
다는 것은 굉장한 낭비입니다. 충분한 휴식과 운동을 하면서 진행하는 것이 좋습니다.

창작은 언제나 쉽게 되는 부분이 아닙니다. 스스로를 제어하고 계획을 하여 실천할 수
있는 사람이 된다면 그 보답이 빠르게 눈에 보일 것입니다.

**개인 홈페이지
활동**

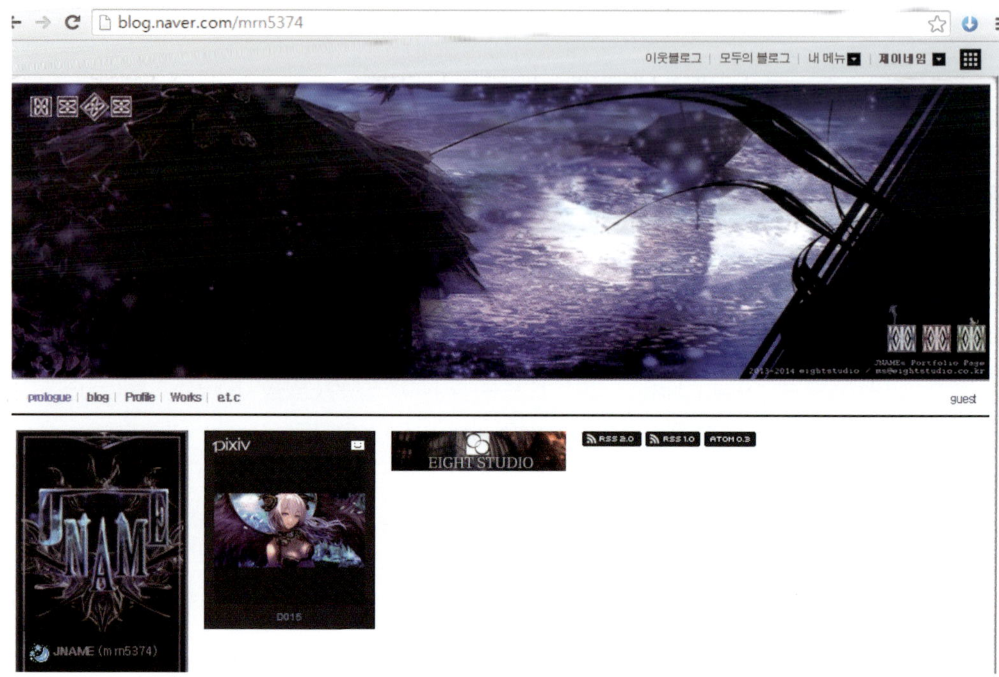

필자의 개인 홈페이지로 네이버 블로그(http://blog.naver.com/mrn5374)를 이용하고
있습니다.

일러스트레이터와 그림쟁이는 모두 그림을 보여주는 사람입니다. 개인 블로그를 개설하
거나 카페와 커뮤니티 등의 곳에 활동하는 방법도 그림을 열심히 그리기 위한 촉매제 역
할을 할 수 있습니다. 게시 그림에 달리는 댓글과 조언, 칭찬 등은 피곤할 때 좋은 활력
소가 됩니다. 그림은 내가 아닌 상대가 볼 때 비로소 그림이라는 본연의 가치가 나온다
고 생각하기에, 아직 그림이 미숙하다고 활동하지 않는 것은 그림으로써 가치를 저버리
는 일이라고 생각합니다. 두려워 하지 않고 활동하다 보면 어느새 스스로를 돌아 볼 수
있는 나의 일기가 완성되어 있을 것입니다. 후에 그 일기를 이해 할 때가 된다면, 나 스
스로의 미래를 찾을 수 있는 길잡이가 될 것입니다. 오래된 내용 자체를 삭제하지 말고
비공개로라도 두어 아주 가끔 한 번씩 보면 좋겠습니다.

동아리 활동 이미지를 업로드할 수 있는 메신저로써 간편하게 동아리 활동을 할 수 있습니다.

그림 그리는 사람은 일명 스터디(그림을 그리는 사람들이 모인 그룹, 일정한 시간을 가지고 서로의 그림을 보여주며 피드백을 주고 받는 그룹. 이하 스터디)를 겸하는 경우가 많습니다. 사실 일러스트라는 것이 굉장히 오랜 시간을 투자하여 만들어지는 것이기 때문에 간혹 지루할 수 있는데, 이 부분을 없애줄 수도 있고, 또한 서로가 서로의 스승과 제자가 되며 조언을 주고받을 수도 있습니다. 여러 그림을 그리는 사람들과 만나게 되니 커뮤니케이션에 있어서도 굉장히 좋다고 봅니다.

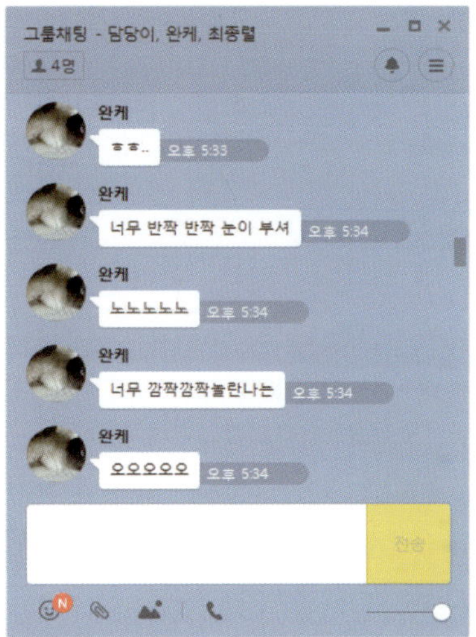

이미지를 업로드 할 수 있는 메신저로써 간편하게 동아리 활동을 할 수 있습니다.

카카오톡 http://www.kakao.com/talk

그림 그리는 사람과 글을 쓰는 사람 등 자신의 가치관과 세계관을 표현하는 사람들은 대체적으로 소극적인 경향이 있는데, 이후 그 일로써 상업이나 회사에 뛰어든다면 스스로에게 대단히 마이너스가 될 수 있습니다. 실무에 들어가면 자신의 아트워크를 다른 이에게 어필하는 경우가 생기는데, 의견 전달도 못한 채 엎는 경우도 종종 생깁니다. 스스로의 주장을 다른 이에게 정확히 전달할 수 있는 커뮤니케이션 능력도 생기기에 동아리 활동은 꼭 추천드리고 싶습니다.

개인 방송활동 포털 사이트에 검색하면 개인 방송을 할 수 있는 프로그램이 많습니다. 라이브로 자신의 PC 화면을 보여줄 수 있어서 여러 사람과 소통하기가 용이합니다. 스터디와 함께 서로의 작업 과정을 공유한다면 시너지 효과가 날 것입니다 그림을 그리는 지망생이 처음에 꼭 알아야 하는 부분이 표절과 트레이싱입니다. 표절이란 다른 사람의 글이나 노래, 그림 등을 몰래 따다 쓰는 것이고, 트레이싱은 그림 등을 투명한 종이 밑에 받쳐서 베끼는 행위를 일컫습니다.

일러스트레이터가 표절을 하는 경우는 그림에 욕심이 있거나 빠르게 그리기 위하여 잘된 작품의 연출이나 디자인, 느낌을 가져오는 경우인데, 답이 있는 부분이 아니기에 그 범위가 애매할 수밖에 없습니다. 단순히 동세가 비슷하다고 표절이라는 경우도 있고, 디자인이 흡사하다고 표절이라는 경우도 생깁니다. 혹은 전체적인 구성이 비슷하다고 표절이라는 상황이 생기기도 합니다. 하지만 법적인 구체적인 범위는 없는 상황으로 현재의 표절은 그림을 그리는 일러스트레이터 본인의 양심으로 치부되고 있습니다.

지망생이 표절을 한 경우는 해당 작가의 작품을 표절한 뒤 웹에 게시하는 행위로, 공부로써 진행을 하는 경우가 대부분이기에 큰 문제가 된 적은 없었습니다. 하지만 어느 정도 이상의 참조를 하였다면 꼭 원작의 출처를 밝히는 예의가 있다면 다행입니다.

표절의 범위를 확인하는 방법은 이미지를 겹쳐보는 등의 방법이 있지만, 주변 사람에게 그림을 보여주고 의견을 듣는 편이 좋습니다. 공부하는 그림이라면 단순 출처를 표기하거나, 작가의 양해를 받아서 진행하면 가장 좋습니다. 프로 일러스트레이터로써 표절이라면, 거울을 보며 양심적으로 생각해보면 좋겠습니다.

트레이싱은 그림이나 사진 따위의 이미지를 놓고 그대로 베껴 그리는 경우입니다. 표절과 달리 트레이싱은 확인되는 즉시 굉장히 그래픽 업계 이슈로 떠오르며, 해당 일러스트레이터에게 매우 큰 오점을 남기게 됩니다. 트레이싱은 이미지를 가져와서 투명도를 낮추는 등으로 손쉽게 가능하며, 스스로 가져와서 자신의 의지대로 고의적으로 진행 한 경우로써 용서받기는 굉장히 힘듭니다.

그림을 막 시작한 분과 지망생 모두가 모든 창작에 대해 소중하게 생각하며, 즐겁게 그릴 수 있게 되면 가장 좋겠습니다.

태블릿 

태블릿은 펜 형 마우스라고 생각하면 이해가 빠릅니다. 직접 사용하게 되는 펜과 그 펜의 좌표 값을 인식하는 판으로 구성되어 있습니다. 기본적으로 대부분의 일러스트레이터는 태블릿으로 그림을 그리고 있습니다. 수월한 디지털 페인팅을 하기 위해선 태블릿의 보유가 필수입니다.

인튜어스 프로 태블릿 – 와콤
와콤 http://www.wacom.com/ko-kr

태블릿 고르기 요즘 태블릿은 모두 감도와 정밀도가 굉장히 좋아서 구매할 때 큰 고민을 할 필요는 없습니다.
필자는 출시되어있는 대부분의 태블릿을 사용했지만 펜의 사용감 외에는 많은 차이를 느끼지 못하였습니다. 참, 도시에 있는 와콤사 혹은 판매사에 간다면 무료로 시연할 수 있다고 합니다.

와콤 http://www.wacom.com/ko-kr

스몰 사이즈인 약 4인치 사이즈부터 라지 사이즈로 24인치까지 다양하게 존재합니다. 작은 사이즈의 태블릿은 작업 시 전체적인 팔의 운동이 적기에 편한 느낌이 있습니다만, 손목이 상당히 많이 움직이기에 장시간 사용시 손목에 무리가 올 수 있습니다. 가장 큰 사이즈의 태블릿은 24인치로 보통 모니터만한데, 확대해서 그리는 버릇이 있다면 팔을 휘두르다시피 사용을 해야 합니다. 개인 차이이므로 고려해서 고르면 좋겠습니다.

와콤 http://www.wacom.com/ko-kr

액정 태블릿이라는 모니터와 태블릿이 결합 된 태블릿도 있습니다. 현재 일본의 일러스트레이터가 많이 사용하는 태블릿이지만 사람에 따라 잘 맞지 않는 경우도 있습니다. 필자는 액정 태블릿이 적응이 안 되어서 일반 태블릿을 계속 고수하고 있습니다.

태블릿은 취향에 맞게 선택하고, 보유한 태블릿을 자신의 손처럼 꾸준히 익히는 연습이 가장 중요합니다.

이 외에도 다양한 종류의 태블릿이 출시되어 있습니다.
***필자는 intuos 5 medium 사이즈를 사용중입니다.**
와콤 http://www.wacom.com/ko-kr

**태블릿
드라이버
설치** 태블릿을 보유하고 있다면 태블릿을 사용하기 위해 드라이버를 설치하여야 합니다. 드라이버를 설치하지 않으면 PC에서 태블릿이 정상적으로 작동하지 않습니다. 필압과 절대 좌표를 이용하려면 드라이버를 설치하는 게 좋습니다.

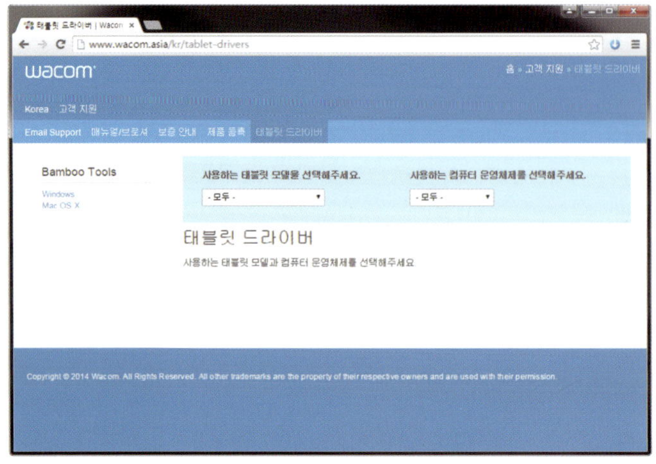

http://www.wacom.asia/kr/tablet-drivers

태블릿별 회사의 드라이버 설치 웹 카테고리가 있습니다. 혹은 태블릿 구매 시에 기본적으로 CD에 드라이버가 포함되어 있으니 CD로 설치를 하여도 됩니다.

자신이 사용중인 PC의 OS 환경과 태블릿의 기종을 파악하고 설치를 진행하면 됩니다. 태블릿 기종은 구매처나 태블릿 구매 상자, 태블릿 뒷면에 표시되어 있습니다.

**태블릿
설정하기** 태블릿의 드라이버 설치까지 끝났다면 마지막으로 태블릿의 설정을 진행하여야 합니다. 번거롭지만 최초 1회만 설정하면 변경할 일이 거의 없으므로 설정해줍니다.

타블렛 방향 : 타블렛의 방향을 설정합니다. 상하좌우로 모두 사용 가능합니다.
표시 에리어 : 듀얼 모니터를 사용하고 있다면 태블릿으로 사용할 영역의 모니터를 설정해줍니다.

그 외의 설정은 개인의 취향대로 설정하면 됩니다. 필자는 모든 설정이 기본으로 되어 있습니다.

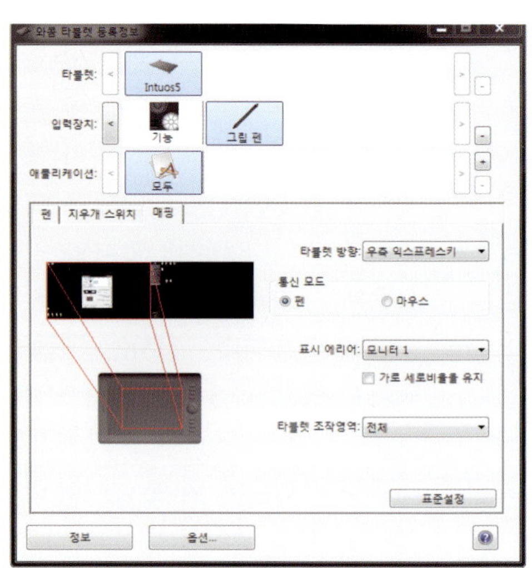

**아트 작업을
위한 컴퓨터의
사양**

당연한 말이지만 디지털 페인팅을 하기 위해서는 태블릿도 필요하지만 PC가 꼭 필요합니다. 보급형 PC 수준으로도 프로그램과 태블릿을 사용하기에 큰 문제가 없지만 원활한 작업을 위해서 고사양의 PC가 있으면 좋습니다.

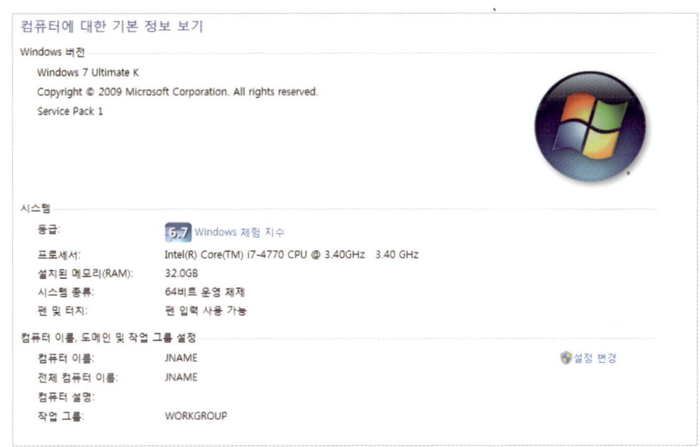

필자의 PC 사양입니다. 이 정도의 사양은 사실 그림을 그리기 위한 PC로는 과분한 사양입니다. 무거운 PSD 확장자의 아트를 하루에 여러 개 이상을 검수하기에 끊김 현상이 심하여 구입했던 PC입니다.

기본적으로 PC 사양은 프로세서는 i3, 메모리는 4GB, 윈도우 7의 운영체제와 같거나 그 이상을 권장합니다. 프로세서 CPU의 사양이 낮다면 포토샵에서 작업을 처리할 때 끊김 현상이 많이 발생할 수 있으며, 메모리가 낮다면 이미지 저장과 불러올 때에 느린 느낌을 받을 수 있습니다.

그래픽 카드도 중요한데, 너무 저사양의 그래픽 카드일 경우 포토샵에서 성능 탭의 활성화가 되지 않아, 캔버스와 이미지의 회전이 되지 않는 경우가 있습니다.

현재의 웬만한 PC는 성능 탭이 활성화 되지만 혹시 모르니 확인을 하시기 바랍니다.

그림체와 기본 용어

일러스트레이터와 그림쟁이가 가장 많이 사용하는 기본 용어는 모두 파악하고 들어가는 것이 좋습니다. 사실 많지 않기도 하고 사람마다 정의가 너무 다르기에 '보편적으로 어떤 부분이다.'라고 머리 속에 느낌만 잡아주는 정도로 괜찮습니다.

그림체   그림의 고유한 스타일이나 화풍, 얼굴의 생김새 등의 종합을 일컫는 단어입니다. 그림체는 사람마다 구분을 짓고 정의하는 부분이 상이하지만 보편적으로 '캐릭터 얼굴의 표현의 정도'를 그림체라고 말합니다.

그림을 그리는 사람은 모두 고유의 그림체를 가지고 있으며, 때때로 비슷한 정서를 가진 작가끼리나 서로 영향을 받은 작가들의 경우 흡사한 그림체를 가지고 있기도 합니다. 혹은 지망생이 프로 작가의 그림을 모방하여 작업하여 비슷한 경우가 생길 수도 있고, 게임의 경우 스타일 통일을 하기 위해 AD가 아티스트의 스타일을 조율하기도 합니다.

현 시대에는 굉장히 많은 작가들이 활동하고 있어, 편의를 위해 계통에 따라 만화체, 반실사체, 실사체라고 구분을 합니다.

셀식   셀식은 셀 안에 컬러를 넣어 작업한다고 하여 셀식이라고 말합니다. 예시로 선을 먼저 따고 색을 부어 묘사를 진행합니다. 일본과 한국의 젊은 지망생 분들이 굉장히 선호하는 스타일입니다.

개인작업 에뜨 – 2012년 / 남자 캐릭터의 작화 – 2cm

개인작업 에뜨 – 2012년

만화체

만화체는 '만화, 애니메이션' 등의 얼굴 묘사의 스타일이 비슷하면 만화체라고 말합니다. 예시로 여자 캐릭터의 눈이 크는 둥, 얼굴의 묘사를 단순하게 표현한 경우가 많습니다. 조금 리얼하게 눈을 작게 그리더라도 선을 주로 사용한다면 만화체라고 말하기도 합니다.

밀도 있는 만화체 (게임일러스트풍)

만화체를 개량하여 스타일은 유지하되 그림의 묘사를 끌어올린 화풍으로 필자가 가장 선호하는 화풍입니다. 얼굴 묘사는 만화처럼 하되, 질감 등 묘사는 리얼한 것이 특징입니다.

개인작업 적의 소녀 – 2014년

반실사체 (게임일러스트풍)

캐릭터의 얼굴 묘사가 현실과는 비슷하지만 살짝 묘사를 현실과는 떨어뜨려 개성적으로 표현해내는 스타일입니다. 밀도 있는 만화체와 반실사체는 흔히 '게임 일러스트풍'이라고 말하는데, 한국의 MMORPG 등 게임 산업에서 쓰이는 그림의 대부분이 그림에 밀도를 주어 게임의 현장감을 독자에게 전달하고자 합니다. 일러스트레이터는 주어진 묘사 수준을 맞춘 상태에서 작가의 화풍을 첨가한 경우가 많았고, 그런 이미지들이 대중에게 자주 보이면서 그렇게 불리게 되지 않았을까 하고 추측합니다. 간단히 실사적인 느낌과 만화체가 섞인 느낌이 들어 반실사라고 불립니다.

개인작업 메이 – 2012년

개인작업 황조 – 2013년

실사체 반실사체에서 묘사와 표현을 보다 현실적으로 심화한 스타일입니다. 얼핏 실제 얼굴처럼 보이도록 표정을 연출하거나 포인트 묘사(광대나 입술 등의 표현)를 더 주는 것이 특징입니다.

극실사체 사진처럼 보이도록 묘사를 극적으로 심화한 스타일입니다. 보편적으로 '매트페인팅'이라고 하는 사진을 소스로 작업하는 경우가 많습니다. 현재 국내 시장 상황으로는 극실사체로 작업하는 경우는 영화 컨셉 아티스트 등 외에는 드뭅니다.

개인작업 갱 – 2013년

**퀄리티
(완성도)** 그림에 대한 완성도를 말합니다. '퀄리티가 높다.' 라고 말하는 것은 '그림이 마무리 처리가 잘 되었다'라는 뜻으로 이해하면 좋습니다.

러프 작업할 그림의 초안, 또는 그런 수준의 보여주는 그림입니다. 보통 러프는 간단한 기본 색을 포함하여 말하는 경우도 있습니다.

선화 러프나 스케치 따위의 위에 깔끔하게 선을 작업한 것을 말합니다. 혹은 선으로만 표현된 그림을 말하기도 합니다.

**드로잉,
데생** 선으로 어떤 대상을 표현한 이미지입니다. 스케치보다 단순히 표현하는 경우이고, 대상에 대한 그리기의 표현력을 말할 때에도 쓰입니다.

크로키 사람이나 동물의 형태를 빠르게 그려나가는 행위를 말합니다.

컬러링 색으로 묘사를 하는 것을 말합니다.

밑색 선화의 아래에 기본이 되는 색상을 넣는 것을 말합니다.

글레이징 기법 그림 그리는 기법 중 하나로 회색의 톤으로 기본 명암을 만든 뒤 채색하는 방식입니다.

데포르메 캐릭터를 의식적으로 과장 혹은 생략한 것을 가리키는 말입니다. (손발을 크게 → 손발의 데포르메가 심하다.)

프리랜서 일러스트레이터

프리랜서 일러스트레이터 PR

일러스트레이터로 그림만큼 중요한 것은 자기 PR입니다. 자신의 그림을 대외적으로 어떻게 홍보하고 어떤 식으로 보여주느냐에 따라 프리랜서로 더 성공할 수도, 실패할 수도 있다고 봅니다. 보기 좋은 홈페이지로 자신의 홈페이지에 들어온 사람들에게 작품을 한 눈에 보여줄 수도 있고, 깔끔하게 정리한 포트폴리오로 클라이언트의 시선을 잡을 수도 있습니다. 커뮤니티와 웹 사이트의 이미지 게시로 대중에게 어필할 수도 있을 것입니다.

일러스트레이터는 어떤 회사에 소속되지 않은 경우가 많습니다. 간혹 회사를 다니면서 프리랜서 활동까지 이중으로 겸하는 경우가 있는데, 보통은 금지시 하기에 개인으로 활동하게 됩니다. 회사에 소속되어 있지 아니한 경우에서 상업적인(금전적인 수익을 올리는 활동. 이하 상업적) 활동을 하려면 자기 스스로를 대중에게 알릴 수 있어야 합니다.

개인 홈페이지
필자의 개인 홈페이지 겸 블로그입니다. 첫 페이지는 일러스트의 리스트가 한 눈에 보일 수 있도록 구성을 했습니다. 홈페이지에 접속한 사람들이 아주 간편하게 일러스트를 볼 수 있도록 레이아웃을 배치하는 것이 관건입니다.

개인 홈페이지는 사적인 용도의 대화나 글들을 게시할 수도 있는데, 포트폴리오 용도라면 그런 부분은 최대한 자제해주시는 것이 좋습니다. 혹은 대상 한정 글 등으로 돌리거나, 계정을 2개 정도 두어 포트폴리오 용도와 개인 용도를 구분하면 좋습니다.

많은 사람에게 내 작업을 보여준다는 것은 상당히 두려운 일입니다. 하지만 그림을 그리는 사람은 그 부분을 두려워 하지 않고 가장 즐겨야 합니다. 좋은 작품을 본 사람들은 작품을 다른 이에게 추천할 것입니다. 또 그림이 마음에 드는 사람들 중 몇은 PC나 모바일 바탕화면으로 사용할 것이고, 자신의 프로필 사진으로 사용할 것입니다. 위 과정 등을 거치면서 차츰 인지도가 쌓이게 되어 여기저기에서 불러주는 일러스트레이터로 성장할 수 있습니다.

*이미지를 개인적으로 이용하는 경우엔 좋은 마음으로 허가를 해주는 편이 좋습니다. 물론 상업적 혹은 자신의 이득을 위하여 이용한다면 강력하게 제재하는 것이 좋겠습니다. 개인적인 사용까지 허가하지 않을 경우엔 따로 표기를 해두시기 바랍니다.

포트폴리오

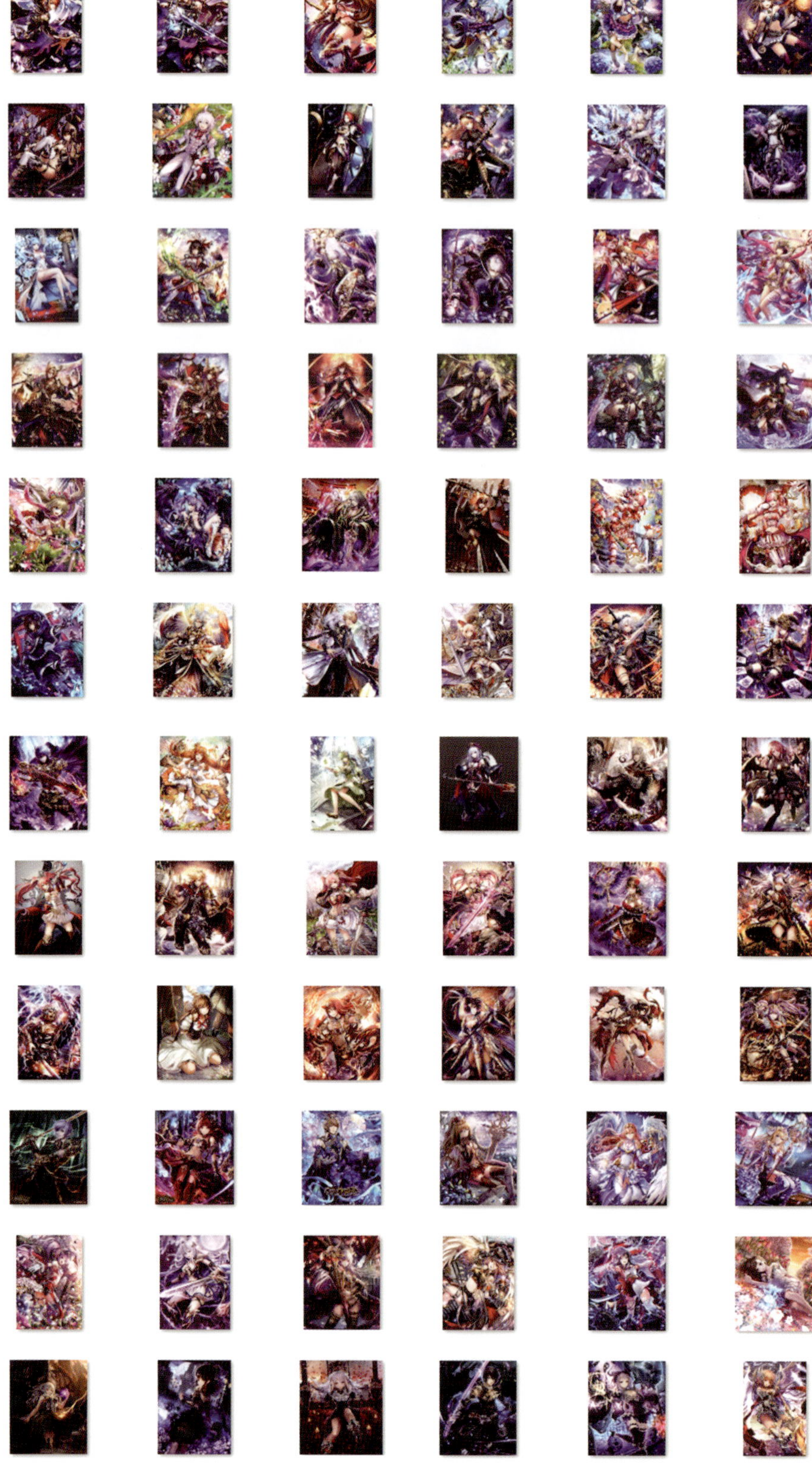

프리랜서 일러스트레이터는 대체로 한 명의 '작가'로서 활동하기에 개인 홈페이지로 자신을 알리면서 일을 받는 경우가 많습니다. 하지만 경우에 따라 포트폴리오를 정리하여 클라이언트에 직접 컨텍을 취하기도 합니다.

포트폴리오는 일정한 규칙이나 제약이 전혀 없습니다. 이력과 그림이면 충분합니다. 자신의 능력을 어필할 수 있는 요소라면 어떤 무엇이든 좋습니다. 예로 pdf 파일의 형식으로 슬라이드로 넘겨볼 수 있게 제작할 수도 있고, 단순히 jpg나 png 확장자의 이미지만 첨부할 수도 있습니다. 또, 테두리 등을 만들어서 예쁘게 꾸밀 수도 있을 것입니다.

구성은 개인의 경우 보통 6장에서 12장 내외로 두는 것이 좋습니다. 너무 많은 수량은 확인하기도 힘들 뿐더러, 평균적인 평가를 저하시킵니다. 검수하는 사람은 전체의 이미지의 평균을 재는 것이 아니라 가장 안 좋은 이미지를 기준으로 생각하게 됩니다. 작가에게 의뢰를 맡겼을 때 안 좋은 이미지로 나올 수도 있고, 의뢰하는 안건의 내용에 따라 좋지 않게 나올 수 있습니다. 그러니 좋은 작품 6장과 비교적 좋지 않은 작품 2장이 있다면 과감하게 2장을 버리고 6장으로만 구성해두는 것이 좋습니다. 또한 여러 가지의 화풍이나 스타일 등 내용을 너무 많이 첨부하는 것은 좋지 않습니다. 해당 프로젝트에 지원하는 관련 분야만 첨부하도록 합니다.

자신을 어필할 수 있는 정도의 수량으로 구성을 한 뒤 이력에 대한 부분을 작성하여 제출합니다. 이력에 대한 부분은 대체로 외주 경험이나 회사 경험을 작성하여 제출하면 됩니다. 이 또한 이력서에 작성하여 내거나, 폰트로 pdf 형식으로 낸다거나, 메일에 간단히 적을 수 있습니다.

프리랜서 일러스트레이터의 포트폴리오 학력란에 대해서는 한국의 경우는 다소 학력에 신경을 쓰고 도움이 되는 케이스가 종종 있었습니다만, 일본이나 중국에 외주 형식의 발주에선 학력을 전혀 고려하지 않습니다. 단순히 그림이 필요해서 의뢰를 주기 때문에 학력보단 외주 이력과 포트폴리오만 확인되면 됩니다.

필자는 개인 포트폴리오 구성을 개인 홈페이지로 대체하는 편입니다. 이력 정도는 메일에 간략히 작성하고, 대표 이미지를 몇 장 첨부합니다. 대표 이미지로 담당자가 아주 빠르고 쉽게 확인할 수 있도록 최적화를 시킵니다. 일러스트레이터로서도 업무를 진행하지만, 담당자로서 발주도 하고 있어서 느끼는 바이지만, 빠르고 편리하게 그림과 이력을 확인할 수 있는 포트폴리오가 최고라고 생각됩니다. 해당 프로젝트에 가장 적합한 작가를 수많은 작가들 틈에서 찾아야 하기에 정말 많은 이미지와 사이트를 검토하기 때문입니다. 그래도 최소한의 정중한 표현과 인사 정도는 작성하는 매너는 있으면 좋습니다.

**웹 사이트
활동**

개인 홈페이지와 포트폴리오 외로 PR 할 수 있는 방법은 커뮤니티 사이트에 그림을 투고 하는 것입니다. 일러스트레이터로서 대표적인 곳은 한국의 포털 카페 '방사'(cafe.naver.com/bscomic)와 일본의 Pixiv(www.pixiv.net)입니다.

한국의 포털 카페 '방사'는 국내 최대 일러스트 커뮤니티로 많은 회원과 클라이언트가 정보를 얻는 곳입니다. 개인이 올리는 포트폴리오부터 클라이언트에서 구인까지 활발하게 진행되고 있습니다. 아무래도 소통하는 커뮤니티이다보니 좋지 않은 내용과 좋은 내용이 별도의 필터 없이 오가므로 적당히 가려서 볼 수 있는 센스가 있어야 할 것 같습니다. 필자도 최초엔 방사에서 활동하였습니다.

일본의 커뮤니티 Pixiv는 엄청난 규모를 자랑합니다. 한국과 중국, 일본인이 가장 주축을 이루고 있으며, 분당 수 십장이라는 경이로운 투고가 눈에 띕니다. 그렇기 때문에 이런 커뮤니티에서 초반에 눈에 띄기란 쉽지 않지만, 한 번 수면 위로 오르면 상당히 많은 열람 수를 기록하여 굉장히 큰 자기 PR이 됩니다. 대체로 일본풍이라 불리는 미소녀 스타일과 미소년 스타일이 주를 이룹니다.

일러스트의 공정 과정

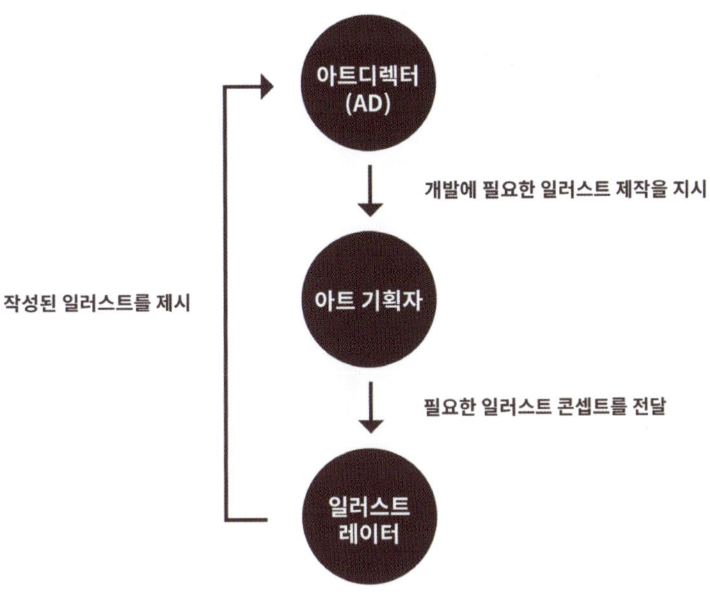

일러스트 발주 과정

보통 게임 회사 내부에서 일러스트 개발 진행 시에는 AD(아트디렉터, 아트 총 책임자 이하 AD)혹은 PD (프로젝트 디렉터, 개발 총 책임자)가 아트 기획자에게 일러스트의 필요를 지시합니다. 그 뒤 아트 기획자가 일러스트레이터에게 일러스트 기획을 전달합니다. 그 이후 일러스트레이터는 러프(일러스트의 초안 작업, 스케치. 이하 러프)를 작성하여 아트 기획자와 같이 AD에게 전달하고 어필합니다. AD는 일러스트를 검수(일러스트를 확인하여 문제가 없는지 체크합니다. 이하 검수) 하여 게임에 적합한 디자인과 느낌인지 확인하고 체크백(일러스트 검수 후 피드백이나 검수 싸인을 전달하는 과정. 이하 체크백)을 알립니다. 가끔 AD가 없는 회사에서는 기획자가 모든 일을 검수하기도 합니다.

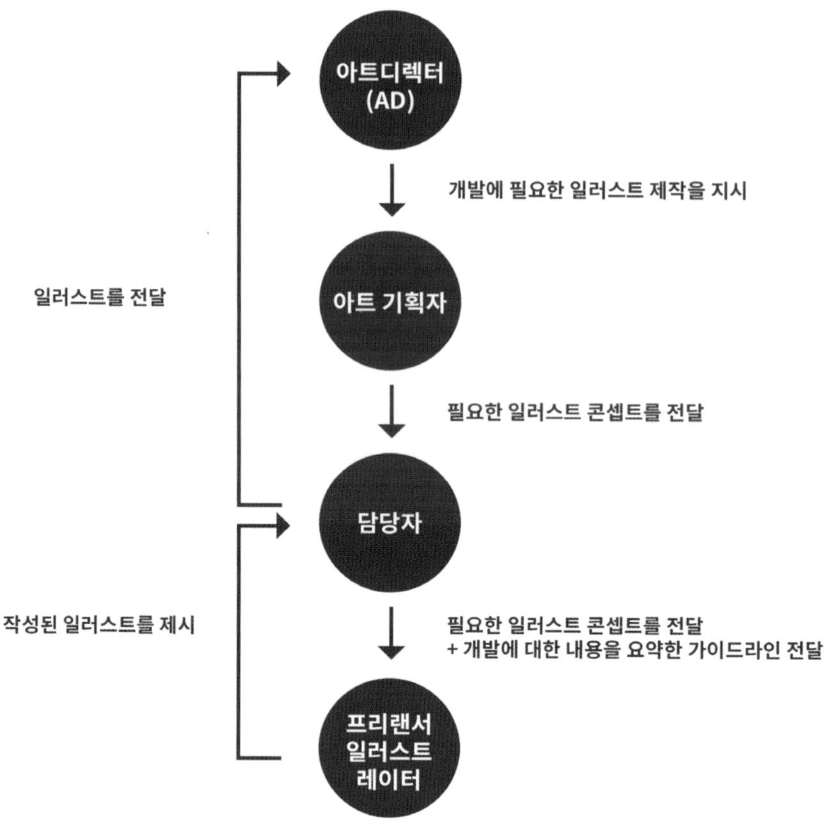

프리랜서의 일러스트 기본 발주 과정

하지만 수많은 일러스트를 단 몇 명의 일러스트레이터가 제작하는 데에는 한계가 있습니다. 특히 굉장히 많은 분량의 일러스트가 필요한 초기 베이스 개발에는 내부 개발 인원으로는 무리가 발생합니다. 회사에서 신규 일러스트레이터를 고용할 경우 런칭 후 게임의 정기 업데이트 시 잉여인력의 문제가 발생하고 내부의 일러스트레이터로 진행하기에는 개발 기간이 길어지기에 따로 일러스트레이터 담당자가 외부 일러스트에게 일을 발주(일의 주문. 이하 발주)하게 됩니다. 외부의 작가에게 의뢰를 부탁하면, 클라이언트 입장에서는 개발이 끝난 이후 인원을 관리하기가 상당히 용이합니다. 그렇기에 자주 사용 되는 고용 방법입니다.

이 경우 외부 제작자인 프리랜서 일러스트레이터는 내부의 개발을 잘 알지 못하기에 개발 내용을 요약한 가이드라인을 담당자로부터 함께 전달받게 됩니다. 그 이후 내부 인원과 마찬가지로 러프를 하여 담당자에게 전달하게 됩니다. 전달 한 러프는 AD의 검수 이후 피드백을 일러스트레이터에게 전달하게 되는데, 일러스트레이터는 발생한 피드백을 능동적으로 대처하여 제출하여야 합니다. 러프는 일러스트의 완성을 초안으로써 보여주는 부분이기에 공정 과정에서 가장 중요한 부분이기도 합니다. 그리고 착색과 완성을 하여 클라이언트 담당자에게 제출한 뒤 마찬가지로 러프의 공정과 같이 피드백을 받아서 완성합니다. 완성된 이미지는 클라이언트에서 요구하는 제출 방식으로 수정한 뒤 납품합니다.

외부 참여 일러스트레이터는 내부 일러스트레이터의 공정 과정보다 복잡한 것처럼 보이지만 오히려 업무에선 더 심플합니다. 클라이언트에서 발주를 했지만, 사용하기 전 미리 발주하는 경우가 잦으므로 사용하는 시기나 때를 보고 게임에 일러스트를 런칭할지 말지를 결정합니다. 하지만 사용하기에 시즌이 맞지 않는 일러스트가 발생하기도 합니다. 예를 들어 가을에 겨울을 위한 발주를 했지만, 이미지가 밝은 느낌이 들어 봄에 발주를 하거나 일부 색감을 수정을 한다든지의 조절을 하는 경우가 생기기도 합니다. 내부 조절하게 되면 내부에 있는 일러스트레이터가 직접 지시를 받아 진행하게 됩니다.

그러면 외부 일러스트레이터가 더 유리한 것이 아니냐고 생각하게 되는데, 외부 일러스트레이터는 그 부분을 감안하고 계약의 단위를 월 단위 혹은 건 별로 체결하는 경우가 많습니다. 즉, 발주가 매달 불확정적이라는 것입니다. 일러스트의 납품이 되고 호응이나 평가가 좋다면 지속적인 발주로 이어지게 되고, 회사의 아티스트로 섭외가 오기도 하며, 실력이 매우 좋다면 해당 타이틀의 메인 일러스트레이터로 발탁되어 더 좋은 조건과 이름을 알릴 수 있는 기회가 주어지기도 합니다.

물론 섭외가 오더라도 프리랜서를 선호하는 일러스트레이터는 프리랜서로 계속 활동합니다. 내부 일러스트레이터와 프리랜서 일러스트레이터의 가장 큰 차이는 상주하며 작업하는지의 여부입니다.

브러시
브러시 사전 설정
브러시 사전 설정
브러시 모양
모양
분산
텍스처
이중 브러시
색상
전송
브러시 포즈
노이즈
젖은 가장자리
강화
매끄럽게 하기
텍스처 보호
불투명도 지터
0%
조절: 펜 압력
최소
0%
플로우 지터
0%
조절: 끔
최소
젖은 정도 지터
조절: 끔
최소
혼합 지터
조절: 끔
최소

PART 2

포토샵 알아보기

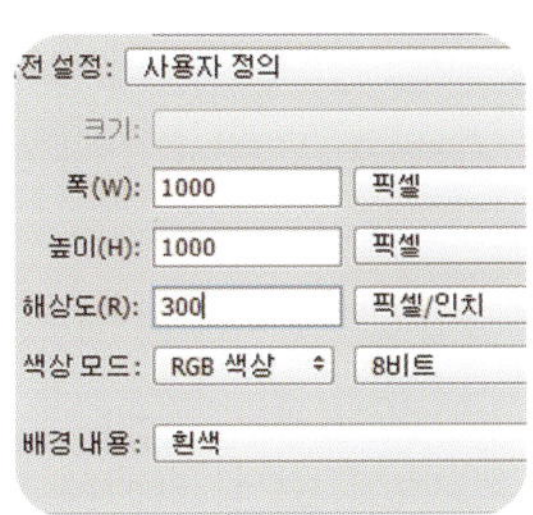

포토샵은?

어도비 포토샵은 어도비 시스템즈(Adobe Systems)에서 개발한 그래픽 편집 프로그램입니다.입력된 화상에 대하여 편집과 수정을 수월하게 할 수 있게 개발된 툴로써 현재는 여러 분야에서 다양하게 활용되고 있습니다. 그래픽 디자이너라면 기본적으로 다루어야 할 프로그램으로 일러스트레이터에겐 필수 능력입니다.어도비 시스템즈에서 개발한 '일러스트레이터'라는 프로그램도 있지만 국내 아티스트는 2D 그래픽 툴로써는 대부분 포토샵을 사용한다고 보아도 무방합니다.

**포토샵
다운로드
하기 TIP**

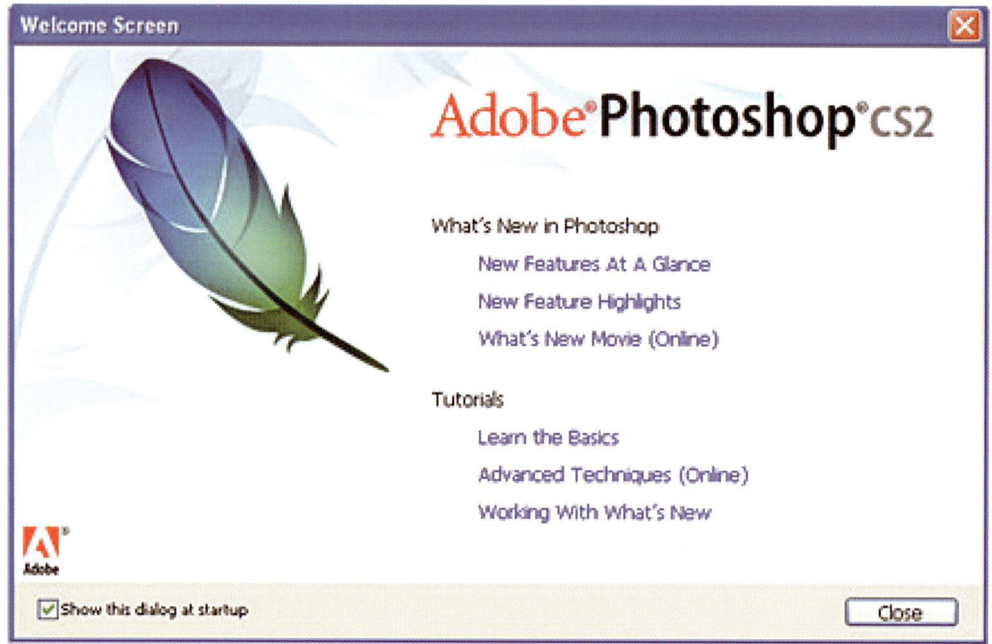

어도비 시스템즈에서 지난 포토샵 CS2와 포토샵 CS6 등의 상위 버전을 출시함에 따라 하위 버전인 포토샵 CS2의 정품 버전을 무료로 배포하게 되었습니다. 하위 버전의 차이는 상위 버전보다 기능의 일부분이 없거나 비활성화가 되어 있습니다. 실직적으로 포토샵 CC와 비교하여 그림 그리는 데 필요한 기능 중 없는 것은 Rotation(캔버스 회전)만 되지 않는 부분입니다.

하나의 부분이지만 그림을 그리는 데 필요한 편의 중 생각보다 캔버스의 회전의 비중이 크므로 포토샵 CS4 이후의 Roration(화면 회전)이 되는 버전을 사용하길 권장합니다.
포토샵 CS4 를 포함한 이후의 버전들 CS5, CS6, CC 버전은 모두 인터페이스나 메뉴의 위치 등 디자인이 크게 다르지 않으므로 보유하고 있는 포토샵이 있다면 그대로 사용하여도 무방합니다.

그 외의 툴

일러스트를 작업하는 프로그램으로는 시스테맥스(Systemax)의 SAI 툴이 대표적입니다.

손 떨림 보정의 기능과 가벼운 사양이 장점이지만, 편집 기능과 브러시, 필터 등이 많지 않다는 단점이 있습니다. 손 떨림 보정이 필요한 스케치 시에 사용을 하면 좋은 프로그램입니다.

어도비 계정 생성하기

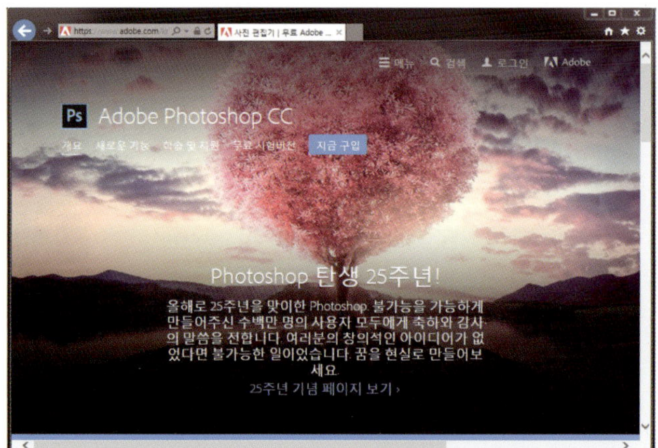

01

https://www.adobe.com/kr/products/photoshop.html의 주소로 접속합니다.

포털 사이트에서 어도비 시스템즈 혹은 포토샵 CC로 검색하여도 접속할 수 있습니다.

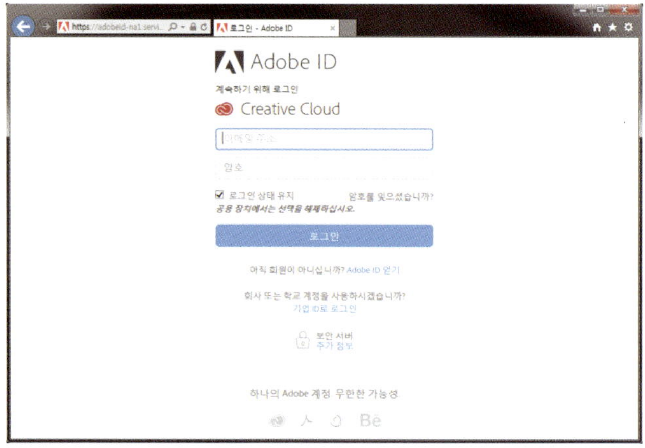

02

'무료 시험 버전'을 사용하거나 '지금 구입'으로 포토샵 버전을 구입하여 진행합니다.

포토샵 CC 버전의 구입은 월별 플랜으로 매월 정기적인 금액을 결제하여 사용할 수 있습니다.

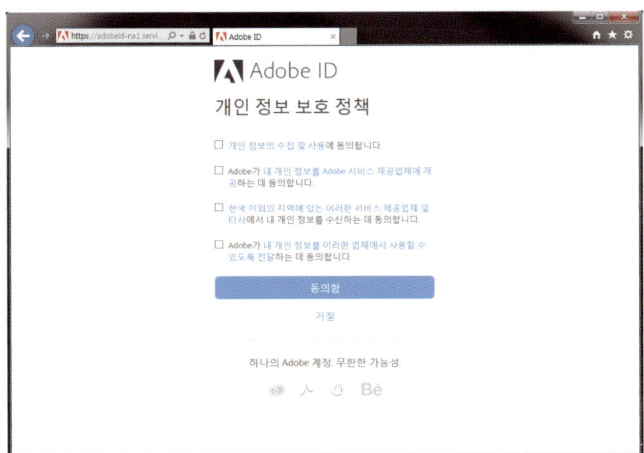

03

중앙의 'Adobe ID 얻기'를 클릭하여 새 계정을 생성합니다.

이름과 이메일, 암호를 입력 후 국적과 생년월일을 입력해줍니다. 약관을 읽어 본 후 '지금 등록' 버튼을 눌러줍니다.

04

개인정보 보호 정책에 모두 동의를 한 뒤 체크 박스를 체크 해주고 '동의함' 버튼을 눌러 완료합니다.

개인정보 보호 정책은 읽어 준 후 동의하시면 체크하면 됩니다. 어도비의 계정 등록이 완료되었습니다.

포토샵 CC 다운로드와 설치하기

01

https://creative.adobe.com/products/creative-cloud?locale=ko 의 주소로 접속합니다.

포털 사이트에서 Creative Cloud를 검색하여 접속할 수 있습니다.

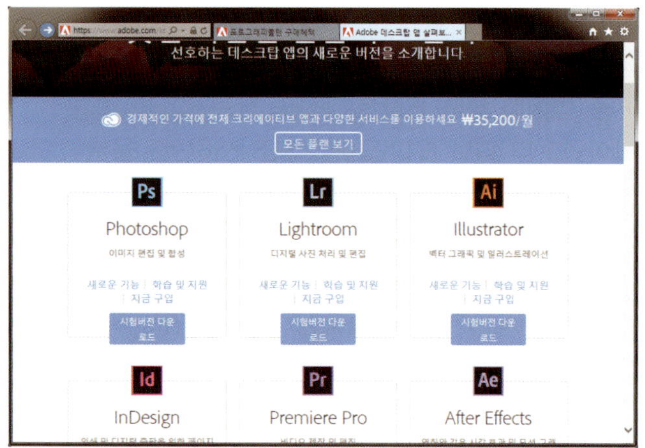

02

좌측 포토샵 아이콘 아래 시험버전 다운로드를 진행합니다.

등록한 계정으로 로그인 합니다.

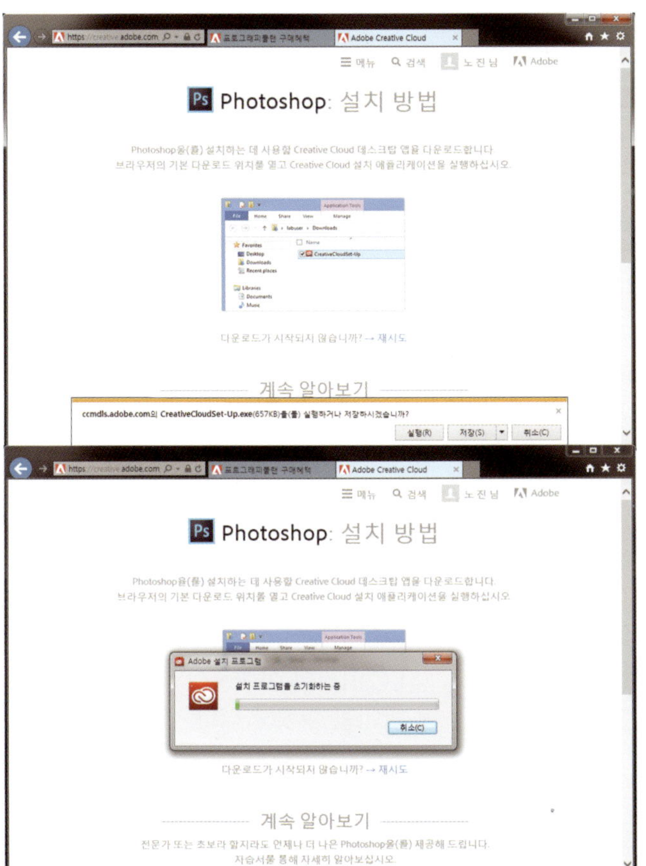

03

하단에 어도비 Creative Cloud 어플리케이션의 다운로드 탭이 확인되면 실행을 눌러줍니다.

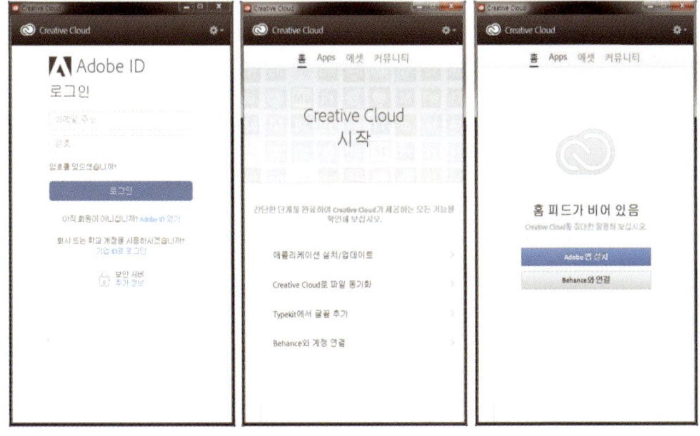

04

Creative Cloud 어플리케이션이 실행되면 등록한 계정으로 다시 로그인을 진행합니다.

업데이트 사항이 있을 경우 건너뛰기를 하여도 무방합니다. 그 후 'Adobe 앱 설치'를 눌러줍니다.

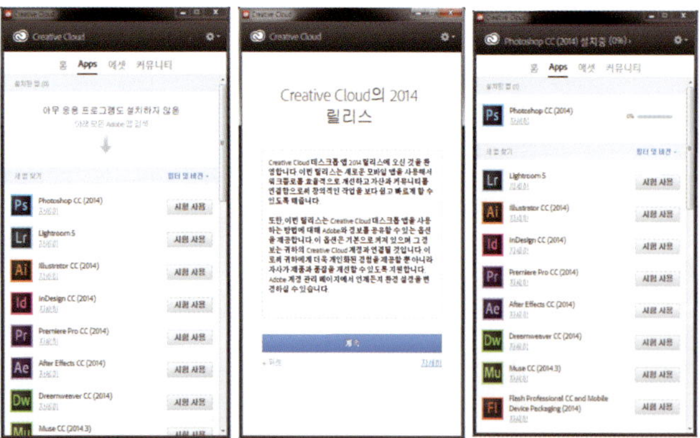

05

포토샵 CC의 시험 사용을 클릭 합니다.

그 후 '계속'을 눌러 다운로드를 진행합니다.

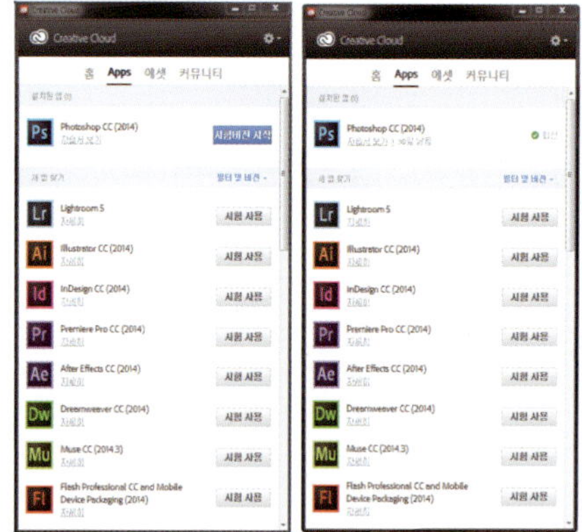

06

다운로드가 완료되면 포토샵 CC 의 아이콘을 클릭하여 실행합니다.

설치가 완료되면 설치된 앱 쪽으로 포토샵 CC 버전의 아이콘이 위로 이동 한 것을 확인할 수 있습니다.

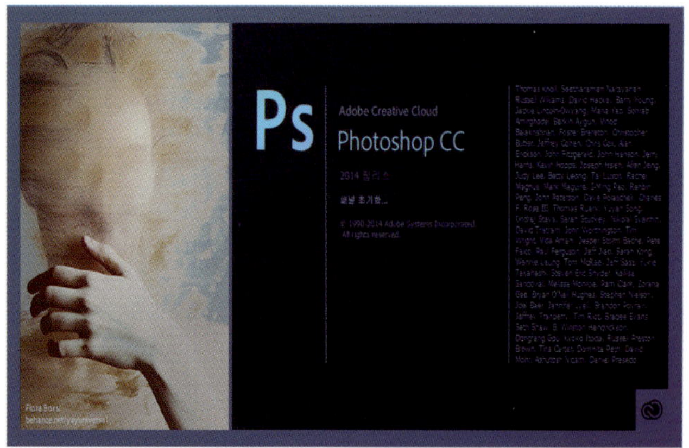

07

포토샵 CC를 실행합니다.

파란 로딩 화면이 뜬다면 문제 없이 실행이 된 것입니다.

포토샵 알아보기

포토샵 화면구성 알아보기

2D를 작업하는 일러스트레이터의 기준으로 자주 시용하는 부분과 사용하지 않는 부분으로 나누어 진행이 되었습니다. 일러스트레이터가 흔히 사용하지 않는 부분은 설명 과정을 생략하였고, 그림을 그리는 사람이 이해하기 쉽게 구성하였습니다. 포토샵은 2D 그래픽계열에 종사하는 디자이너의 경우 필수로 다루어야 할 프로그램으로 필히 익혀두시는 것이 좋습니다.

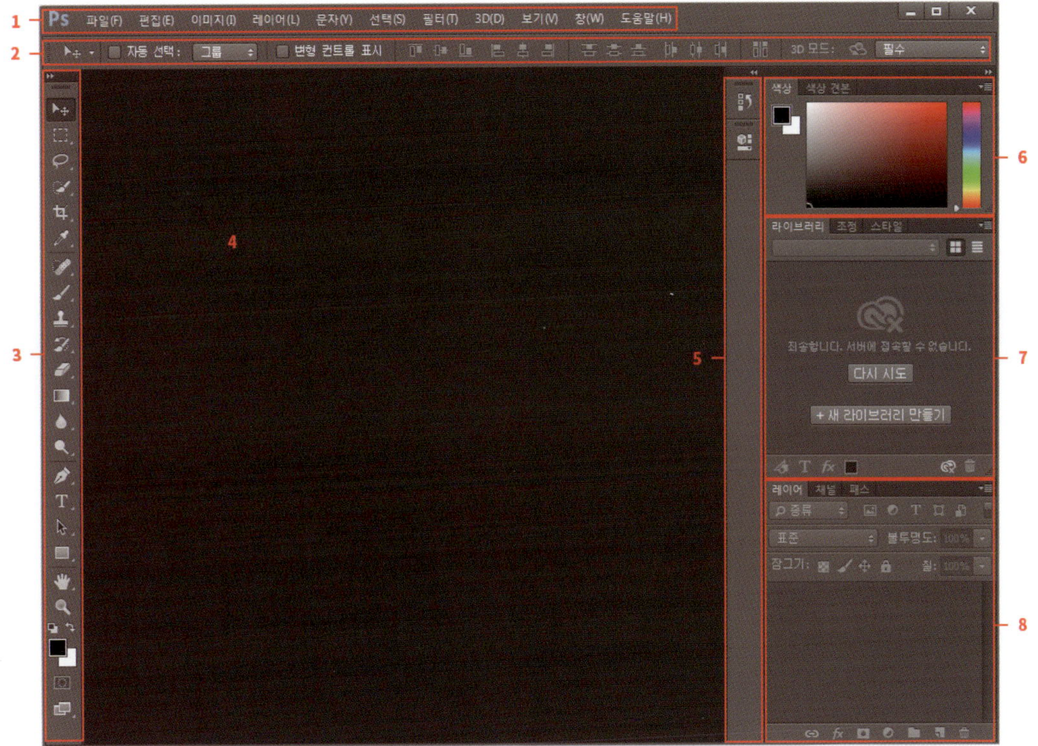

포토샵의 기본 화면 구성입니다.

1. 메인 메뉴 바 포토샵의 기본 메뉴가 모여 있는 최상위 표시줄입니다. 여러 가지 포토샵의 필터 혹은 편집 기능을 불러올 수 있습니다.작업 파일을 불러오거나 저장하기, 이미지 사이즈를 줄이거나 늘리기 등 편집의 기본적인 부분을 진행할 수 있습니다.

2. 옵션 바 선택한 툴의 옵션 값을 조절 할 수 있는 곳입니다. 선택한 툴에 따라 표시되는 내용이 달라집니다.브러시 도구가 선택이 되어 있다면, 브러시 도구를 조절할 수 있는 부분이 표기됩니다.

3. 툴 박스 포토샵의 기본적인 도구로 구성되어 있습니다. 포토샵 사용에서 가장 많이 쓰이는 부분입니다. 브러시와 지우개, 손가락 도구 등 일러스트를 그리는 데에 직접적으로 필요한 부분입니다.

4. 백그라운드 이미지를 불러오거나 새 캔버스를 열었을 때 화상이 표시됩니다. 표시된 화상의 위에는 작업 타이틀이 표시됩니다.

5. 서브 패널 툴을 사용하기 용이하도록 서브 패널에 둘 수 있습니다. 어디까지나 서브이므로 자주 사용하지 않는 부분입니다.

6. 상단 패널 기존 포토샵에서는 '네비게이터'가 표시되던 부분이었지만 포토샵 CC 버전에서는 사용자의 편의를 위하여 색상 피커가 표시됩니다.

7. 중간 패널 기본으로 라이브러리와 패턴, 스타일이 표시됩니다. 자주 사용하지 않는 부분입니다.

8. 하단 패널 레이어와 채널, 패스를 관리하는 패널입니다. 툴 패널과 함께 가장 자주 사용하는 부분이 됩니다.

＊캔버스 그림을 그릴 수 있는 종이라고 이해하면 편합니다. 포토샵에서 화상을 표기하는 부분입니다.

＊툴 도구

＊레이어 하나의 이미지가 여러 개의 객체로 구성되어 있을 경우 그 객체를 레이어라고 합니다. 투명한 아크릴 판이라고 이해하면 좋습니다.

필자의 화면

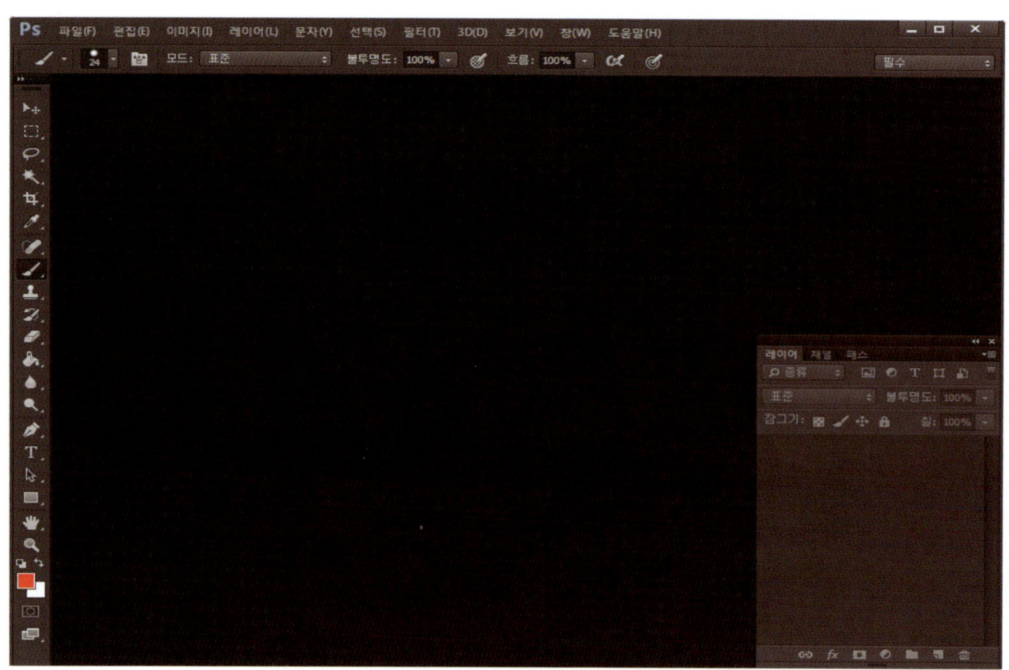

필자는 서브 패널과 상단 패널, 중단 패널은 사용하지 않습니다. 아주 심플하게 툴 박스와 레이어가 있는 하단 패널만 사용합니다. 패널을 없애는 방법은 각 패널 위 창 부분을 드래그로 아무 곳이나 끌어당겨 우측 위의 x 표식을 눌러주면 됩니다.

포토샵 화면 구성을 기본으로 복원하는 방법

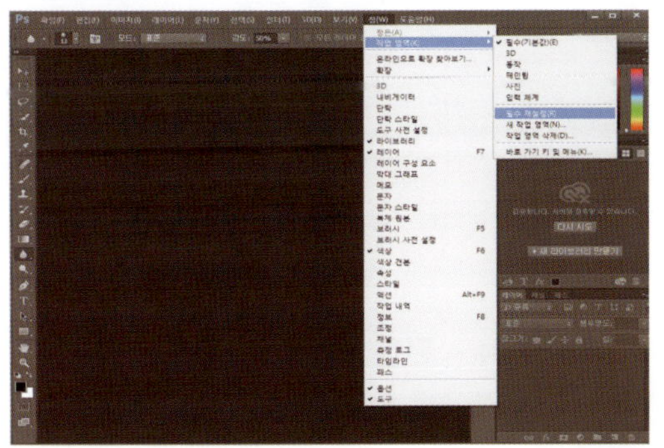

'화면 구성 알아보기'와 화면의 배치가 다르다면 포토샵의 작업 영역을 기본으로 되돌릴 수 있습니다.

메뉴 – 창 – 작업 영역 – 필수 재설정을 눌러 화면을 기본으로 복원할 수 있습니다.

포토샵 환경설정 하기

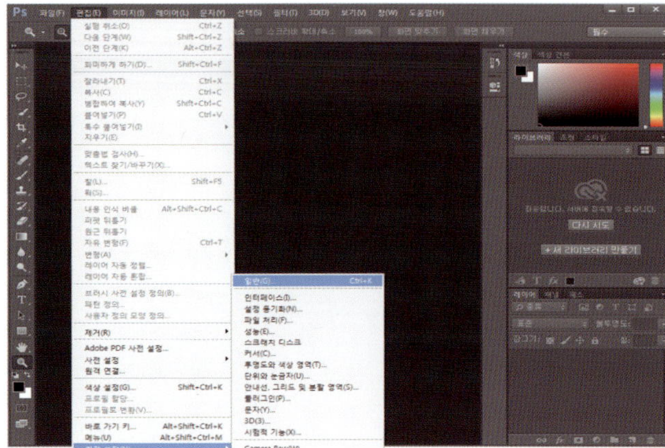

메뉴 – 편집 – 환경 설정 – 일반을 눌러 환경설정 창을 불러옵니다.

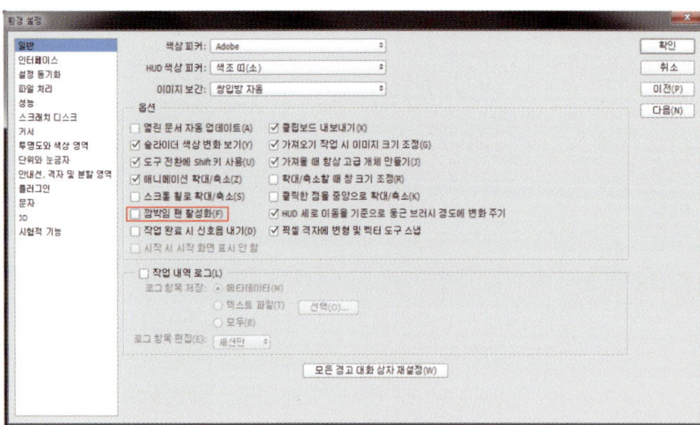

포토샵의 기본적인 환경 설정을 할 수 있습니다.

가장 위에 있는 일반 부분을 선택합니다. 옵션 부분에 **깜박임 팬 활성화(F)**의 부분의 체크를 해제해 줍니다.

해당 부분을 체크할 경우 백그라운드의 캔버스 화면에서 이미지를 패닝할 때 이미지가 미끄러지게 됩니다. 체크를 해제하면 이미지를 패닝하여도 미끄러지지 않습니다. 그 외에는 기본 설정으로 문제가 없기에 넘어갑니다.

*패닝:화면을 이동하는 것, 또는 이미지 스크롤 하는 것과 유사.

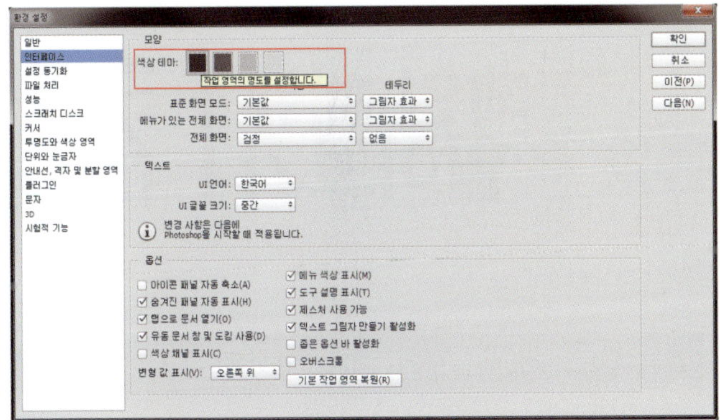

포토샵의 언어나 글꼴의 크기, 작업 영역의 밝기를 조절할 수 있습니다.

처음엔 **색상 테마** 부분에서 두 번째의 회색으로 설정 되어 있지만, 필자는 어두운 컬러를 선호하여 제일 좌측 부분의 어두운 회색으로 설정하였습니다.

*인터페이스가 어두우면 보다 화면에 집중할 수 있습니다.

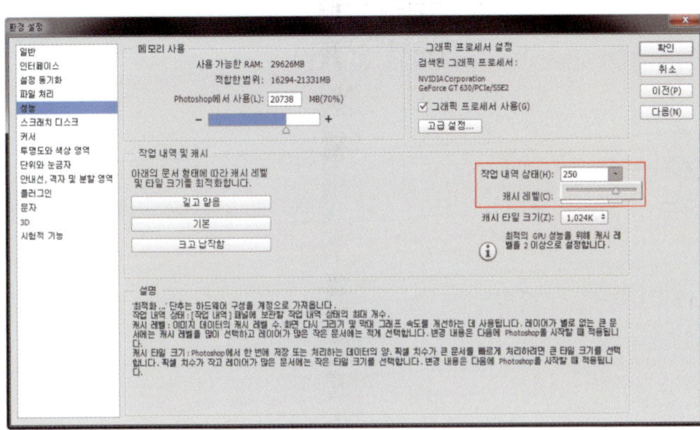

PC에서 포토샵을 구동할 때 필요한 메모리의 사용과 그래픽 프로세스 등을 조절할 수 있는 부분입니다.

중앙 우측에 위치한 **작업 내역 상태(H)의 값을 기본 50에서 250으로 설정합니다.**

포토샵에서 툴과 필터를 사용하거나 옵션을 적용했을 때 마다 작업 내역이 1개씩 쌓이게 되는데, 이 부분을 최대로 되돌릴 수 있는 횟수를 뜻합니다. 250으로 설정하게 되면 내역을 최대 250회까지 되돌릴 수 있습니다.

그 이상으로 설정하여도 무방하지만 사용에 무리가 올 수 있으므로 적당히 조절해 줍니다.

포토샵 알아보기

메인 메뉴 알아보기

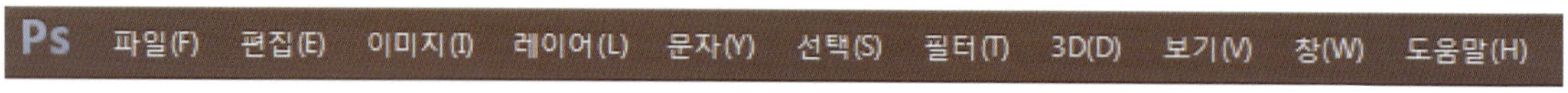

| **Ps** | 파일(F) 편집(E) 이미지(I) 레이어(L) 문자(V) 선택(S) 필터(T) 3D(D) 보기(V) 창(W) 도움말(H) |

포토샵의 기본 메뉴가 모여 있는 최상위 표시줄입니다. 여러 가지 포토샵의 필터 혹은 편집 기능을 불러올 수 있습니다.일러스트를 작업하는데 사용 빈도가 매우 낮거나 사용하지 않는 기능의 설명은 제외하였습니다.

모든 메뉴는 한 번씩 적용해 보는 것 만으로도 알 수 있는 부분이니 당장에 잘 모르는 메뉴라도 걱정하지 않아도 됩니다. 필수로 알아야 하는 기능을 먼저 알아둔 뒤 다른 메뉴를 확인해보면 좋습니다.

*자주 사용하는 기능은 포토샵에 단축키가 표기되어 있으니 익혀두면 좋습니다.

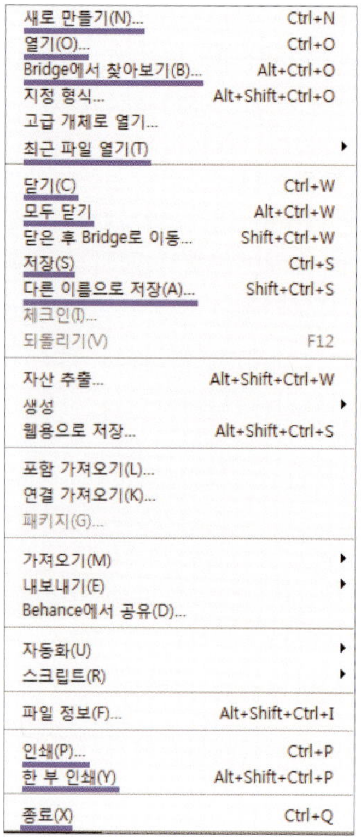

새로 만들기(N)...	Ctrl+N
열기(O)...	Ctrl+O
Bridge에서 찾아보기(B)...	Alt+Ctrl+O
지정 형식...	Alt+Shift+Ctrl+O
고급 개체로 열기...	
최근 파일 열기(T)	▶
닫기(C)	Ctrl+W
모두 닫기	Alt+Ctrl+W
닫은 후 Bridge로 이동...	Shift+Ctrl+W
저장(S)	Ctrl+S
다른 이름으로 저장(A)...	Shift+Ctrl+S
체크인(I)...	
되돌리기(V)	F12
자산 추출...	Alt+Shift+Ctrl+W
생성	▶
웹용으로 저장...	Alt+Shift+Ctrl+S
포함 가져오기(L)...	
연결 가져오기(K)...	
패키지(G)...	
가져오기(M)	▶
내보내기(E)	▶
Behance에서 공유(D)...	
자동화(U)	▶
스크립트(R)	▶
파일 정보(F)...	Alt+Shift+Ctrl+I
인쇄(P)...	Ctrl+P
한 부 인쇄(Y)	Alt+Shift+Ctrl+P
종료(X)	Ctrl+Q

파일

파일 탭에서는 이미지를 불러오거나 저장하기, 포토샵 종료 등 기본적인 동작을 할 수 있습니다.

새로 만들기	새 캔버스를 만들 수 있습니다.
열기	저장매체(하드디스크, 외장 하드디스크 등)에 저장 된 이미지를 불러올 수 있습니다.
Bridge에서 찾아보기	Bridge를 열어 열기를 할 수 있습니다. 이미지의 미리 보기가 가능 하다는 점에서 굉장히 유용합니다.
최근 파일 열기	최근에 열어 본 이미지의 리스트를 확인할 수 있습니다.
닫기	캔버스를 닫습니다.
모두 닫기	열어져 있는 캔버스를 모두 닫습니다.
저장	캔버스를 저장합니다. 주로 단축키를 사용합니다.
다른 이름으로 저장	캔버스를 원래 이름이 아닌 다른 이름으로 저장합니다.
인쇄	캔버스를 인쇄합니다.
한 부 인쇄	캔버스를 한 부 인쇄합니다.
종료	포토샵을 종료합니다.

실행 취소(O)	Ctrl+Z
다음 단계(W)	Shift+Ctrl+Z
이전 단계(K)	Alt+Ctrl+Z
희미하게 하기(D)...	Shift+Ctrl+F
잘라내기(T)	Ctrl+X
복사(C)	Ctrl+C
병합하여 복사(Y)	Shift+Ctrl+C
붙여넣기(P)	Ctrl+V
특수 붙여넣기(I)	▶
지우기(E)	
맞춤법 검사(H)...	
텍스트 찾기/바꾸기(X)...	
칠(L)...	Shift+F5
획(S)...	
내용 인식 비율	Alt+Shift+Ctrl+C
퍼펫 뒤틀기	
원근 뒤틀기	
자유 변형(F)	Ctrl+T
변형(A)	▶
레이어 자동 정렬...	
레이어 자동 혼합...	
브러시 사전 설정 정의(B)...	
패턴 정의...	
사용자 정의 모양 정의...	
제거(R)	▶
Adobe PDF 사전 설정...	
사전 설정	▶
원격 연결...	
색상 설정(G)...	Shift+Ctrl+K
프로필 할당...	
프로필로 변환(V)...	
바로 가기 키...	Alt+Shift+Ctrl+K
메뉴(U)	Alt+Shift+Ctrl+M
환경 설정(N)	▶
설정 동기화(E)	▶

편집

이미지에 대한 편집 기능이 포함되어 있습니다. 작업을 이전 단계로 되돌리거나 복사와 붙여 넣기 등을 진행할 수 있습니다.

실행 취소	진행 한 명령을 취소합니다.
다음 단계	다음 작업 내역으로 넘어갑니다.
이전 단계	이전 작업 내역으로 되돌립니다.
잘라내기	선택 영역을 잘라냅니다. 올가미 도구가 활성화 되었을 때 활성화 됩니다. 주로 단축키를 사용합니다.
복사	선택 영역을 복사합니다.
붙여넣기	복사한 부분을 붙여 넣습니다. 주로 단축키를 사용합니다.
지우기	선택 영역을 지웁니다. Delete 키를 사용하는 것이 일반적입니다.
자유 변형	이미지에 원근을 주거나 늘리거나 한 쪽을 눌러주거나 등 변형을 가할 수 있습니다. 주로 단축키를 사용합니다.
브러시 사전 설정 정의	캔버스를 브러시로 설정할 수 있습니다. 이미지의 모양을 따라 브러시로 만들어줍니다.
패턴 정의	캔버스를 패턴으로 정의합니다.
색상 설정	색상 프로파일을 설정합니다. 간혹 색상이 맞지 않는 환경에서 사용됩니다. 기본적으로 문제가 없다면 건들지 않는 것이 좋습니다.
바로 가기 키	메뉴와 툴 등의 단축키를 설정할 수 있습니다.
메뉴	메뉴와 툴 등의 표시를 켜거나 끌 수 있습니다. 기본적으로 문제가 없다면 건들지 않는 것이 좋습니다.
환경 설정	포토샵의 전반적인 설정을 조절, 변경할 수 있습니다.
설정 동기화	사용하는 포토샵의 설정을 저장하여 다른 위치에서도 같은 설정을 손쉽게 불러올 수 있습니다.

<u>모드(M)</u>	▶
<u>조정(J)</u>	▶
자동 톤(N)	Shift+Ctrl+L
자동 대비(U)	Alt+Shift+Ctrl+L
자동 색상(O)	Shift+Ctrl+B
<u>이미지 크기(I)</u>...	Alt+Ctrl+I
<u>캔버스 크기(S)</u>...	Alt+Ctrl+C
<u>이미지 회전(G)</u>	▶
자르기(P)	
재단(R)...	
모두 나타내기(V)	
복제(D)...	
이미지 적용(Y)...	
연산(C)...	
변수(B)	▶
데이터 세트 적용(L)...	
트랩(T)...	
분석(A)	▶

이미지

캔버스 이미지 사이즈를 변경하거나 색상 모드를 변경할 수 있습니다.

모드 이미지의 색상 모드를 설정합니다. 기본 RGB 컬러와 8비트/채널로 설정되어 있습니다. 간혹 회색으로만 화면이 표기되면 이 부분을 RGB 컬러로 변경하면 됩니다.

조정 명도 대비, 레벨, 곡선 등 이미지에 보정을 가할 수 있는 기능이 있습니다. 이미지 작업과 보정에 중요한 부분입니다.

이미지 크기 이미지의 크기와 해상도를 변경할 수 있습니다.

캔버스 크기 캔버스의 크기를 변경할 수 있습니다.

이미지 회전 이미지를 회전할 수 있습니다.

*이미지 크기와 캔버스 크기는 다른 부분입니다. 이미지는 이미지 자체의 조절이 진행되고, 캔버스는 이미지의 틀로써, 캔버스를 늘리면 이미지 밖으로 캔버스가 확장됩니다.

<u>새로 만들기(N)</u>	▶
CSS 복사	
<u>레이어 복제(D)</u>...	
삭제	▶
레이어 이름 바꾸기...	
레이어 스타일(Y)	▶
고급 필터	▶
새 칠 레이어(W)	▶
새 조정 레이어(J)	▶
레이어 내용 옵션(O)...	
레이어 마스크(M)	▶
벡터 마스크(V)	▶
클리핑 마스크 만들기(C)	Alt+Ctrl+G
고급 개체	▶
비디오 레이어	▶
래스터화(Z)	▶
레이어 기반 새 분할 영역(B)	
레이어 그룹화(G)	Ctrl+G
레이어 그룹 해제(U)	Shift+Ctrl+G
레이어 숨기기(R)	Ctrl+,
정돈(A)	▶
모양 결합(H)	▶
선택 영역에 맞춰 레이어 정렬(I)	▶
분포(Q)	▶

레이어

레이어를 생성하거나 복제할 수 있습니다.

새로 만들기 레이어를 새로 만들 수 있습니다.

레이어 복제 레이어를 복사합니다. 단축키 Ctrl + J로 사용 가능합니다.

다음 내용부터 사용 빈도가 매우 낮거나 사용하지 않습니다.

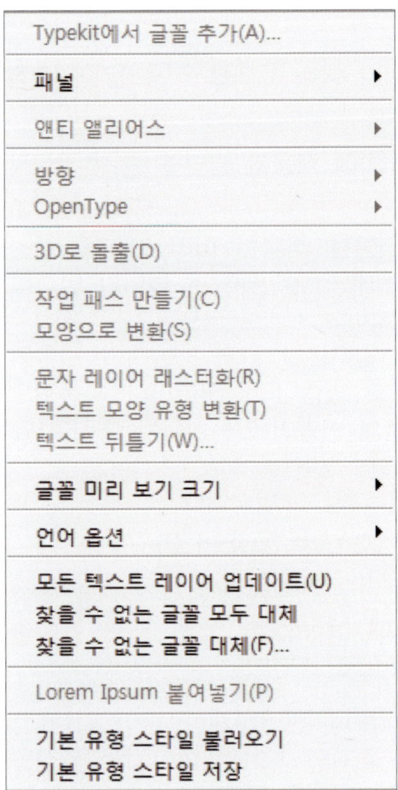

Typekit에서 글꼴 추가(A)...	
패널	▶
앤티 앨리어스	▶
방향	▶
OpenType	▶
3D로 돌출(D)	
작업 패스 만들기(C)	
모양으로 변환(S)	
문자 레이어 래스터화(R)	
텍스트 모양 유형 변환(T)	
텍스트 뒤틀기(W)...	
글꼴 미리 보기 크기	▶
언어 옵션	▶
모든 텍스트 레이어 업데이트(U)	
찾을 수 없는 글꼴 모두 대체	
찾을 수 없는 글꼴 대체(F)...	
Lorem Ipsum 붙여넣기(P)	
기본 유형 스타일 불러오기	
기본 유형 스타일 저장	

문자

텍스트에 관한 옵션을 추가하거나 변경할 수 있습니다. 그림을 그릴 때는 사용하지 않습니다.

모두(A)	Ctrl+A
선택 해제(D)	Ctrl+D
다시 선택(E)	Shift+Ctrl+D
반전(I)	Shift+Ctrl+I
모든 레이어(Z)	Alt+Ctrl+A
레이어 선택 해제(S)	
레이어 찾기	Alt+Shift+Ctrl+F
레이어 격리	
색상 범위(C)...	
초점 영역(U)...	
마스크 다듬기(F)...	Alt+Ctrl+R
수정(M)	▶
선택 영역 확장(G)	
유사 영역 선택(R)	
선택 영역 변형(T)	
빠른 마스크 모드로 편집(Q)	
선택 영역 불러오기(O)...	
선택 영역 저장(V)...	
새 3D 돌출(3)	

선택

모두	이미지 전체를 선택합니다.
선택 해제	선택된 이미지를 선택 해제합니다.
다시 선택	바로 이전에 선택된 이미지를 다시 선택합니다.
반전	선택된 영역을 반전합니다.

마지막 필터(F)	Ctrl+F
고급 필터용으로 변환(S)	
필터 갤러리(G)...	
응용 광각(A)...	Alt+Shift+Ctrl+A
Camera Raw 필터(C)...	Shift+Ctrl+A
렌즈 교정(R)...	Shift+Ctrl+R
픽셀 유동화(L)...	Shift+Ctrl+X
소실점(V)...	Alt+Ctrl+V
3D	▶
노이즈	▶
렌더	▶
비디오	▶
선명 효과	▶
스타일화	▶
왜곡	▶
픽셀화	▶
흐림 효과	▶
흐림 효과 갤러리	▶
기타	▶
Digimarc	▶
온라인으로 필터 찾아보기...	

필터

필터는 이미지의 보정이나 특수 효과를 적용하기에 굉장히 좋은 기능입니다.

마지막 필터 가장 마지막에 적용한 필터를 한 번 더 적용합니다.

필터 갤러리 여러 필터들을 적용한 미리 보기를 확인할수 있습니다. 추가적으로 필터가 있습니다.

픽셀 유동화 이미지의 일부분을 밀거나 늘리거나 줄어들게 할 수 있습니다. 부분마다 유동적으로 자유롭게 변형이 가능하다는 특징이 있습니다.

소실점 투시 선을 그릴 수 있습니다.

노이즈 이미지에 노이즈를 적용합니다.

렌더 플레어 효과를 적용합니다. 사진기로 태양 주변을 찍으면 비치는 불빛 등의 효과를 넣을 수 있습니다.

선명 효과 이미지를 보다 선명하게 만들어 줍니다. 과한선명 효과의 사용은 이미지의 품질을 저하시킵니다. (노이즈 발생)

흐림 효과 이미지를 흐리게 만들어 줍니다. 필터 중 가장 많이 사용하는 기능입니다.

기타 오프셋과 최대값, 최소값 필터와 하이패스 기능이 있습니다.

파일에서 새 3D 레이어 만들기(N)...
3D 레이어 병합(D)
3D 레이어 내보내기(E)...
Sketchfab에서 3D 레이어 공유...
내용 내려받기(X)...
선택한 레이어에서 새 3D 돌출 만들기(L)
선택한 패스에서 새 3D 돌출 만들기(P)
현재 선택 항목에서 새 3D 돌출 만들기(U)
레이어에서 새 메시 만들기(M)
개체 그룹화
장면의 모든 개체 그룹화
지표 평면으로 개체 이동(J)
지표 평면에서 개체 패킹
레이어에서 새 타일 페인팅 만들기(W)
UV 생성...

3D

포토샵의 3D 기능입니다. 2D 그림을 그릴 때는 사용하지 않습니다.

저해상도 인쇄 설정(U)	▶
저해상도 인쇄 색상(L)	Ctrl+Y
색상 영역 경고(W)	Shift+Ctrl+Y
픽셀 종횡비(S)	▶
픽셀 종횡비 교정(P)	
32비트 미리 보기 옵션…	
확대(I)	Ctrl++
축소(O)	Ctrl+-
화면 크기에 맞게 조정(F)	Ctrl+0
100%	Ctrl+1
200%	
인쇄 크기(Z)	
화면 모드(M)	▶
✔ 표시자(X)	Ctrl+H
표시(H)	▶
눈금자(R)	Ctrl+R
✔ 스냅(N)	Shift+Ctrl+;
스냅 옵션(T)	▶
안내선 잠그기(G)	Alt+Ctrl+;
안내선 지우기(D)	
새 안내선(E)…	
새 안내선 레이아웃…	
모양에서 새 안내선(A)	
분할 영역 잠그기(K)	
분할 영역 지우기(C)	

보기

이미지의 확대와 축소를 하거나 눈금자 등 편의 기능이 있습니다. **이미지의 축소와 확대는 툴 박스의 돋보기 도구를 사용**하므로 보기 메뉴에서는 그림을 그릴 때는 사용하지 않습니다.

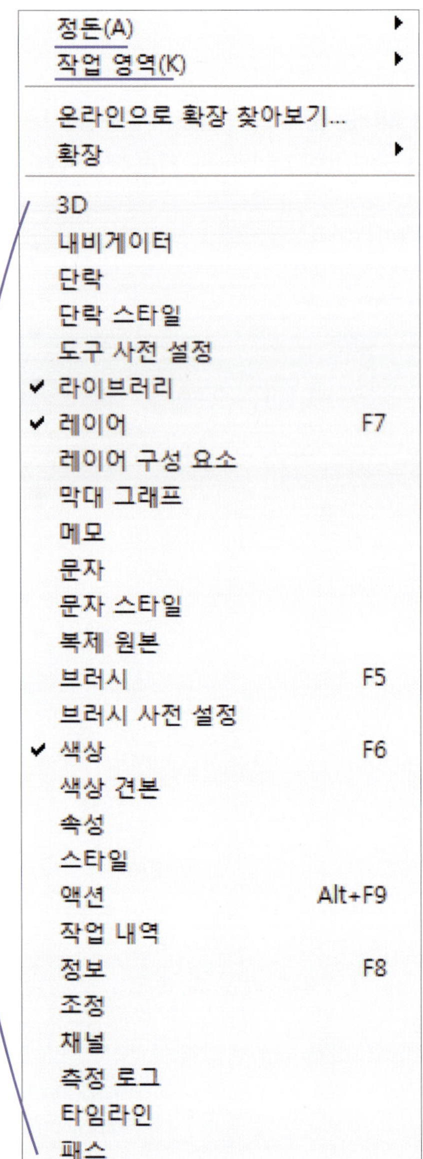

창

포토샵 인터페이스를 켜거나 끌 수 있습니다.

정돈 포토샵에서 켜진 이미지들을 화면에 정렬 합니다. 또, 새 창 기능으로 같은 이미지를 화면에 두 개를 띄울 수 있습니다.

작업 영역 포토샵의 기본 작업 영역을 재설정 하거나 사용에 따라 변경할 수 있습니다.

3D ~ 패스 포토샵 패널들을 켜거나 끌 수 있습니다. 클릭으로 체크 표시를 하면 활성화 됩니다. 가장 아래에는 현재 켜진 캔버스의 제목이 보입니다.

도움말

포토샵의 도움말을 불러올 수 있습니다.

툴 박스 알아보기

일러스트레이터가 포토샵에서 가장 잘 다루어야 할 툴 박스입니다. 직접적으로 그림을 그리는 데 필요한 부분이며, 일부 일러스트레이터는 다른 편집 기능 없이 오로지 툴 박스에 있는 도구로만 작업하기도 합니다. 툴 박스의 도구들은 기본적으로 단축키를 사용하여 작업 효율을 높이기에, 단축키를 필히 익혀두시는 것이 좋습니다.

툴 박스로 마찬가지로 일러스트레이터에게 사용 빈도가 낮거나 사용하지 않는 도구는 설명에서 제외하였습니다.

툴 박스의 도구 버튼에 마우스 포인터를 올리면 툴의 이름을 확인할 수 있습니다. 그리고 각 도구 버튼에 마우스 우클릭하면 추가 도구가 표기됩니다.

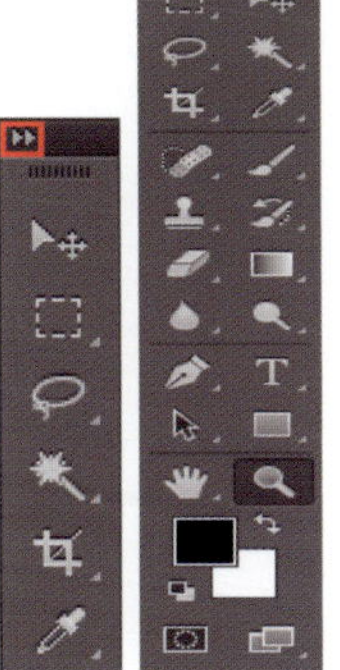

가장 위에 두 개의 삼각형이 있는 버튼을 누르면 툴 박스를 두 줄로 볼 수 있습니다.

툴 박스의 도구의 단축키는 **편집 – 바로 가기 키 메뉴, 단축키 Alt + Shift + Ctrl + K** 에서 변경이 가능합니다.

이동 도구 V   이미지나 레이어를 이동시킬 수 있습니다. 드래그하여 사용합니다.

사각형 선택 윤곽 도구 M   드래그로 사각형 모양의 영역을 선택할 수 있습니다.

[] 사각형 선택 윤곽 도구   M
○ 원형 선택 윤곽 도구   M
단일 행 선택 윤곽 도구
단일 열 선택 윤곽 도구

원형 선택 윤곽 도구 – 드래그로 원형 모양의 영역을 선택할 수 있습니다.
*선택 영역을 해제하는 단축키는 Ctrl + D 버튼입니다.
영역의 선택 시 Delete 키로는 영역의 해제가 안되기에 꼭, 선택 영역을 해제하는 단축키를 숙지하시기 바랍니다.

올가미 도구 L   드래그로 자유롭게 영역을 선택할 수 있습니다. 윤곽 도구와 차이점은 곡선과 직선 등 드래그하는 방향으로 영역이 선택된다는 점입니다.

○ 올가미 도구   L
다각형 올가미 도구   L
자석 올가미 도구   L

다각형 올가미 도구 – 클릭으로 꼭지점을 이어 선택 영역을 지정합니다. 다각형의 선택이 필요할 경우 유용한 도구입니다.
자석 올가미 도구 – 이미지 색상의 경계를 파악하여 포인트를 움직인 경계 부근에 자석처럼 붙어 영역이 발생하게 됩니다.

자동 선택 도구 W   비슷한 색상 계열을 자동으로 파악하여 영역을 선택해줍니다. 옵션 바에서 그 값을 조절할 수 있습니다. 4번째의 빠른 선택 도구를 오른쪽 클릭하여 변경할 수 있습니다

자르기 도구 C   캔버스에 틀을 만들어 틀 밖을 자릅니다. 틀 밖에 있는 캔버스와 이미지는 삭제됩니다.

스포이드 도구 I   이미지에서 색상을 추출하여 전경색으로 만듭니다. 브러시 도구를 선택한 상태에서 Alt + 클릭으로 사용할 수도 있습니다.

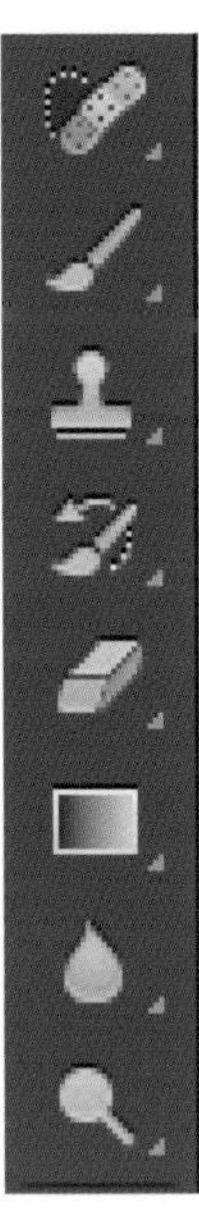

브러시 도구 B

그림을 그릴 때 사용하는 도구입니다. 드로잉과 페인팅 할 때 주로 사용됩니다. 브러시는 모양을 변경할 수 있어서 다양한 느낌으로 사용 가능합니다.

복제 도장 도구 S

기본 Alt를 누른 채로 클릭하여 사용합니다. Alt를 누른 상태에서 이미지를 드래그 한 뒤 Alt를 때고 사용하면 해당 부분이 복사가 되며 페인팅 됩니다.

지우개 도구 E

원하는 부분을 지울 수 있습니다.

그레이디언트 도구 G

그라데이션을 넣을 때 사용됩니다. 한 가지 혹은 두 가지 이상의 색상을 자연스럽게 섞을 수 있습니다.

▢ 그레이디언트 도구	G
🪣 페인트 통 도구	G
🏁 3D 재질 놓기 도구	G

페인트 통 도구 G – 이미지에 전경색을 채웁니다. 선택 영역을 함께 사용 할 경우 선택 영역에만 채울 수 있습니다.

흐림 효과 도구

흐려지게 만들어 주는 도구입니다. 오래 사용할 수록 더 흐려지는 효과가 있습니다.

💧 흐림 효과 도구	
◣ 선명 효과 도구	
✋ 손가락 도구	

선명 효과 도구 – 선명하게 만들어 주는 도구입니다. 흐림 효과 도구와 반대의 개념으로, 오래 사용 할 수록 더 선명해집니다. 하지만 너무 사용하면 노이즈가 발생하므로 주의가 필요합니다.

손가락 도구 – 이미지를 문질러서 풀어주는 툴입니다. 브러시 다음으로 많이 사용하게 됩니다. 단축키를 설정하여 두면 좋습니다.

닷지 도구 O

이미지를 밝게 만듭니다.

🔍 닷지 도구	O
🖐 번 도구	O
🧽 스폰지 도구	O

번 도구 – 이미지에 어둡게 만듭니다.
스폰지 도구 – 채도를 조절할 수 있습니다.

펜 도구 P   패스를 만듭니다.

손 도구 H   이미지를 패닝할 수 있습니다. 이미지를 확대했을 경우 화면의 이동이 필요한데, 그때 사용하게 됩니다.

돋보기 도구 Z   화면을 확대하고 축소할 수 있습니다. 상단 옵션 바 좌측에서 '+', '–'의 선택으로 확대와 축소를 선택할 수 있습니다. 단축키 Ctrl + (+)와 Ctrl + (–)로 대신할 수 있으며, 돋보기 도구를 선택한 상태에서 화면에 좌 우 드래그를 하는 것으로 손쉽게 사용 가능합니다.

전경색과 배경색 전환 버튼 X   전경색과 배경색의 선택 된 색상을 서로 바꿉니다.

전경색과 배경색 설정   전경색과 배경색을 설정합니다. 기본 전경색의 색상으로 브러시를 사용할 수 있습니다. 클릭하여 색상 피커를 띄웁니다. 그 후 원하는 색상을 선택하여 사용합니다.

화면 모드 변경   포토샵을 창모드로 하거나, 전체 화면으로 변경할 수 있습니다.

새 캔버스 생성하기

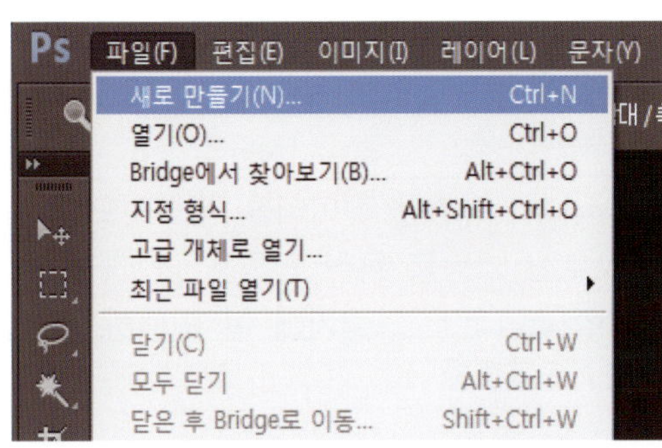 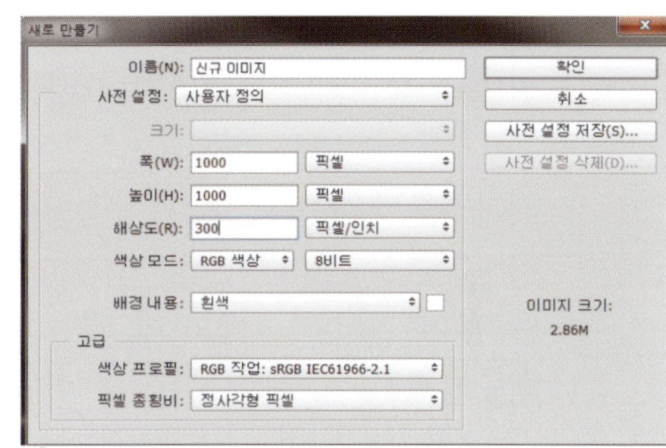

가장 위 새로 만들 캔버스의 이름을 입력합니다. 그 뒤 폭(W)과 높이(H)를 입력합니다. 기본 단위는 픽셀을 사용하여 만들어주시면 좋습니다. 해상도(R)는 300을 설정합니다. 그 외 부분은 기본 설정이지만, 혹시 다르다면 보기와 같이 설정합니다. 이름, 폭(W)과 높이(H), 해상도(R) 외의 설정은 이후에도 전혀 변동이 없으니 참고해 두시면 좋습니다.

*해상도 = 1인치에 표기되는 픽셀 수입니다. 단위는 dpi를 사용하며 해상도가 높으면 이미지의 출력시의 화질이 대폭 상승하게 됩니다. 하지만 웹에서는 보통 해상도 72dpi를 사용하고 있기에 해상도를 변경하여도 출력 외에는 차이를 느낄 수 없습니다. 만약을 위해서 해상도는 언제나 300이상으로 설정해두시면 좋습니다.

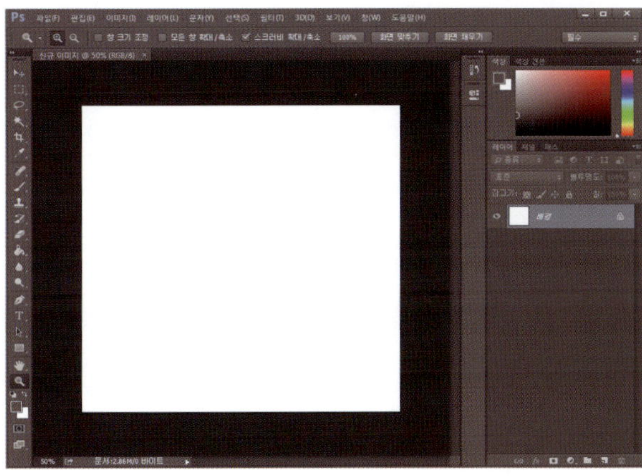

캔버스가 입력한대로 정상적으로 열리면 화면과 같이 정사각형의 흰색 배경이 생기는 것을 알 수 있습니다. 그림은 해당 흰 화면에 그리게 됩니다.

좌측 상단에 캔버스의 이름과 화면의 확대 배율을 알 수 있습니다.

포토샵 알아보기

레이어 생성하기

포토샵을 처음 접하는 경우 레이어의 개념에 대해서 잘 이해하지 못하여 잘 사용하지 않는 경우가 있습니다. 레이어는 그림, 일러스트, 2D 그래픽을 작업하는 경우에 꼭 필요한 필수 요소이며, 레이어의 이해와 활용 여하에 따라 작업의 속도나 효율이 달라집니다.

레이어를 사용하지 않고 작업할 수도 있습니다. 하지만 레이어를 적극적으로 사용하지 않는다면 수정이나 편집, 그리고 특수한 포토샵 기능을 통한 연출을 줄 때 모든 부분을 브러시로 일일이 작업하게 되는 불상사가 발생합니다. 그렇기에 꼭 이해하고 작업할 수 있도록 합니다.

간단히 레이어는 캔버스 위에 투명한 아크릴판이라고 생각하면 좋습니다.

레이어는 이런 이미지와 같은 느낌으로 이해할 수 있습니다.

간단한 레이어 사용 예시입니다. 실제로 사용한 레이어는 예시 보다 많습니다.

좌측부터 가장 아래에 있는 레이어 '배경', '캐릭터', '이펙트', '등' 입니다. 이런 식으로 구성 된 레이어가 최종적으로 하나의 이미지로 보여지게 됩니다. 기본적인 레이어의 흐름을 이해한다면 그림 작업을 할 때 상당히 수월할 것입니다.

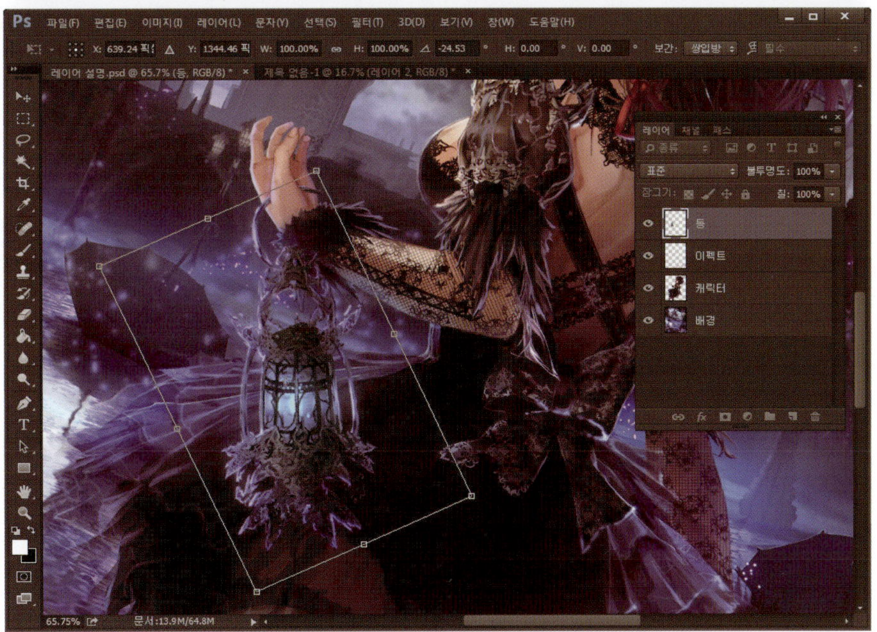

레이어를 활용하면 이미지의 편집이 굉장히 수월해집니다. 캐릭터가 들고 있는 등의 위치가 마음에 들지 않습니다. 그럴 경우 '등'이 그려진 레이어를 선택하여 **자유변형 Ctrl + T** 을 누른 뒤 각도를 돌려줍니다. 이후 **Enter**를 눌러 완료해줍니다. 단순히 **이동 도구 V**를 사용하여 위치의 변경도 가능합니다. 이런 방법으로 수월한 그림의 수정을 진행할 수 있습니다.

레이어는 사용 수량에 제한이 없습니다. 확인하기 쉽도록 레이어의 이름을 변경할 수도 있으니 적극적으로 활용하길 바랍니다.

레이어 속성 알아보기

레이어에는 레이어마다의 속성이 존재합니다. 기본적으로 생성되는 레이어는 표준입니다. 표준은 기본형으로써 별다른 혼합방식 없이 레이어에 작성된 내용을 캔버스에 보여줍니다. '곱하기', '스크린', '오버레이' 등의 레이어는 각 레이어 마다 고유한 색상의 혼합방식이 존재합니다. 그림을 그릴 때에 레이어의 속성을 응용하면 보다 효율적인 표현을 할 수 있습니다.

레이어의 속성은 색상을 혼합하는 방식이므로 속성을 적용한 각각의 색상마다 차이가 없을 수 도 있습니다. 기본적으로 가장 아래는 표준 레이어를, 그 위부터 여러 속성의 레이어를 사용하는 것으로 색상의 혼합을 진행합니다. 가장 아래에는 캔버스로 하얗게 보이기 때문에 레이어 속성을 사용하여도 차이를 느낄 수 없습니다.

속성의 선택은 원하는 레이어에서 상단에 '표준' 부분을 선택하여 변경할 수 있습니다.

레이어의 속성은 표준부터 광도까지 매우 다양합니다. 하지만 모든 속성을 사용해야 될 필요는 없으며, 자신의 취향에 맞는 속성만 사용하여도 괜찮습니다.

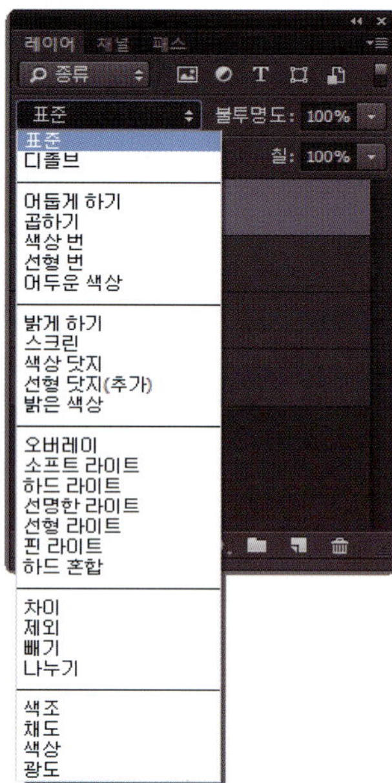

레이어 속성마다의 색상 변화

표준 레이어로 아래에 깔리게 될 그림입니다.

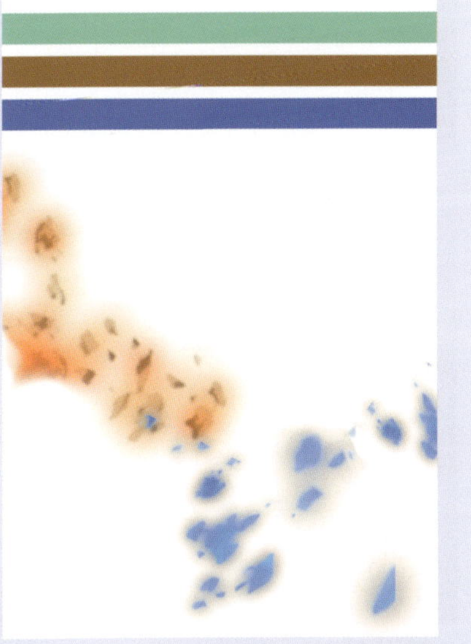

효과로써 속성 레이어로 그림 위에 올려지게 됩니다.

표준 레이어

효과를 그림 레이어 위에 표준 레이어로 둔 이미지입니다. 기본적으로 그림을 그릴 때 사용합니다.

곱하기 레이어

아래 색상에 올린 색상만큼 어둡기와 진하기를 더해줍니다. 그림자를 표현할 때 유용합니다.

스크린 레이어

곱하기 레이어와 반대되는 속성으로 밝기와 연하기를 더해줍니다. 빛을 표현할 때 유용합니다.

색상 닷지 레이어

색상을 태우는 느낌을 주는 속성입니다. 색상의 진하기를 우선적으로 밝기를 동시에 올려줍니다. 쇠의 질감이나 아주 강한 빛을 표현할 때 사용합니다.

선형 닷지 레이어

색상을 은은하게 밝혀주는 느낌을 주는 속성입니다. 색상의 밝기를 우선적으로 색의 진하기를 동시에 올려줍니다. 퍼지는 빛을 표현할 때 유용합니다.

오버레이 레이어

회색을 기준으로 밝은 색을 사용하면 밝게, 어두운 색을 사용하면 어둡게 만들어줍니다. 색상의 채도는 계속 더해주는 것이 특징입니다. 또 아래에 있는 색상이 회색을 기준으로 밝거나 어둡다면 그에 따라서 밝기가 변합니다. 색이 칙칙할 경우에 보정하는 용도로 사용됩니다.

하드 라이트 레이어

속성 중 가장 타는 느낌으로 강렬하게 표현 됩니다. 선명하지 못한 색상이나 쇠, 의상 질감, 패턴 등을 적용할 때 사용됩니다.

색상 레이어

밝기는 그대로 두고 색의 느낌과 색의 진하 기만 변하게 만들어주는 속성입니다. 일부 분의 색상의 색을 보정할 때 사용됩니다.

레이어는 표준 속성으로만 사용할 수도 있 고 여러 가지의 속성을 혼합하며 사용할 수 도 있습니다.

표준 속성으로 사용하는 경우 아래의 레이 어의 색상을 고려할 필요가 없지만, 속성 레이어의 경우 아래의 색상을 고려하여 사 용하여야만 합니다.

속성 레이어 아래에 있는 색상에 따라 보여 지는 느낌이 변하므로 여러 속성 레이어를 적용해가면서 느낌을 익혀 보시는 것이 좋 습니다.

브러시 이해하기

레이어와 같이 가장 중요한 요소로 그림을 그리는 실질적인 도구입니다. 레이어는 몰라도 그림을 그릴 수는 있지만, 브러시는 모르면 그림을 그릴 수 없습니다. 브러시의 사용법과 느낌을 능숙하게 익히는 것이 디지털 페인팅을 잘 할 수 있는 지름길이 됩니다.

브러시는 하나의 모양을 연속적으로 찍어내어 길게 이어주는 도구입니다. 펜 끝에 달린 펜촉의 모양이라고 생각하면 좋습니다.

캔버스를 열은 상태에서 태블릿 펜으로 브러시 도구로 페인팅을 하게 됩니다. 브러시 도구로 캔버스에 그린 페인팅이 섬세하게 모여 그림을 만들게 됩니다. 처음에는 굉장히 낯설지만 익숙해지면 브러시보다 편한 도구가 없습니다.

브러시의 모양은 굉장히 많고, 스스로 모양을 만들어서 브러시로 사용할 수 있습니다. 본인에게 가장 편한 브러시를 만들어서 적응해보도록 노력해보면 좋겠습니다.

브러시 설정하기

브러시의 설정을 변경하여 다양한 브러시를 연출할 수 있습니다. 시작과 끝을 가늘게 한다거나, 브러시의 모양을 변경하거나, 브러시의 농도를 조절하여, 다양한 느낌을 만들고 개성적인 페인팅을 할 수 있습니다.

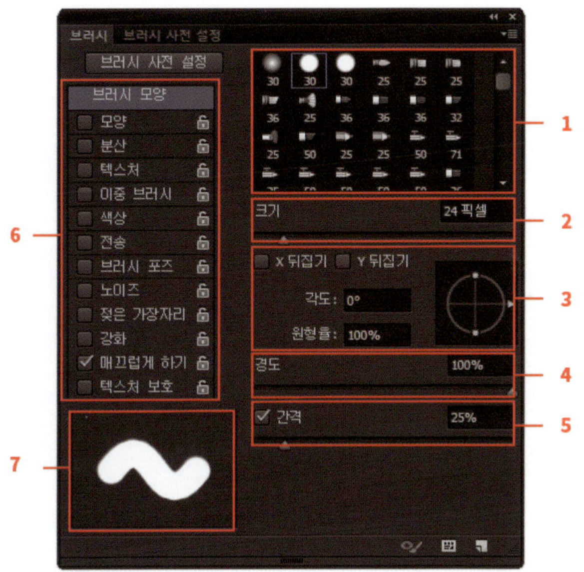

메뉴의 창 – **브러시 단축키 F5** 를 눌러 브러시 설정 창을 불러올 수 있습니다. 브러시 창에서는 브러시의 전반적인 조절과 변경, 선택이 가능합니다.

1 브러시 리스트 : 브러시의 목록을 확인할 수 있습니다.

2 크기 : 선택된 브러시의 크기를 변경할 수 있습니다. 자주 사용하는 부분으로 단축키 '[' 과 ']'로 조절할 수 있습니다.

3 브러시 트랜스폼 : 브러시의 좌우 반전이나 상하 반전, 각도를 돌리거나 모양을 누를 수 있습니다. 잘 사용하지 않습니다.

4 경도 : 브러시 테두리의 선명도를 조절할 수 있습니다. 원형 브러시에만 적용되며 경도 가 낮은 흐린 브러시를 에어브러시라고 말합니다. 능동적으로 조절하는 부분입 니다.

5 간격 : 브러시의 연속되는 간격을 설정합니다. 간격의 수치가 낮을수록 더욱 부드러운 브러시가 됩니다. 3~7%를 권장합니다.

6 브러시 모양 설정 탭 : 브러시의 세부설정을 할 수 있습니다. 체크박스로 활성화할 수 있 으며 체크박스 옆의 글자를 누르면 세부 설정 값을 입력할 수 있는 탭이 출력됩니다.

7 브러시 썸네일 : 브러시의 미리 보기가 보여집니다.

브러시 모양 설정 탭 알아보기

개인의 취향이나 방식에 따라 자유롭게 변경하여 사용할 수 있는 부분입니다. 기본적인 설정 방법을 아래에 작성했습니다. 필자는 아래의 설정으로 필압만을 사용하여 대부분의 페인팅을 기본으로 작업합니다.

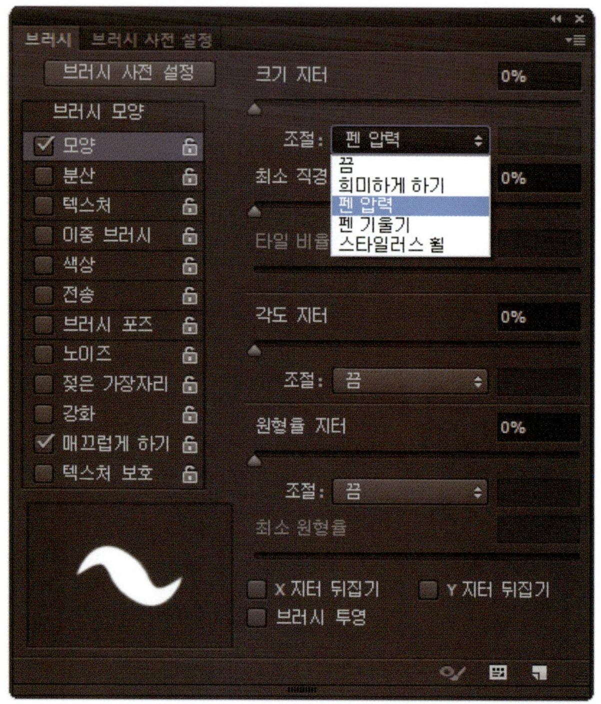

모양 체크를 활성화하면 펜촉 끝이 가늘어지는 느낌을 줄 수 있습니다. 머리카락이나 문양 등 섬세한 작업을 할 때 좋은 설정입니다.

모든 지터는 0%로 기본 설정을 그대로 놓아둡니다. 지터의 값이 올라갈수록 각도 지터는 더 변화하고, 최소 직경 지터는 크기의 직경의 변화가 줄어듭니다. 모두 자주 사용하는 부분은 아니므로 기본 0%의 상태로 설정해 두는 것이 좋습니다.

크기 지터 부분의 조절 : **끔** 부분을 조절 : **펜 압력**으로 변경합니다. 조절 부분은 브러시를 무엇으로 컨트롤할지 선택하는 부분으로서, 태블릿의 펜으로 입력할 수 있게 펜 압력으로 변경하는 것이 필수입니다. 필압이 되지 않는 경우가 있다면 대부분 이쪽 크기 지터의 조절 부분을 선택하지 않은 경우입니다.

전송

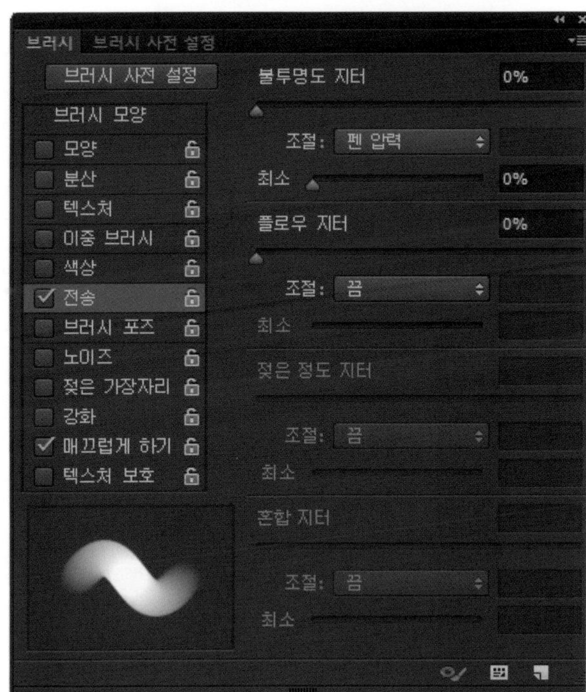

거의 대부분 활성화 해두는 부분입
니다. 이 부분이 활성화되면 필압에
따른 농도가 조절이 되어 자연스러
운 페인팅이 가능합니다.

모든 지터는 0%로 기본 설정을 그대로
놓아둡니다.

불투명도 지터의 조절 : **끔 부분**을
조절 : **펜 압력**으로 변경합니다.

브러시의 설정은 펜 압력으로 변경
하는 부분 외에는 개인의 취향에 따
라 설정을 달리하여 브러시의 다양
한 연출을 주시는 것이 좋습니다.
필자의 경우 기본 원형으로 경도와
크기 부분만 변경하고 모양과 전송
의 활성화만 ON/OFF 하면서 작업합니다. 가끔 다른 브러시를 사용하는데, 대체적으로
기본 원형의 브러시를 사용하는 것으로도 그림을 그리는 데에는 문제가 없습니다. 하지
만 다양한 느낌의 터치를 원한다면 브러시를 적극적으로 사용하는 것이 좋습니다.

레이어와 브러시의 기본 과정이 끝이 났습니다. 사실 그림을 그리는 데에 필요한 것은
레이어와 브러시가 90%라고 말할 수 있을 정도로 큰 부분입니다. 그림 자체는 그리는
사람의 페인팅 능력에 크게 관여하므로 툴 뿐만 아니라 그림에 대해서도 꾸준히 배워나
가길 바랍니다.

PART 3

그림 기본 과정

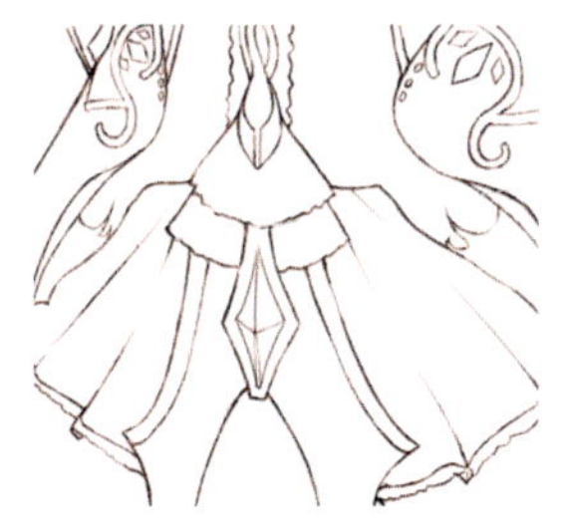 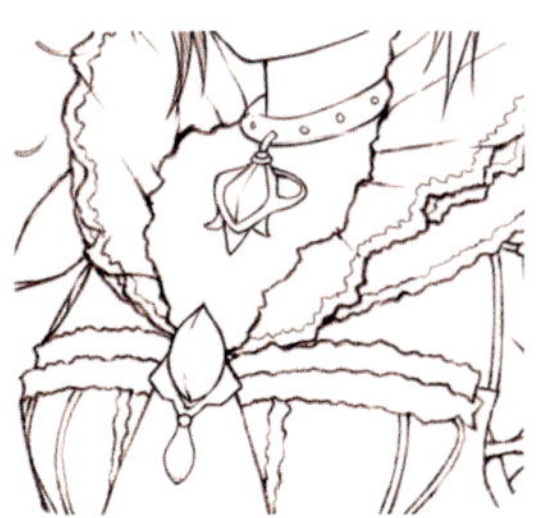 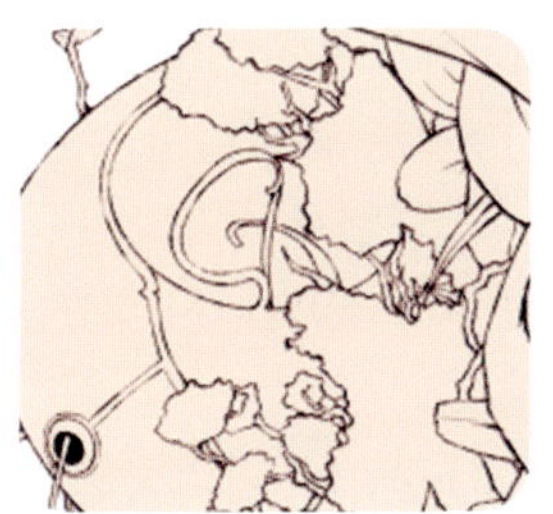 

개인작업 - 하얀장미 2014년

그림을 그리는 모든 사람은 어떤 것을 그려야 하는지, 무엇을 그려야 하는지, 어떻게 표현해야 하는지 고민을 많이 합니다. 낙서든 느낌대로 뽑은 그림이든 그림을 그린 사람의 생각이 포함되어 있기에 캔버스에 표현이 되었다고 생각합니다.

그림을 그리는 사람은 자신의 그림에 대한 부분을 모두 설명할 수 있어야 좋습니다. 설명할 수 없고 의미가 없는 부분을 그렸다는 것은 상대에게 할 말이 없다는 것과 같습니다. 그렇게 되면 무엇을 목적으로 하였는지 전달이 잘되지 않아, 상대는 파악이 잘 안돼서 "이게 무슨 그림이야? 무슨 캐릭터?"라는 되물음만 받을 뿐입니다.

그림에는 많은 요소가 존재합니다. 그림에는 선을 쓰고 색을 쓰며, 빛과 그림자, 그림체와 그림 스타일, 구도와 배경, 이펙트와 캐릭터의 스타일 등 직접적으로 표현해야 될 부분 뿐만 아니라 보색, 난색, 한색과 색상 대비법 등 이론적인 부분도 존재합니다. 이론적인 부분을 간단하게 짚고 넘어간다면 보다 더 그림에 대해서 쉽게 이해할 수 있으며, 어떻게 해야 더 좋은 그림이 탄생할 수 있는지에 대한 길잡이가 생깁니다.

많은 사람들이 기본기의 중요성에 대해서 말합니다. 많은 사람들의 입에 오르내리는 기본기라 하면 드로잉 능력을 말합니다. 사실 기본기란, 그림을 그릴 준비라는 것으로 이해하는 것이 좋습니다. 드로잉을 못하더라도 그림에 대한 이해와 그림을 그릴 준비가 충분히 되어 있다면, 얼마든지 표현하고자 하는 것을 표현할 수 있고 멋지게 승화시킬 수 있습니다.

그림의 기본적인 요소를 잘 파악하고 이해하는 것이 실력을 발전해나가는 지름길이므로 조금 지루한 부분이라도 알고 넘어가는 것이 좋습니다. 기본기를 공부한다고 느끼지 말고 그림을 그릴 준비를 한다고 생각하고 이해하면 좋겠습니다

캐릭터를 그리기 위한 준비

그림을 구상하는 방법

구상
구상은 그림을 처음 접한 때부터 그림을 놓을 때까지 계속 하는 부분입니다. 사람마다 다양한 구상 방법이 존재하고, 구상을 표현하는 여러 가지의 작가만의 방식도 있습니다. 사실 구상의 방식을 둔다는 것 자체가 많은 이의 상상력을 제한하는 것입니다만, 노하우로써 알아두면 좋겠습니다.

구상이 필요한 이유
그림을 그리기 위해선 그림을 구상을 하고 시작하는 것이 기본입니다. 초반에 그림을 구상을 하지 않고 시작하면 간단한 스케치를 하더라도 많은 고민 거리가 발생합니다. 머리카락은 어떻게 할지, 얼굴은 어떤 느낌으로 그릴지, 의상은 무엇으로 할 것인지 등 그림을 작업하는데 많은 막힘이 발생합니다. 예를 들어 머리카락을 그리는데 스타일이나 형태를 어떻게 해야 될지 몰라서 끄적거리다가 펜을 내려놓기도 하는 경우가 있습니다. 원활한 작업을 위하여 언제나 그림의 구상은 그림을 그리기 전에 어느 정도 해두시는 것이 좋습니다. 간단히 아이디어가 떠오르거나 그리고 싶은 것이 있는 것도 구상의 일부분입니다. 내가 '무엇을' 그릴 것인지에 대한 주체의 내용이 있기에, 고민하는 시간이 보다 줄어들고 그리고자 하는 것을 보다 수월하게 그릴 수 있게 됩니다.

구상하기 위한 준비
그림은 가만히 앉아서 머리를 짜내기보단 여러 가지의 매체를 보고 느끼며 생기는 경우가 대부분입니다. 누구든지 단순히 생각만으로는 한계가 존재합니다. 필자도 하얀 캔버스를 보고 있노라면 머리가 하얗게 되는 기분이 듭니다.

구상은 언제나 자유로운 생각에서부터 시작됩니다. 길을 걸어가다 새를 보았는데, 날개의 펄럭임이 너무 멋있어서 날개 달린 캐릭터를 그려볼까 하고 생각할 수도 있고, 화장품 가게를 보았는데 로고에 날개가 그려져 있어서 화장품을 의인화 시켜서 그 날개를 붙여보는 엉뚱한 상상도 하게 됩니다. 혹은 어제 결제하고 내려받은 영화를 넣으려고 새 폴더를 만들었는데 '새'가 보여서 날개가 달린 캐릭터를 생각할 수도 있습니다.

필자가 생각하는 가장 좋은 구상 방법 중 하나는 애니메이션이나 영화, 게임, 소설을 자주 접하는 것인데, 이중 한 가지라도 많은 것을 보거나 즐겼다면 구상하기가 더욱 수월합니다. 어떤 매체를 보고 스스로 공감과 감정을 얻는 방법을 알 수 있기에 이보다 즐거운 연습 방법은 없다고 생각하고 있습니다. 구상에 대한 방법이 많지만 이런 방법만큼 그림을 그리는데 즐거움을 함께 할 수 있는 방법은 많지 않다고 봅니다.

또 하나의 방법은 다른 사람의 그림을 구독하는 것입니다. 내가 정말 좋아하는 스타일의 작가의 그림이나, 취향을 저격하는 예쁜 소녀와 소년의 그림, 친구들이나 후배들의 그림 등을 보는 것인데, 콩 심은 곳에 콩 난다는 말처럼 그림 보는 때에 그림의 아이디어가 많이 떠오르기도 합니다. 여러 작가들이 고심하며 그린 그림들은 상상을 자극하기엔 정말 좋은 촉매제입니다.

**그릴 소재를
적는 습관**

구상은 갑자기 어느 순간에 아이디어가 떠올라서 진행되는 경우도 있고, 그림을 작업하면서 구상하는 경우도 있습니다. 그림을 작업하면서 구상하는 것도, 그리는 그림이 있어야 가능하기에 그릴 소재는 언제나 있어야 합니다.

자신이 좋아하는 애니메이션이나 소설, 단어와 시, 노래 등이 있을 것입니다. 그런 부분에 등장하는 소재를 느끼고 단어로 함축하여 적는 습관을 기르는 것이 좋습니다.

필자는 일본의 애니메이션 '데스노트 – 제작사 : VAP, MAD HOUSE, DNDP, Shueisha'를 굉장히 좋아합니다. 작중 등장하는 히로인 '미사'와 주인공 '라이토'의 라이벌 '류자키'를 정말 좋아하는데, 두 명의 캐릭터가 가지고 있는 성격이나 의상, 행동 등을 많이 적어두곤 했습니다.

특히 '미사'의 고스 드레스와 악세서리, 소지품 등은 제 그림의 소재에 많은 영향을 미쳤고, '류자키'의 헤어스타일은 필자가 그리는 남자 캐릭터의 머리 스타일의 기본형이 되었습니다.
미사 : 소녀, 고스 드레스, 레이스, 투명한 망사, 사신이 만들었을 법한 악세서리
        (그릴 소재에 대한 단어 작성 예시)

이 정도의 단어 만으로도 많은 아이디어가 도출될 수 있습니다. 위의 단어로 **종류, 형태, 방식, 위치**의 선택으로 다양하게 아이디어 단어를 파생합니다. 파생을 하려면 해당 종류에 대한 지식이 있어야 합니다. 요즘은 명칭만 알면 인터넷 검색으로 굉장히 많은 종류의 디자인을 볼 수 있습니다. 디테일한 구상에는 웹의 검색을 필수로 하여 해당 소재에 대한 공부가 필요합니다.

공부는 가볍게 어떤 종류의 소재가 있다 정도의 느낌으로 알아보기만 하여도 후에 내가 생각할 수 있는 종류가 늘어나므로 잘 알지 못하는 소재나 더 알고 싶은 소재가 있다면 자주 찾아보는 습관을 가지시는 것이 좋습니다.

종류의 파생 예시

소녀 : 연약한 느낌의 소녀, 강인한 느낌의 소녀, 어두운 성격의 소녀…눈이나 눈썹,
입 등 표정을 어떻게 할 것인지에 대해서 방향을 나눌 수 있습니다.

형태의 파생 예시

고스 드레스 : 핫팬츠 같은 숏 드레스, 투명한 겹 드레스, 흘러 내리는 드레스… 전체
적인 형태인 길이에 따라 나눌 수 도 있습니다. 참고 이미지에는 방식의
파생도 되어있습니다.

레이스 : 투명한 레이스, 늘어뜨린 레이스, 두깨감 있는 레이스… 실루엣은 모두
레이스로 비슷한 느낌이지만, 투명하거나 선명하거나 이어주거나 끊어주는
식으로 레이스 의상의 종류를 만들어 볼 수도 있습니다.

방식의 파생 예시

투명한 망사 : 팔에 긴 장갑처럼 끼워져 있는 망사, 허벅지 빈 공간에 채워진 망사, 가슴 부근의 의상에 덧댐 망사 등, 이렇게 위치를 어디에 두느냐에 따라 의상에 추가적인 장식이나 의상의 부분으로써 사용될 수 있습니다.

위는 의상만을 소재로 두었지만, 헤어 스타일이나 무기, 탈것이나 펫, 악세서리 등도 당연히 적용이 가능합니다.

같은 소재라도 어떻게 해석하느냐에 따라서 여러 가지로 표현할 수 있습니다.이러한 소재를 적어두고 파생하는 방식으로 상당히 많이 만들어볼 수 있습니다. 가장 중요한 것은 아이디어 소재를 적을 수 있도록 하는 기본적인 소재에 대한 지식입니다. 이것저것 보는 습관을 들여 명칭이라도 알아두면 큰 도움이 됩니다.

연관성이 있는 단어로 파생하기

기본적으로 아이디어는 아이디어를 부릅니다. 지금 밖에 비가 오는데, 비 오는 날 이라는 단어로 아이디어를 파생해보겠습니다. 단순히 비 오는 날에 대한 느낌이나 상황에 대한 것을 떠올리거나, 해당 단어를 웹에 검색하여 도출된 이미지에서 아이디어를 떠올릴 수 있습니다.

웹에 검색하여 도출된 이미지입니다. 정류장에 서 있는 남녀 한 쌍과 우산을 쓰고 있는 사람이 보입니다. 해당 이미지를 보고 정류장에 서서 남녀가 웃고 있는 장면이나, 우산을 커다랗게 쓰고 무기처럼 휘두르는 소녀를 상상해 볼 수도 있습니다.

구글 https://www.google.com

혹은 단순히 키워드를 계속 추가하여 적는 것으로 아이디어를 추가하고 구체화 할 수 있습니다.

비 오는 날 – 비 오는 날에 소녀 – 비 오는 날에 비를 맞으며 걸어오는 소녀 – 중세시대 배경에 비 오는 날에 비를 맞으며 걸어오는 꽃집 소녀

발상과 구상을 하기 시작하면 사실 끝이 없습니다. 세상에는 아주 많은 소재가 있고, 이미 내가 알고 있는 소재도 많습니다. 하지만 그 많은 소재에서 선택하기란 정말 쉽지가 않습니다. 그렇기에 자신이 좋아하는 소재를 집중적으로 탐구하여 심화해나가는 것이 필요합니다. 구상한다는 것은 궁극적으로 심화된 생각을 캔버스에 표현하기 위함이라고 생각합니다.

기존에 있던 주제를 사용하기엔 식싱하고, 없던 주제를 찾기에는 초반에는 상당히 어렵습니다. 그렇기에 기존에 있던 주제들을 찾아 추가적인 표현과 생각으로 접근하는 노력이 필요합니다. 기존의 주제를 리메이크를 하고 아이디어를 추가하는 과정에서 자연스레 자신만의 발상 방법과 창작의 구상길이 터득 될 것입니다.

필자가 생각하는 좋은 구상은, 그림을 보여주기 위해 구상한다는 것에 언제나 초점을 맞추고 있는 것입니다. 하지만 아이디어만 도출하기 위함이라면 최초에 잡았던 아이디어가 많은 변형이 되어 오히려 최초의 심플했던 아이디어보다 보기 싫어질 수도 있습니다. 비오는 날에 소녀는 좋지만, 여기에 짐승과 기계가 출현하여 소녀와 춤을 춘다면 주제가 굉장히 이상하게 되어 버릴 수 있습니다.

구상은 그림을 그리기 위한 고민입니다. 천천히 내가 정말 그리고 싶은 것이 무엇인지 생각하고 관련 자료를 찾아 공부하는 습관이 항상 있다면, 누구든지 구상을 잘 하는 일러스트레이터가 될 수 있다고 봅니다.

선 등으로 이미지의 초안을 그리는 작업으로, 스케치 자체로써 보여주거나 색상을 넣기 전 뼈대를 잡는 것을 의미합니다.

필자는 일러스트레이터의 스케치 연습 방법은 '많은 작업'을 하는 것이 아니라 '정성이 든 작업'을 하는 것이라고 생각합니다. 실질적으로 캔버스에 그림을 그리는 사람들은 구상 이후 스케치를 하며 캔버스에 있는 것에 대한 구체적인 상을 생각하게 되는데, 많은 작업을 억지로 진행하게 되면 머리 속에 상이 맺히기도 전에 다음 이미지로 넘어가게 되어 자꾸만 표현이 되돌아가는 느낌을 받습니다. 여러 가지 많은 캐릭터의 스케치를 이런 저런 이미지를 참고하여 많이 그렸지만, 많은 정보량으로 머리에 기억이 남지 않아 다음 회에 그릴 때에도 다시 참고를 해야 된다는 것입니다. 하나의 스케치를 하더라도 공을 들여 스케치를 한다면 머리 속 기억의 데이터베이스를 오래가지고 갈 수 있지 않을까 싶습니다.

스케치는 목적에 따라 작업하는 방식을 다르게 생각하는 것이 좋습니다. 스케치로써 보여줄 것이면 스케치의 선 맛을 살리는 것이 좋을 테고, 컬러링 작업을 목적에 둔다면 컬러링 이전에 뼈대를 만든다는 느낌으로 그립니다.

스케치 방식의 종류

단순히 선을 쓰는 같은 스케치라고 생각할 수도 있는 부분이지만 대표적으로 3가지의 경우가 존재합니다. 각각의 접근 방식에 따라 장단점이 있으니 아래의 예제를 보고 스스로 접근할 방식을 고민하는 것이 좋습니다. 이 예제에서는 오로지 태블릿을 활용한 CG 작업에 초점을 맞추었습니다.

기본적으로 스케치는 검은 선이 아닌 약간 갈색 느낌의 선 등 컬러가 있는 선으로 작업하는 것이 좋습니다. 검은색은 이미지가 다소 뭉쳐 보이는 느낌과 강인한 느낌을 받기에 미소녀 계통의 아트에선 컬러가 있는 선을 사용하는 것을 권장합니다. 또, 한 그림에 여러 가지 컬러의 선을 사용하면 파츠를 나누기도 쉽습니다.

어떤 캐릭터를 그릴지에 대한 디테일한 구상을 효과적으로 하기 위해 간단히 스케치를 하는 방법입니다. 오로지 구상이 목적인 스케치이며 컨셉 외의 악세서리에 대한 디테일 디자인은 그리면서 생각합니다. 선을 깔끔하게 하지 않기에 작업의 소요시간이 매우 짧지만 이미지의 완성을 하려 한다면 다소 지저분한 선은 난관이 될 수 있습니다.

필자가 구상 스케치 시에 가장 선호하는 방법입니다. 빠른 시간에 그릴 상을 찾을 수 있고, 터치 시에 스케치를 합쳐서 자유롭게 컬러링을 하기에 큰 무리가 없습니다.

네일 선화 스케치 2011년　　　　　　　　소녀 캐릭터 스케치 2012년

의상의 디자인을 보여주기 위한 목적으로 선을 깔끔하게 정리하는 방식으로 스케치 선화를 작업할 수도 있습니다. 선을 깔끔하게 정리하며 작업하면 스케치와 선화를 따는 단계에서 많은 시간을 소요하게 되지만 컬러링을 할 때 시간 소비를 줄일 수 있습니다. 하지만 가장 큰 단점으로는 선 스케치가 중점이기에 컬러링 때에 터치의 제약을 받을 수 있습니다. 컬러링시 터치의 제약이란, 선으로 이미 구성이 되었기에 그 선 안에서 컬러의 표현을 해야 하기에 표현이 다소 한정적이라는 뜻입니다.

마지막으로 스케치로써 그림을 보여주는 경우도 존재합니다. 이 경우 기본적인 깔끔한 형태의 스케치보다는 빗금이나 선의 강약, 농도를 신경 쓰며 작업을 하기에 엄청난 시간이 소비됩니다. 컬러링시 표현의 제약이 큽니다. 이미 선으로 많은 표현을 해버린 경우로써 컬러링이 디테일하게 들어갈 경우 오히려 조잡해 보일 수 있는 단점이 있습니다. 그렇기에 보통 깔끔한 셀 채색의 컬러링에 용이합니다.

기본 스케치 방법

현재는 구도를 잡거나 인체를 배우거나 등의 기본적인 튜토리얼은 웹에 무수히 셀 수 없을 정도로 많습니다. 필자는 이 책에서 위와 같은 자료를 보다 편히 받아드릴 수 있도록 기본적인 그리기에 대한 느낌 정도를 간략히 제시해볼까 합니다.

얼굴 스케치

얼굴은 그림을 그리는데 있어서 가장 재미있지만 가장 어렵고, 그림의 전반적인 느낌을 좌우하며 독자의 시선을 가장 많이 받는 부분입니다. 대상을 볼 때에 매력을 가장 많이 느낄 수 있는 부분으로써, 캐릭터의 얼굴이 매력적이지 못하면 눈이 잘 가지 않고 시선이 빠지기 일수입니다. 잘 잡힌 얼굴의 그림은, 해당 그림을 그린 작가만의 매력적인 그림체를 만드는 것에 많은 기여를 할 것 입니다.

얼굴에는 기본적으로 머리카락, 눈, 눈썹, 코, 입, 얼굴형, 귀를 포함합니다. 십자선부터 시작하여 얼굴의 전체 뼈대를 만드는 것을 천천히 연습한다면 어느새 자신만의 그림체를 찾게 되어 그림을 매력적으로 연출할 수 있게 될 것입니다.

많은 매체에서 입문자에게 그림의 기본기를 현실의 사진과 근육을 대입하며 알려주고 있습니다만, 필자는 입문자에겐 그다지 좋은 방법이라고 생각하지 못합니다. 아직 사람 눈 조차도 잘 파악하지 못하는 지망생에게 많은 정보를 학습하라고 강요하는 것은 마치 목적을 잘 알지 못하는 공부를 하라는 것과 마찬가지로 느껴집니다. 일러스트와 그림은 예쁘고 잘생기게 그리면 됩니다. 기본과 근육을 꼭 알 필요는 없으며 그런 부분을 모르더라도 충분히 좋은 성공을 할 수 있고 잘 그릴 수 있습니다.

얼굴의 뼈와 근육 등은 이미 많은 작가들이 파악하여 그림체 라는 것으로 승화하였습니다. 앞으로 공부를 해야 될 지망생은 이미 파악이 된 그림체에서 더 나아가 멋진 스타일의 나만의 그림체로 만들려고 노력을 해야 좋습니다. 이미 많은 선배 작가들이 후세대에게 그림으로써 알려준 것을 보고 배우지 않고 다시 그 길을 지나오겠다는 것은 필자는 현 시대 지망생에겐 다소 시간낭비라고 생각합니다. 어느 정도의 지식을 쌓고 나서 찾아본다면 진짜배기 도움이 될 것입니다.

원과 십자선 긋기

많은 그림쟁이들은 캐릭터의 얼굴을 그리기 위해 원과 십자선을 긋습니다. 이 원과 십자선은 얼굴을 그리기 위한 가이드라인으로써 사용합니다. 보통의 얼굴형은 약간의 계란형으로 표현하며 캐릭터의 성격에 따라 다르게 표현하기도 합니다. 기본적인 보통의 형태로 미소년과 미소녀를 그리는 것을 진행해보겠습니다.

캔버스의 사이즈

캔버스 사이즈는 언제나 줄이고 늘릴 수 있습니다. **메뉴 – 이미지 크기 (단축키 Alt + Ctrl + I)** 로 조절하여 유동적으로 사용합니다. 캐릭터 얼굴을 그릴 때의 캔버스 사이즈는 가로 세로를 2000px 정도 내외로 설정하여 이미지는 크롭을 하였고, 기본 브러시로 그렸습니다.

포토샵 인터페이스 설정

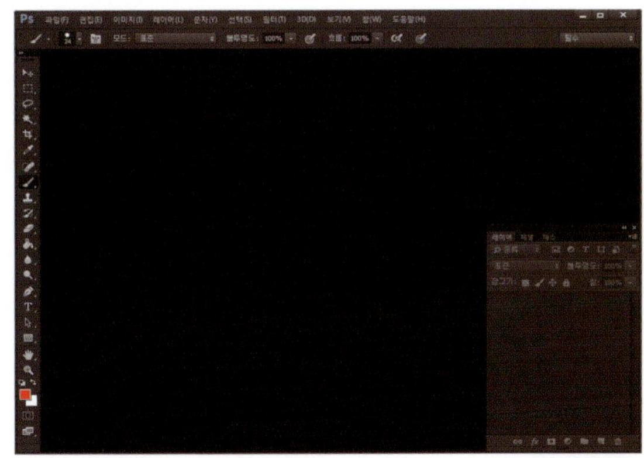

필자는 툴 박스와 레이어 패널 외 다른 패널은 사용하지 않거나 필요시 단축키로 불러와서 작업합니다. 패널 위 창을 아무 곳으로 끌어당겨서 x 표를 눌러주는 것으로 없앨 수 있습니다.

포토샵 색상 피커 컬러 입력

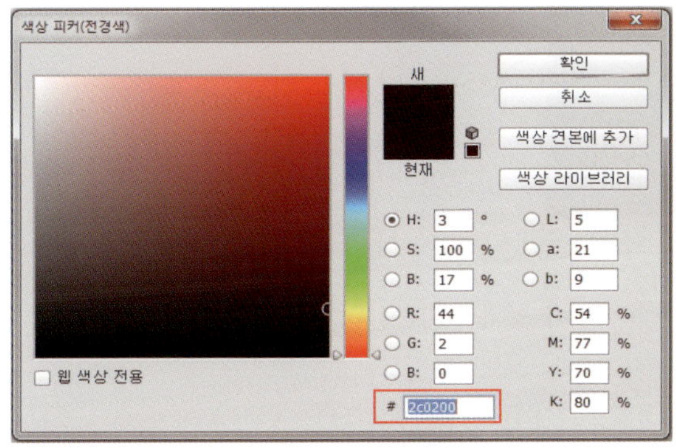

컬러를 직접 찍어도 되지만, 잘 모르겠다면 필자의 색을 사용해보도록 합니다. 이 책에는 주요 컬러의 좌표가 적혀 있습니다. #2c0200 등의 좌표를 색상 피커의 # 부분에 넣는다면 필자와 같은 색을 선택할 수 있습니다.

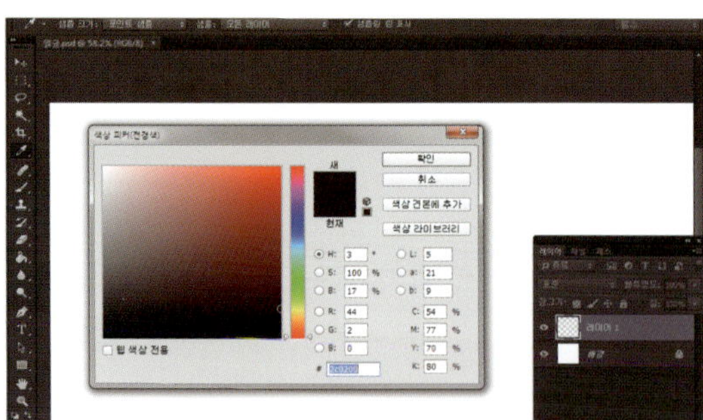

01 포토샵을 키고 캔버스를 하나 새로 만듭니다. 캔버스 이름은 '얼굴'로 하였습니다.

02 레이어 창 아래의 버튼을 눌러 레이어를 생성하거나 단축키로 레이어를 1개 생성합니다.
*(단축키 Shift + Ctrl + N 레이어의 단축키는 항상 사용하므로 꼭 외우도록 합니다.)

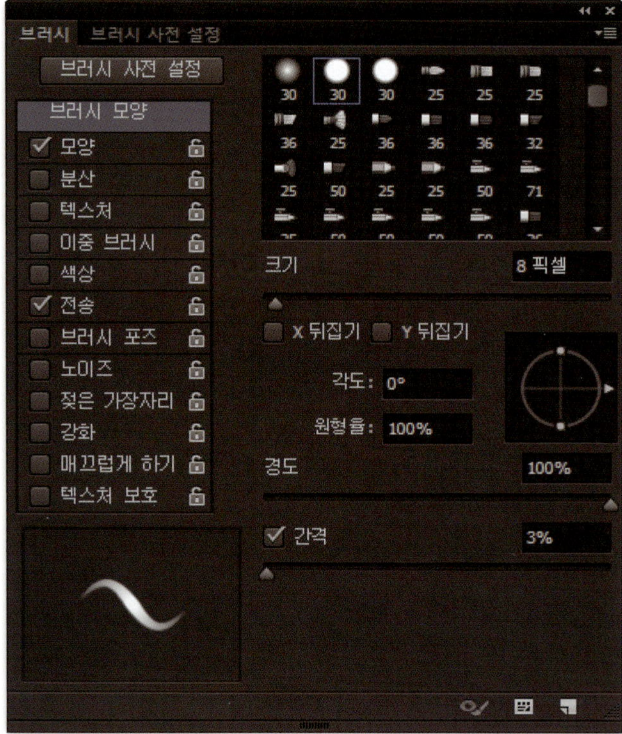

03

선은 이론에서 배운 것과 마찬가지로 약간 진한 갈색 색 : #2c0200 을 선택해주고 약간 계란의 원형을 그립니다. 브러시 옵션 = 브러시창(**단축키 F5**)의 설정은 기본 브러시의 원형이며, 모양과 전송에 체크가 되어 있습니다. 모양은 상황에 따라 체크를 풀거나 체크합니다. 경도는 100%, 간격은 3%~7%입니다. 크기는 4px~8px 로 하였지만, 자유롭게 설정하시기 바랍니다

필자는 브러시의 불투명도와 흐름을 조절 하지 않은 상태의 기본인 100%로 작업합니다. 농도는 태블릿 펜 강약(쎄게 누르며 그리거나 약하게 그리는 것)으로 모두 처리합니다. 그렇기에 브러시의 불투명도의 조절은 내용에 나오지 않습니다.

*브러시의 크기가 몇인지 궁금해하는 경우가 많았습니다. 브러시의 크기는 캔버스의 크기가 1000px 일 때의 브러시 2px과 캔버스의 크기가 2000px 일 때의 브러시 4px은 같은 사이즈로 나오므로 크기는 의미가 없습니다. 사이즈는 브러시 사이즈 (단축키 [,])으로 유동적으로 변화해주는 것이 좋습니다.

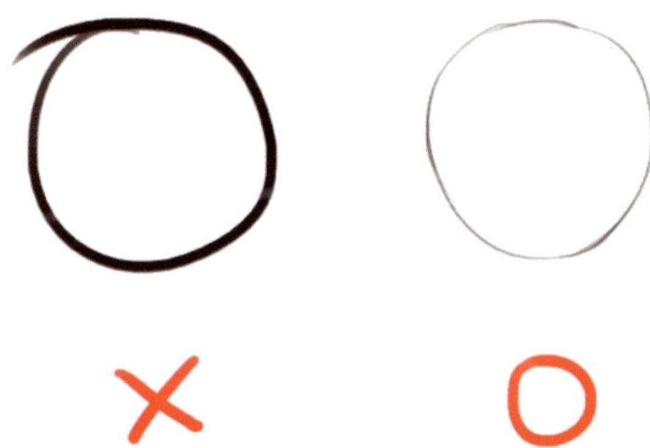

*연습 시에는 선을 너무 굵게 쓰지 않도록 합니다

스케치 시에 선은 한 번에 긋지 말고, 여러 번 겹치도록 긋는 것이 좋습니다. 그렇게 한다면 선의 느낌이 겹치지는 부분과 겹쳐지지 않는 부분이 발생하여 더욱 좋은 선 느낌을 만들 수 있습니다.

만약 선이 좋지 못하게 그려졌다면 이전 단계로 되돌리는 **단축키 Alt + Ctrl + Z**를 눌러 몇 번이고 반복합니다.

필자는 여자 캐릭터와 남자 캐릭터를 각각 위아래로 6개씩 작업하겠습니다. 여자 캐릭터는 약 17살로 보이도록, 남자 캐릭터는 약 20살로 보이도록 작업합니다.

*여기서 중요한 것은 정면을 잘 그려서 자신의 캐릭터 기본 얼굴형을 머리 속에 담는 부분이므로 정면부터 잘 알고 넘어갑니다. 정면의 얼굴의 비례를 잘 알고 모양을 파악했다면, 다른 각도의 얼굴을 그릴 때도 어렵지 않게 구현할 수 있습니다.

얼굴 그리기

십자선 긋기

십자선은 캐릭터의 눈의 위치와 시선의 가이드라인을 그리는 작업입니다. 정면을 그리기 위하여 중간에 표현해 보았습니다. 각도가 바뀜에 따라 십자선의 위치가 바뀌는 것을 알 수 있습니다. 캐릭터의 머리와 얼굴은 다소 계란형의 느낌이고 얼굴은 앞에 붙어 있습니다. 그러므로 십자선을 앞에 둔다는 생각으로 표현하시면 되겠습니다.

얼굴 윤곽 그리기

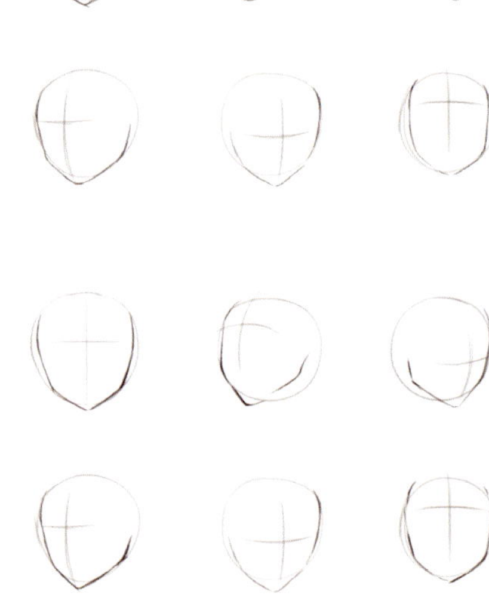

아래의 가이드로 그린 원과 십자선이 투명하게 보이도록 레이어 1의 불투명도를 50%로 조절합니다. 레이어 창의 불투명도 부분을 50%로 입력하거나 버튼을 눌러 직접 조절할 수 있습니다. 그리고 레이어를 하나 더 생성합니다.

원과 십자선을 간단히 표현하였으면 얼굴의 윤곽을 잡아줍니다. 여자 캐릭터의 얼굴 윤곽은 이마 이상의 부분은 머리카락으로 덮는 경우가 많으므로, 직접 보여지게 될 턱이 대단히 중요합니다. 턱은 기본 역삼각형으로 그리는 것이 무난합니다. 얼굴의 전체적인 형태는 반원 + 오각형 같은 느낌으로 하면 이해하기 쉽습니다.

*캐릭터가 우람하거나 과감한 캐릭터성이 필요할 경우 턱을 다른 모양으로 그리기도 합니다. 하지만 기본 일러스트에서는 미남형, 미녀형으로 그리는 경우가 대부분이기에 이 부분은 다루지 않겠습니다.

남자 캐릭터의 얼굴 윤곽은 소년의 경우 여자 캐릭터와 비슷하게, 청년의 경우는 여자보다 조금 더 뾰족하게, 그리고 각지게 그리는 것이 좋습니다. 남자는 여자보다 골격이 더 발달했으므로 그런 부분을 강조하는 것이 남자답게 나올 수 있습니다.

윤곽의 스케치에서는 아직까지 가이드 라인이기에 디테일 하지 않게 큰 차이를 두지 않는 것이 좋습니다. 캐릭터의 눈, 코, 입을 그린 후 다시 윤곽의 스케치를 조절하는 쪽이 전체적인 벨런스를 잡는데 용이합니다. 미소녀와 미소년의 느낌은 기본적으로 모두 여성스러운 경우가 많기에 조금 더 턱 라인을 강조하는 것으로 끝냅니다.

*만화체 캐릭터는 사실 나이가 보는 사람에 따라 다르게 보이는 경우가 굉장히 많아서 큰 틀로써 어린소녀, 소녀, 숙녀 등으로 알아챌 수 있으면 됩니다.

눈그리기

캐릭터의 인상을 결정하는 가장 중요한 요소인 눈입니다. 여자 캐릭터의 눈은 과감하게 크게, 남자 캐릭터의 눈은 작게 그리는 것으로 만화체에서의 표현을 심화시킵니다. 레이어를 하나 더 생성하여 작업합니다. 편의를 위해 이제부터 레이어에 이름을 적어둡니다. 레이어의 이름의 변경은 레이어 이름 부분을 더블 클릭하는 것으로 변경할 수 있습니다.

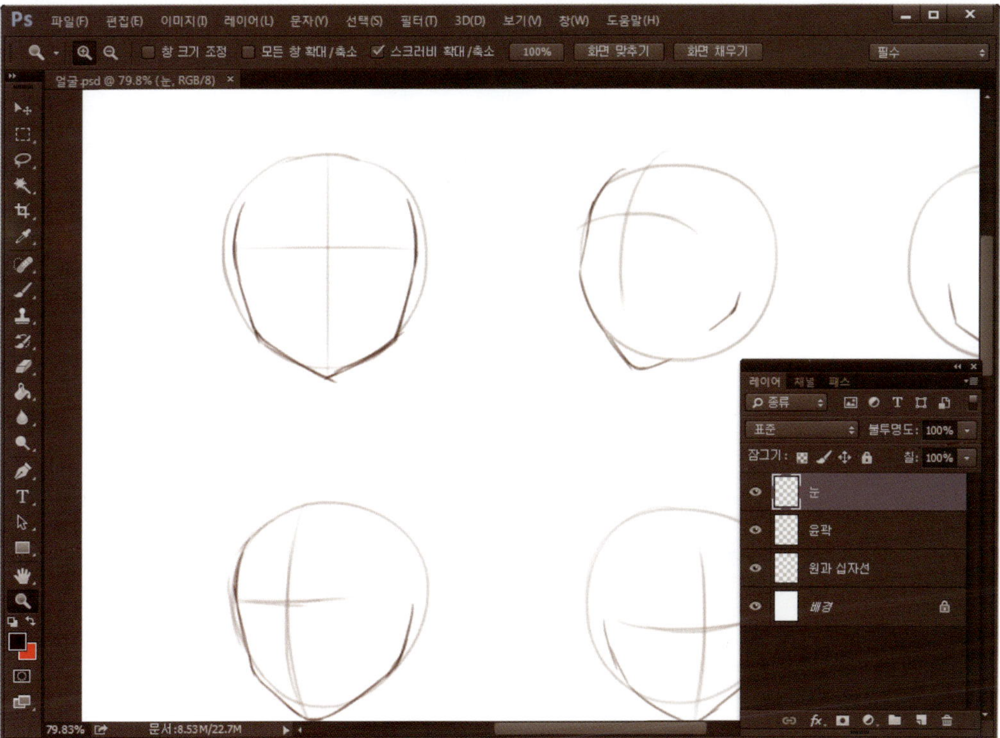

*만화체는 기본적으로 단순하게 변형하여 그리는 것이므로 실사보다 차이가 많이 나지 않기에 과감한 표현을 진행하는데, 이를 데포르메라고 합니다.

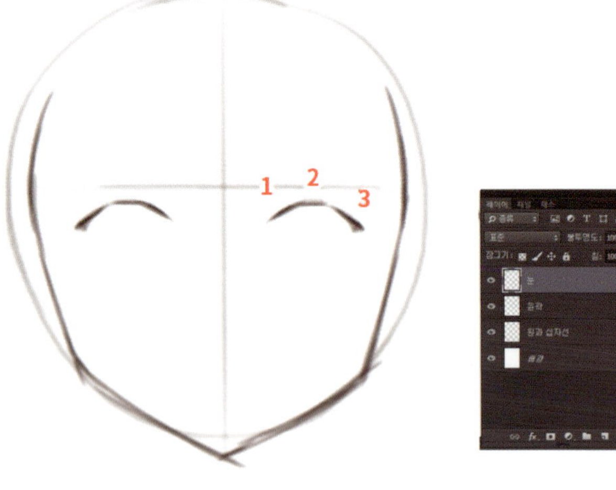

01

캐릭터의 눈 윗 부분을 먼저 그려줍니다. 눈은 3개의 각으로 생각하여 1눈 안쪽, 2중간 틀, 3끝 꼬리로 나누어 봅니다. 눈 안쪽은 사람의 눈이 안쪽으로 파여 있는 느낌을 표현했고, 중간 틀은 눈의 길이를, 끝 꼬리는 눈의 성격을 나타냅니다. 끝 꼬리가 올라가면 조금 더 까칠한 느낌의 캐릭터가, 내려가면 순진한 느낌을 주는 캐릭터가 됩니다.

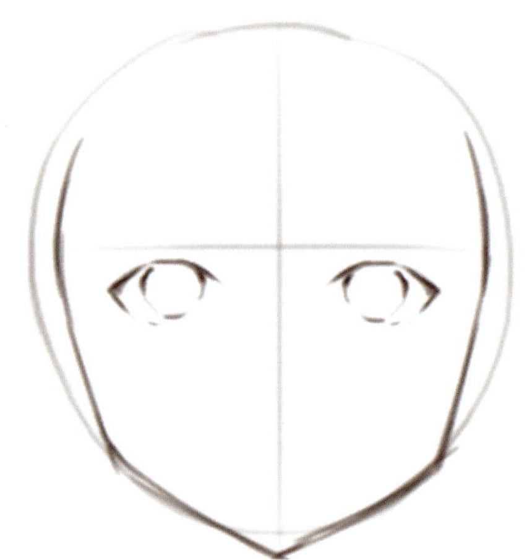

02

그 뒤 눈동자의 스케치와 눈 옆 꼬리 부분의 연장을 그려줍니다. 눈의 크기와 간격은 눈과 눈 사이에 눈 1개가 들어가는 정도로 그리는 것이 적당하며, 눈과 턱의 거리는 눈의 2~3배가 되도록 하는 것이 좋습니다. 눈동자는 크게 하면 귀여운 느낌이, 작게 하면 조금 더 날카로운 느낌이 되므로 자유롭게 조절합니다.

*눈의 모양은 그림체의 매우 중요한 베이스가 되므로 여러 가지의 사진이나 그림을 보며 연구하는 것이 좋습니다. 눈을 연구할 때는 눈의 틀 (눈 안쪽, 중간 틀, 끝꼬리), 눈동자, 속눈썹과 얼굴에 비한 눈 크기의 요소로 분석하면 매우 효과적입니다.

코그리기

만화체로 코를 그린다는 것은 정말 단순합니다. 눈과 턱의 중앙보다 살짝 위 부분에 점을 찍어주는 것으로 정면의 코를 그려줍니다. 남자의 경우는 그 위치에 날을 더 선 느낌으로 표현하면 좋습니다.

입그리기

스케치에서 입을 그릴 때는 중앙 부분을 살짝 연하게 그려줍니다. 미소녀의 캐릭터는 살짝 다문 느낌의 입 모양이 보다 예쁘게 보이는 느낌이 있습니다. 포인트는 양 입 꼬리를 조금 더 진하게 해주는 것으로 입의 느낌을 살려줍니다.

입의 크기와 위치는 눈 안쪽의 부분과 비슷한 위치에 그려줍니다.

눈썹그리기

캐릭터의 표정을 가장 잘 나타내는 부분입니다. 치켜 올라가게 그린다면 화난 느낌이, 내려준다면 기운이 없는 느낌이 납니다. 미소를 띈 느낌을 내기 위해 살짝 동그랗게 그려줍니다.

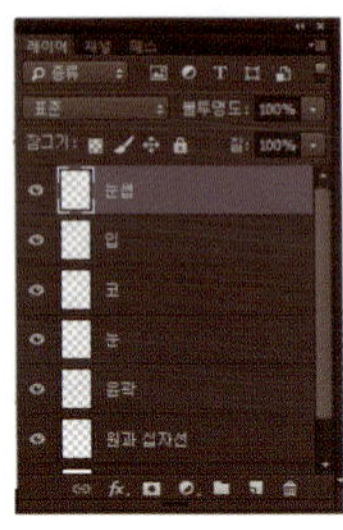

위치는 눈보다 살짝 안쪽으로 그리고, 눈만큼의 길이 만큼 눈 위에 그리는 것이 보통입니다.

여러 각도의 기본형 얼굴입니다. 각도가 있는 얼굴의 경우 눈의 폭과 코의 위치가 중요한 역할을 합니다. 멀리 있는 쪽의 눈의 폭을 줄이는 것으로 각도가 돌아간 느낌을 줄 수 있습니다. 또, 코의 위치를 각에 따라 조금 더 아래, 위로 두는 것으로 효과적인 각도를 연출할 수 있습니다.

얼굴 그리기 – 디테일

기본형의 얼굴은 아주 기본이 될 틀이므로 여기에 디테일을 더하여 보다 더 생동감 있는 얼굴을 연출합니다. 쌍꺼풀, 눈 고리의 디테일, 윤곽의 디테일, 속눈썹, 눈동자의 표현 등을 진행하게 됩니다. 그려진 기본형 캐릭터에 화장을 더해준다 라는 느낌이면 좋습니다.

강조할 부분을 자연스럽게 부각시키기 위해 선을 여러 겹 겹치며 얕게 그려주는 것이 중요 포인트입니다. 얼굴은 굉장히 민감한 부분으로 약간의 진한 터치나 길이가 어긋나도 인상이 달라질 수 있으니 주의하며 진행합니다.

기존의 레이어를 모두 합칩니다. 합치기 **(단축키 Ctrl + E)**

레이어 합치기

상위 레이어에서 단축키 **Ctrl + E** 를 누르는 것으로 하위 레이어와 합쳐집니다. 이때 레이어의 옵션은 하위 레이어를 따라가므로 주의가 필요합니다. 레이어의 옵션이 모두 표준이라면 그대로 합치면 됩니다.

01

합쳐진 레이어를 불투명도 50%로 두고 레이어를 1개 생성하여 디테일한 스케치를 그려나갑니다.

속눈썹과 쌍꺼풀을 그립니다. 속눈썹은 캐릭터가 조금 더 강인하고 당돌해 보이는 효과가 있습니다. 쌍꺼풀은 캐릭터의 눈을 부각시키는 효과를 줍니다.

02

캐릭터의 얼굴 윤곽도 정리를 조금씩 해 줍니다. 여자 캐릭터의 경우 갸름한 느낌의 윤곽이 선호되기에 아래쪽을 위쪽보단 갸름하게 다듬습니다. 광대가 있는 부분보다 확실하게 작아지는 느낌이 들면 좋습니다. 또, 눈동자의 안쪽 부분의 묘사를 시작합니다.

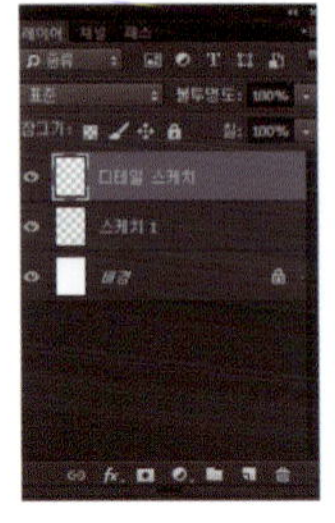

03

캐릭터의 눈 안에는 동공이 있습니다. 동공의 부분을 얕은 스케치로 눈동자의 모양을 따라 표현해주고 빛이 비추는 느낌을 표현하기 위해 타원형으로 눈 동자 부근에 그려줍니다. 그리고 스케치 1 레이어에서 가이드로 그렸던 스케치의 일부분을 지워줌으로써 스케치를 깔끔하게 만듭니다.

캐릭터의 속눈썹을 얼마나 길게 하느냐, 눈동자의 모양을 타원형으로 하거나 원형으로 하거나, 쌍꺼풀의 모양을 어떻게 하느냐에 따라서 그림체는 굉장히 다채로워질 수 있습니다.

캐릭터의 얼굴비례

자신만의 적당한 비례의 범위를 간단히 정의해둔다면 초반에 그림을 그릴 때에는 상당한 도움이 됩니다. 비례적인 측면은 그림체의 눈 크기나 표현의 정도, 각도에 따라 항상 달라질 수 있습니다. 간단한 가이드로써 조언을 드리는 부분이니 참고하시기 바랍니다.

여자 캐릭터의 얼굴 비례는 눈썹, 눈, 옆 턱까지 1:1:2 정도의 비례로 그려줍니다. 그리고 눈과 눈 사이는 눈 크기의 1개 정도의 공간이 나오는 것이 바람직합니다. 이마와 턱까지의 거리는 눈을 기준으로 1:1로 나누면 여자 캐릭터의 모습을 무난하게 그릴 수 있습니다.

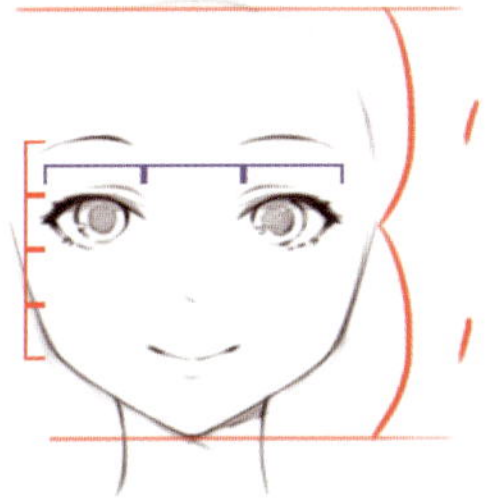
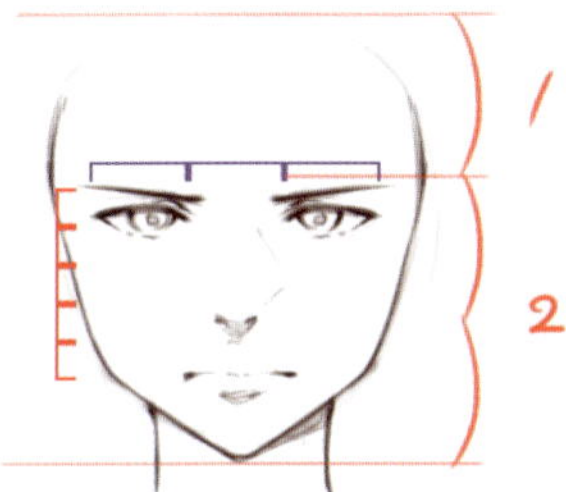

남자 캐릭터의 얼굴 비례는 눈썹과 눈을 하나로, 옆 턱까지 1:4 정도의 비례로 그려줍니다. 소년의 경우는 여자 캐릭터와 비슷하게 그리는 것이 어필하기 쉽지만, 청년이나 성인 남자 캐릭터의 경우 눈매가 얇고 작은 느낌이 나야 보다 남자답게 느껴질 수 있습니다. 마찬가지로 눈과 눈 사이의 거리는 눈 크기의 1개 정도의 공간이 나오는 것이 바람직합니다. 이마와 턱까지의 거리는 눈썹을 기준으로 1:2로 나눈다면 여자 캐릭터보다 남성스럽게 그릴 수 있습니다.

머리카락 그리기

캐릭터의 스타일을 가장 잘 살릴 수 있는 부분은 머리카락입니다. 실제로 머리카락은 캐릭터의 외모에 느낌을 결정짓는 대부분을 차지하기도 합니다. 캐릭터의 인상의 핵심인 눈과 스타일을 살리는 부분인 머리카락만 잘 표현한다면 확실히 좋은 느낌의 그림이 될 수 있습니다.

01

기존의 레이어를 모두 합친 상태에서 머리카락 레이어를 새로 생성합니다. 레이어는 언제나 따로 생성하여 작업 한 뒤, 문제가 없다면 합치는 방식으로 운용하시는 것이 바람직합니다.

머리카락의 구성은 앞머리, 옆머리, 뒷머리의 3가지로 생각을 합니다. 보다 자연스러운 머리카락의 느낌을 그리기 위하여 앞, 옆, 뒤로 나누어 입체감을 주면서 결을 각기 따로 생각하여 스타일을 연출합니다.

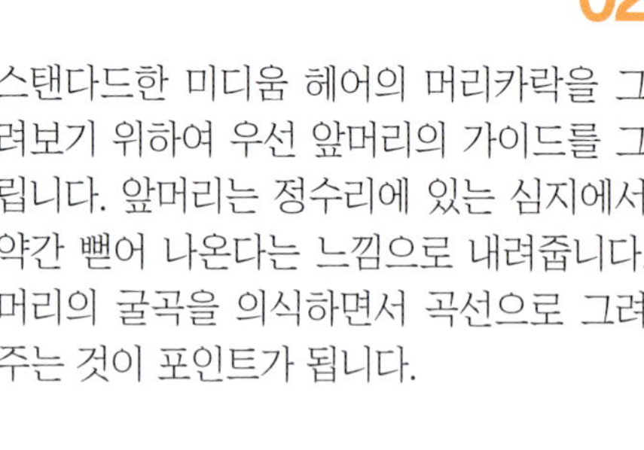

02

스탠다드한 미디움 헤어의 머리카락을 그려보기 위하여 우선 앞머리의 가이드를 그립니다. 앞머리는 정수리에 있는 심지에서 약간 뻗어 나온다는 느낌으로 내려줍니다. 머리의 굴곡을 의식하면서 곡선으로 그려주는 것이 포인트가 됩니다.

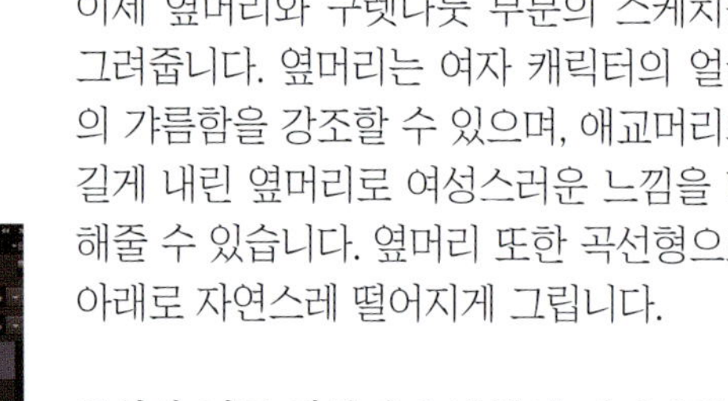

03

이제 옆머리와 구렛나룻 부분의 스케치를 그려줍니다. 옆머리는 여자 캐릭터의 얼굴의 갸름함을 강조할 수 있으며, 애교머리의 길게 내린 옆머리로 여성스러운 느낌을 더해줄 수 있습니다. 옆머리 또한 곡선형으로 아래로 자연스레 떨어지게 그립니다.

곡선이 너무 과하거나 방향이 머리카락마다 너무 다르게 떨어진다면 다소 부자연스러운 머리카락이 될 수 있으니 얼굴을 감싼다라는 느낌으로 그리는 것이 좋습니다.

04

정수리 뒤 편의 뒷머리와 옆머리 뒤쪽의 볼륨감을 생각하며 뒷머리를 그려줍니다. 뒷머리는 가장 뒤에 보이는 머리로 옆머리와 바로 뒤에 이어진다는 느낌으로 생각합니다.

기본적인 머리카락의 뻗는 방향에 대한 가이드 스케치가 끝이 났습니다. 이것을 토대로 디테일한 머리카락을 연출해보도록 합니다.

머리카락 그리기 – 디테일

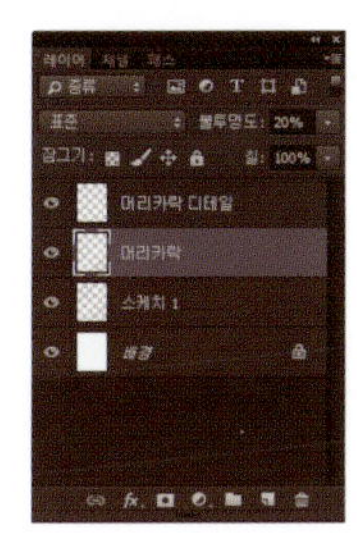

01

기존에 있던 머리카락 레이어의 불투명도를 20%로 낮추고 앞 머리부터 디테일한 스케치를 그려나갑니다. 디테일의 작업 시에는 앞머리부터 꼼꼼하게 형태를 구성해 나갑니다.

앞머리가 일자도 좋지만 필자는 조금 더 자연스러운 머리를 연출하기 위하여 머리카락의 한 부분을 넘기는 것으로 디자인 해보겠습니다. 심지 부분에서 앞머리가 뻗어 나간다는 느낌으로 이마를 의식하며 곡선형으로 넘겨줍니다.

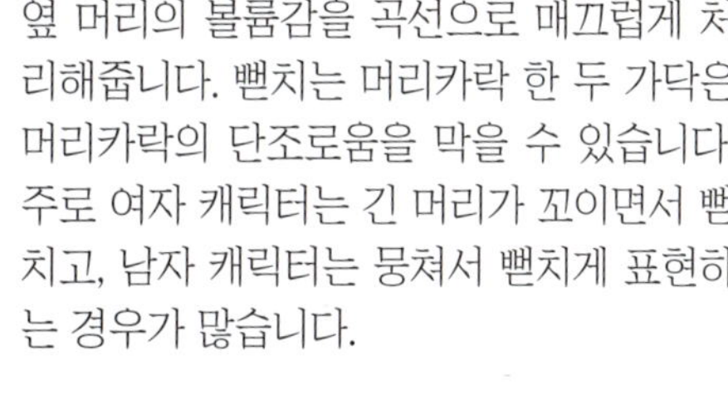

02

옆 머리의 볼륨감을 곡선으로 매끄럽게 처리해줍니다. 뻗치는 머리카락 한 두 가닥은 머리카락의 단조로움을 막을 수 있습니다. 주로 여자 캐릭터는 긴 머리가 꼬이면서 뻗치고, 남자 캐릭터는 뭉쳐서 뻗치게 표현하는 경우가 많습니다.

03

머리카락 레이어의 선을 조금씩 지우면서 뒷머리의 볼륨감을 더 풍성하게 넣어줍니다. 뻗치는 머리도 조잡해지지 않도록 조절하고 다듬습니다.

머리카락 뻗치는 머리에서는 옆머리나 앞머리보다 굵어지지 않게 해주는 것이 좋습니다. 어디까지나 뻗치는 머리는 포인트와 데코레이션 요소입니다. 메인인 앞머리나 옆머리보다 굵어진다면 조잡한 느낌을 받거나 머리카락 볼륨감이 쏠린 느낌을 받을 수 있습니다.

남자 캐릭터 머리카락 그리기

01

앞머리는 옆으로 넘김으로써 조금 샤프한 느낌이 나도록 진행해보겠습니다. 구렛나룻 정도는 앞머리와 같이 가이드를 잡아줍니다. 남자의 구렛나룻 머리카락은 보통 앞머리보다 길지 않습니다.

구렛나룻이 앞머리보다 길다면 스타일을 잘 표현하지 못하면 붙인 머리카락으로 보일 수 있으니 앞머리보다 짧게 그려주는게 포인트입니다. 정면의 구렛나룻은 아래로 뻗으면 잘 보이지 않기에 살짝 얼굴 안쪽으로 그려주는 것도 좋습니다.

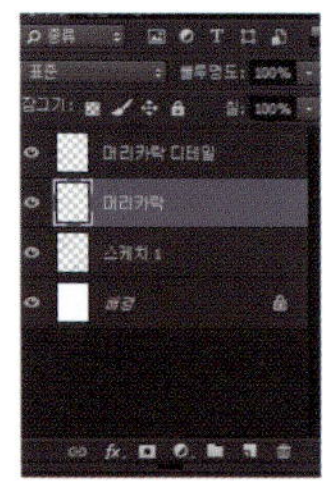

02

정면은 옆머리의 느낌으로 볼륨감을 표현해야 하기에 허전해 지지 않도록 충분한 머리카락으로 덮어줍니다. 심지 부근에서 앞머리의 가르마의 방향으로 뻗어 나오는 것이 바람직합니다. 뻗치는 머리카락을 추가함으로써 단조로움을 피해줍니다.

머리카락의 기본 뻗치는 방향만 잘 알고 있다면, 자연스러운 머리카락을 어렵지 않게 그릴 수 있습니다. 볼륨감을 주는 방법이나 뻗치는 방향, 가르마 등으로 요소를 나누어 생각한다면 여러 가지 스타일을 손쉽게 구현할 수 있습니다. 머리 스타일의 사진 등 자료는 웹에 굉장히 많으므로 충분한 자료 검색으로 자연스럽고 멋스러운 트렌드의 머리카락을 표현할 수 있도록 노력합니다.

각도에 따른 두상 스케치를 진행한 모습입니다. 위와 같은 스케치를 토대로 일러스트레이션의 작화를 해나갑니다.

색상

그림 이론   디지털 그림에서 색상은 정말 큰 비중을 차지합니다. 색이란 두 눈에 비칠 직 관적인 느 낌이자 분위기에 중요한 역할을 하므로 기본적인 색을 알고 넘어간다면 그 느낌을 보다 깊게 표현할 수 있습니다. 자칫 어려울 수 있는 색의 이론을 실제 참고 예시와 포토샵의 색상 피커와 대입을 하여 쉽게 이해할 수 있도록 작성하였습니다

색 상   색상은 색 자체가 가지고 있는 고유의 색을 말합니다. 시각적으로는 빨강, 파랑, 노랑 등 여러 가지 색으로 다르게 보입니다. 기본적으로 색은 색상과 명도와 채도의 3요소가 만나 표현됩니다.

표색계는 색상의 변환과 흐름을 자주 사용하는 색으로 배열한 표를 보여줍니다.

난색과 한색   불이나 햇빛, 횃불 등 따뜻한 느낌을 주는 노란색 – 빨간색 등의 색이 난색에 속하는데, 이런 난색의 색상은 따뜻한 느낌을 줍니다. 바닷물이나 얼음, 눈처럼 하늘색 – 남색 등의 푸른 느낌의 색을 한색이라고 합니다. 그 외에 초록색과 자주색 등 난색과 한색에 속하지 않고 중간에 있는 색을 중성색이라고 합니다.

난색을 사용한 일러스트

한색을 사용한 일러스트

그림 전반적으로 난색을 넣으면 따뜻한 느낌의 분위기가 들고 한색을 메인으로 사용하면 차가운 느낌의 분위기가 들기 때문에 이러한 색의 운용을 잘 파악하고 사용할 줄 알아야 합니다.

난색과 한색을 사용한 일러스트

난색과 한색을 조화롭게 사용하여 어느 한쪽의 온도를 심화하거나 온도가 치우치지 않게 표현할 수도 있습니다.

명도와 채도

명도

어떤 색에서의 밝고 어두움을 명도라고 합니다. 명도가 높으면 하얗게, 명도가 낮으면 검게 보이며 어떤 색에서든 명도가 존재합니다. 단순히 밝으면 명도가 높고, 어두우면 명도가 낮다고 표현하면 됩니다.

명도가 낮음

명도가 높음

채도

채도는 색의 선명한 정도를 말하는데 원색에 가까울 수록 채도가 높다라고 하며, 색이 탁할 수록 채도가 낮습니다.

채도가 낮음

채도가 높음

채도가 낮으면 흑백으로, 채도가 높으면 타는 듯한 느낌으로 보입니다.

색조

색조는 색채의 색 혹은 명도와 채도의 영향으로 바뀌는 시각적인 색을 말합니다. 그림에서는 흔히 색의 종류를 색조라고 일컫는 경우가 많습니다. 파란색을 따뜻한 색조로 부르거나, 침침한 갈색의 어두운 색을 어두운 색조라고 부르기도 합니다.

같은 명도와 채도라도 색조가 다르면 확연히 다른 느낌으로 비치게 됩니다. 명도, 채도, 색조가 조화를 이루어야 좋은 느낌의 일러스트가 될 수 있습니다.

여러 가지의 색조를 부드럽게 나열한 그라데이션

색조 변경

유채색과 무채색

흰색, 회색, 검은색과 같이 채도가 없는 색을 무채색이라고 하고, 빨간색, 파란색, 초록색 등 채도가 있는 색을 유채색이라고 합니다. 일러스트에서 무채색은 자칫 채색이 안된 듯한 느낌을 받을 수 있으므로 보통 피해줍니다.

유채색은 채도를 포함하는 모든 색을 일컫습니다.

유사색과 보색

빨간 계통의 색 – 빨강, 다홍, 분홍 등 한 색의 비슷한 성질을 띄는 것을 빨간색의 유사색이라고 합니다. 추가 예로 파란 계통의 색 – 파랑, 남색, 청색 등을 파란색의 유사색이라고 할 수 있습니다.

유사색

유사색은 비슷한 색의 온도를 가진 명도가 높거나 낮은 색의 그룹입니다

유사색　　　　　　　　　　　　　　　　　　　　　　　유사색을 사용한 일러스트

보색

보색은 원래 두 색의 물감을 일정 비율로 혼합하여 무채색이 되는 경우 두 색을 보색이라고 일컫습니다. 일러스트에서 보색이라고 하면 색끼리 반대의 느낌으로 대비되는 색으로 이해하면 좋습니다. 간단한 예시로 난색과 한색, 노랑과 남색, 초록과 보라색 등이 있습니다.

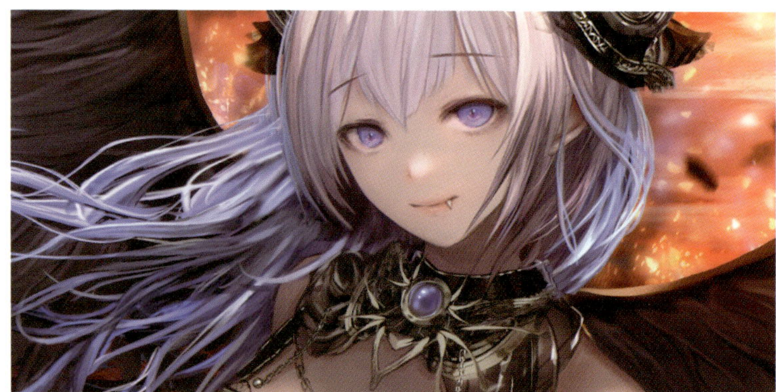

보색　　　　　　　　　　　　　　　　　　　　　　　보색을 사용한 일러스트

색상 피커로
알아보는 색상

색상 피커로 색상 이론을 모두 표현하기는 힘들지만, 간략하게 색상 이론을 쉽게 느낄 수 있게 색상 피커의 범위를 제시해보았습니다. 색상 피커로는 정확한 값을 얻을 수는 없지만 근사치의 일러스트를 작성하는 데에 있어서 색상 피커를 통한 예시는 디지털 아트의 색감을 느끼는 것에 도움이 될 것입니다.

 포토샵에서 색을 선택할 수 있는 방법 중 하나이자 가장 잘 사용하는 방법은 색상 피커의 사용입니다. 툴 박스 아래 부분의 색상을 선택하는 버튼으로 불러올 수 있습니다.

색상 피커 난색과 한색

색조의 띠에서 가장 위와 가장 아래의 적색 부분은 서로 색조가 이어져 있다고 생각하면 좋습니다. 한색은 색조의 푸른 부분, 난색은 색조 아래 위의 붉은 부분이 되고, 그 외 부분은 중성색계라고 이해하면 좋습니다.

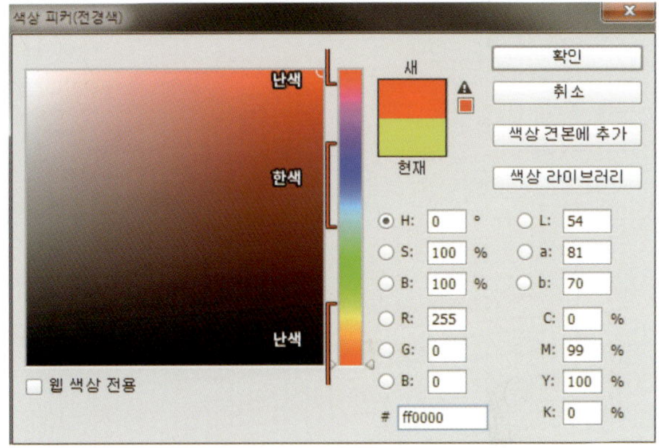

색상 피커 명도와 채도

색상 피커에서 큰 정사각형 부분에서 색의 명도와 채도를 조절할 수 있습니다. 명도는 위로 갈수록 명도가 높다고 하고, 아래로 갈수록 명도가 낮게 변합니다. 채도는 좌측으로 갈수록 채도가 낮고, 우측으로 갈수록 채도가 높습니다.

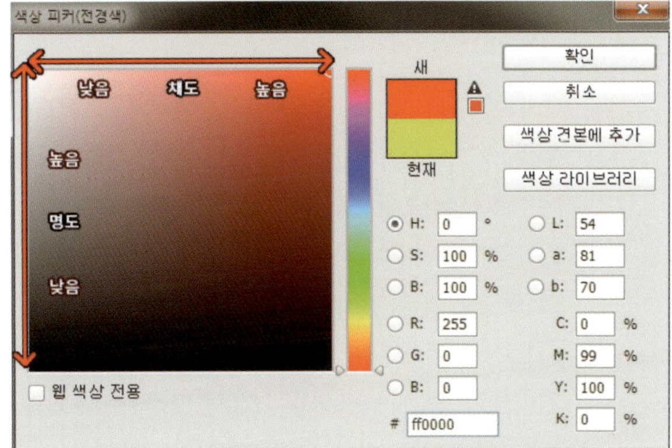

색상 피커의 색조

색상 피커에서 긴 막대 부분이 색조를 선택하는 영역입니다. 색조의 띠는 위 아래의 적색 부분이 이어져 흘러간다고 생각하면 됩니다.

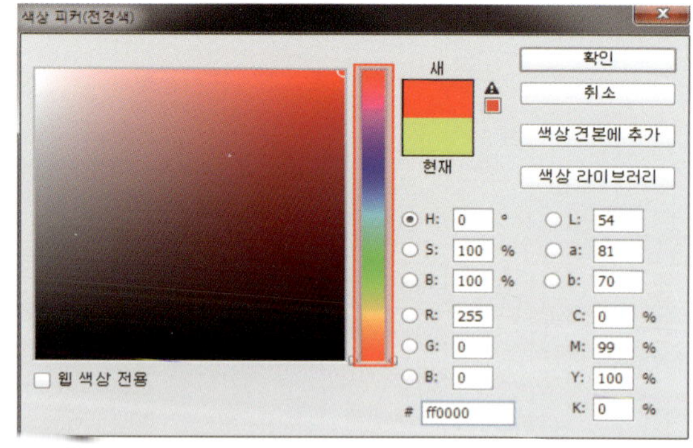

색상 피커에서 유채색과 무채색

색상 피커에서 좌측 노란색 박스는 무채색, 우측은 유채색으로 볼 수 있습니다. 모든 색조에서 무채색과 유채색은 같은 영역으로 보면 됩니다.

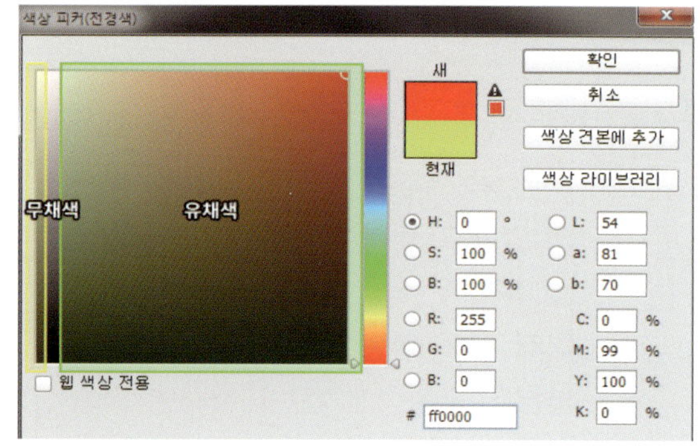

색상 피커 유사색과 보색

색상 네모 박스 영역 안의 색은 위부터 빨간색, 파란색, 하늘색, 초록색, 주황색의 유사색들입니다.

유사색

색조의 흐름이 차이가 크지 않는 부분은 유사색으로 볼 수 있습니다. 예시 이미지의 해당 색조 영역 즈음에서 각 빨간 상자는 위부터 빨간색, 파란색, 하늘색, 초록색, 주황색의 유사색이라고 말할 수 있습니다. 예시 외에도 색조의 차이가 크지 않다면 해당 색조에 있는 모든 명도와 채도의 색의 조합은 유사색이라고 할 수 있습니다.

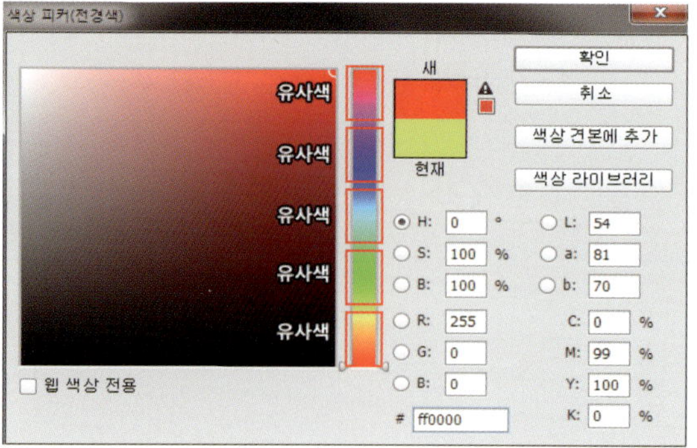

보색

색상 피커에서 보색은 색조의 각 중간 부분을 대치한 것과 흡사합니다. 단순하게 띠를 둥글게 말았을 때 반대편에 있는 색이 보색이라고 느끼면 쉽습니다.

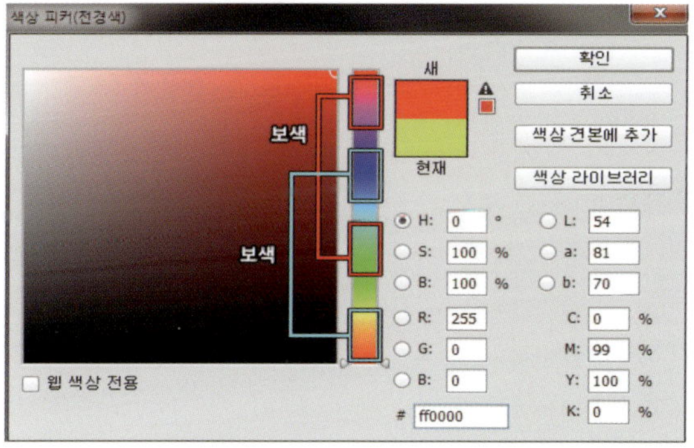

배색에 따른 느낌의 변화

캐릭터를 배색할 때는 캐릭터의 성격이나 분위기, 배경의 영향을 받습니다. 또한 캐릭터를 얼마나 배경에 녹일지, 눈에 튀게 할지에 대한 부분도 고려를 해야 합니다. 풍성하게 여러 가지 색을 사용하여 배색할 수도 있고, 제한된 색을 사용하여 하나의 강한 분위기를 풍겨 인상을 남기기도 합니다.

배색에는 주색, 보조색, 강조색 3요소가 있습니다. 주색은 캐릭터의 상징적인 색으로 독자가 일러스트를 보았을 때 한 눈에 무슨 색인지 느끼게 되는 색이며 분위기의 영향을 끼칩니다. 보조색은 주색을 더 눈에 띄게 하고 좋아 보이도록 도와주는 색입니다. 강조색은 일러스트의 단조로움을 피하기 위한 특징이 되는 색으로 때로는 보조적인 주제를 표현할 수 있습니다. 강조색은 필요에 따라 없는 경우도 있습니다.

위 일러스트에서 주색은 배경과 머리카락 의상 등의 은색, 보조색은 니트의 적색, 강조색은 이펙트와 눈의 하늘색이 됩니다. 일러스트의 주제는 소녀가 무언가의 빛을 선물로 주는 듯한 느낌입니다.

보조색인니트의 색을 변경해도 그림의 분위기는 변하지 않습니다.

형태는 전혀 변하지 않았지만 특징이 되는 강조색을 변경하는 것 만으로도 그림의 분위기가 확연히 달라지고 주제가 변하기도 합니다. 디폴트가 화사하고 청아한 소녀의 선물 같은 느낌이었다면 강조색을 적색으로 변경한 경우는 악마의 유혹 같은 느낌이 되었습니다.

캐릭터의 주색이 변경되어도 분위기만 변할 뿐 주제는 변하지 않습니다.

가시성과 주목성

가시성 그림에서 가시성은 캐릭터와 배경 등 요소에 대해서 얼마나 이해가 되는지에 대한 부분입니다. 캐릭터와 배경을 같이 그리거나, 캐릭터가 여러 가지 복합체의 디자인을 하고 있을 때 어느 한 부분이 튀고 다른 부분은 가려지는 등 작성된 내용에 비해 구독하는 사람이 이해하는 범위가 좁은 경우 등 가시성이 좋지 않은 경우가 있습니다. 반대로 의도적인 경우에는 보통 주제를 메인으로 둔 뒤, 보조를 동화되게 만들어 메인에 시선이 가도록 데코레이션을 해주는 방법이 있습니다.

캐릭터의 의상과 날개, 머리 악세서리 등을 하나의 색으로 변경하였습니다. 이 경우 디자인의 부분마다의 시선이 잘 가지 않게 되고, 파츠의 분리가 잘 이루어지지 않아서 가시성이 떨어진다라고 말할 수 있습니다. 원작 일러스트처럼 파츠마다 색감의 차이가 있다면 가시성이 더 좋다라고 할 수 있습니다.

예제 일러스트와 같은 색감으로 푸른색의 바탕에 핑크색 글자와 청회색 글자를 같은 크기로 두었습니다. 한 눈에 보아도 푸른색 바탕에 핑크색의 글자가 보다 더 눈에 띄는 것을 알 수 있습니다. 계열 색이 아닐 수록, 색의 대비가 클 수록 가시성은 올라갑니다

주목성

주목성은 어떠한 대상이 눈에 띄는 정도를 말합니다. 대상의 크기나 색, 위치 등의 영향을 받습니다. 주목성이 좋은 그림은 주제가 한 눈에 띄어 눈길을 끌 수 있지만, 그 외적인 부분은 가려져서 자칫 주제나 부수적인 부분의 혼동이 올 수 있습니다. 즉, 부과적인 부분이 다소 덜 보여서 옅어 보일 수 있습니다. 채도가 높을 수록, 가까이 있을 수록, 클 수록, 중앙에 있을 수록, 주변 색과 가장 달라 보일 수록 주목성은 올라간다고 할 수 있습니다.

크기와 색이 다른 구체가 총 6개 있습니다. 이중 눈에 띄는 것은 붉은색의 구체인데, 두 구체중 큰 붉은색의 구체가 가장 눈에 띕니다. 이 경우 가장 큰 붉은 구체가 주목성이 가장 좋다라고 할 수 있습니다. 이 구체와 같은 크기의 구체가 2개가 더 있는데 무채색인 회색의 구체는 센터에 있음에도 아래의 보라색 구체보다 주목성이 떨어지는 것을 확인할 수 있습니다. 그리고 가장 큰 노란색 구체가 뒤에 있지만 위치와 색 등으로 하여금 주목성이 가장 떨어집니다.

균형 

일러스트에서 균형은 한 장의 직사각형의 캔버스에서의 안정감을 뜻합니다. 시각적으로 안정감이 있는 것은 황금 비례의 법칙을 따르거나 상하좌우의 배치에서 균형을 이룹니다. 일러스트에서 어느 한 쪽으로 쏠리지 않게 전체적인 밸런스를 보며 요소를 배치해야 합니다.

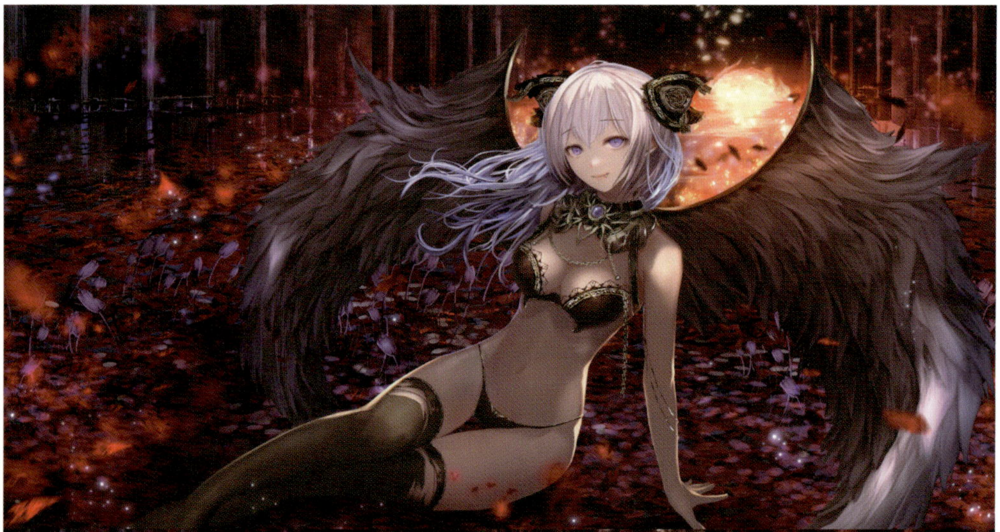

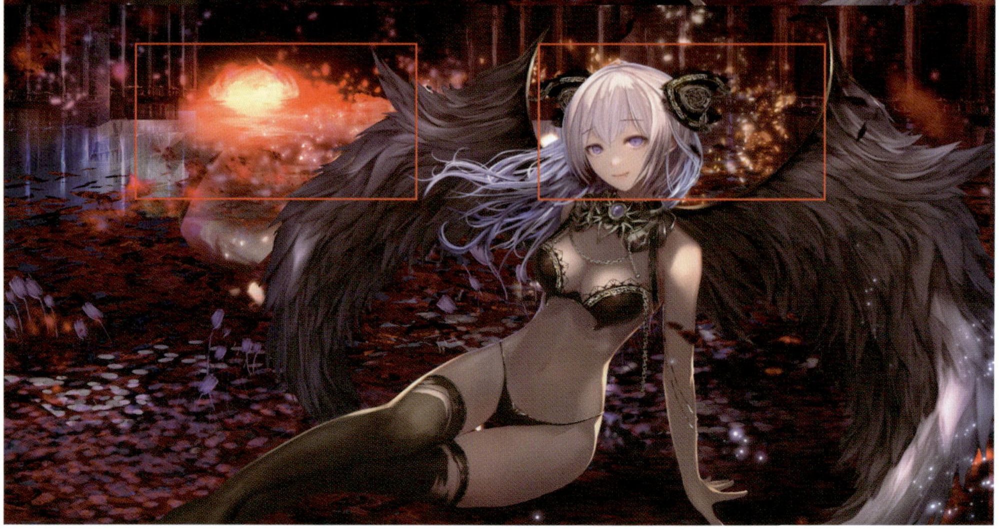

원작 예제는 이펙트와 캐릭터의 위치, 하이라이트와 포인트가 화면에 골고루 분산되어 있어서 완성도가 높아 보입니다. 하지만 아래의 예제는 상단에 하이라이트와 캐릭터라는 주제가 따로 되어있고, 외적으로 포인트가 없기에 하단이 썰렁해 보이며, 전체적인 이미지가 미완성이라는 느낌과 함께 주제가 분산되어 보입니다.

하지만 문구를 삽입하거나 추가 디자인을 작성한다고 가정했을 때에는 하단의 예제의 아래 부분에 작성하는 것이 적합합니다. 원작의 예제는 아무것도 삽입하지 않는다는 가정으로 전체적인 일러스트 균형을 맞추었기에 어디에 문구를 삽입하더라도 이미지가 몰려 보일 수 있습니다.

단순히 주제를 어느 위치에 놓느냐에 따라서도 균형이 깨져 보일 수도 있습니다.

시선

시선은 독자가 보는 그림의 요소에 대한 눈길이 가는 순서를 말합니다. 판타지 캐릭터 일러스트 같은 경우 캐릭터를 처음으로, 캐릭터의 무기, 배경 등의 순서로 보여줄 수도 있고, 주제가 무기라면 무기부터 시선이 가게 한 뒤 캐릭터로 시선이 흐르게 할 수도 있습니다.

시선의 흐름이 단순하면 독자가 그림을 보는 시간이 짧아지고 시선의 흐름이 끊기지 않는 상태로 계속된다면 그림을 보는 시간이 길어집니다. 강조 요소와 시선처리에 따라 그림을 스크롤 내리듯이 보게 되거나 보다 오랫동안 보게 될 수 있습니다.

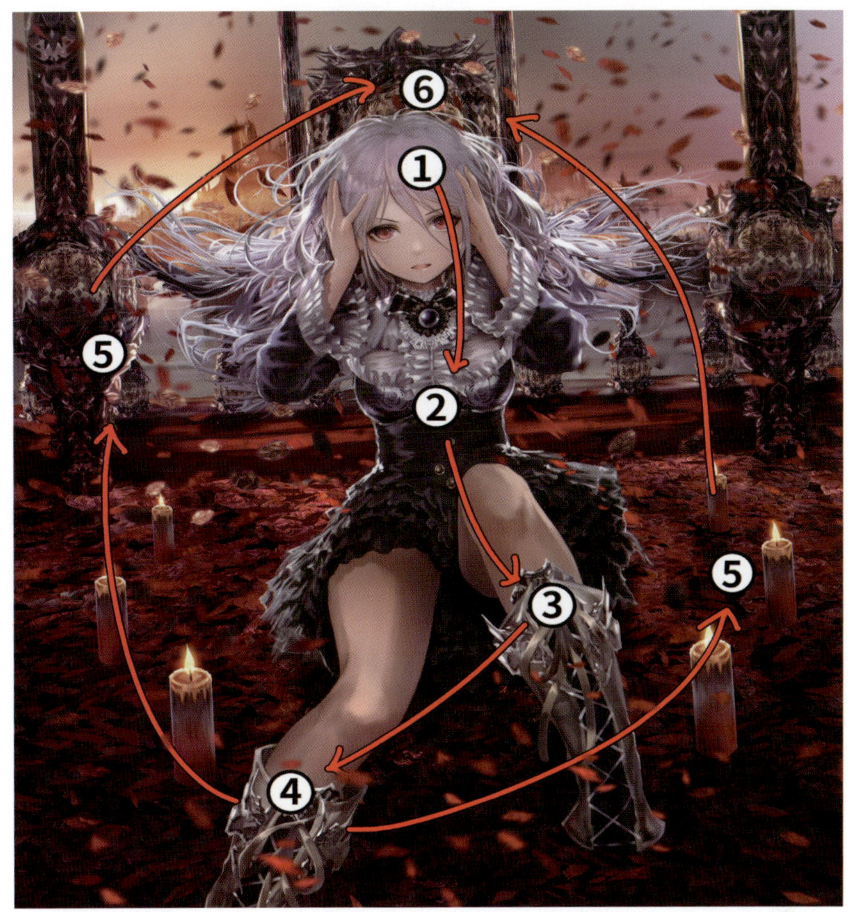

시선은 특징적인 요소 혹은 주변의 색과 다른 색을 사용하는 것으로 눈에 띄게 만들어서 흐르게 할 수 있습니다. 필자는 가장 시선이 많이 가는 부분에 다시 시선이 맺히게 하는 방식을 사용하는 것을 즐깁니다. 이런 방식의 시선 흐름은 독자가 그림을 한 차례라도 더 눈으로 돌려볼 수 있게 해줍니다.

일러스트에는 드로잉과 더불어 색과 색조, 명도와 채도 등 직관적으로 시각으로 느껴지는 부분만 아니라, 배색 방식에 대한 영향, 가시성과 주목성, 시선의 처리 등 간접적으로 느낌을 다르게 할 수 있는 요소도 있습니다. 이런 여러 가지의 요소의 알고리즘의 상성을 잘 맞추어 낸다면 현실적인 표현력으로 호소력이 있으면서도 그림만의 느낌이 더해져 그림의 매력을 보다 좋게 어필할 수 있을 것입니다.

PART 4

일러스트 튜토리얼

노을과 천사그리기 – 초급가이드

그릴 아이디어 구상

구상에 가장 필요한 부분은 그릴 그림에 대한 아이디어입니다. 필자는 판타지 소설을 굉장히 좋아해서 읽었던 많은 소설들의 스토리에서 영감을 받고는 합니다. 영감에 대한 시각적인 아이디어는 만화나 애니메이션, 영화 등에서 보고 듣는 것이 가장 좋았던 것 같습니다. 필자는 판타지에서 자주 등장하는 천사에 대한 느낌을 노을과 함께 표현해보기로 하였습니다.

캐릭터를 구상하는 많은 방법 중 하나인 방법인 설정을 통한 구상을 진행해보겠습니다. 캐릭터가 존재하는 세계의 시대, 캐릭터의 종족과 직업, 캐릭터의 나이 등 키워드와 글로써 그릴 캐릭터의 이미지를 구체화 시킵니다.

캐릭터의 작업 전 설정이나 상황의 시나리오를 작성해준다면 캐릭터를 그릴 때 부족한 요소나 배경 등에 보다 더 쉽게 아이디어를 추가할 수 있습니다. 필자는 아이디어로 하여금 캐릭터의 설정과 상황의 시나리오를 첨가하여 기본적인 구상을 진행해보았습니다.

일러스트 노을과 천사 구상

시대상 : 판타지
캐릭터의 인상 : 10대 중 후반
컨셉 키워드 : 노을, 천사, 은색
상황 : 노을이 지는 하늘에서 은은하게 떠있는 천사의 모습

시대상 캐릭터가 존재하는 세계인 시대상은 일러스트의 전반적인 구상에 굉장히 큰 영향을 끼치므로 미리 현대인지, 미래인지, 과거인지, 혹은 공상과학이나 판타지인지 설정 할 필요가 있습니다. 시대상은 확실한 느낌을 잡아주어야 캐릭터의 느낌이나 헤어스타일, 배경과 인상착의 등을 보다 더 자연스레 어필할 수 있기에 그릴 요소에 대한 시대상의 설정이 가장 처음으로 이루어져야 합니다.

시대상은 기본 현시대, 미래, 과거, SF 공상과학, 스팀펑크, 판타지가 존재합니다. 과거를 예로 든다면 국가별 전통 의상 등을 주제로 작성할 수 있습니다. 일본이라면 기모노를, 한국이면 한복 등 과거의 전통 의상을 메인으로 과거에서도 여러 가지의 컨셉을 파생할 수 있습니다. 예를 들어 현시대의 시대상으로 학교의 컨셉트를 작업하게 된다면, 배경은 교실이나 하굣길로, 캐릭터는 학생인 소녀와 소년 등을, 의상은 교복이나 학생에게 어울릴만한 옷 등으로 구성할 수 있게 됩니다.

시대상에서 뻗어 나와 아이디어를 조합해 나가는 방식은 전체적인 통일감을 줄 수 있으므로 가장 처음 구성하는 것이 좋습니다. 상황에 따라 현시대와 SF를 조합한 퓨전 SF를

시대상으로 설정하여 학생들이 무기를 싸우는 느낌을 표현할 수도 있겠습니다. 하지만 너무 많은 시대를 조합한다면 필히 독자로 하여금 이 그림에 대한 컨셉과 주제가 무엇인지 혼동이 될 우려가 있으므로 시대상은 깔끔한 느낌으로 1개 혹은 2개만 조합하는 것이 바람직합니다.

이러한 시대상의 구성에서는 많은 배경 지식과 아이디어가 필요합니다. 그런 많은 아이디어를 모두 확실하게 구성하기는 다소 힘들기 때문에 전체적인 시대상을 설정하는 것이라고 생각하면 좋습니다. 시대상이 구성되면 그 시대상 안에서 구현할 요소를 설정합니다.

캐릭터의 인상 캐릭터 일러스트에서 캐릭터는 메인으로써 가장 중요한 부분을 차지합니다. 시대상의 컨셉이 정해졌다면 그 안에서 존재할 수 있는 캐릭터의 인상을 설정해 주어야합니다.

인상은 캐릭터의 나이와 표정의 느낌의 카테고리로 구성합니다. 기본적으로 필자는 캐릭터의 인상을 10대 중 후반으로 15~18세 정도로 보일 수 있게 구상을 했습니다. 여기에 추가적으로 캐릭터가 활발한 느낌인지, 쓸쓸한 느낌인지 등의 분위기를 구성한다면 보다 더 인상에 대한 느낌을 효과적으로 보여줄 수 있겠습니다.

컨셉 키워드 시대상과 캐릭터의 인상이 정해지면 그려질 요소들의 키워드를 정하는 것이 좋습니다. 캐릭터 일러스트에서 키워드는 캐릭터를 어필할 수 있는 요소로 정하고 주변 요소의 키워드는 그 캐릭터를 뒷받침하는 요소로 정합니다. 주변 요소가 특색 있는 요소라면 일러스트에서 가장 중요한 캐릭터의 주제가 다소 보이지 않게 되거나 혼동될 수 있으므로 주의합니다.

키워드의 아이디어는 캐릭터와 배경, 전체적인 느낌이나 주변 요소의 실직적인 주제가 되는 부분으로 아이디어를 뒷받침 할 수 있게 생각합니다. 예로 천사의 경우 당연히 있어야 될 날개나 백색의 신비함, 그 신비함을 강조해줄 빛과 장식 등을 생각할 수 있습니다. 이 부분에서는 많은 배경 지식이 도움이 되므로 소설이나 만화 등을 많이 보시라고 권해드리고 싶습니다.

그 외로는 웹에서 여러 가지의 키워드를 검색하여 아이디어를 수집하는 방법이 있습니다. 하지만 아이디어는 웹에서 즉석으로 얻는 것 보다는 자신이 보거나 읽었던 내용들로 구성하여 구체화 시키는 것이 보다 더 자연스럽게 표현된다고 생각합니다. 보거나 읽었던 내용은 이미 한 차례 머리 속에서 해석하여 기억이 저장되기에 자신의 스타일이 잘 묻어나올 수 있다고 봅니다.

필자의 키워드는 노을과 천사, 그리고 은색으로 구성하였습니다. 노을은 노랗고 주황색의 빛이 멀리서 퍼져 나오는 광활함을 표현할 수 있기에 천사를 조금 더 돋보이게 하지 않을까 하고 생각했습니다. 은색은 개인적으로 좋아하는 색으로써 첨부하였습니다.

**상황의
설정**　상황은 그려질 그림에 현장감을 불어넣는 역할을 합니다. 캐릭터가 단순히 서있고 표정이 없다면 그것은 보는 사람에게 별다른 감정을 불러일으키지 못합니다. 하지만 캐릭터가 걸으면서 웃고 있다면 보다 더 살아있는 느낌과 현장감이 생길 수 있습니다. 그렇기에 상황에 대한 구상도 필수적으로 하는 것이 좋습니다.

상황에는 캐릭터의 동세와 배경의 연출이 포함됩니다. 필자는 노을이 지는 하늘에서 은은하게 떠있는 천사의 모습을 생각했습니다. 보다 구체적으로 그림을 멋있게 표현하기 위해, 멀리 노을이 보이는 하늘에서 천사가 신비롭게 떠있고, 멋진 느낌을 자아내줄 빛들이 떠다니는 것을 생각합니다.

캐릭터의 시나리오로써 상황을 접근할 수도 있습니다.

시나리오

다른 세계에 16살 정도로 보이는 은색 가문의 천사가 노을이 지는 어딘지 모를 하늘에서 저 멀리 무슨 일이 있는지 한 곳을 응시하고 있다. 그 천사는 성격이 굉장히 차분하여 언제나 무표정을 짓고 있고, 전체적으로 하얀 느낌의 이미지가 한 눈에 천사라는 느낌을 자아내고 있다. 무표정의 얼굴과 하얀 느낌이 신비로운 느낌을 자아낸다.

캐릭터의 입장에서 세계와 주변을 구성하며 파생하는 방법과, 캐릭터의 외적인 부분에서 캐릭터까지로 접근하는 방법은 구체적인 상황이나 구상을 할 때 편리한 방법이 됩니다. 이런 부분의 설정까지 구상을 한다면 그림에 보다 깊이 감을 줄 수 있다고 생각합니다.

아이디어의 구상과 실전의 구상에서는 많은 차이가 발생합니다. 아이디어 단계에서 아이디어를 100퍼센트 가져오는 것은 대단히 무리가 있습니다. 아이디어를 도출하여 실제로 그릴 부분을 생각하였지만 표현의 한계로 그리지 못하는 경우가 생기거나 표현이 되어도 좋은 느낌이 일지 못하는 부분도 생깁니다. 그렇기에 아이디어의 간단한 구상 이후 바로 구현 단계로 접어들면서 구상을 하는 것이 바람직합니다.

인체의 구상

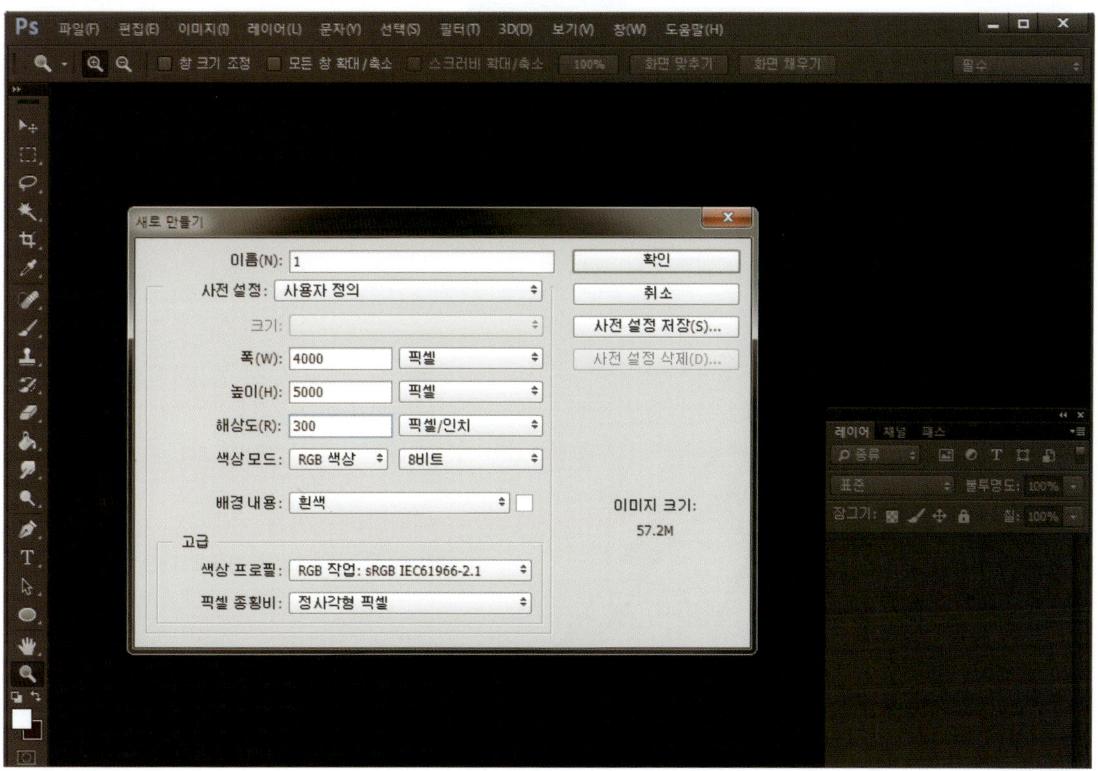

01 포토샵을 키고 새 캔버스를 생성합니다. 폭 4000px, 높이 5000px, 해상도는 300 dpi을 설정하였습니다. 레이어(단축키 Shift + Ctrl + N)를 하나 생성하고 작업합니다.

*캔버스 사이즈는 사용자 PC 환경에 맞추어 작업 하는 것이 좋습니다. TCG 일러스트의 경우 출력의 대비를 위해 보통 A4 사이즈의 해상도 300 dpi 값인 폭 2480px, 높이 3508px 이상으로 제작하는 경우가 많습니다.

가장 처음 인체를 그리며 구상합니다. 구체적인 부분은 단순히 생각으로 구상하기에는 무리가 있으므로 그리면서 구상하는 것이 좋습니다. 캐릭터의 인체 비를 몇 등신으로 할 것인지부터 시작하여 동작과 동세를 생각합니다. 선의 색은 갈색으로 #280400입니다.

초반 설정인 천사의 느낌을 살리기 위하여 하늘에 떠있는 듯한 느낌으로 몸에 힘을 주지 않은 듯하도록 팔다리를 자연스럽게 늘어뜨렸습니다.

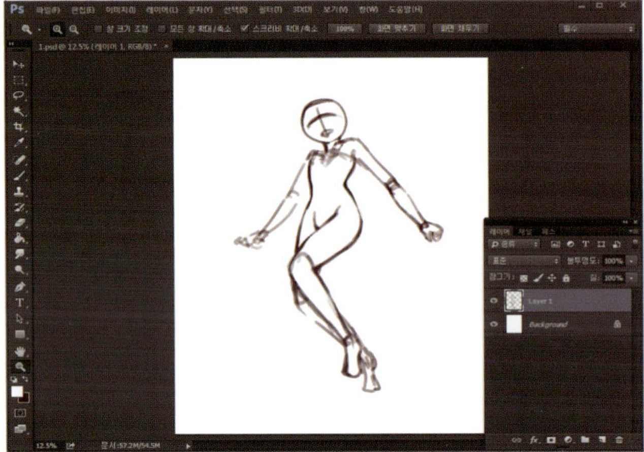

02

인체는 구도와 앵글, 비례적인 부분을 고려하며 작업합니다.

인체의 구상 단계에서 가장 중요한 부분은 비례적인 측면입니다. 머리의 크기와 팔다리의 길이, 상반신과 하반신의 비례를 생각하며 구상합니다.

오늘날 트렌드는 만화체의 일러스트도 현실과 비슷한 느낌으로 비례를 잡아주는 것으로 인체의 구상을 보다 리얼하게 할 필요가 있습니다. 하지만 그림 특성상 표현의 한계가 있어, 현실의 이미지보다 매력적으로 표현을 하기 위해서는 실제의 인체보다 매력적인 비율이 나올 수 있도록 해야 합니다.

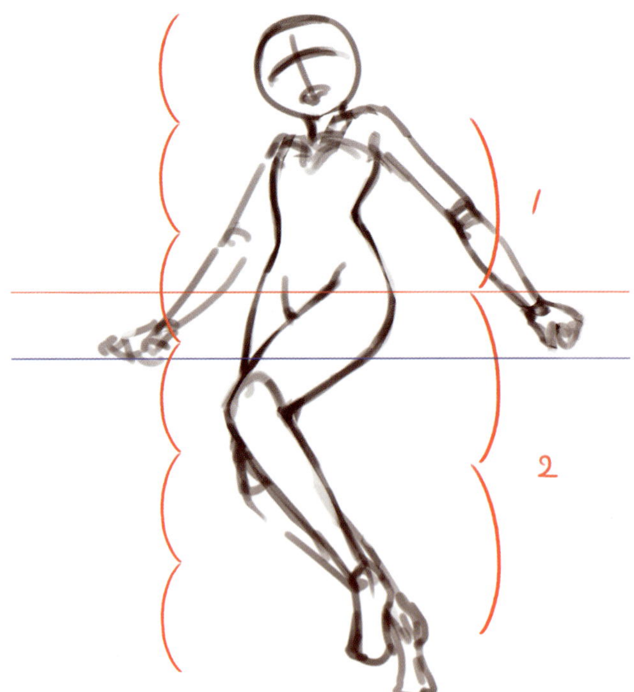

03

파란색 선은 아이레벨입니다. 아이레벨은 캐릭터를 독자가 어느 높이에서 보고 있는지에 대한 것으로 초반에 체크가 필요합니다.

캐릭터의 어깨를 기준으로 아이레벨이 더 높이 있다면 캐릭터의 어깨의 윗부분이 보이게 인체를 그리는 것이 자연스럽고, 아이레벨이 많이 낮게 있다면 어깨의 윗부분이 거의 보이지 않고 겨드랑이가 보이도록 하는 것이 자연스럽습니다.

*아이레벨이 높게 있다면 '하이앵글'이라 하고, 낮게 있다면 '로우앵글'이라고 말합니다.

캐릭터를 정면에서 보았을 때 키는 6~7등신으로 보일 수 있도록 하고, 상체와 하체의 길이는 1:2의 비율 정도가 오도록 조절합니다.

올가미 도구 활용

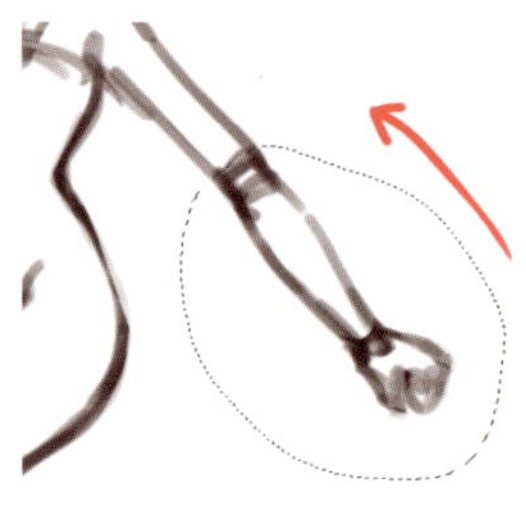

이미 그려진 캐릭터에서 캐릭터의 비례를 수정히는 방법은 올가미도구(단축키 L)을 눌러 조절할 수 있습니다. 올가미 도구를 적절히 활용한다면 비례를 수정하는 시간이 상당히 단축될 수 있으니 적극적으로 활용합니다.

올가미 도구를 수정하고 싶은 부분에 그려서 영역을 선택합니다. 그 이후 이동 도구(단축키 V)를 눌러 원하는 위치로 이동시켜준 뒤, 영역 해제(단축키 Ctrl + D)를 해줍니다.

04

캔버스에 캐릭터가 보다 잘 보일 수 있도록 크기를 조절합니다. 레이어 1 에서 Ctrl + T 를 눌러 트렌스폼 시킵니다. 또 캐릭터에 천사의 상징인 링을 머리 위에 달아주기 위해서 캔버스에서 조금 아래로 캐릭터를 내렸습니다.

자유변형(트렌스폼)

트렌스폼시에 Shift 를 누르면서 크기를 키우면 정비례로 크기를 키울 수 있습니다.

05

레이어를 생성하여 캐릭터에 링과 날개를 그려줍니다. 날개는 한 쪽이 말리는 느낌으로 단조로움을 피했습니다.

06

캐릭터의 팔 크기를 수정하였습니다. 초반 비례를 잡은 상태에서 계속 수정을 가하며 비례를 구체화를 시킵니다.

07

캐릭터의 구도의 변경을 한 차례 진행하였습니다. 조금 더 힘이 없는 듯한 분위기와 느낌을 주기 위하여 캐릭터가 공중에 붕 뜨는 느낌으로 수정을 했습니다.

수정을 가할 때에도 인체의 비례적인 측면을 고려하며 수정합니다. 그 뒤 캐릭터의 얼굴의 가이드를 그려줍니다. 구상 단계이므로 언제든 변경이 될 수 있으니, 간단하게 작성하여 위치만 잡아줍니다.

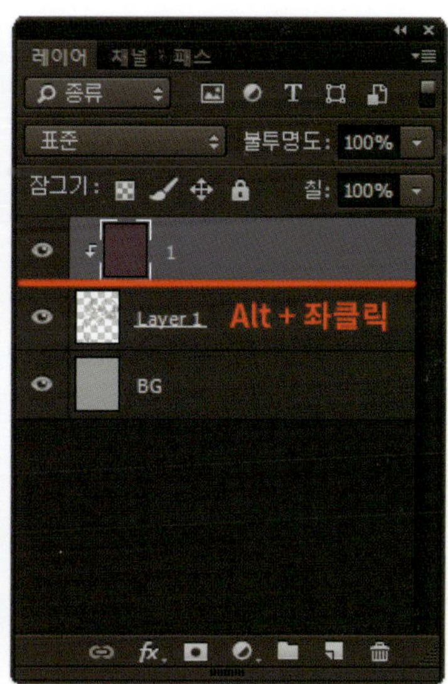

08 기존의 머리 크기가 다소 큰 느낌이 있어 트렌스폼으로 머리크기를 작게 수정을 진행하였습니다. 레이어를 새로 생성하여 레이어 사이를 Alt + 좌클릭하여 레이어 클리핑을 해줍니다. 레이어가 클리핑이 되는 경우 상위 레이어에 그리더라도 아래의 레이어의 영역에만 그려지게 됩니다.

그리고 페인트통(단축키 G)를 넣어 색을 바꾸어줍니다. 배경도 페인트통(단축키 G)으로 회색으로 깔아두었습니다. 회색으로 배경을 해두는 이유는 배경의 톤을 다잡기 위한 것도 있지만, 하얀색에 비해 눈이 덜 아픈 것도 있습니다.

툴을 이용한 수정을 통해 수월하게 기본적인 인체의 구상이 끝이 났습니다. 큰 틀로써 아이디어적인 생각과 기본적인 페인팅을 하면서 구상한다면 보다 디테일한 이미지에 접근하기 용이합니다.

구상을 토대로 가이드 스케치 하기

01

캐릭터의 가이드 스케치를 하기 전에 그레이디언트 도구(단축키 G, 툴박스의 페인트 통을 우클릭하여 선택)로 배경에 따뜻한 느낌을 첨가합니다.

02

그레이디언트 도구를 선택한 상태에서 좌측 상단의 옵션 창에서 2번째의 전경색과 체크무늬가 있는 것을 선택합니다. 2번째의 부분은 전경색을 투명하게 깔아주는 툴 세부 기능입니다.

그레이디언트 도구로 대각선을 드레그하여 그라데이션을 넣어줍니다.

전체적인 톤을 조금씩 조절하며 간다면 전반적인 느낌을 잡는데 도움을 줄 수 있습니다.

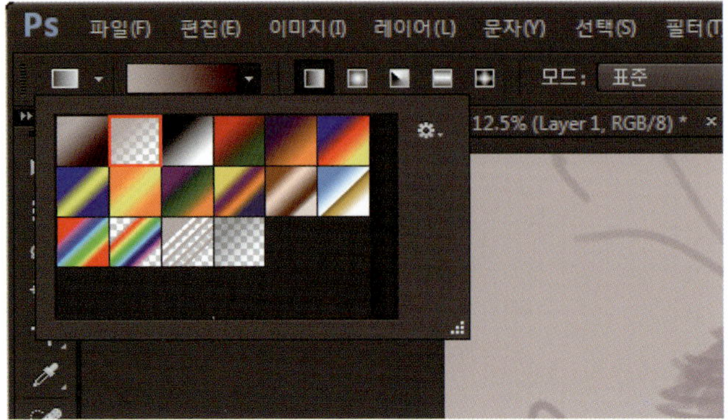

03

캐릭터의 얼굴 부분부터 가이드 스케치를
합니다. 머리카락의 볼륨감, 인체의 굴곡을
생각하며 디테일 스케치 이전에 가이드를
그려줍니다.

04 인체를 그릴 때는 포인트를 잘 살리는 것이 중요합니다. 파란색 체크 부분의 여자 캐릭터의 허리 굴
곡의 특징은 실제보다 과감하게 보일 수 있도록 드로잉합니다. 골반 뼈와 엉덩이 부분의 면적으로
여자 캐릭터의 볼륨감을 표현해줍니다.

05

여자 캐릭터는 전반적으로 곡선의 볼륨감
이 잘 나올 수 있도록 표현합니다. 모든 부
분이 곡선으로 표현되면 뼈가 없는 듯한 어
색한 느낌이 들 수 있으니, 포인트가 되는
부분을 중점적으로 곡선이 되도록 살려주
는 것이 좋습니다.

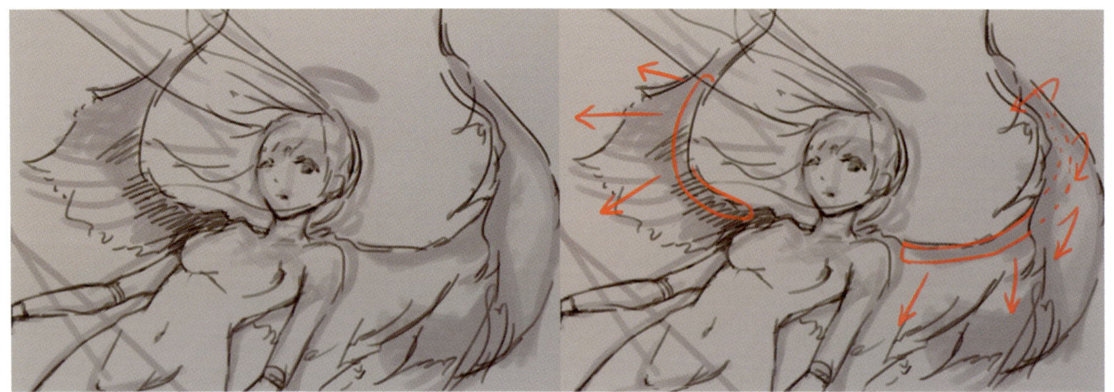

06 캐릭터의 포인트가 될 날개에 대한 가이드 스케치도 진행합니다. 날개는 기본적으로 위에는 뼈대가 있고 아래로 깃털이 뻗습니다. 깃털이 자라서 흘러내리는 방향을 고려하면서 진행한다면 자연스러운 느낌이 납니다.

07

조금씩 디테일한 스케치를 위해 가이드 스케치를 아래에 두고 가이드 스케치의 색을 변경하고 레이어의 불투명도를 낮추었습니다. 캐릭터의 인체의 어깨의 부분을 줄이고 레이어를 하나 생성하여 의상의 대한 부분도 가이드 스케치를 해나갑니다.

08

천사의 컨셉이므로 신비로운 느낌을 낼 수 있는 하늘하늘한 장식을 추가하였습니다. 추가를 하면서 어떤 재질일지 정도는 미리 고민을 해두는 편이 좋습니다. 재질이 천으로 표현되는 편이 하늘하늘 날리는 것이 자연스러울 것 같아서 필자의 장식은 천으로 표현하기로 하였습니다.

09

현재까지의 전체 이미지 입니다. BG는 배경 레이어이며, 레이어는 구상과 가이드 스케치, 마지막 가이드 스케치 부분이 있습니다. 이후 스케치의 부분은 레이어를 모두 합쳐줍니다. (레이어 병합 단축키 Ctrl + E) 합쳐진 레이어의 이름은 편의상 '1' 로 변경하였습니다.

스케치 구체화 하기

스케치를 토대로 컬러링을 들어가기 전에 보다 가이드 스케치를 구체화 할 필요성이 있어서 얼굴 부분을 중심으로 스케치를 구체화에 들어갑니다. 캐릭터가 중심인 일러스트에서 캐릭터의 얼굴의 비중이 많이 높으므로 다른 부분은 제외하고 얼굴 부분을 중심으로 구체적인 스케치를 진행합니다.

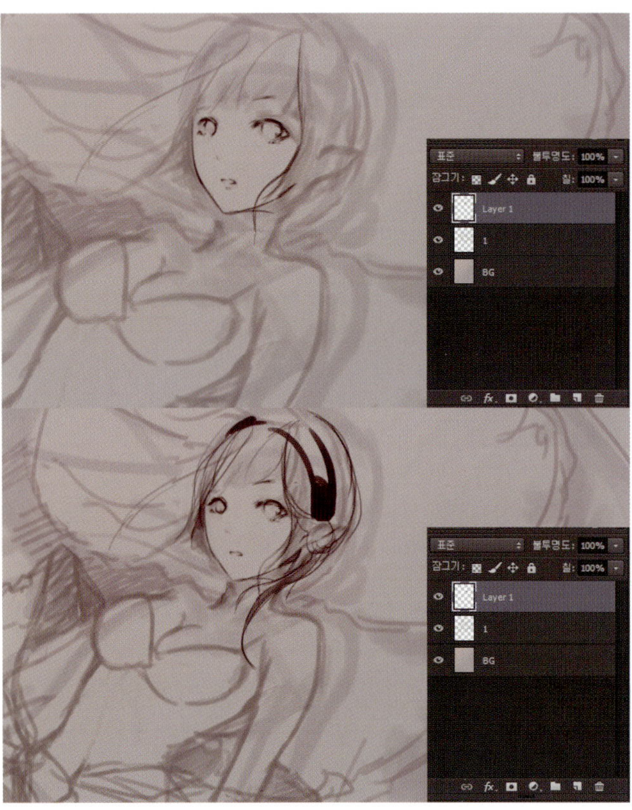

01

레이어를 생성하여 캐릭터의 머리카락과 얼굴의 디자인을 진행합니다. 캐릭터의 머리카락 길이와 스타일, 머리의 장식은 이 단계에서 구체적인 설정을 합니다.

02

브러시를 크게 해서(단축키 ‘[’, ‘] ’) 머리카락의 볼륨감을 체크하며 작업합니다. 선과 색이 깔렸을 때의 느낌이 다르기에 아래에 톤을 간단하게 깔면서 작업한다면 도움이 됩니다.

03

스케치의 불투명도를 낮추고 아래의 레이어와 합칩니다. 그 위 새로운 레이어를 생성하여 디테일한 얼굴을 그려나갑니다. 디테일한 스케치 시에는 얼굴의 표정과 헤어스타일을 신경 쓰면서 작업합니다. 눈매와 캐릭터 머리카락의 전체적인 볼륨감을 그려줍니다. 머리카락의 볼륨감은 후두부와 이마를 감싸는 느낌으로 머리의 심지로부터 동그랗게 뻗어줍니다. 뒤에서 바람이 부는 느낌을 주기 위해 좌우로 퍼지는 느낌으로 머리카락을 폈습니다.

04

상체 부분도 스케치를 넣어갑니다.

05

컬러링하여 완성할 일러스트이므로 나머지 부분은 컬러링으로 구체화 시키기로 합니다.

캐릭터 배색하기 (밑색 작업하기)

캐릭터의 기본 배색은 완성 이미지에 큰 영향을 줍니다. 툴을 이용하여 언제든지 변경이 가능하지만 기본 배색이 되어 있는 부분을 기준으로 구체화 시켜 나가기 때문에 배색은 전체적인 컬러감을 의식하고 신중하게 해두는 것이 좋습니다.

01

새 레이어를 생성하고 머리카락 아래에 기본이 될 색을 깔아줍니다. 은색의 머리카락을 그리기 위해 연보라색으로 머리카락 결을 따라 페인팅을 했습니다.

02

캐릭터의 가슴 의상을 배색하고, 피부의 톤을 넣습니다. 피부의 톤은 살색이라고 불리는 명도와 채도가 낮은 느낌의 주황색을 선택합니다.

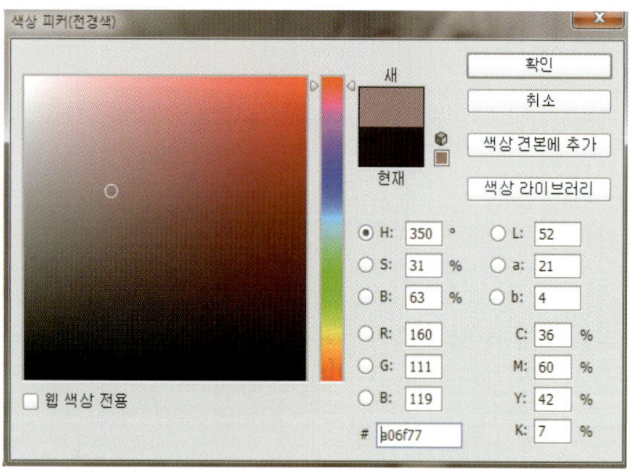

03

피부의 그림자는 피부의 밑색보다 명도는 낮게, 채도는 높게 선택하고 색조를 붉은 쪽으로 돌려서 사용합니다. 색조를 바꾸지 않는다면 상당히 칙칙하고 단조로운 느낌의 컬러가 되므로 꼭 돌려서 사용하도록 합니다.

필자는 노을이 지는 장면을 연출할 것이므로 그림자는 캐릭터의 앞 부분에 오도록 넣었습니다. 캐릭터의 얼굴까지 그림자가 지면 칙칙한 인상을 받을 수 있기에 얼굴에는 그림자를 넣지 않았습니다. 빛의 위치는 기본만 맞춘다면 실제와 달라도 자연스러운 인상을 남길 수 있습니다. 메인으로 비춰줄 빛(노을)과 서브로 비춰줄 빛(확산광)의 2개 정도의 빛을 사용한다면 무난하게 자연스러운 인상으로 표현 가능합니다.

*확산광 = 전체적으로 퍼지며 비치는 빛

04

의상 부분의 배색을 진행합니다. 신비한 분위기를 연출하기 위해 하얀 느낌의 천이 둘러지면 좋을 것 같아서 허리 부분에 천의 하얀색을 넣습니다. 그리고 하얀 부분적으로 빛이 오는 것을 색조를 붉게 바꾼 명도가 높은 밝은 색으로 표현합니다.

05

가슴은 볼륨감이 있습니다. 노을의 빛이 뒤에서 비치고 있는 장면이기에 가슴의 가장 튀어 나온 부분에 빛이 들어와서 부딪힌 느낌을 준다면 보다 입체적으로 표현할 수 있습니다.

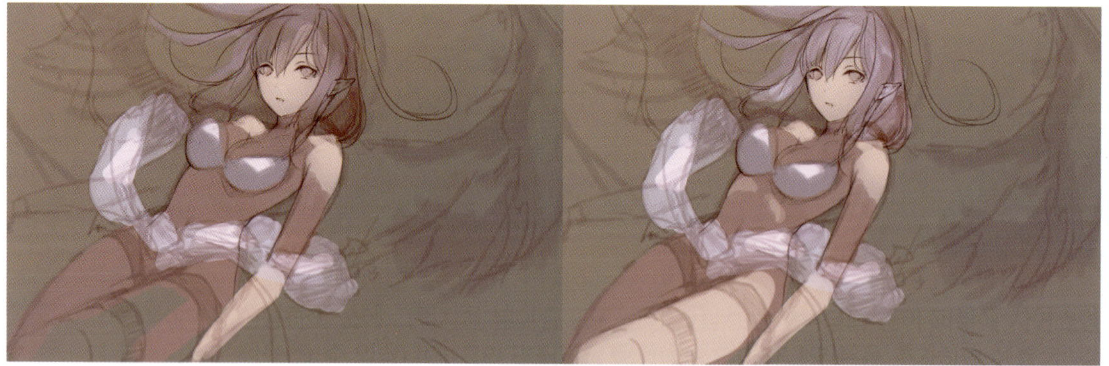

06 캐릭터의 다리와 팔을 피부 톤으로 이어서 칠해줍니다. 같은 컬러를 칠할 때는 스포이드 도구(단축키 I)를 이용하여 컬러를 짚어서 사용합니다.

또 머리카락의 컬러를 깔아주고 다리에서 빛이 비치는 부분을 표현합니다. 가슴의 갈비뼈를 약간 밝게 해준다면 리얼한 상체를 연출할 수 있습니다. 너무 가슴뼈 부분을 밝게 한다면 갈비뼈가 많이 튀어나와 보일 수 있으므로 주의합니다.

07

배경의 색을 한 가지의 색이 아닌 다른 색으로 변경을 해봅니다. 배경의 색을 한 번씩 변경하면서 진행하면 캐릭터의 색이 익숙해 보이는 것을 방지할 수 있습니다. 캐릭터와 비슷한 계열 색이 아닌 다른 색으로 배경을 둔다면 캐릭터의 부분의 컬러를 확인하기가 수월합니다.

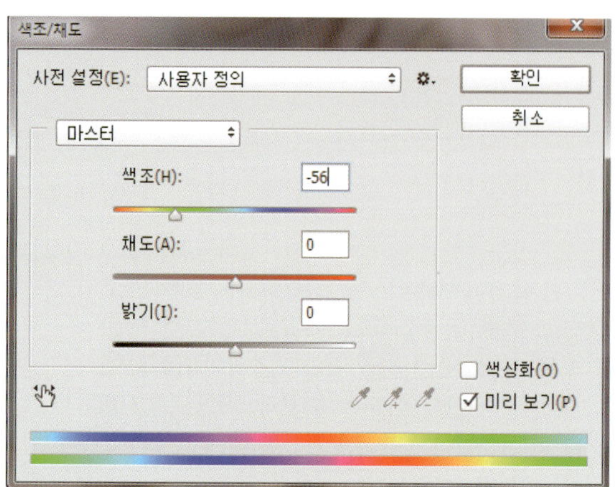

08

배경 레이어에서 색조/채도 창(단축키 Ctrl + U)을 불러옵니다. 그리고 색조의 값을 -56 정도로 조절하여 색상을 변경합니다. 날개 부분의 색을 칠합니다. 날개의 색 또한 은색으로 칠하기 위하여 약간 파란색의 컬러로 칠하였습니다. 안쪽 부분은 어둡게, 밖의 부분은 밝게 칠합니다. 은색의 색상을 회색으로 두지 않는 이유는 무채색은 색상이 탁해 보이는 느낌과 함께 '색이 빠졌다.'라는 느낌을 매우 많이 줍니다. 따라서 무채색의 부분은 무조건 없게 그리는 것이 중요합니다.

*무채색 = 채도가 없는 색

09

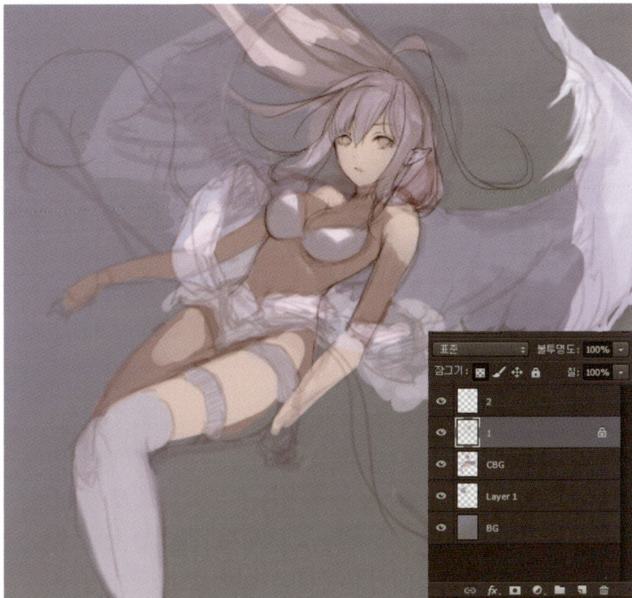

컬러의 레이어는 CBG로 설정하였습니다. 컬러의 레이어는 스케치의 레이어보다 아래에 가야 스케치를 해치지 않습니다. 가장 아래의 레이어 1은 뒤쪽 날개의 레이어입니다.

10

스케치를 했던 부분을 조금씩 지우개 도구(단축키 E)로 지워줍니다. 러프의 느낌을 살리기 위하여 한 번에 지우지 않고 배색을 하는데 방해되지 않는 정도로만 해줍니다. 그리고 머리의 컬러가 묻지 않게 그림자가 지는 안쪽 부분에 푸른 색을 첨가해줍니다. 푸른 느낌의 차가운 색은 따뜻한 느낌의 색보다 거리가 멀리 있어 보입니다.

11

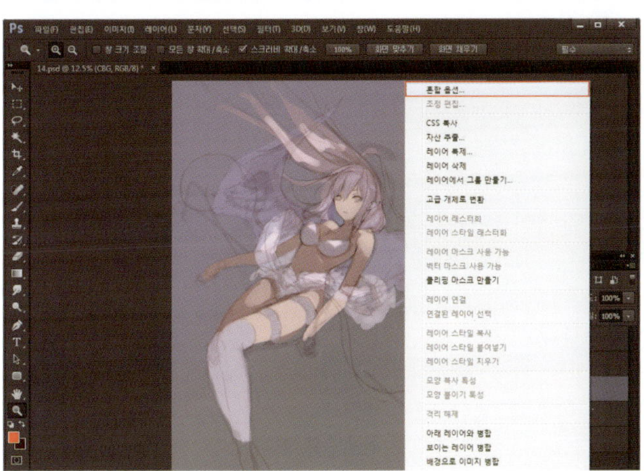

혼합 옵션 - 내부 광선 사용하기

캐릭터 부분의 밑색의 떠보이는 느낌을 줄이기 위하여 레이어의 혼합 옵션을 사용합니다. 밑색을 깔았던 CBG 레이어의 우클릭을 하여 혼합 옵션을 선택합니다.

12

혼합 옵션의 창의 좌측 카테고리에서 내부 광선을 선택합니다. 혼합 모드를 표준으로 컬러를 연갈색 #622f49 정도로 두고 크기를 5px로 둡니다.

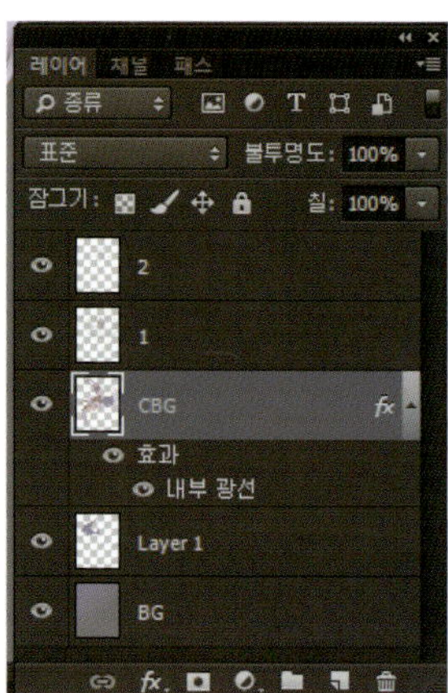

13 CBG 레이어 아래에 혼합 옵션의 효과인 내부 광선이 적용 된 것을 확인할 수 있습니다.

*레이어 내부 광선은 밑색이 깔린 부분에서 색의 안쪽으로 흐린 영역으로 색을 추가하여 넣어주는 효과입니다. 주로 필자는 초기 단계에서 선을 따는 것 대신 넣어줍니다.

밑색을 깔았던 부분에 전체적으로 안쪽으로 갈색이 추가된 것을 볼 수 있습니다. 이렇게 레이어 혼합 옵션의 내부 광선을 사용하면 선을 따지 않아도 외곽에 테두리를 입힐 수 있습니다.

이 외에 레이어 혼합 옵션 중 획과 외부 광선으로도 넣을 수도 있지만, 밑색의 부분의 영역이 더 퍼질 수 있기에 내부 광선으로 넣어주었습니다.

14

캐릭터의 머리 부분의 러프를 조금씩 지워 주고 밑색의 부분에 머리카락의 주색이 될 밝은 연보라색을 추가해줍니다.

15

밑색을 조금 씩 디테일하게 넣기 위하여 이제부터 컬러링의 터치의 방향을 고려하며 넣어줍니다. 머리카락의 경우 심지로부터 아래쪽으로 뻗어 나가게 되므로 뻗어 나가는 쪽으로 터치를 해줍니다. 현재의 단계부터 터치의 방향을 고려해둔다면 터치가 쌓이면서 묘사를 조금씩 추가할 때 보다 깊이감 있는 컬러링을 넣을 수 있습니다.

16

러프와 CBG 밑색의 레이어를 합칩니다. 그리고 선 레이어는 L(Line) 레이어로 이름을 변경하였습니다. 후반부에 전체적인 조절을 최소화하기 위하여 전반적인 컬러감은 초반부터 잡아주는 것이 좋습니다.

17 러프와 밑색이 합쳐진 레이어에서 레벨창(단축키 Ctrl + L)을 불러옵니다. 그리고 입력 레벨 부분에서 오른쪽의 255의 값을 235로 변경합니다. 그림에서 다소 밝은 쪽 부분들이 보다 밝게 변경되는 것을 알 수 있습니다. 레벨 값은 상당히 유용하게 컬러감의 조절과 보정에 이용되므로 익혀두면 좋습니다.

TIP 레벨값 조절하기

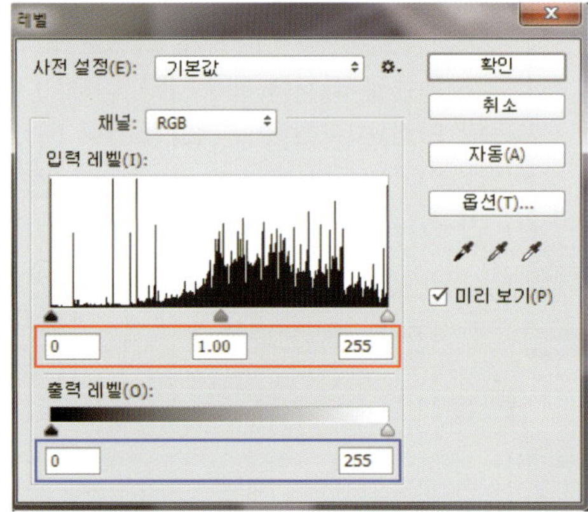

레벨창 = 빨간 박스의 0 부분의 수치를 더하면 어두운 부분이 더욱 어둡게 할 수 있습니다. 반대로 255 부분의 수치를 빼면 밝은 부분을 더욱 밝게 만듭니다. 1.00의 중간 수치는 중간 톤의 밝기를 변경할 수 있습니다.

파란 박스의 0 부분의 수치를 더하면 어두운 부분을 밝게 할 수 있고, 255 부분의 수치를 빼면 밝은 부분을 어둡게 할 수 있습니다.

18

천사가 수영복 같은 느낌으로 가슴을 가리고 있으면 어색할 수 있어서 캐릭터의 상의 부분 아랫단 의상의 실루엣을 추가합니다. 또 의상의 고급스러운 느낌을 위하여 팔에 하얀 느낌의 장식을 추가합니다. 머리카락의 아래 부분의 지저분한 러프의 느낌을 브러시로 없애주었습니다.

19 캐릭터의 윤곽이 조금씩 보이기 시작하기에 배경의 느낌도 잡으면서 작업을 진행해야 합니다. 노을의 느낌을 잡기 위하여 기본 브러시의 브러시 옵션(단축키 F5)을 변경합니다.

경도를 0%로 간격을 3정도로 두어 부드러운 에어브러시를 만듭니다. 배경의 컬러감을 추가할 레이어를 생성합니다. 배경은 당연히 캐릭터의 뒤에 오기 때문에 레이어를 CBG 아래에 둡니다.

배경은 처음 구상과 같이 노을을 표현해야 합니다. 노을은 구름과 하늘 정도가 보이면 되므로 따로 스케치 없이 컬러링으로 작업을 진행합니다.

배경 배색하기

01

살짝 적색의 느낌의 색상을 브러시 크기 (단축키 ‘[’, ‘]’)를 키워서 캐릭터 뒤에 깔아줍니다. 그리고 조금 더 밝은 노란색을 선택하여 배경에 얇고 길게 추가해줍니다. 이 노란색의 부분은 지평선 부분이 될 것입니다.

02

투시는 1점으로 멀리 있을 수록 작아 보이게 그리기 위하여 간단히 가이드를 그려보았습니다.

캐릭터와 배경의 방향과 투시가 맞지 않으면 자연스럽게 보이지 않고 캐릭터와 배경이 어긋난 것처럼 보일 수 있습니다. 때문에 캐릭터가 기울어진 만큼 배경도 살짝 기울여서 넣어주는 것이 좋습니다.

배경의 허전함을 없애기 위하여 요소를 추가해야 합니다. 캐릭터가 공중에 노을의 빛을 받으며 떠있는 느낌의 상황에서 자연스러운 요소라면 구름이 아닐까 합니다. 브러시는 경도가 100인 선명한 브러시로 바꾸고, 구름을 약간의 보라색으로 캐릭터의 좌우로 배치합니다. 가까이 있는 구름이기에 모양을 크고 간략하게 그렸습니다.

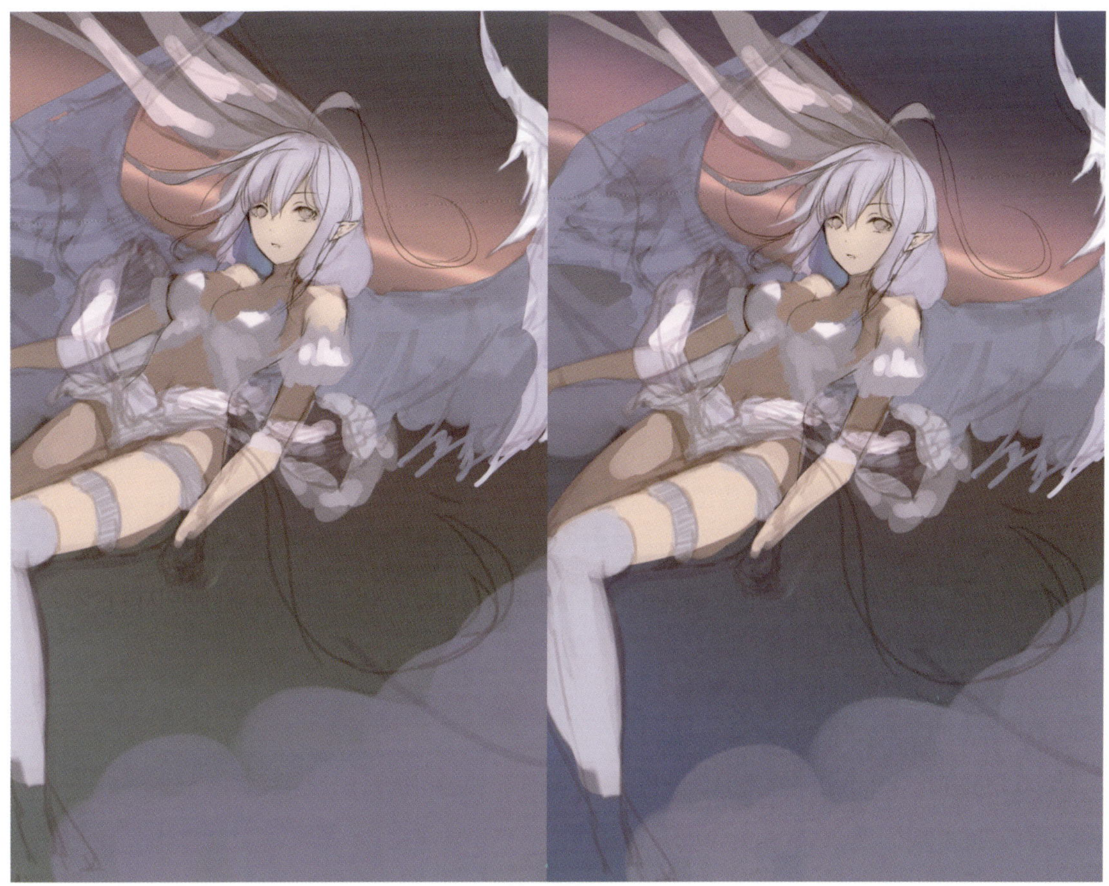

03　노을이 단순히 주황색만 보인다면 굉장히 단조로워 보일 수 있기에 다른 색감을 추가합니다. 배경에는 기본 2톤으로 자연스럽게 톤이 넘어가야 좋습니다. 완전한 1톤으로 작업하면 굉장히 단조롭고 공간이 느껴지지 않는 배경이 됩니다.

2톤으로 작업 시에는 필수로 색조를 바꾸어 다른 색감이 첨가되었다는 느낌을 주어야 합니다. 색조가 변경되지 않고 명도만 바뀐다면 빛 바랜 느낌이 날 수 있으므로 주의가 필요합니다.

우측 상단의 노을에서 가장 먼 부분의 하늘에 파란 느낌을 추가합니다. 브러시의 경도를 낮추어 노을빛처럼 작업하거나 그레이디언트 도구(단축키 G)로 드레그를 하여 추가합니다. 캐릭터의 아래 부분도 푸른 느낌을 살짝 주어 단조로움을 피합니다. 컬러의 추가의 경우 레이어를 따로 생성하여 진행하는 것이 좋습니다. 이후 문제가 없는 것 같다면 맨 밑의 배경 레이어와 합칩니다.

배경을 그릴 때에는 배경이 어디인지 독자에게 정확하게 어필할 필요가 있습니다. 하늘과 노을을 전달하기 위해 단순히 배경의 컬러감만 추가한 것으로는 정보의 전달이 부족하기에, 배경의 현장과 위치를 잘 알 수 있게 주변 요소를 조금씩 추가해 나갑니다.

빛이 닿는 부분의 구름의 가이드가 끝났으면, 그림자에 가려지는 느낌의 구름도 추가합니다. 그렸던 난색의 구름과는 다른 한색의 푸른 느낌의 색으로 멀 수록 작게 어두운 부분의 구름을 그려줍니다. 화면상 좌측에는 바로 근처에 있다는 느낌으로 가까운 구름을 어둡게 깔아주어 보았습니다.

전체적으로 같은 모양의 구름만 있으면 단조로울 수 있기에 모양을 살짝 다르게 해줍니다. 캐릭터와 마찬가지로 배경도 단조로운 느낌을 초반부터 최대한 없애면서 작업합니다.

묘사하기/
요소 추가하기

배경의 느낌이 잡힌 상태에서 캐릭터의 묘사를 조금씩 심화해 나갑니다. 배경과 캐릭터는 같은 공간 안에서 있는 느낌을 주어야 하기에 캐릭터의 묘사가 진행 됨에 따라서 배경도 같이 작업하는 방식을 주로 택합니다.

01 캐릭터를 배색한 레이어에서 머리부분의 머리카락을 결을 따라 색을 정리해 나갑니다. 묘사 이전에 확실한 실루엣을 조금씩 잡아 나가기 위한 부분으로, 머리카락을 묘사한다기 보다는 머리카락이 어느 정도로 나있는지, 어디로 흐르는지에 대한 부분을 중점적으로 생각하며 그려줍니다.

뒤에서 빛이 비추어지는 느낌과 더불어 바람의 방향도 뒤에서 살짝 불어오는 느낌을 주기 위해 안쪽으로 머리카락이 들어오는 느낌을 주었습니다. 배경의 뚫린 공간이 캐릭터의 뒤에서 넓게 펼쳐져 있으므로, 넓은쪽에서 바람이 불어오는 것이 보다 자연스러워 보입니다. 그리고 약간 밝은 색으로 뒷머리 부분을 길게 터치합니다.

캐릭터 팔에 있는 장식에 대한 부분도 이 단계에서 구체적인 고민을 해나갑니다. 필자는 레이스가 겹겹이 겹쳐진 장식의 디자인으로 표현하기로 하였습니다. 또, 전체적인 디자인도 팔에 있는 장식과 맞추어 레이스의 연속으로 표현을 하면 어떨까라는 아이디어도 여기서 얻었습니다.

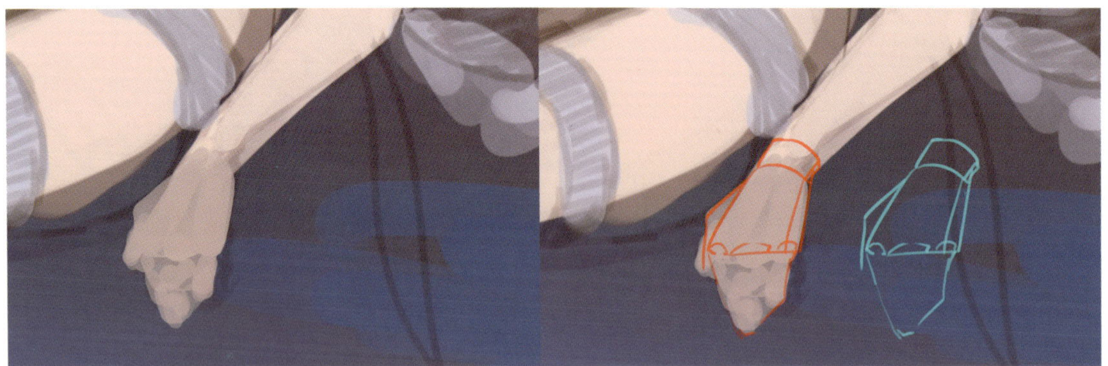

02 캐릭터의 손의 실루엣을 그려줍니다. 손을 그릴 때에는 손등과 손목, 그리고 손가락을 각기 따로 생각하는 것이 좋습니다. 간단한 박스의 느낌으로 입체감을 생각하거나 러프를 그려둔 뒤에 그 위에 살을 붙이는 식으로 하거나, 면으로 손등, 손목, 손가락의 실루엣을 표현합니다. 약간씩 터치가 덜 된 부분을 억지로 매꾸지 않고 두는 것은 구체적인 실루엣을 표현하는 데에 도움이 될 수 있으므로 억지로 깨끗하게 손보지는 않습니다.

03

가슴 의상 부분의 테두리에 선을 추가하며 의상의 모양을 잡아갑니다. 초반에 의상의 테두리에 가볍게 선을 그려주는 것은 필자와 같이 레이어를 적게 쓰는 경우에서 포토샵 효과를 사용할 때 도움이 됩니다. 예로 자동 선택 도구(단축키 W)로 영역을 선택할 때 보다 쉽게 선택할 수 있습니다.

필자는 이 단계에서 캐릭터의 모든 레이어를 합칩니다. 레이어가 나뉘어 있다는 것은 신경 쓸 부분이나 고려를 해야 될 상위 레이어가 생겨서 표현이 다소 제약을 받습니다. 그러므로 어느 정도 진행 후 수정을 하지 않을 것 같으면 레이어를 합칩니다.

04

레이어를 하나 생성하고 곱하기로 둔 뒤 눈의 배색을 해줍니다. 선 레이어와 색의 레이어를 합쳤으므로, 선 부분을 건들지 않고 진행하기 위해서는 곱하기 레이어로 배색을 해야 합니다. 레이어를 합치지 않고 작업하여도 좋지만, 필자는 색과 선의 자연스러운 융합을 위해 레이어를 합친 상태에서 여러 가지 레이어를 활용하며 색과 선을 녹여갑니다.

또 레이어의 혼동을 막기 위해서 그룹(단축키 Ctrl + G)을 추가합니다. 그룹은 레이어를 묶을 수 있는 폴더입니다. 캐릭터의 CBG와 배경의 BG 그룹을 만들어 배경 레이어와 캐릭터 레이어를 가기 따로 넣어둡니다.

얼굴 묘사하기

눈 배색이 끝나면 눈 배색 레이어를 캐릭터 레이어와 합친 뒤, 레이어를 하나 새로 생성하여 곱하기로 둡니다. 얼굴 부분은 아주 약간의 차이로도 후에 많은 느낌의 차이를 주기에 섬세하게 묘사해 나갑니다.

01

캐릭터의 눈, 코, 입 주변에 핏기의 묘사를 진행합니다. 색은 연주황색 #df7d66으로 약간 붉은 느낌으로 주었습니다. 얼굴과 얼굴 형태가 따로 노는 것을 녹이기 위한 작업으로 이 부분이 거쳐지지 않으면 얼굴과 얼굴 형태가 따로 되어 보일 수 있습니다.

02

눈의 안쪽과 눈 고리 아래, 그리고 코의 중앙 부분, 입술의 아래 부분에 터치를 해주었습니다.

03

레이어를 하나 추가하여 표준으로 둔 뒤 얼굴의 밝은 톤을 만들어줍니다. 색은 얼굴의 기본 톤보다 조금 더 밝고 채도가 낮은 색으로 진행합니다. 채도가 높은 색으로 더 밝은 면을 그려주게 되면 얼굴의 테두리가 비교적 칙칙해 보여서 꼬질 한 느낌을 줄 수 있으므로 안쪽은 채도를 조금 떨어뜨립니다. 표준 레이어로 사용하기에 다른 부분이 뭉그러질 수 있으니 가볍게 중앙만 터치를 해줍니다.

04

선 레이어가 분리 된 상태에서 묘사를 계속 진행해나가면 결국 흐리게 됩니다. 그것을 방지하기 위하여 곱하기 레이어를 추가하여 얼굴 피부와 머리가 만나는 부분의 선을 추가, 그리고 가장 디테일 해야 할 주변의 머릿 결을 추가합니다. 눈 부분도 조금 더 진하게 해주었습니다. 선의 색은 연보라색 #a281b3으로 주었습니다. 오른쪽에 있는 네모에 있는 부분은 추가 된 선 부분입니다.

TIP 선과 면의 색

그림에서 가장 고민인 부분은 역시 선과 면을 어떻게 녹이느냐 입니다. 선을 면에 자연스럽게 녹이면 보다 자연스럽고 디테일한 느낌을 낼 수 있습니다.

선의 색은 안에 들어가 있는 피부 톤이나 머리카락의 색을 비슷하게 따라주어야 선과 면이 따로 있는 듯한 느낌이 들지 않습니다. 예로 머리카락이 연보라색이면 선을 보라색 정도로, 피부라면 피부와 비슷한 갈색의 느낌으로 선을 써주어야 합니다. 여러 가지의 의상이나 장식이 추가 된다면, 모든 부분의 장식과 의상 역시 선의 색을 각기 따로 하여야 자연스럽고 디테일한 완성도의 그림으로 거듭날 수 있습니다.

05

눈의 흰자 부분을 추가합니다. 또 애교머리 부분을 밝게 하였습니다. 여자 캐릭터의 애교 머리는 턱을 갸름하게 보이게 하며, 귀여운 인상이 들게 할 수 있으니 꼭 추가하도록 합니다.

눈의 흰자 부분은 피부와 흰자를 완전히 나누지 않고 자연스럽게 녹이는 느낌으로 처리합니다. 흰자를 억지로 선명하게 나누면 눈이 피부와 동떨어진 느낌이 날 수 있습니다.

06

스포이드 도구(단축키 I)로 머리카락의 주변의 색을 선택한 다음 머리카락의 선을 조금씩 누그러뜨리면서 펴줍니다. 캐릭터의 눈썹을 조금 더 진하게, 입의 지저분한 부분도 살색을 선택해서 덧칠하여 제거해 주었습니다. 뒤쪽 어깨 부분의 빛도 머리카락결 사이로 빛이 들어오는 것처럼 나눠 주었습니다.

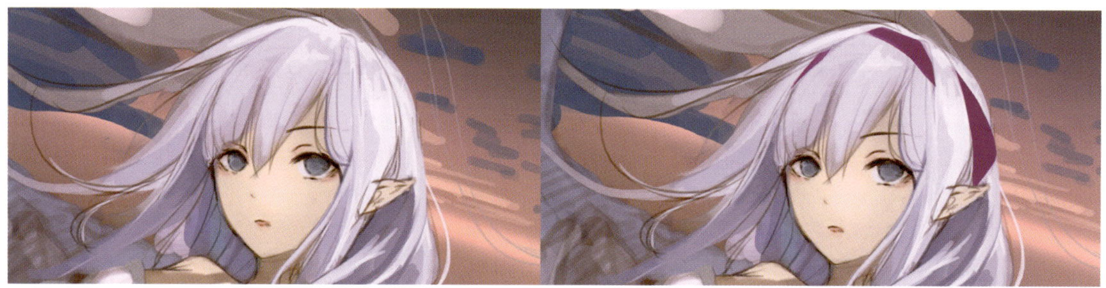

07 곱하기 레이어를 생성하여 눈 고리 부분을 선명하게 칠해줍니다. 입 안의 색도 다홍색을 선택하여 넣어줍니다.

머리의 부분에 포인트 컬러로 머리 띠를 보라색으로 씌어 주었습니다. 머리띠를 쓰는 방식은 그냥 씌우는 것 보다는 옆머리를 내놓고 두르는 스타일로 구성하여 단조로움을 피했습니다. 캐릭터의 오른편의 머리띠는 먼 쪽이므로 앞머리 때문에 가려진 것처럼 조금만 그렸습니다. 이렇게 하면 모든 부분의 굵기를 같이 한 것보다 입체감을 살릴 수 있습니다.

얼굴 부분은 이런 방식으로 묘사를 추가해 나가서 깊이 감과 디테일을 더해줍니다. 해당 과정까지 완료 되었다면 레이어를 모두 합쳐줍니다.

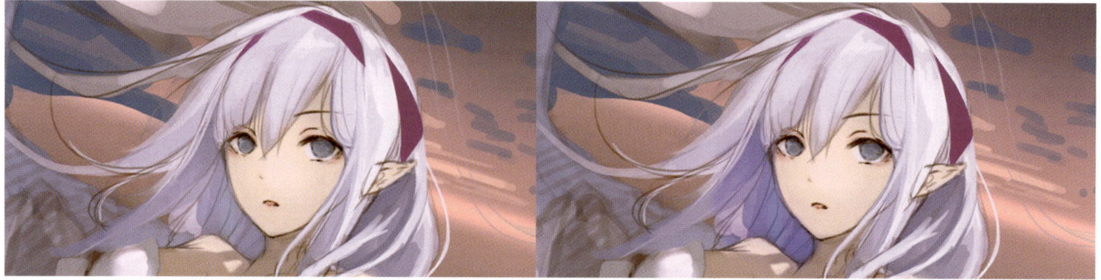

08 그림자를 확실하게 하기 위해 오버레이 레이어를 생성하여 남색 #44326f으로 안쪽 머리 부분의 그림자를 터치하여 줍니다. 이전과 비교하여 채도가 올라감을 알 수 있습니다.

09 선형 닷지 레이어를 생성하여 갈색 #561205을 에어브러시로 빛을 바로 받게 되는 어깨와 머리 뒤통수 부분을 터치합니다. 자연스럽게 빛을 받아 빛을 튕겨내는 느낌을 자아낼 수 있습니다. 아직 묘사 단계가 낮으므로 조금만 넣어줍니다.

TIP 속성이 있는 레이어를 사용할 때 주의사항

클리핑을 하지 않고 레이어를 합친 경우

클리핑을 하고 레이어를 합친 경우

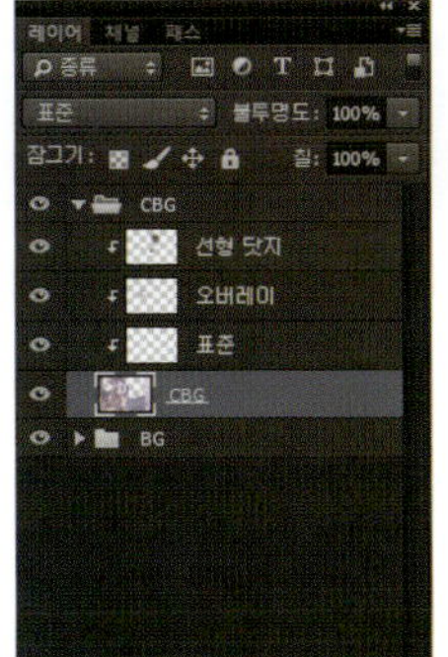

속성이 있는 레이어는 아래의 레이어와 합칠 때, 아래의 레이어의 속성으로 자동으로 변환되어 합쳐지게 됩니다. 이 경우, 오버레이나 선형 닷지 등의 레이어를 표준 레이어와 합칠 때 아래에 있는 레이어에서 칠해지지 않은 부분(불투명도 0%~)에서는 색상이 변하여 합쳐집니다. 그러므로 속성 레이어를 추가할 때마다 레이어를 클리핑하여 사용해주면 좋습니다.

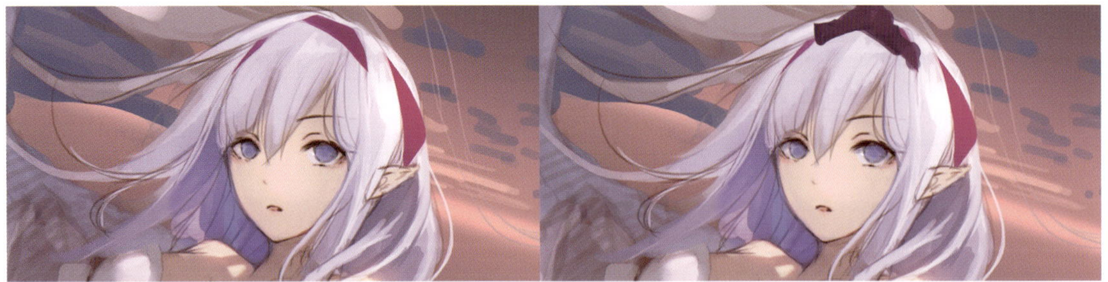

10 표준 레이어를 생성하여 눈에 그림자를 넣어줍니다. 눈에 그림자는 캐릭터의 눈이 피부에 자연스럽게 붙어있는 느낌을 줄 수 있습니다. 그리고 필자의 취향대로 티아라나 리본을 추가하면 예쁠 것 같아서 캐릭터 머리 위에 살포시 보라색으로 장식을 하나 얹어 주었습니다.

이 과정까지 완료가 되면 CBG 레이어에 캐릭터의 레이어를 모두 합칩니다. 클리핑이 된 부분부터 합치도록 합니다.

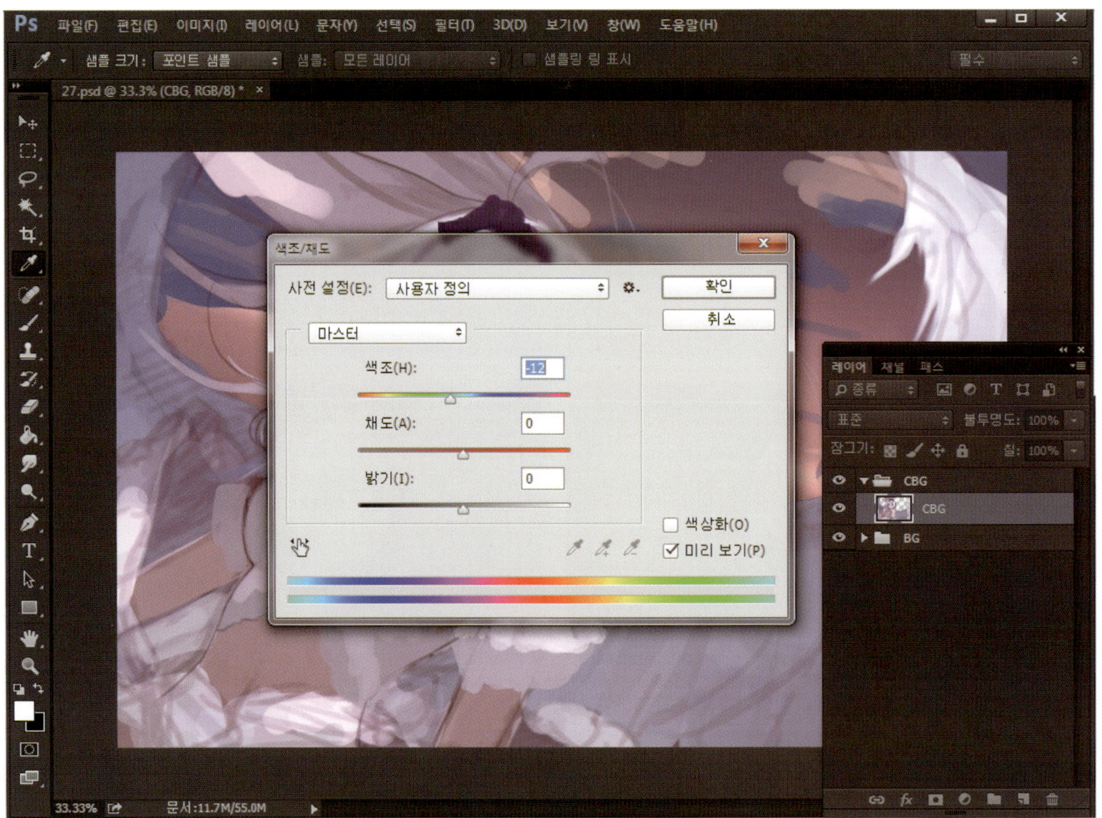

11 캐릭터의 전체적인 색감이 누르스름하여 천사의 백옥피부와는 조금 거리감이 느껴져서 색감을 수정합니다. 레이어를 적게 사용하게 되면 하나의 레이어에서 수정을 가할 수 있기에 포토샵을 활용한 색감의 보정에서 상당히 편리합니다.

CBG 레이어에서 색조/채도 창(단축키 Ctrl + U)을 불러옵니다. 색조를 -12를 두어 캐릭터의 전반적인 누르스름한 느낌을 조절해줍니다.

TIP 각도 수정하기

작업을 진행하다 보면 각도의 수정이 필요할 때가 있습니다. 올가미 도구(단축키 L)로 얼굴의 부분을 선택합니다. 선택 된 상태에서 해당 부분의 복사(단축키 Ctrl + J)를 눌러줍니다. 일반적인 복사(Ctrl + C, Ctrl + V)와는 다르게 같은 위치에서 레이어가 복사되는 것을 알 수 있습니다. 트렌스폼(단축키 Ctrl + T)를 눌러 각도와 위치를 수정해줍니다. 마지막으로 올가미 도구로 선택된 영역을 해제하기 위하여 영역 해제(단축키 Ctrl + D)를 눌러줍니다.

아래에 있는 원래의 위치의 얼굴의 실루엣을 지워줍니다. 이렇게 올가미 도구로만 수정하지 않고, 복사하여 복사 된 부분을 수정한 뒤 아래의 부분을 지워준다면 이미지가 구멍이 나는 경우가 생기지 않습니다.

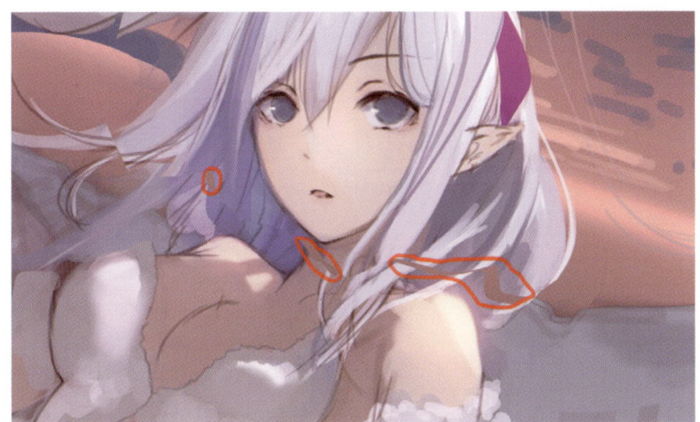

12

묘사가 어느 정도 진행 된 상태에서 수정하면 각도의 수정에서 생긴 구멍을 매꿀 때 묘사를 맞추기 위하여 다소 번거롭게 터치를 많이 해야 되는 경우가 생길 수 있습니다.

13

살짝 턱을 당겨주는 듯한 느낌을 주기 위해 TIP의 부분처럼 얼굴과 머리의 각도를 조금 돌려주었습니다. 레이어를 하나 추가하여 눈에 속눈썹을 그려줍니다.

뒷머리의 안쪽 부분에 그림자를 추가하여 공간을 내주어 답답한 느낌을 제거했습니다. 또, 머리의 디자인과 자연스럽게 어울릴 수 있는 끈도 추가해보았습니다.

14 캐릭터가 다소 정적으로 있기에 주변 사물로 역동감을 추가하기로 합니다. 레이어를 하나 생성하여 흩날리는 천의 디자인을 추가합니다. 천사의 컨셉에 잘 어울릴 수 있도록 하얀 느낌의 천을 하늘하늘 흩날리게 추가한 뒤, 캐릭터의 팔에 감아주었습니다.

가까운 곳은 조금 더 커 보이게, 먼 쪽은 조금 더 작아 보이도록 천을 그려주는 것이 포인트가 됩니다. 이렇게 캐릭터 근처에 가깝고 먼 쪽의 공간을 알 수 있는 느낌의 디자인이나 요소가 추가되면 그림에 깊이감을 심화할 수 있습니다.

15 흩날리는 천이 추가됨으로써 전체적인 벨런스가 흩어지는 느낌이 있기에 캐릭터의 크기를 키웁니다. CBG의 그룹에서 트렌스폼(단축키 Ctrl + T)을 하면 해당 그룹 안에 있는 모든 레이어를 같이 수정할 수 있습니다. 전체적으로 약간 사이즈를 키우고 각도를 시계방향으로 돌려주었습니다.

위로 흩날리는 머리카락은 흩날리는 천과 같이 있으면 바람의 방향이 혼동될 수 있어서 제거해주었습니다. 캐릭터의 크기를 키움으로써 배경의 노을이 잘 보이지 않아서 배경도 조금씩 위로 올려주었습니다.

16 캐릭터의 날개부터 묘사의 추가를 진행합니다. 전체적으로 실루엣을 선명하게 하기 위하여 날개의 색과 비슷한 선으로 날개의 실루엣을 그려나갑니다. 날개의 안쪽은 다소 얇은 선으로 밖 부분은 보다 두꺼운 선으로 강약을 표현합니다. 두꺼운 선은 추후에 그림자처럼 보이게 하거나 조금씩 깎아내어 자연스럽게 녹입니다.

요소를 묘사할 때 가장 중요한 것은 해당 요소를 얼마나 설득력 있게 만드느냐인데 그에 따라 디테일의 깊이감이 가중됩니다. 날개의 안쪽 부분에는 날개의 뼈대를 묘사해줍니다. 뼈대의 아래로 깃털이 뻗어 나온다는 느낌으로 날개의 깃털의 형태를 조금 그려 넣습니다.

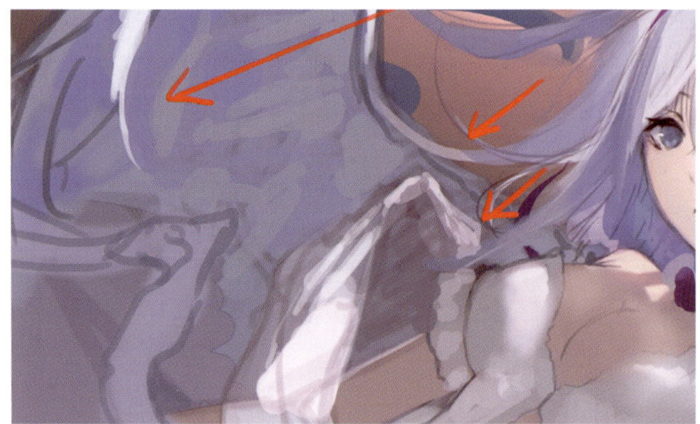

17

그리고 가슴 부분 의상과 캐릭터에 둘러 쌓여지는 천에 빛을 추가합니다. 빛을 받는 부분은 노을의 방향을 의식하여 그려줍니다. 전체적인 틀(실루엣 부분 위주)의 빛 방향은 모두 맞춰 주는 것이 좋습니다.

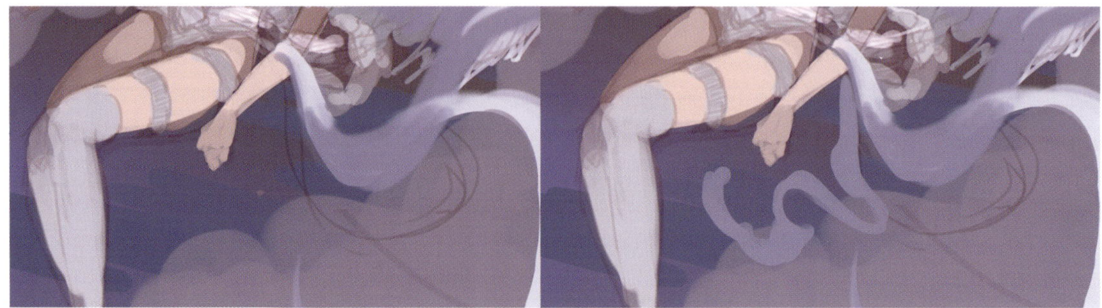

18 캐릭터에 감싸진 천의 연장을 하여 아래로 흩날리는 천을 만들어줍니다. 흩날리는 천의 아래 부분은 밑으로 떨어진다는 느낌으로 멀 수록 작게 그립니다. 이 부분은 색의 묘사를 진행하면서 밑의 배경과 캐릭터 사이의 공간이 있도록 느껴지게 해줄 부분으로 어필이 될 것입니다.

19

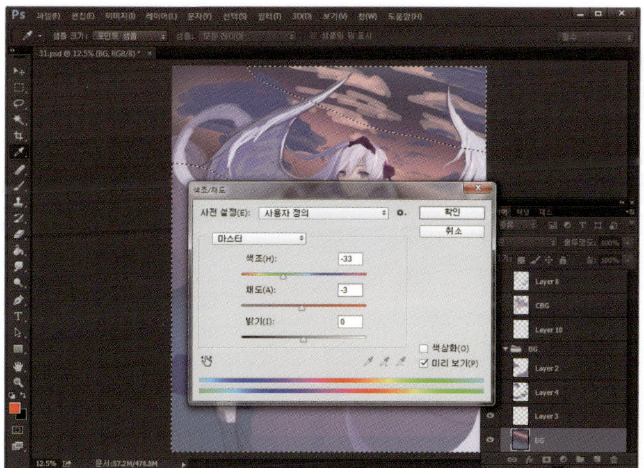

배경의 노을 부분을 제외한 부분을 올가미 도구(단축키 L)로 선택하여 색조/채도 창(단축키 Ctrl + U)로 조절해줍니다. 색조의 값을 -33, 채도를 -3정도로 선택합니다.

*Shift 키를 누르면서 올가미 도구로 선택을 하면 다중의 영역을 추가로 선택할 수 있습니다.

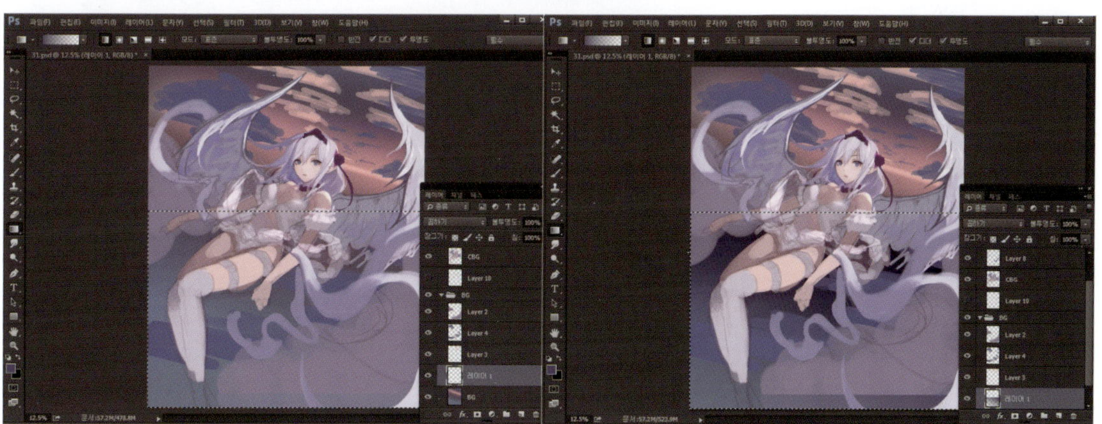

20 배경의 아래 부분을 캐릭터와 확실히 차이가 나도록 하기 위해 어둡게 깔아줍니다. 사각형 선택 윤곽 도구(단축키 M)으로 배경의 아래 부분을 선택한 후 그레이디언트 도구(단축키 G)로 남색 #3c3a69을 선택하여 곱하기 레이어에서 대각선으로 드래그하여 적용해줍니다.

노을의 부분을 선택하여 색조/채도 창(단축키 Ctrl + U)로 채도를 올려줍니다. 마찬가지로 원경의 구름 부분도 채도를 모두 올려줍니다. 또 사이즈를 조절하면서 근경의 구름의 빈 공간이 생겼는데, 이 부분도 구름을 트렌스폼(Ctrl + T)로 늘려서 맞추어줍니다.

21 배경의 컬러 조절이 모두 적용 된 이미지입니다. 원경 배경의 노을의 이미지의 선명도가 높아진 것을 확인 할 수 있습니다. 또한 캐릭터 아래의 배경이 어둡게 깔림으로써 캐릭터가 더욱 돋보이게 되었습니다.

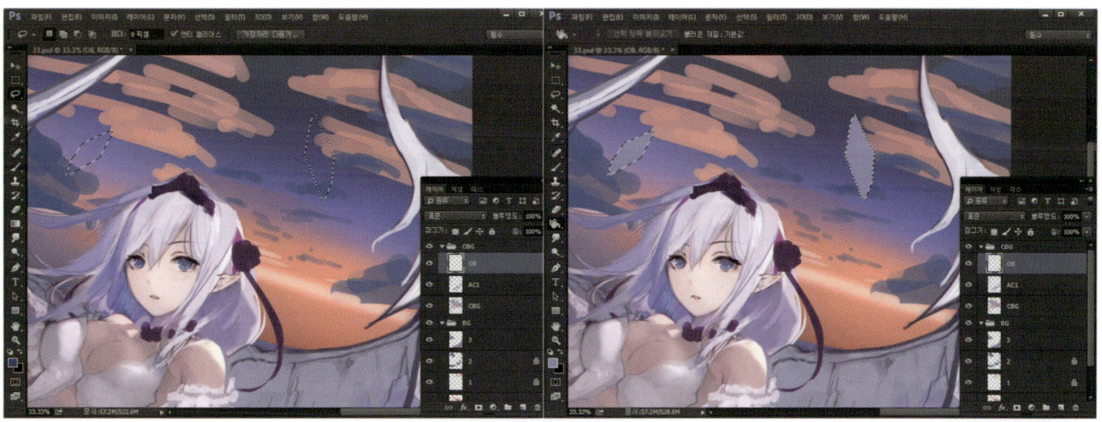

22 캐릭터 주변이 허전한 느낌이 있기에 오브젝트를 추가합니다. 필자는 신비한 돌조각을 표현하기 위해 올가미 도구(단축키 L)로 약간 마름모의 돌멩이의 실루엣을 선택하여 페인트 통(단축키 G)으로 밑색을 넣습니다.

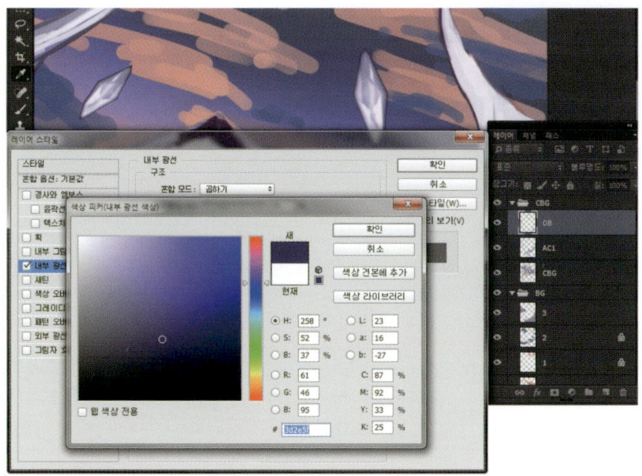

23

돌멩이의 빛 받는 부분을 브러시로 그려준 뒤 오브젝트가 있는 레이어의 혼합 옵션창 (레이어 우클릭 후 혼합 옵션 선택 / 레이어 더블 클릭)을 불러옵니다. 내부 광선을 선택하여 컬러를 남보라색 #3d2e5f를 선택하고 혼합 모드를 곱하기로 둡니다. 확인하여 적용합니다. 돌멩이에 테두리가 그려진 것을 확인할 수 있습니다. 이렇게 테두리를 내부 광선으로 처리하면 편리하면서 자연스러운 블러가 들어가게 되어 무게감이 느껴지게 됩니다.

24

그려진 오브젝트를 복사하여 이미지의 곳곳에 배치합니다. 트렌스폼(단축키 Ctrl + T)을 이용하여 가까운 곳은 크게 먼 곳은 다소 작게 배치를 하는 것이 좋습니다. 가까운 곳에 작은 것이 있다면 작은 돌멩이를 배치해도 되지만, 그림에서 혼동되는 부분은 가급적 넣지 않는 것이 좋습니다.

배치의 방식은 보기에 다소 허전한 부분과 요소가 없는 부분에 해두도록 합니다. 다른 요소가 있는 부분에는 하지 않는 것이 좋습니다.

25

캐릭터의 사이즈를 트렌스폼(Ctrl + T)로 조금 더 키우고 다리의 잘린 부분을 그립니다. 이미지의 사이즈는 초반에는 작게 작업하다가 진행하면서 화면에 찰 수 있도록 조금씩 조절하는 것이 좋습니다. 초반부터 크게 작업하는 경우 잘려진 부분은 생각하지 않는 경우가 많기에 다소 어색한 느낌을 받을 수 있습니다.

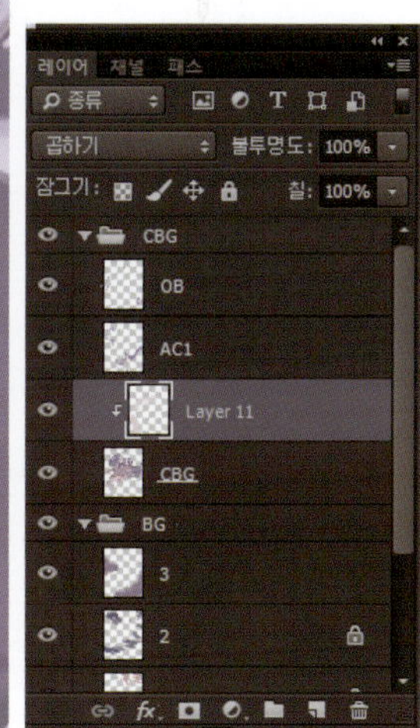

26 뒤에서 노을이 비치므로 앞쪽에 그림자를 추가하기로 합니다. 레이어를 하나 생성하여 CBG에 클리핑 한 뒤 연갈색 #b08483으로 그림자를 넣습니다. 일부의 부분에 추가하는 경우 올가미 도구(단축키 L)로 영역을 선택하여 넣으면 편리합니다.

캐릭터의 얼굴의 일부분과 다리 부분에 그림자를 넣어 보다 빛의 흐름이 리얼하도록 만듭니다. 그림자는 처음에는 너무 진하지 않게 조금씩 추가합니다.

27 레이어를 추가하여 캐릭터의 머리카락을 정리해줍니다. 옆머리 중 턱과 목을 가리는 부분을 제거하여 빛이 들어와서 밝게 비칠 수 있는 목 부분을 드러나게 만들어 보았습니다.

28

동공의 부분을 표현함으로써 눈의 깊이감을 추가할 수 있습니다. 동공이 눈동자보다 꼭 더 어두워야 할 필요성은 없습니다.

29

캐릭터에게 본격적으로 디자인을 추가해나갈 단계입니다. 모자와 어깨 측면의 장식의 디자인을 추가해봅니다.

모자는 약간 큰 왕관 형태로 캐릭터 뒷머리에 쓴 것처럼 캐릭터의 머리에 영향을 주지 않도록 그려줍니다. 어깨에 옆에 있는 디자인은 곡선의 형태로 자유롭게 디자인하였습니다. 이 단계에서는 캐릭터에게 어울리는 느낌의 실루엣으로 디자인의 느낌을 가늠해봅니다.

30 세부적인 디자인을 고민합니다. 왕관에는 철제로 고딕스러운 문양을 모자를 따라 원형으로 넣습니다. 모자의 형태는 둥근 것이 보통이므로 좌우로 넘어갈 수록 디자인의 간격을 좁게 해주어야 왕관이 평면적으로 느껴지지 않습니다. 어깨 측면에 있는 장식도 왕관과 같은 철제의 장식 테두리를 달아줍니다.

세부적인 디자인을 할 때에는 실루엣 부분을 살릴 수 있게 추가해주는 것이 좋습니다. 초반에 어울리는 실루엣을 찾았다면, 그 실루엣을 해치지 않는 선으로 추가 디자인이 되어야 어색하지 않은 디자인이 될 수 있습니다.

모든 디자인을 넣어보고 찾는 것은 시간이 상당히 낭비될 수 있으므로 꼭 실루엣을 이용한 추가 디자인의 느낌을 적용해본 뒤 묘사를 진행하도록 합니다.

31 철제 장식을 한 레이어를 더블 클릭하여 혼합 옵션 창을 띄웁니다. 그리고 내부 광선으로 보라색을 선택하여 혼합 옵션을 표준으로 둔 뒤 적용하여 테두리를 입힙니다. 테두리만 입혀도 디자인이 보다 더 안정감이 있는 느낌이 날 수 있습니다.

디자인 레이어는 그룹을 생성(단축키 Ctrl + G)하여 디자인 그룹에 넣어 둡니다.

32

캐릭터 상의의 가슴 부분의 테두리를 추가
해줍니다. 의상의 테두리를 넣으면 의상이
손을 거쳐 가공된 느낌을 주어 천 조각의
느낌에서 만들어 짜여진 느낌으로 보이게
됩니다.

33

포인트가 될 리본을 가슴 중앙에 추가해줍
니다. 가슴 골은 보이는 편이 좋으므로 가
리지 않게 아래 쯤에 달아주는 센스가 필
요합니다.

34

캐릭터의 하반신 의상이 추가됨으로써 허
벅지의 길이가 큰 편으로 느껴지기에 올가
미 도구(단축키 L)로 허벅지와 종아리 부
분까지 선택하여 길이를 줄여줍니다. 그리
고 손목 부분도 가늘게 보이도록 튀어 나
간 부분을 제거해 주었습니다.

35

치마를 추가합니다. 원래 없던 계획이었지만 내의가 속옷으로 보이기도 하고 야한 느낌을 주어서 추가하게 되었습니다. 치마 아래의 단을 지그재그로 두어 주름 치마의 실루엣을 표현합니다.

36

캐릭터의 배가 조금 더 보이는 편이 보기가 좋고 자연스러우므로 캐릭터를 감고 있는 천 부분 중 중앙을 지워줍니다.

37

캐릭터의 생기를 내줄 수 있는 홍조를 추가합니다. 곱하기 레이어를 추가하고 연주황색 #ff8b8b의 색으로 눈 아래와 볼 부분을 감싸듯이 살짝 칠해줍니다. 홍조는 캐릭터의 얼굴에 쉽고도 확실하게 생기를 불어 넣을 수 있는 부분으로 미소녀 캐릭터에는 대부분 쓰입니다. 과하지 않게 조절합니다.

38

곱하기 레이어를 생성하여 캐릭터 귀 아래의 부분에 그림자를 넣어줍니다. 그림자 또한 머릿결을 따라 넣어주는 것이 좋습니다. 머리카락은 그림자와 밝은 부분을 교대로 넣어가면서 입체적인 느낌과 디테일을 살려주게 됩니다.

39

머리카락의 전반적인 부분에 잔머리를 추가합니다. 단조로움을 피하기 위해 머릿결과 아주 살짝 어긋나도록 그려줍니다. 전체적인 큰 틀의 머리카락은 심지에서 결을 따라 흘러내리 듯이 그려주고, 잔머리일 수록 결과는 살짝 다르게 표현해주면 전체적인 머리카락의 방향을 해치지 않으면서 단조로움을 피할 수 있습니다. 잔머리는 머리카락 디테일을 심화하는 데에 효과적입니다.

40 오버레이 레이어를 생성하여 의상의 색감을 추가합니다. 흰색의 의상이나 머리카락은 무채색의 느낌이 나오면 색이 탁하거나 칠하지 않아 보일 수 있으므로 주변 색을 고려하여 색감을 계속적으로 추가해 나가게 됩니다.

주변의 색이 푸른 느낌이면 캐릭터의 흰색 의상이 다소 무채색으로 보일 수 있기에 푸른 느낌을 조금 더 추가해주는 식이 됩니다. 반대로 난색이면 난색의 느낌을 추가해주면 좋습니다. 이런 식으로 추가하는 경우에 배경과 색감이 너무 같아지지 않도록 색조를 조금은 다르게 써주는 요령이 필요합니다.

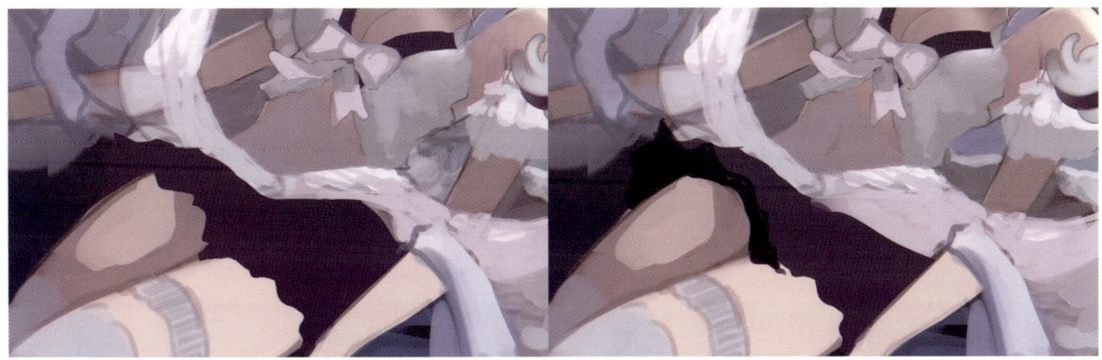

41 치마의 그림자 부분을 추가하였습니다. 치마의 그림자는 치마 안쪽의 단면 부분을 표현하였습니다. 겉면과 안면이 같이 보이게 되면 조금 더 다이나믹한 느낌을 줄 수 있습니다. 천을 조금 더 퍼지도록 그리고 뒷부분의 지저분한 느낌도 천의 뒷부분의 추가로 정리해주었습니다.

캐릭터의 배의 중앙 부분에 배꼽을 묘사하였습니다. 배꼽은 약간 길게 묘사하는 것으로 간단히 표현합니다. 배꼽은 캐릭터의 배 부분의 중앙을 보여주는 부분으로 위치가 어긋나지 않게 주의하며 그려주어야 합니다.

01 팔 의상 아래 의상의 형태를 고정해주는 고정 띠를 추가합니다. 이 띠는 일반적인 셔츠 등의 소매 부분으로써 의상의 표현을 주어, 여길 잡고 입었다라는 느낌을 줄 수 있어서 디자인의 표현에 설득을 더해줄 수 있습니다. 목의 띠는 위 아래에 레이스가 달린 느낌이면 좋을 것 같아서 지그재그로 선을 추가하였습니다. 단순히 선을 추가하는 부분도 뒤에 어떤 것을 표현할지를 고려하면서 넣어주어야 합니다. 고려하지 않고 넣어 두는 경우, 해당 부분의 수정을 반복하거나 다시 그리게 되는 불상사가 발생하므로 첨가할 디자인의 형태 정도를 생각하고 표현해줍니다. 단순하게 어떤 형태인지 정도면 충분합니다.

02 베이스가 될 역광을 추가합니다. 역광은 노을에서 비쳐지는 강한 빛이 비추는 것으로, 노을 색과 비슷한 계열색 #f5b871을 사용합니다. 노을의 색과 같은 색을 사용하는 경우 머리카락과 배경이 동화되어 보일 수 있습니다. 따라서 밝기가 비슷한 경우 꼭 계열색을 사용하여 실루엣이 녹지 않게 해주어야 합니다. 실루엣이 동화되어 보일 경우 확대해서 작업할 때는 괜찮지만, 이후 축소하여 보았을 때 구분이 가지 않을 수 있습니다.

색의 동화를 피하는 다른 방법 중에는 역광을 넣은 부분에 선을 살짝 넣는 방법도 있습니다. 디자인을 추가할 때 쓰였던 레이어 혼합 옵션의 내부 광선을 사용하여도 무방합니다.

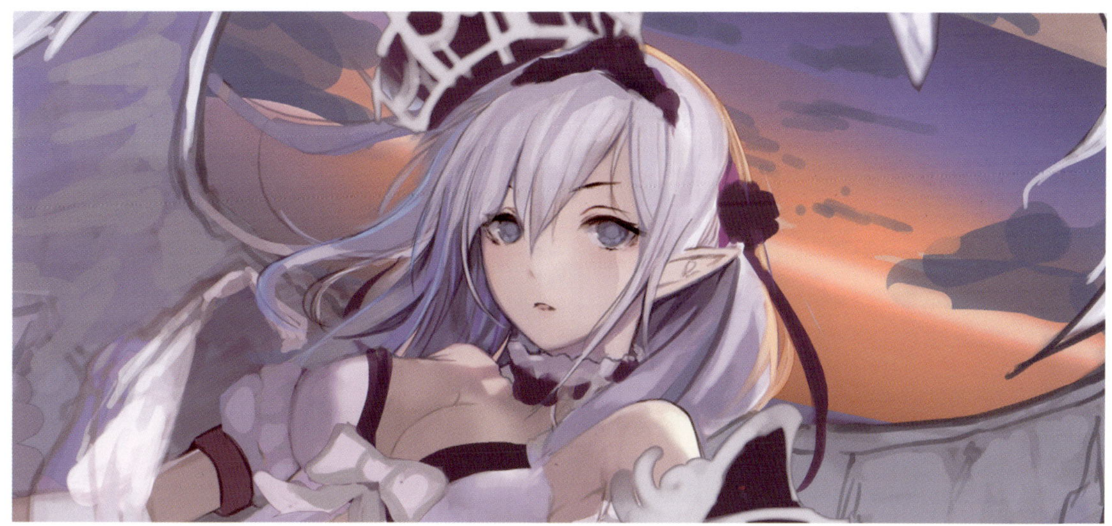

03 추가 된 역광을 자연스럽게 이어지게 하기 위해 머리카락의 색을 선택하여 브러시로 살짝 씩 눌러줍니다. 어두운 쪽은 역광과의 대비되는 색으로 한색을 추가해줍니다. 이 대비되는 한색은 빛 방향과는 다른 느낌으로 추가되어 특색 있는 느낌과 색상의 단조로움을 줄일 수 있습니다. 빛이나 광을 무시하는 색이므로 과하지 않게 포인트의 요소로만 주는 것이 중요합니다.

팔 부분의 띠를 팔을 따라 동그랗게 표현해줍니다. 이 동그란 부분이 캐릭터의 팔에 입체감을 주는데 큰 역할을 합니다. 단순히 평면으로 되어있으면 캐릭터의 팔 또한 평면으로 보일 수 있습니다.

04 레이어를 하나 생성하여 혼합 옵션에서 내부 광선의 색을 보라색 #402a4f을 선택합니다. 그 뒤 레이스를 표현합니다. 목 부분의 레이스는 잔 레이스로 꾸불거리도록 표현하고, 가슴 아래의 부분에는 큰 브러시로 한 번 그려준 뒤 작은 브러시로 테두리를 그려주었습니다. 내부 광선이 있어서 하얀색으로 레이스를 표현하여도 자동으로 테두리가 생기는 것을 볼 수 있습니다. 레이스 같은 복잡한 요소는 되도록 레이어를 합치지 않도록 합니다.

평면 레이스 만드는 방법

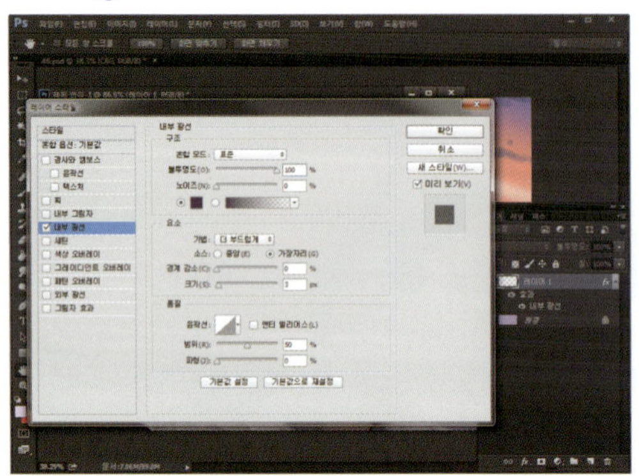

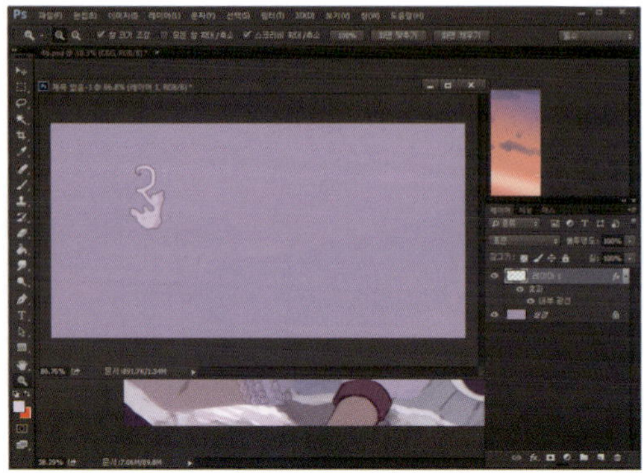

의상의 윗단 부분의 모양이 있는 레이스의 표현 방법입니다. 표준 레이어를 하나 생성한 뒤 레이어를 더블 클릭하여 혼합 옵션 창을 불러옵니다. 그 뒤 불투명도를 100으로 색을 보라색 #402a4f으로 합니다. 요소의 크기는 3px 정도에서 조절합니다. 이 상태에서 브러시를 긋으면 테두리가 자동으로 생기는 것을 알 수 있습니다.

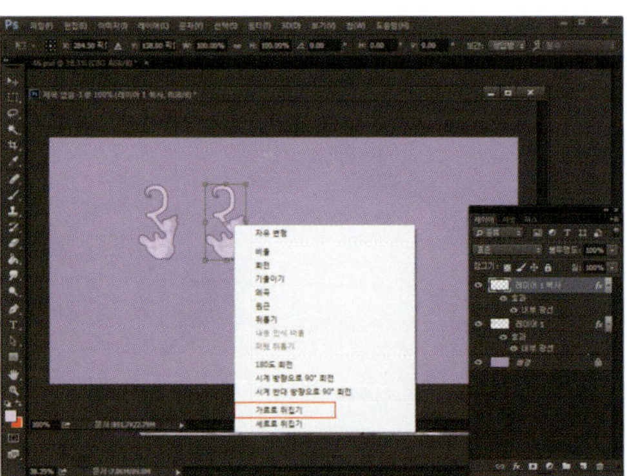

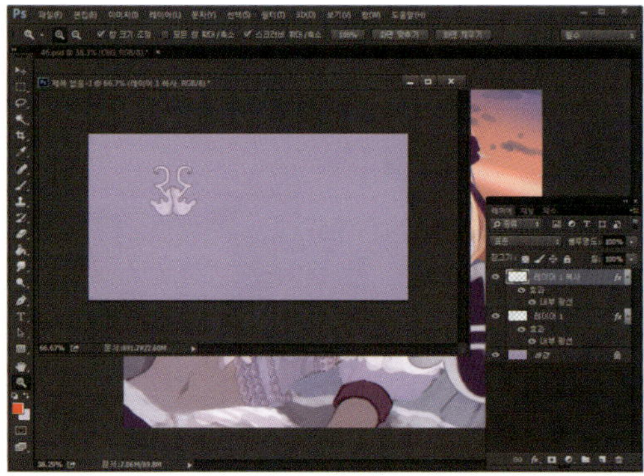

레이어를 복사(단축키 Ctrl + J)하여 그린 형태를 하나 더 만들어줍니다. 해당 레이어를 트렌스폼(단축키 Ctrl + T)하여 트렌스폼이 된 상태의 부분을 우클릭해서 가로로 뒤집기를 눌러줍니다.

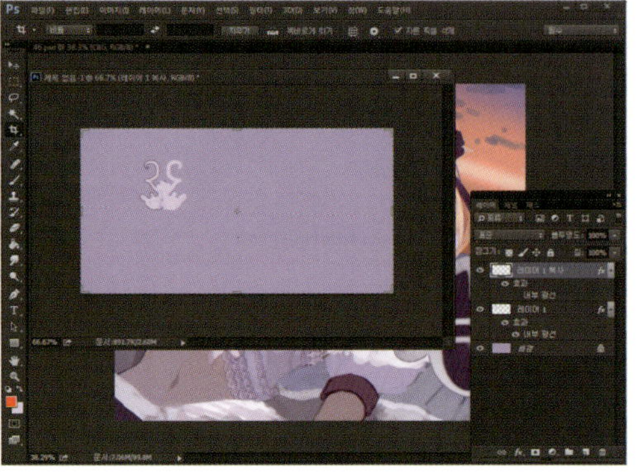

그 뒤 복사된 레이어에서 효과의 부분을 체크 해제하여 없앤 다음 아래의 레이어와 합칩니다. (단축키 Ctrl + E) 이런 방법으로 대칭 형태의 레이스를 손쉽게 만들 수 있습니다.

응용 방법

어떤 모양이나 글자든지 좌우 대칭이나 상하 대칭, 각도를 돌려서 적용 해준다면 멋지고 예쁜 여러 가지의 레이스 문양을 만들 수 있습니다. 이런 레이스는 레이스 뿐만 아니라 의상의 문양이나 악세서리의 문양으로써도 활용 될 수 있습니다.

05

가슴의 톤을 조금 더 채도가 높은 색을 선택하여 자연스럽게 에어브러시로 뭉그러뜨립니다. 자연스럽게 뭉그러뜨리는 것은 브러시를 약하게 자주 사용하는 방법으로 반복합니다. 혹은 손가락 도구를 사용하여 부드럽게 만들어줍니다.

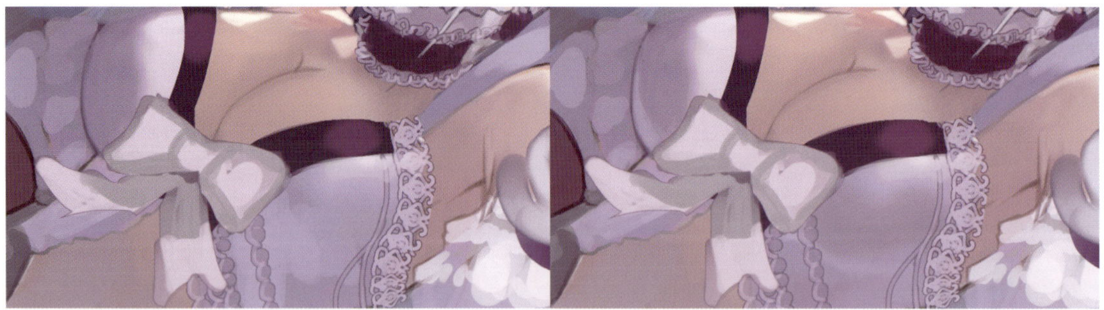

06 가슴의 의상의 부분에 피부의 색을 스포이드 도구(단축키 I)로 찍어서 표면이 흐린 에어브러시로 동그랗게 터치를 합니다. 아래쪽에서 약한 빛이 올라온다는 느낌을 가슴의 표면에 준다면 입체적인 느낌을 낼 수 있습니다. 또 피부의 색을 조금 더 진하게 넣는다면 의상이 투명하여 안쪽의 피부가 비치는 느낌을 낼 수도 있습니다.

07 머리카락과 귀 부분의 실루엣을 살려줍니다. 뒷머리의 역광처럼 귀 부분도 채도가 높은 난색으로 테두리에 표현을 합니다. 그리고 목걸이에 조금 더 밝은 색을 선택하여 묘사를 합니다. 목걸이의 묘사 시에 위 아래에 가는 줄을 넣는 것으로 보다 더 정형화된 디자인을 만들 수 있습니다. 뒷머리와 귀와 마찬가지로 목걸이의 우측 부분도 노을 빛이 들어오는 것처럼 칠해줍니다. 귀의 그림자 묘사 이후 귀 주변을 깔끔하게 브러시로 정리합니다.

08 조금씩 묘사를 진행함에 있어서 색의 묘사도 그에 맞추어 진행을 해야 합니다. 오버레이 레이어를 생성한 후 색을 밝은 주황색 #d83120으로 선택한 뒤 에어브러시로 피부의 부분만 조금씩 터치합니다. 머리카락에 조금씩 삐쳐 나가는 것은 머리카락과 피부의 자연스러운 이어지는 느낌을 줄 수 있으니 따로 지우지 않습니다.

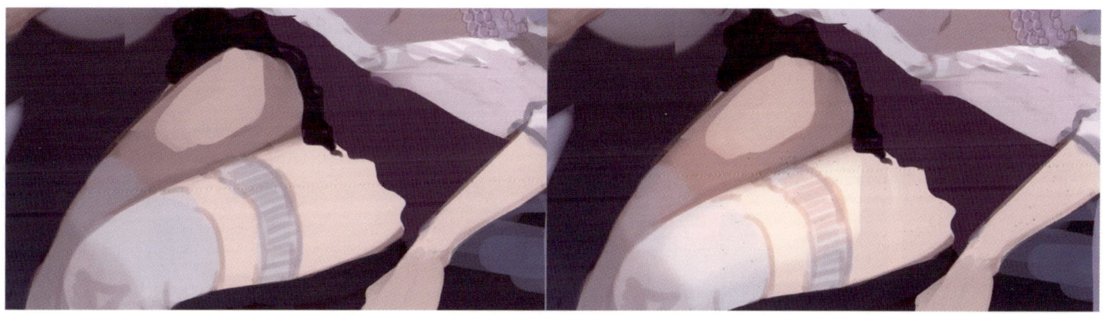

09 선형 닷지 레이어를 추가하여 갈색 느낌의 색 #3a0e07으로 다리에서 빛 받는 부분을 추가합니다. 선형 닷지의 레이어를 어두운 갈색으로 쓰면 선형 닷지의 효과가 은은하게 들어가서 자연스러운 노을이 비쳐지는 느낌의 빛을 연출할 수 있습니다. 조금 더 밝은 느낌을 원한다면 갈색을 아주 조금만 더 명도를 올립니다.

TIP 선형 닷지 레이어

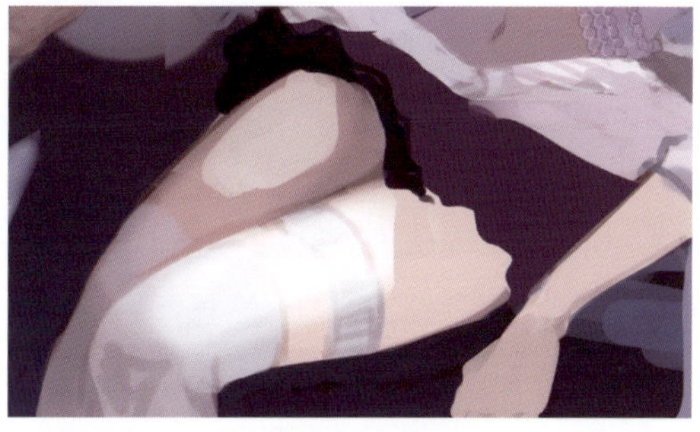

모든 선형 닷지 레이어로 빛을 넣을 때는 어두운 색으로 넣어주어야 합니다. 선형 닷지 레이어의 기본 옵션이 밝게 만들어 주는 것이므로, 중간 명도 이상을 사용하면 명도만 높은 빛 바랜 색이 나올 수 있으니 주의합니다.

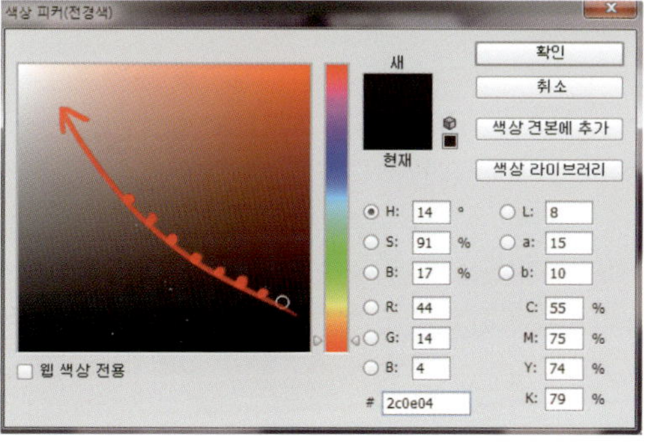

어두운 느낌의 색으로 사용하면 선형 닷지의 레이어의 효과가 은은하게 들어가게 되어 좋은 느낌의 빛을 연출할 수 있습니다. 추천 방법은, 색상 피커의 어두운 색부터 시작하여 대각선 위로 조금씩 이동하며 사용한다면 적당한 빛을 찾을 수 있습니다.

TIP 레이어의 운용

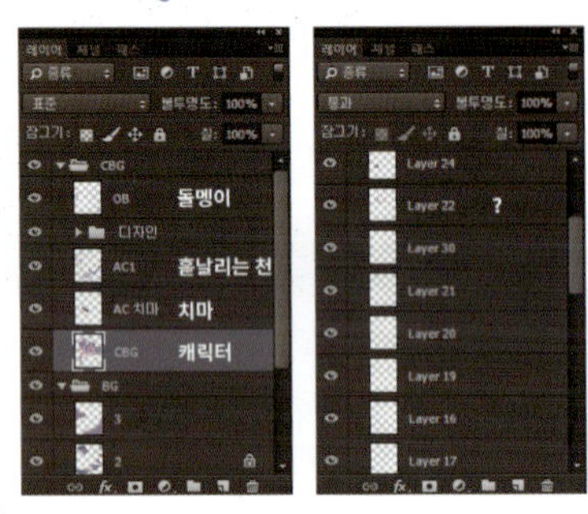

너무 많은 레이어는 자칫 혼동과 운용이 어려워서 작업 속도의 저하를 불러일으킵니다. 수정하지 않을 것 같은 부분은 계속 합쳐주면서 작업하는 것이 바람직합니다.

아주 작은 악세서리나 수정 할 가능성이 다분한 부분은 레이어를 합치지 않는 것이 좋습니다.

10 흩날리는 천의 실루엣을 묘사합니다. 주선을 흩날리는 천과 같은 색조의 선으로 큰 실루엣과 천이 겹쳐지는 부분의 선을 그려줍니다.

캐릭터의 배를 감싸는 부분이라 묘사와 형태가 단조롭지 않게 되어야 좋습니다. 눈길이 많이 가는 부분일 수록 형태에 신경을 더 써줍니다.

11 포인트가 될 컬러가 없기에 배의 중앙의 흩날리는 천이 이어지는 부분에 리본을 추가합니다. 리본은 각 좌우에 고리가 있고, 중앙에는 그 고리를 다잡아주는 매듭이 있는 느낌으로 표현합니다. 가벼운 주름을 넣어 자연스러운 천 재질의 리본으로 만들어줍니다.

캐릭터의 기본이 되는 색 외에 포인트가 될 색을 일부분에 넣어준다면 그림이 하나의 색으로 느껴지는 단조로운 느낌을 줄일 수 있습니다. 포인트의 색을 지나치게 많이 쓰면 조잡해 보일 수 있으니 꼭 포인트답게 일부분에 써주는 것으로 합니다.

디자인에 대한 고민

디자인 노말

디자인 베이스 실크 실루엣

디자인 프론트 실크 실루엣

의상의 디자인에 대한 고민은 작업 도중에도 계속 반복됩니다. 처음 키워드를 통한 천사라는 컨셉 안에서 보여줄 수 있는 자연스러운 디자인을 위하여 여러 가지의 의상을 간략하게 첨가하여 캐릭터에게 어울리는 디자인을 고민합니다.

천사라는 컨셉에서 천사다운 수려함과 은은한 느낌을 토대로 레이스나 드레스의 디자인을 응용한 형태나, 캐릭터의 앞 뒤에 올 수 있는 큰 레이스의 장식들, 세부적인 악세서리 등을 고민하여 디테일한 디자인에 들어갑니다.

기본적으로 실루엣으로 형태를 표현하여 캐릭터 위에 덧씌워보고 느낌을 본 뒤, 그 중 가장 어울리는 형태를 선택하여 묘사하게 됩니다. 컨셉 아트라면 대부분 초반에 디자인에 대한 부분을 기획하며 진행합니다. 하지만 일러스트레이션은 빛이나 연출, 전체적인 화면의 흐름을 파악하며 진행 중간에 변경하는 경우가 많습니다. TCG 아트의 경우는 중 후반이나 완성 단계에서 디자인을 변경하는 경우도 상당히 빈번합니다. 때문에 변동의 소지가 다분한 디자인의 경우 레이어를 꼭 나누어서 작업하는 습관을 가지면 좋습니다.

12 캐릭터의 배 부근에 리본과 흩날리는 천이 있고 팔은 현재 실루엣으로 앞으로 내밀면 허리에 둘러지는 천의 장식이 착시로 보일 수 있기에 팔을 떨어뜨리는 느낌의 방향으로 가주어야 합니다. 허리를 감는 천 위에 팔이 오는 것처럼 보이게끔 천 위에 캐릭터의 팔의 연장을 그립니다.

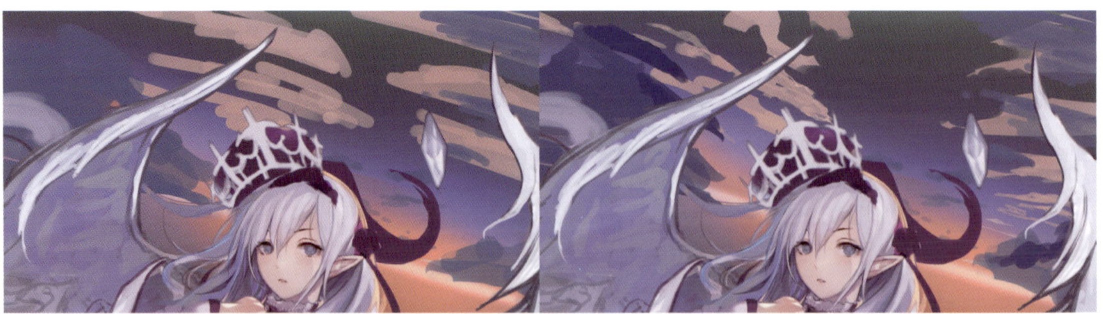

13 캐릭터가 진행됨에 따라 캐릭터와 배경의 느낌을 맞추어 나가기 위하여 구름 부분의 묘사를 조금 진행합니다. 밝은 구름부터 브러시와 지우개로 구름의 실루엣을 잡아 나갑니다. 구름의 실루엣은 양 끄트머리를 살짝 가늘게 표현하는 것으로 효과적으로 표현할 수 있습니다.

14 작업을 진행하면서 틈틈이 전체적인 레이아웃을 보완합니다. 레이아웃은 그림에서 보여주고 싶은 순서대로 우선 순위를 매겨서 시선이 자연스럽게 흐르도록 조절해야 합니다.

가장 근접해 있는 날개를 조금 더 키우고 떠있는 돌멩이의 위치를 소폭 조절했습니다. 그리고 가장 가깝게 있는 돌멩이를 하나 만들어서 원근감을 표현해줍니다. 돌멩이는 그려진 것 중 하나를 복사하여 트렌스폼(Ctrl + T)하여 배치합니다.

 레이아웃 배치

레이아웃은 그림을 구성하는 것의 각각의 위치를 말합니다. 레이아웃에는 캐릭터의 팔과 다리의 위치, 의상의 흩날림의 방향, 오브젝트들의 위치를 모두 포함합니다. 좋은 레이아웃의 그림은 보는 사람으로 하여금 편안함을 느끼게 해줍니다. 또, 중요한 부분을 강조하거나 시선을 조금이라도 더 사로잡게 만들거나 등의 간접적인 어필을 해줄 수 있습니다.

오브젝트로 있는 돌멩이를 각각 위와 아래, 그리고 많은 수량을 두어보았습니다. 돌멩이가 위와 아래에만 있을 때는 시선이 돌멩이가 있는 방향으로 보다 더 쏠리는 것을 알 수 있습니다. 또, 돌멩이의 수량을 상당히 늘렸을 때에는 상대적으로 캐릭터의 비중이 적어지는 느낌을 받습니다.

캐릭터 일러스트에서 요소를 추가하면서 캐릭터가 메인이 되도록 하는 것은 상당히 고민이 많은 부분입니다. 오브젝트의 위치, 그리고 크기와 수량 등의 레이아웃 배치는 시선을 처리하는 데에 상당히 많은 부분을 차지합니다. 시선 처리를 잘 해준다는 것은 그림을 보여주기에 준비가 잘 된 것이라고 볼 수 있겠습니다.

캐릭터와 배경이 포함 된 일러스트에서 무난한 레이아웃의 방향은, 메인이 될 캐릭터의 얼굴과 흉부 등이 가장 처음 눈에 띄도록 하며, 배경과 주변 요소를 같은 비중으로 두는 것이 좋습니다. 예로 천사의 경우 캐릭터 얼굴 -> 날개 -> 흉부 -> 배경 -> 서브 구성 요소 등으로 중요도를 매겨서 해당 부분에 다른 오브젝트들끼리 가리지 않게 배치하는 것이 바람직합니다. 여기에 중요도에 따라 퀄리티의 수준을 조절해준다면 매우 효과적입니다.

레이아웃의 배치를 이해하고 작업한다면 그림을 볼 때 편안하고 눈에 쏙 들어오는 느낌을 낼 수 있을 것입니다.

15 캐릭터의 무기를 추가합니다. 무기를 손으로 들고 있는 것은 캐릭터의 포즈 상황상 어색해 보일 수 있기에 무기도 캐릭터와 같이 옆에 떠있는 느낌으로 배치합니다. 올가미 도구(단축키 L)로 무기의 실루엣을 길게 만들어줍니다. 그 뒤 페인트 통 도구(단축키 G)으로 색을 채워 넣습니다.

캐릭터의 무기는 판타지의 컨셉에 더욱 몰입도가 있는 느낌을 줄 수 있고 전체적인 구성에 추가적인 무기의 요소로 화면의 배치를 풍성하게 보이게 합니다. 그리고 비스듬한 대각선으로 배치 함으로써 화면의 공간을 보여줄 수 있습니다.

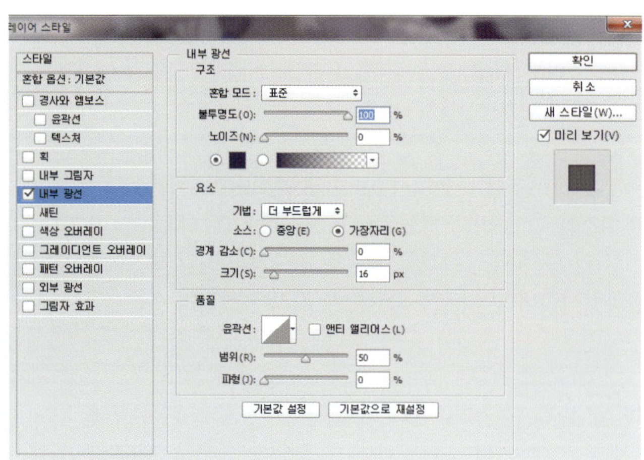

16

무기의 실루엣을 보다 돋보이게 하기 위하여 레이어를 더블 클릭하여 혼합 옵션 창을 띄웁니다. 내부 광선에서 색상을 무기와 색조가 비슷한 남보라색 #321d55을 선택합니다.

17

그림에 공간감을 더욱 주기 위하여 근경의 오브젝트를 추가합니다. 천사의 깃털이나 빛의 이펙트, 혹은 구름을 생각하며 근경에 대각선으로 실루엣을 넣습니다. 근경 오브 젝트에도 남보라색의 내부 광선을 넣어서 실루엣을 강조합니다.

18

천사의 컨셉을 강조해주기 위하여 캐릭터 의 머리 위에 링을 추가합니다. 브러시로 원형의 링 모양을 머리 위쪽에 그려줍니다. 먼 쪽의 링의 대 부분은 가늘게, 가까운 쪽 은 굵게 하여 입체감과 링의 앞 뒤가 혼동 되지 않도록 해줍니다.

19

링을 그린 부분의 레이어를 더블 클릭하여 혼합 옵션 창을 띄웁니다. 외부 광선을 체 크 해줍니다. 외부 광선은 내부 광선과 반 대로 그려진 부분의 밖 부분에 블러가 추가 됩니다.

빛나는 느낌을 만들기 위하여 혼합 모드를 선형 닷지로 두고 불투명도를 100%로 조절 합니다. 그리고 요소에서 크기를 50~100px 사이를 설정합니다. 요소의 크기에서는 블 러의 범위를 설정해줄 수 있습니다.

20

외부 광선의 옵션을 수정하면서 링의 빛나는 범위를 적당하게 조절합니다. 필자는 81px로 두어 링의 이펙트가 적당히 퍼지게 만들어주었습니다.

21

링의 이펙트의 추가 부분을 만들어 주기 위하여 큰 링을 레이어를 따로 생성하여 하나 추가합니다. 원형 선택 도구(단축키 M)으로 크고 긴 원을 만든 다음 페인트 통(단축키 G)로 채우고 안쪽 부분을 원형 선택 도구로 지워줍니다. 마찬가지로 큰 링도 혼합 옵션 창을 불러와서 외부 광선을 넣어줍니다.

22

링에 데코레이션을 할 판타지 세계의 천사의 문자를 표현합니다. 글자의 모양은 각국의 문자로 보이지 않게 형태를 일그러뜨리면서 그려줍니다. 링 위에 동그랗게 배치될 부분으로 문자의 위치를 약간 호를 그리면서 배치해줍니다.

23

데코레이션 문자에도 혼합 옵션 창을 불러
와서 외부 광선을 적용해줍니다.

24 링과 큰 링과 데코레이션을 합쳐주기 위하여 레이어를 레스터화 합니다. 레이어를 우클릭하여 레이
어 스타일 레스터화를 선택하면 효과로 들어간 fx 부분이 없어지면서 표준 레이어로 변경됩니다. 이
과정에서 선형 닷지등의 레이어 효과는 사라집니다.

25

링이 얇아 보이지 않게 링 부분을 복사하여 2중으로 만들어줍니다.

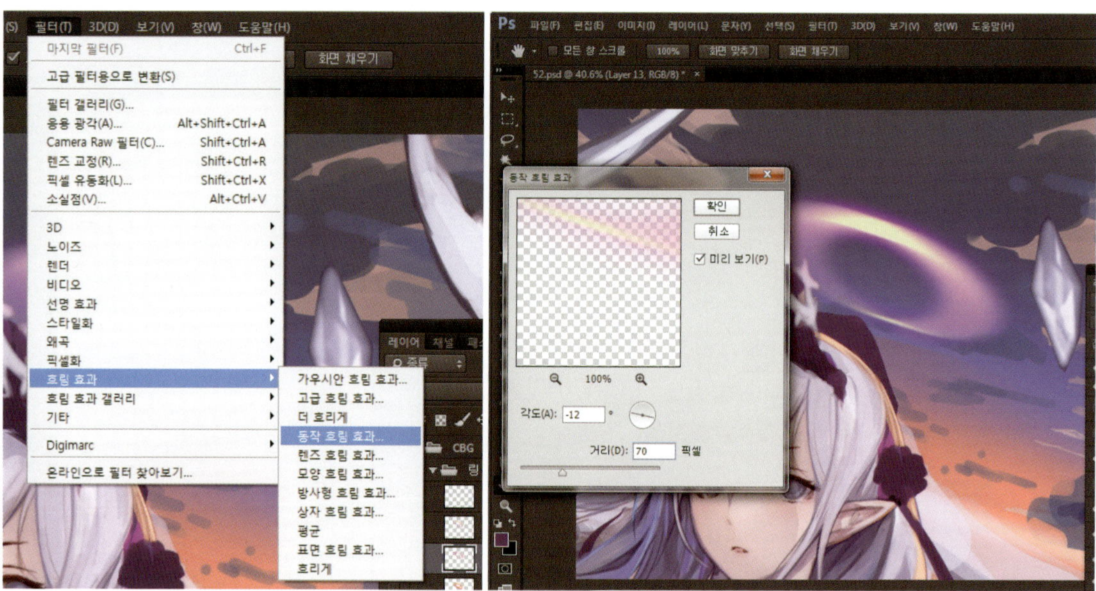

26 링의 이펙트를 자연스러운 느낌으로 주기 위하여 링에 퍼지는 느낌을 적용합니다. 상단 메뉴에서 필터 - 흐림 효과 - 동작 흐림 효과를 선택합니다. 각도는 동작 흐림 효과의 방향을 결정할 수 있고 거리로 흐리게 해주는 범위를 결정할 수 있습니다. 흐림 효과의 각도를 링의 각도와 비슷하게 -12도로 맞추고 거리를 70픽셀로 설정합니다.

27

그려 두었던 링의 데코레이션 글자를 복사합니다. (복사 단축키 Ctrl + J) 그 뒤 트렌스 폼(단축키 Ctrl + T)하여 우클릭을 눌러 세로로 뒤집기하여 원형의 느낌으로 만듭니다. 그 뒤 레이어를 합쳐줍니다. (레이어 병합 단축키 Ctrl + E)

링도 다른 부분과 마찬가지로 그룹을 생성(단축키 Ctrl + G)하여 링을 구성하는 레이어를 넣어줍니다.

28 동그랗게 배치된 데코레이션 글자를 트렌스 폼(단축키 Ctrl + T)하여 링과 비슷한 위치로 배치시킵니다. 트렌스 폼 시에 Ctrl 키를 누르는 것으로 하나의 축만 조절할 수 있습니다. 이 조절 방법으로 배치를 맞추어 나갑니다.

29 레이어를 하나 추가하여 날개의 뻗는 위치를 생각하며 아래로 선을 추가합니다. 가장 위 날개는 아래의 날개를 그리는 데에 중요한 중심이 되므로 간격을 자연스럽게 맞추면서 그려나갑니다.

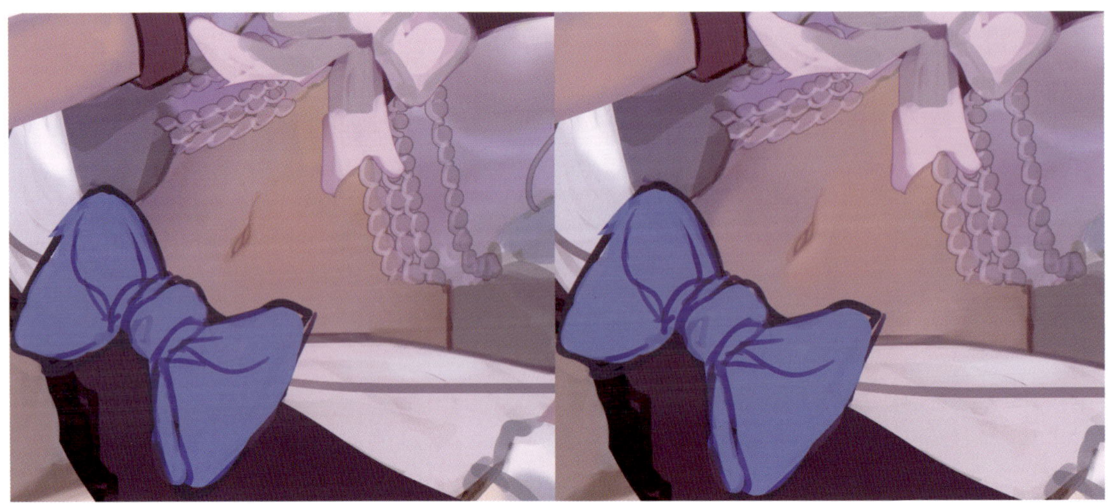

30 배의 골반과 배꼽 부분을 의식하며 페인팅을 해줍니다. 배꼽의 부분은 약간 튀어 나오는 느낌으로 터치를 한다면, 배꼽이 안쪽으로 들어간 느낌을 강조해줄 수 있습니다.

골반 부분을 조금 밝은 살색으로 페인팅하여 뼈가 튀어나온 느낌을 내어줍니다. 이때 배의 입체감을 의식하여 허리의 부분은 조금 채도가 떨어지는 색으로 페인팅을 해줍니다. 채도가 일정 이상 떨어지면 무채색의 느낌이 나버리므로 푸른색이나 보라색 등 보색의 부분으로 터치를 조금씩 넣어줍니다.

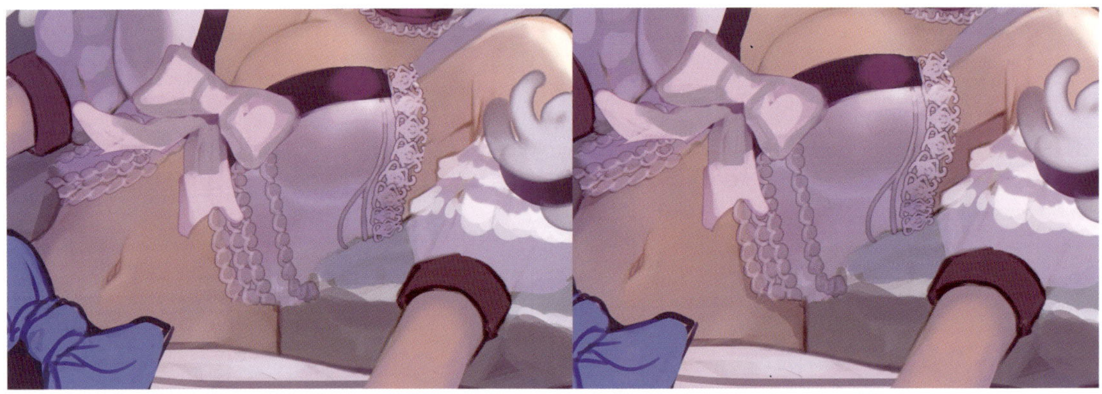

31 의상과 피부의 분리를 위해 의상 아래에 그림자를 추가합니다. 그림자는 피부의 색과 비슷한 색조로 어두운 살색 #af818a의 색상으로 곱하기 레이어를 생성하여 그려줍니다. 그림자를 그릴 때 의상이나 다른 파츠에 그림자의 터치가 삐쳐나가지 않도록 주의합니다. 그림자는 확실하게 각을 나눈다라는 생각으로 선명한 느낌으로 넣어줍니다.

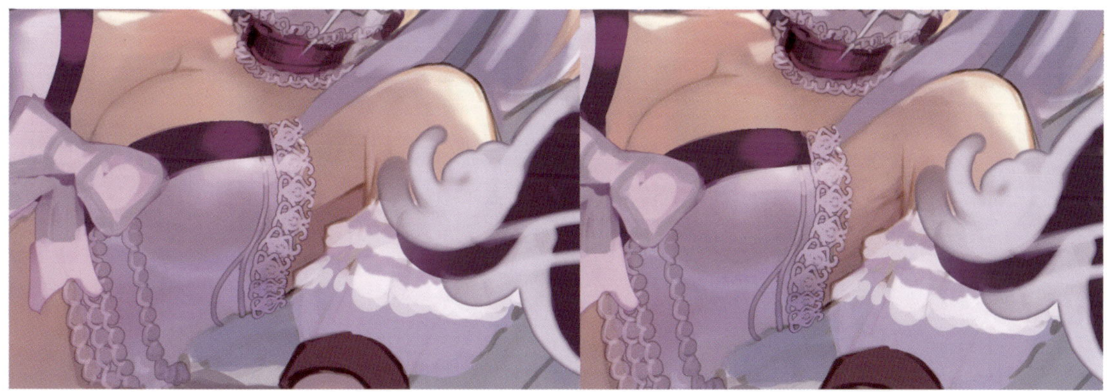

32 겨드랑이 부분의 그림자를 부드럽게 하기 위해 그림자 레이어 위에 레이어를 생성하여 스포이드(단축키 I)로 피부의 색을 선택해가면서 브러시로 스무스하게 눌러줍니다. 그리고 가슴과 어깨의 안쪽 부분을 에어브러시로 부드럽게 연결해주면서 어두운 부분에 채도가 높은 살색으로 조금씩 터치를 합니다. 이 채도가 높은 살색이 조금씩 들어가면 보다 생기가 도는 피부를 그려낼 수 있습니다.

보통 채도가 높은 피부는 피부끼리 맞닿아서 빛이 반사되거나, 노을 빛이 들어오는 부분에만 표현하지만, 일부분의 피부에 조금씩 넣어주면 피부의 느낌을 살릴 수 있습니다. 겨드랑이와 가슴을 잇는 부분도 피부의 중간의 색을 선택하여 터치함으로써 부드러운 피부의 느낌을 강조해줍니다.

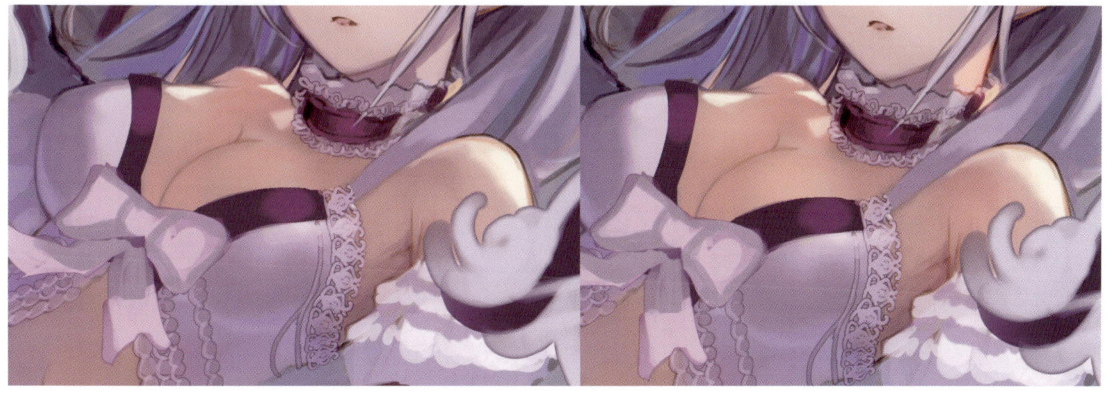

33 오버레이 레이어를 생성하여 빛이 들어오는 부분을 위주로 빛 느낌의 색상을 더해갑니다. 노을 빛의 주황색 #ff5331을 선택하여 에어브러시로 터치를 약하게 합니다. 너무 과하게 한다면 피부의 색 자체가 붉어 보일 수 있으므로 약간의 느낌만 내어줍니다.

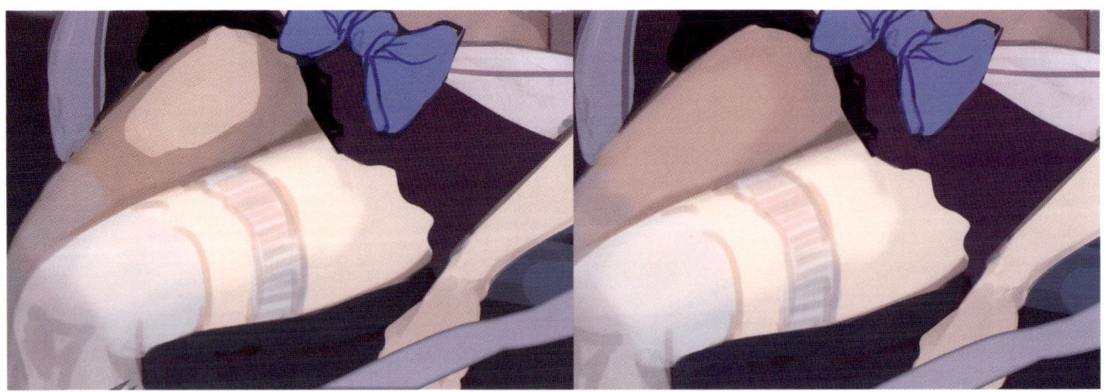

34 뒷부분의 다리에 피부 톤을 조금 어둡게 추가합니다. 뒤에 있는 다리이므로 톤을 조금 어둡게 하는 것으로 앞쪽 다리와 뒷쪽 다리의 차이를 만들어줍니다.

뒷쪽 다리의 중앙 부분을 아주 약하게 밝은 색으로 터치하는 것으로 자연스러운 볼륨감을 표현합니다. 같은 파츠의 퍼지는 색의 차이는 줄이는 것으로, 중간 톤이 넓은 느낌이 나서 보기에 편안하며 피부가 깨끗한 느낌이 들어 좋습니다.

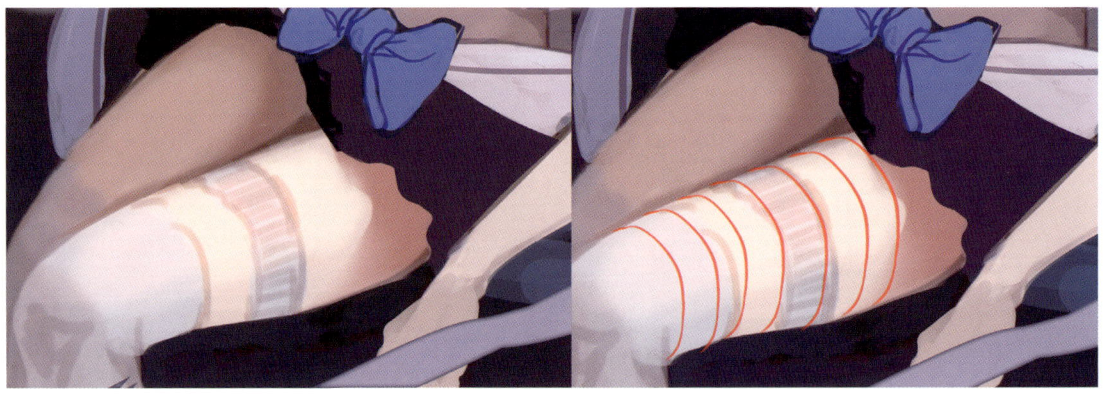

35 곱하기 레이어를 생성하여 치마 아래 부분에 다리의 그림자를 추가합니다. 각도가 있는 다리의 볼륨감은 동그랗게 되어 있습니다. 그림자를 다리의 각도와 볼륨감, 그리고 치마를 의식하면서 넣어줍니다. 다리의 아랫부분에 미치는 그림자는 조금씩 흐리게하는 것으로 다리의 볼륨감과 그림자를 지게 한 대상으로부터 멀어지는 느낌을 내어 입체감을 표현합니다.

36 의상의 아랫단 부분의 연장을 만들어서 의상이 다소 허전하지 않게 수정합니다.

37 머리의 실루엣이 허전한 인상이 들어서 캐릭터의 레이어 아래에 리본의 실루엣을 추가하였습니다. 캐릭터의 머리에 리본이 대부분 가려지기에 끈이 두 갈래로 나뉘어 보이도록 실루엣을 표현해주어야 리본처럼 보일 수 있습니다.

세부 묘사하기2

전체적인 이미지의 진행률이 반 이상이 진행 되었다면 디테일적인 측면으로 접근하여 묘사합니다. 그 전 단계에서는 디자인이나 형태에서 수정이 작업을 진행하면서 올 수 있는 것을 염두에 두고 진행하기 때문에 묘사를 조금씩 진행하였지만, 진행률이 높아짐에 따라 그런 부분들의 변환 폭이 적어지기에 마무리 디테일을 중점으로 작업하게 됩니다. 디테일의 완성도를 생각한 세부적인 묘사는 캐릭터의 디자인이 거의 끝났을 때 진행하는 것이 좋습니다.

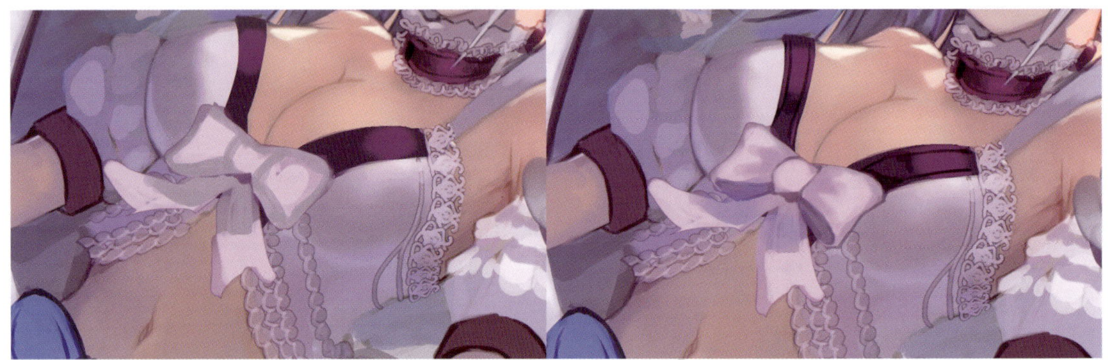

01 가슴에 있는 리본의 형태를 구체화 시킵니다. 리본의 매듭과 고리의 위치를 고려하며 안감과 겉감을 나누어줍니다. 그리고 리본의 매듭 쪽으로 부드럽게 톤을 나누어줍니다. 의상과 리본의 색상 자체가 은색과 투명한 느낌이므로, 하얀색이 베이스라고 하더라도 약간의 파란색과 보라색 등을 섞어 사용하여 질감이 실크 같은 느낌이 들게 표현합니다. 실크는 겉면이 아주 매끄러워서 주변의 색을 아주 잘 비치는 느낌이 있습니다.

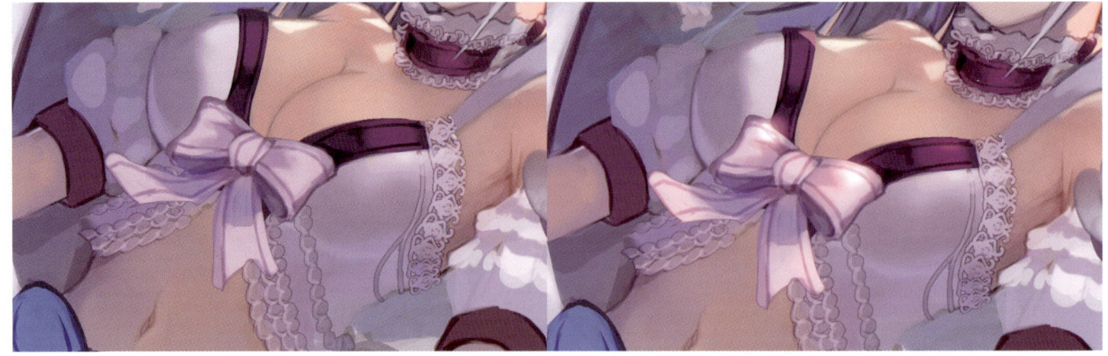

02 곱하기 레이어를 추가하여 리본의 어두운 부분을 스포이드(단축키 I)로 색을 추출하여 리본과 비슷한 색으로 리본의 형태를 그려나갑니다. 리본 고리의 입체감을 의식하여 간격을 맞추고, 리본 겉감에 일정한 줄을 그어 주는 것으로 리본을 보다 정형화된 느낌을 줄 수 있습니다. 선형 닷지 레이어를 추가하여 갈색 #350505으로 빛 받는 부분을 묘사해줍니다.

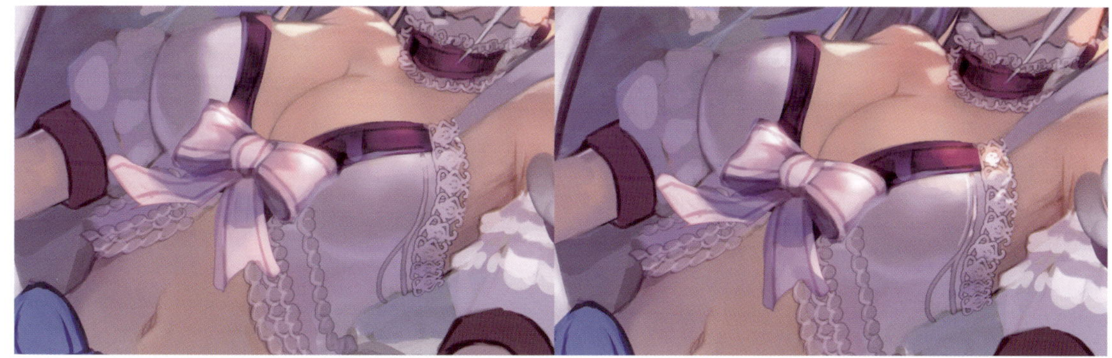

03 표준 레이어를 하나 추가하여 리본에 보색을 추가합니다. 푸른색 #cb96fc을 첨가하여 어두운 부분의 답답한 느낌을 걷어내어 주었습니다. 곱하기 레이어를 추가하여 리본의 끈 부분을 어둡게 그림자를 깔아줍니다. 리본과 가슴의 입체감으로 생기는 그림자로 리본의 끈의 끝 부분을 제외 한 부분을 깔아 주고, 가슴 부분도 표준 레이어로 빛이 받는 부분을 조절 하였습니다. 그 뒤 선형 닷지 레이어로 갈색 의 색을 선택하여 가슴에서 가장 빛을 받는 부분을 강조하였습니다.

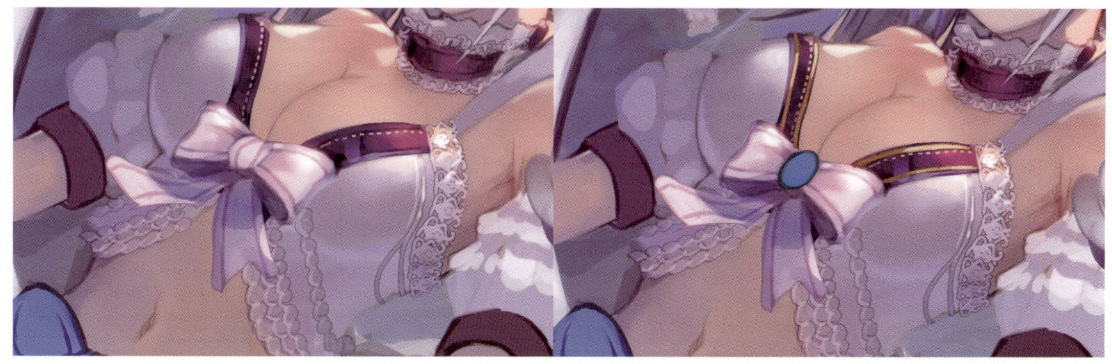

04 의상의 단조로움을 덜어주기 위해 테두리 부분에 노란색으로 박음질 느낌의 부분과 금테를 추가합 니다. 모두 표준 레이어로 추가한 뒤, 레이어를 하나 생성하여 금테 부분에 클리핑(레이어 사이를 Alt + 좌클릭)하여 그림자를 추가합니다. 그림자를 추가한 금테의 밝은 부분이 가슴의 밝은 부분과 너무 다르지 않게 해주어야 금테 부분이 떠 보이지 않습니다. 포인트로 가슴 부분에 파란색의 보석의 베이 스를 추가합니다.

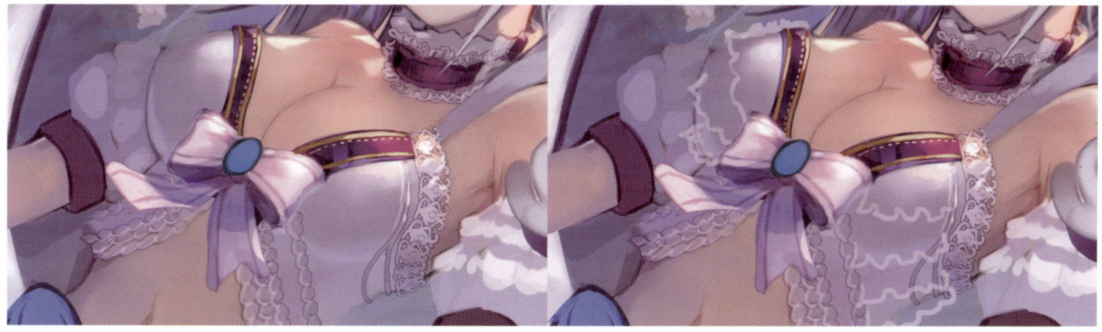

05 디자인의 완성도를 높이기 위해 가슴 부분에 레이스를 추가합니다. 우선 적으로 테두리의 가이드를 넣 고, 테두리의 실루엣을 미리 만들어두면 레이스를 완성하기가 수월합니다.

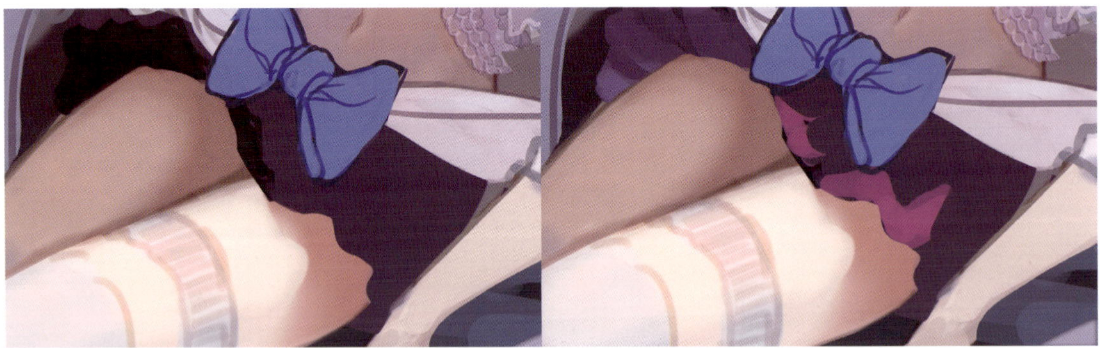

06 치마의 어두운 그림자가 지는 부분은 푸른 느낌으로 반사광이 비치듯이 처리합니다. 베이스가 어두운 색이 그림자를 받으면 너무 탁해지고 어두워질 수 있으므로, 푸른 느낌이나 연보라색으로 약간 밝게 처리해준다면 베이스의 치마 색과는 다르기 때문에 그림자가 진 느낌으로 보입니다. 이런 색으로 묘사를 해주면 그림에 탁한 느낌을 방지할 수 있습니다.

치마의 밝은 부분은 명도 뿐만 아니라 색조를 조금 더 붉게 만들어서 터치해줍니다.

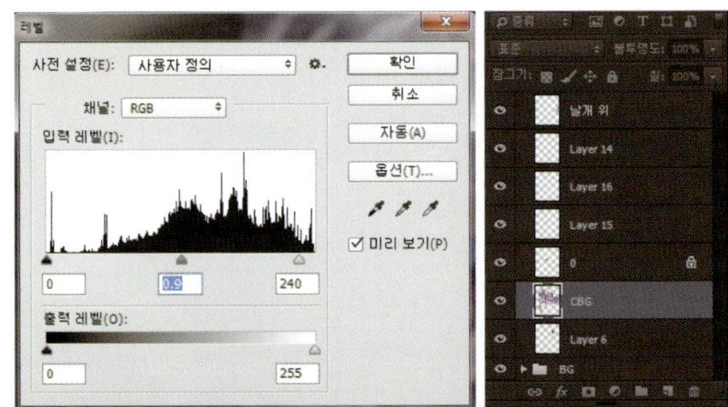

07 CBG의 캐릭터 레이어를 선택 한 상태에서 레벨 창(단축키 Ctrl + L)을 불러옵니다. 레벨 값을 중 0.9, 고 240으로 맞추어 밝은 부분은 더욱 밝게, 중간 톤은 어둡게 만들어서 이미지에 선명도를 증가시킵니다. 레벨 값을 이용하면 그림을 손쉽게 보다 선명하게 보정할 수 있습니다.

캐릭터의 리본 부분 레이어를 선택하여 이동 도구(단축키 V)로 조금 아래쪽으로 가슴의 위치와 위화감이 들지 않도록 이동시킵니다.

08 캐릭터의 얼굴에 삐쳐나간 잔 머리카락과 피부에 있는 스케치의 잔선 들을 스포이드(단축키 I)로 피부와 머리카락의 색을 사용하여 위화감이 들지 않도록 브러시로 제거해줍니다. 이미지를 축소 했을 때 캐릭터의 코가 잘 보이지 않아서 코 부분을 어두운 갈색을 선택하여 그려주고, 코의 반대편에 밝은 톤을 조금 넣어서 코를 돋보이게 만들어줍니다.

09 그려두었던 링을 뒤에 어울리도록 배치합니다.

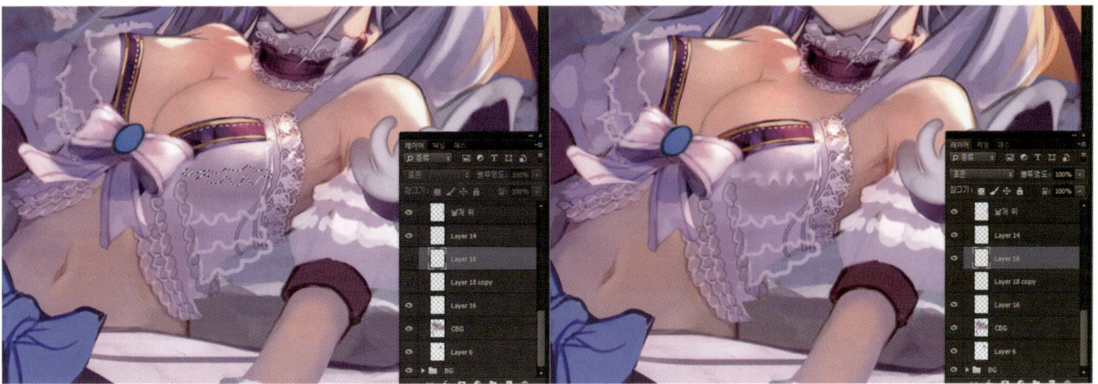

10 가슴 부분의 레이스가 될 부분의 영역을 가이드를 해두었던 부분을 따라 선택 영역 도구(단축키 L)로 영역을 선택해줍니다. 그 뒤 영역이 선택 된 상태에서 브러시로 투명하게 페인팅을 합니다. 궤적이 올라 가 있는 부분은 레이스가 조금 떠 있는 부분으로 조금 더 밝게 터치합니다.

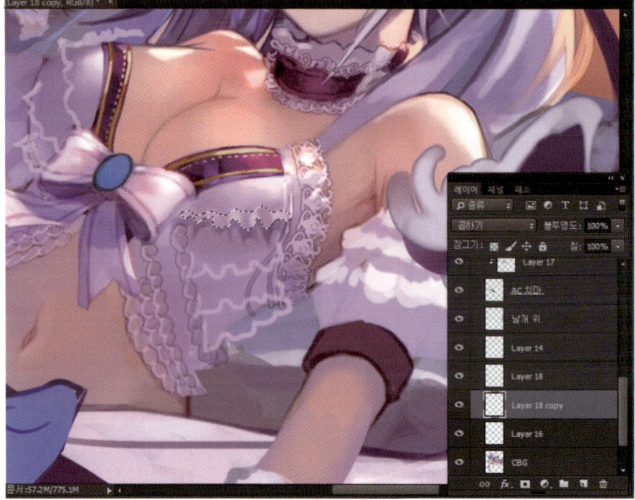

11

영역이 선택되어 있는 상태에서 선택 영역 반전(단축키 Shift + Ctrl + I)를 눌러 선택된 영역을 반전합니다. 레이스를 그린 레이어의 아래에 새로운 레이어를 생성(단축키 Alt + Shift + N)을 하여 레이어 옵션을 곱하기로 둡니다. 곱하기를 둔 레이어에서 브러시로 레이스의 그림자를 그려줍니다.

레이스의 그림자를 그린 뒤 손가락 도구를 사용하여 그림자를 보다 자연스럽게 문질러 줍니다.

TIP 선택 영역

선택 영역이란 올가미 도구(단축키 L)이나 윤곽 선택 도구(M)을 사용하여 표시한 영역입니다. 선택 영역이 표시 된 한에서는 브러시로 아무리 페인팅 하여도 선택 영역이 된 부분만 그릴 수 있습니다. 이 선택 영역은 선택 영역 반전(단축키 Shift + Ctrl + I)로 영역의 반전을 할 수 있는데, 이 기능을 가지고 레이스나 혹은 그려놨던 레이어의 밖 부분을 깔끔하게 그릴 수 있습니다.

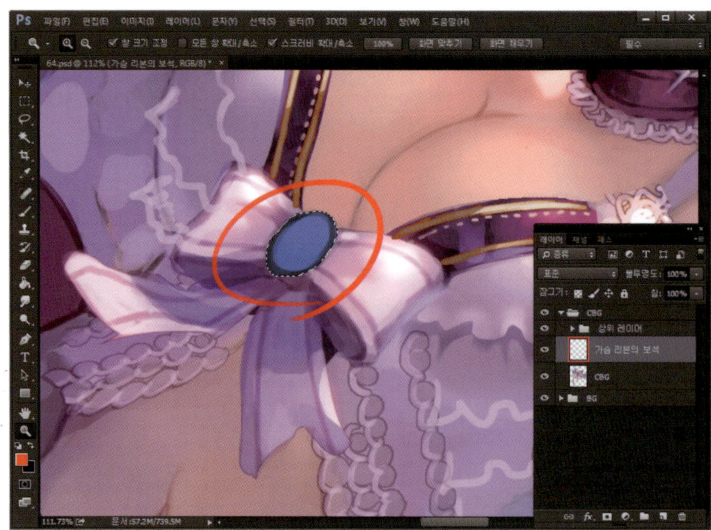
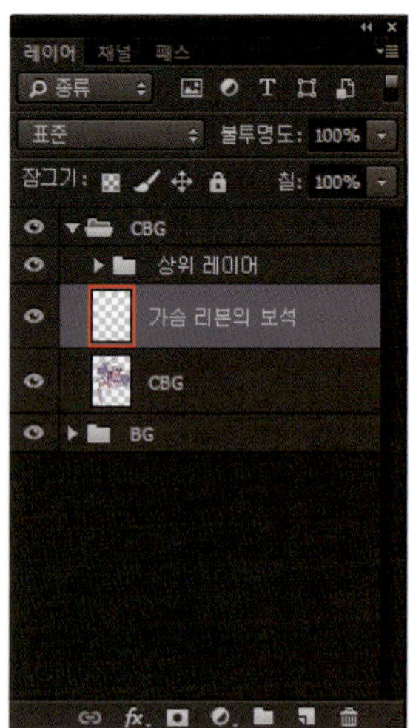

레이어의 영역을 선택하는 방법

레이어 패널에서 레이어의 이름 좌측에 이미지 영역을 Ctrl + 좌클릭 하는 것으로 해당 레이어에 그려진 모든 영역을 선택할 수 있습니다. 이 상태에서 해당 보석 안에만 터치를 한다거나 선택 영역 반전하여 보석에는 해를 끼치지 않고 밖 부분에만 페인팅을 진행할 수 있습니다.

12 가슴의 레이스 가이드를 선택 영역으로 모두 그립니다. 맨 아래의 레이스에는 그림자가 질 부분이 없으니 그림자를 추가 하지 않고 반대편의 레이스도 그려줍니다. 또 팔 부분에 곱하기 레이어를 추가하여 그림자를 추가하였습니다.

13

캐릭터와 별개로 분리되는 부분은 레이어를 따로 두고, 나머지 부분은 합쳐줍니다. 주로 작은 악세서리 부분을 레이어를 따로 두었습니다. 이후 수정이 없다고 판단되면 합쳐줍니다.

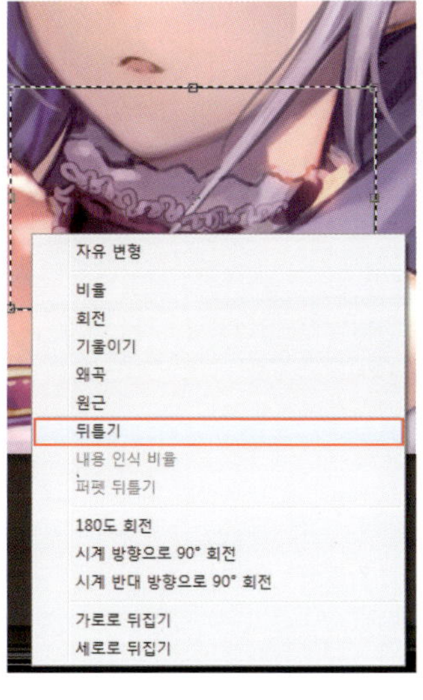

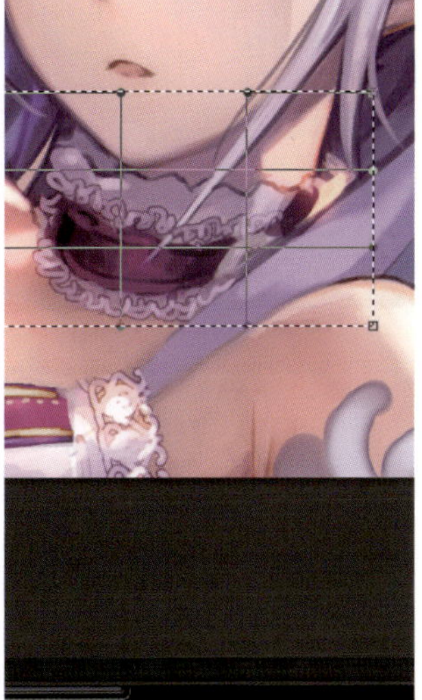

14

목 부분을 트렌스 폼(단축키 Ctrl + T)을 선택한 뒤 우클릭하여 뒤틀기를 선택합니다. 뒤틀기를 누르면 트렌스 폼의 영역 칸이 9칸으로 변경되는데, 이때 트렌스 폼 된 자리를 드레그하는 것으로 자유변형이 가능합니다.

자유변형을 사용하여 목 레이스 부분을 아래로 내려줍니다. 캐릭터의 어깨가 살짝 보이는 편이므로 목의 장식도 조금 위에서 본 듯한 느낌을 주기 위함입니다.

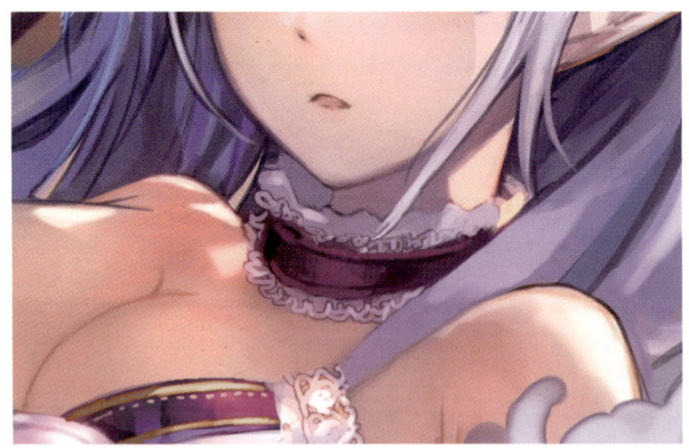

15 트렌스 폼한 부분을 브러시로 깔끔하게 메꿔 줍니다.

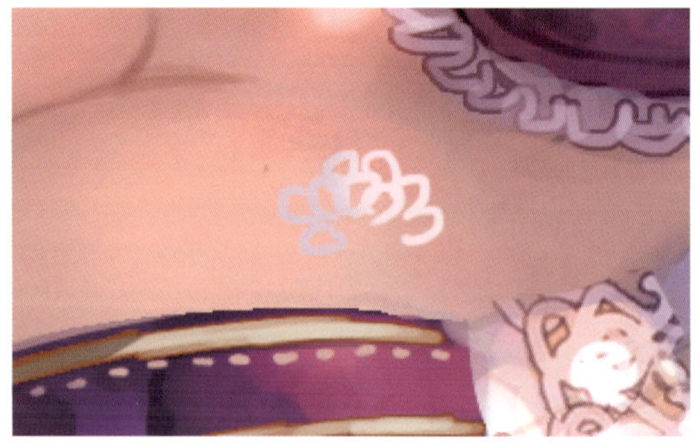

16 영역 선택으로 그려준 레이스 위에 데코레이션 레이스를 넣기 위해 작은 레이스를 그립니다.

TIP 불투명도 보호

레이어 패널에서 잠그기의 네모난 체크무늬 버튼을 누르면 해당 레이어의 불투명도가 보호됩니다. 불투명도가 보호된 레이어는 클리핑 레이어와 같이 레이어의 영역 밖으로 삐쳐나가지 않습니다.

불투명도 보호를 선택하면 대각선으로 색을 긋는다고 가정할 때, 칠해진 레이어의 영역에만 페인팅이 되는 것을 알 수 있습니다. 불투명도를 보호하면 레이어의 선택 영역을 집어주는 것과 같은 효과가 납니다. 이 기능으로 가볍게 부분에 그라데이션이나 묘사를 추가할 수 있습니다.

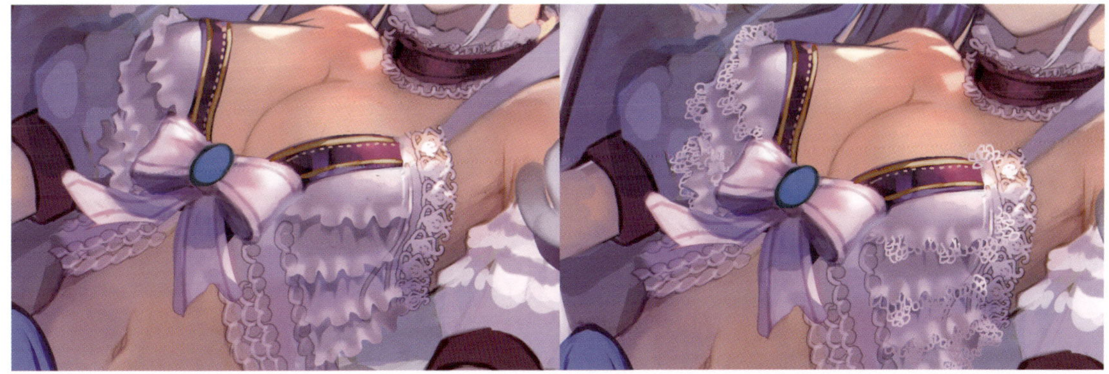

17 브러시를 작게 해서 레이스의 모양을 일일이 그려나갑니다. 가볍게 동그라미를 반복하는 문양 정도 라면 어렵지 않게 빠르게 그려낼 수 있습니다. 크게 보이는 부분이 아니므로 동그라미를 반복하는 형 태로 레이스의 형태를 잡아나갑니다. 그 후 레이어를 불투명도 보호를 하여 에어브러시로 약간의 그 라데이션을 넣어줍니다.

18

목 디자인에 디자인의 디테일을 위해 버클 을 추가합니다. 버클은 마치 목의 띠가 이 어질 수 있게 도와줄 수 있는 느낌으로, 버 클 대와 버클 본체를 나누어 내는 것처럼 그려줍니다.

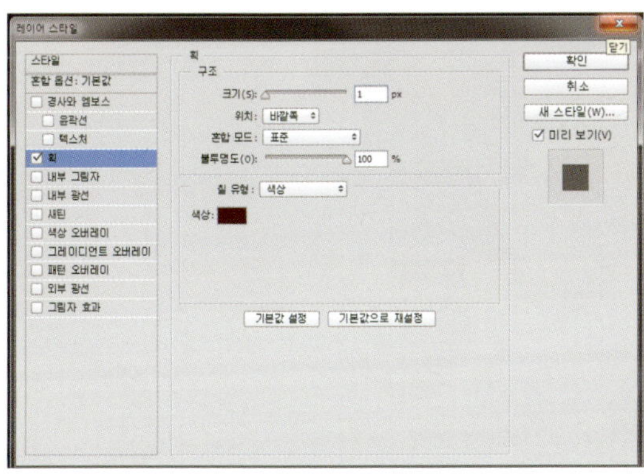

19 버클을 그린 레이어를 더블 클릭하여 혼합 옵션 창을 띄웁니다. 옵션 중 획을 선택하여 위치를 바깥 쪽, 크기를 1px로 맞춘 뒤 색상을 갈색 #510303을 선택해줍니다. 버클에 테두리가 생긴 것을 확인할 수 있습니다.

획은 외부 광선보다 선명하게 테두리에 선을 입혀주는 기능입니다. 버클의 색과 비슷한 색조의 색상 으로 선을 선택해서 자연스러운 선 느낌을 만들어줍니다. 이렇게 옵션을 적용하면 선을 따지 않아도 선을 딴듯한 느낌이 들어 디자인 시간을 절약할 수 있습니다.

20 캐릭터의 뒷머리 부분에 빈 공간을 뚫고, 머리카락 면적을 덜어서 답답한 느낌을 제거해줍니다. 머리카락의 볼륨감이 크더라도 중간에 비는 부분이 있다면 머리카락 때문에 꽉 막힌 느낌을 덜 수 있고 실루엣을 보다 풍부하게 할 수 있습니다.

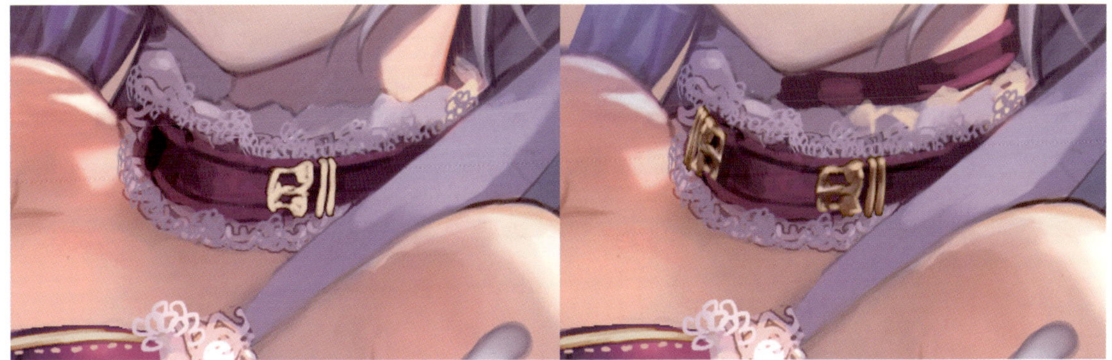

21 목 부분의 버클 장식을 묘사합니다. 어두운 영역의 그림자를 강조해주고 밝은 부분을 강조해주면 빛의 전도율이 높은 소재인 철로 보이게 됩니다.

22 전체적인 머리카락의 단조로움을 피하면서 디테일을 올리는 작업입니다. 아래에 있는 머리카락과는 다소 다른 방향의 결로 하여금 머리카락에 풍성함과 디테일을 더합니다.

23 앞머리와 얼굴 쪽 디테일을 내는 것처럼 뒷머리에도 디테일 작업을 들어갑니다. 밝은 부분과 어두운 부분의 경계를 확실하게 나누고, 가장 어두운 부분을 묘사함으로써 그림을 보다 깔끔한 느낌으로 만들어갑니다.

24

레이어를 추가하여 포인트 요소로 모자 장식인 티아라 부분의 실루엣을 추가합니다. 올가미 도구와 브러시 도구를 이용하여 섬세하게 그려줍니다.

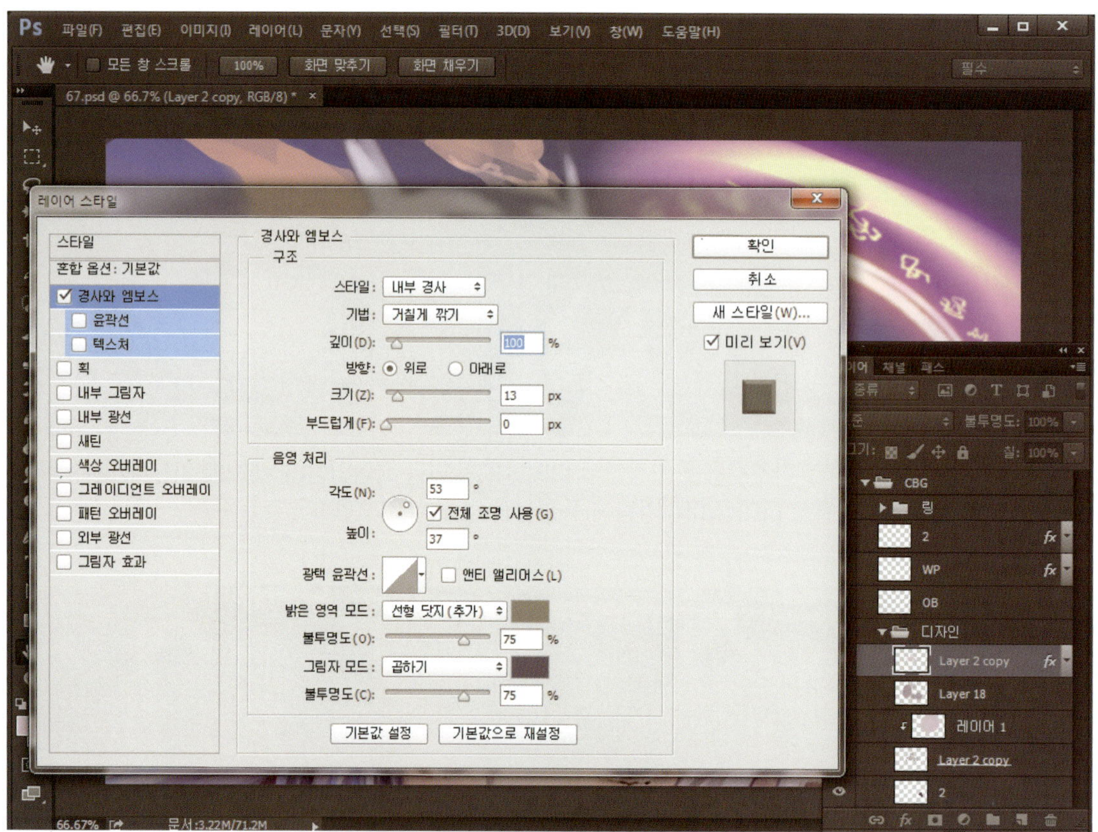

25 티아라의 실루엣을 그린 레이어의 혼합 옵션 창을 열어서 경사와 엠보스 부분의 값을 정하고 확인을 눌러줍니다. 경사와 엠보스는 실루엣 안에 입체감을 넣어주는 역할을 합니다. 깊이나 크기, 스타일 등을 조절하면 여러 가지의 패턴을 만들 수 있습니다.

26 경사와 엠보스 탭의 옵션을 조금씩 조절하며 금속 질감이 나오도록 조절해줍니다. 옵션 툴을 쓰는 것은 한계가 있으므로, 어느 정도의 조절이 되면 브러시로 직접 터치를 넣어줍니다. 이 장식에서는 밝은 부분 등을 브러시로 터치하였습니다. 곱하기 레이어를 하나 추가하여 티아라에 그림자를 넣어줍니다.

27

레이어를 하나 추가하여 티아라 레이어 아래 부분에 놓고, 빈 공간에 푸른색으로 보석을 넣어줍니다. 보석의 밝은 부분과 어두운 부분의 차이를 뚜렷하게 하여 맑은 느낌으로 표현합니다. 하이라이트는 빛이 비치는 방향으로 두어 위화감을 줄입니다. 그림자가 지는 부분은 반사광이 들어오는 듯한 푸른 느낌을 브러시로 추가하여 입체감을 표현합니다.

28 티아라의 크기와 위치를 머리에 맞게 조절한 뒤, 모자의 금속 부분도 혼합 옵션의 경사와 엠보스를 적용하고 브러시로 묘사 터치를 합니다. 허전한 느낌이 있어서 추가 장식으로 리본을 하나 더 달아주었습니다. 그리고 먼 편의 옆 머리에 그림자를 추가하여 머리의 입체감도 살려줍니다.

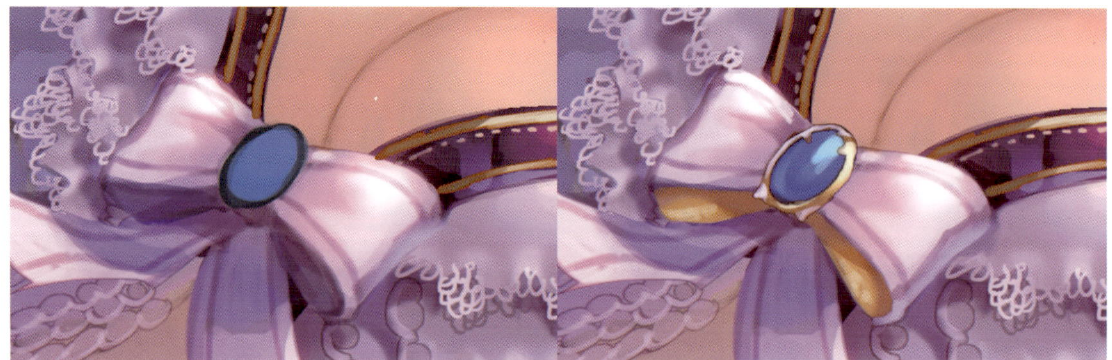

29 가슴 리본 부분의 보석 장식에 라이트를 넣고 테두리의 금속을 그려줍니다. 테두리의 금속과 보석, 피부톤과 리본의 경계를 잘 알 수 있도록 선을 넣어줍니다. 또 리본 안쪽 부분의 색감을 노랗게 넣어 줌으로써 단조로운 색상의 느낌을 줄였습니다.

30 진행을 하며 팔 부분의 장식과 모자 장식 등의 위치를 교정합니다. 마무리 단계에 가까워 질 수록 조 절하는 폭을 줄이며, 완성도를 높여갑니다. 뒤쪽 날개의 그려지지 않은 부분과 추가로 볼륨감을 그려 주어 보다 풍성한 느낌을 주었습니다. 그리고 목 부분 등의 그림자를 곱하기 레이어로 얇게 추가하며 밀도를 더해갑니다.

31 캐릭터 날개 안쪽 부분의 묘사를 진행합니다. 날개는 위 뼈대에서 아래쪽으로 흐르듯 깃털이 만들어
지므로 결을 의식하며 그려줍니다. 위쪽에 굵은 날개를 추가하는 것으로 노말한 인상을 피했습니다.

32 상반신 부분의 묘사를 심화해 나갑니다. 치마는 주름 치마로 주름이 골반으로 갈수록 가늘고 아래로 올 수록 굵은 느낌을 주어 치마가 접혀서 볼륨감이 흐르는 느낌을 강조합니다. 허리를 감는 천도 브러시로 감도를 약하게 주면서 천의 느낌이 잘 살 수 있도록 천의 두께를 의식하며 칠해줍니다. 어느 요소든 어떤 곳을 감싸듯이 돌아가는 부분이 있다면, 천이 동그랗게 접혔다는 느낌을 의식하며 테두리 부분을 강조해주어야 평면적인 느낌이 들지 않습니다.

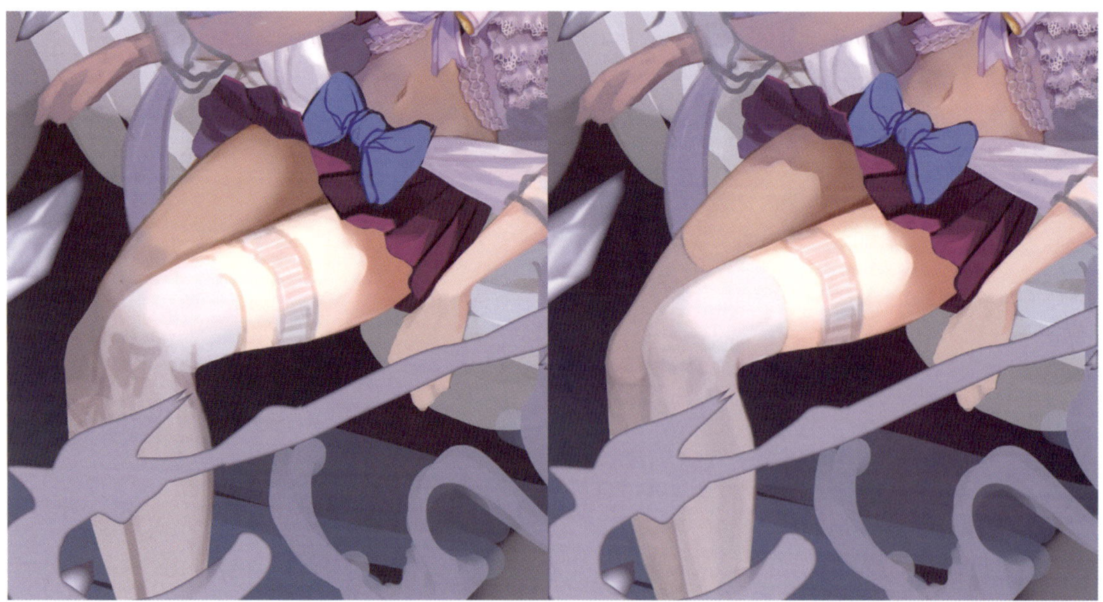

33 다리 부분의 굵은 선들을 브러시로 완만하게 지워 나갑니다. 다리 부분을 매끄럽게 하기 위해 브러시는 브러시 설정 창(단축키 F5)에서 경도를 낮추어 설정한 뒤 터치를 진행합니다. 허벅지와 종아리의 굴곡을 의식하면서 동그랗게 감싸듯이 음영을 넣어주고 치마 아래 부분은 선명한 그림자를 넣어줍니다. 이 선명한 그림자는 부드럽게 칠해진 그림에 선명도를 더합니다. 허리와 리본 등 지저분한 부분을 브러시로 제거해주고 오버레이 레이어를 추가하여 주황색 #e0875b의 색으로 배 부분과 의상 부분에 살짝 터치하여 재질이 투과하는 느낌과 배의 생기를 넣습니다.

34

의상의 디테일을 올리기 위해 가슴 아래 부분에 레이스를 넣은 것과 같은 방식으로 레이스를 만든 뒤 가슴에 패턴을 반복하여 넣어줍니다. 레이어 복제(단축키 Ctrl + J)로 레이스를 손쉽게 복제할 수 있습니다. 레이스 레이어를 트렌스폼(단축키 Ctrl + T)하여 나열한 뒤, 레이어를 클리핑(단축키 Alt + Ctrl + G)하여 브러시로 음영을 넣어줍니다. 팔 부분의 의상은 직접 브러시로 터치하여 형태를 잡아갑니다.

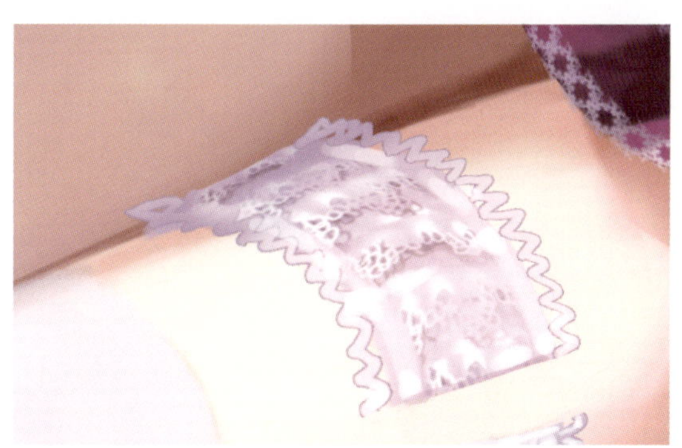

35 허벅지 부분에 레이스 장식을 추가합니다. 적당히 레이스의 형태를 브러시로 자유롭게 그려주고, 다리에 감싸듯이 나열합니다. 레이어를 더블 클릭하여 혼합 옵션에서 선 효과를 추가해주었습니다. 이 레이스는 레이어를 분리해둔 뒤 팔 부분에도 적용해줄 예정입니다.

36 레이스의 아래 부분에 돌아가는 듯한 느낌으로 브러시로 그려줍니다.

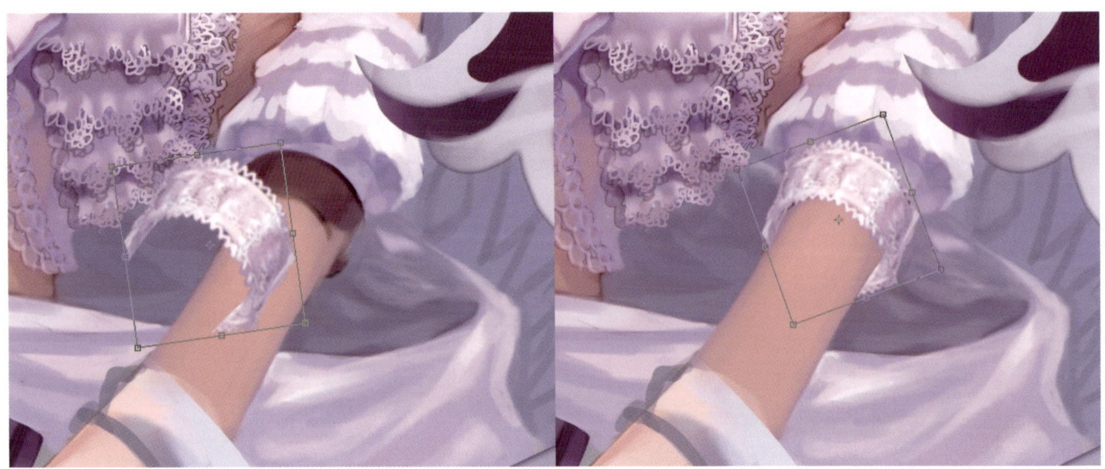

37 레이스를 트렌스폼(단축키 Ctrl + T)하여 크기를 조절해서 팔 부분에 맞게 적용해줍니다. 살짝 삐쳐 나가는 부분은 지우개로 지워줍니다.

38 반대편 레이스도 레이어를 복제하여 추가합니다. 빛이 덜 비치는 뒤쪽에 있기에 레이어 불투명도 보호를 하고 살짝 어두운 푸른색을 선택하여 브러시로 눌러줍니다.

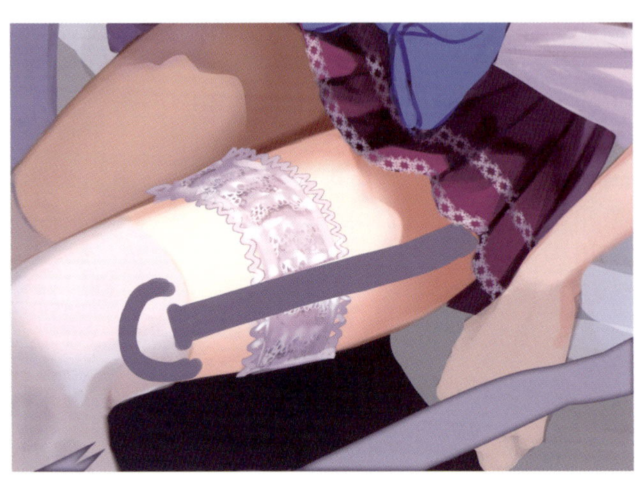

39

레이어를 하나 추가하여 허벅지 부분에 포인트가 될 가터벨트를 변형한 장식을 추가하였습니다. 치마에도 가슴에 한 레이스와 같은 장식을 결을 따라 하나씩 넣어주었습니다.

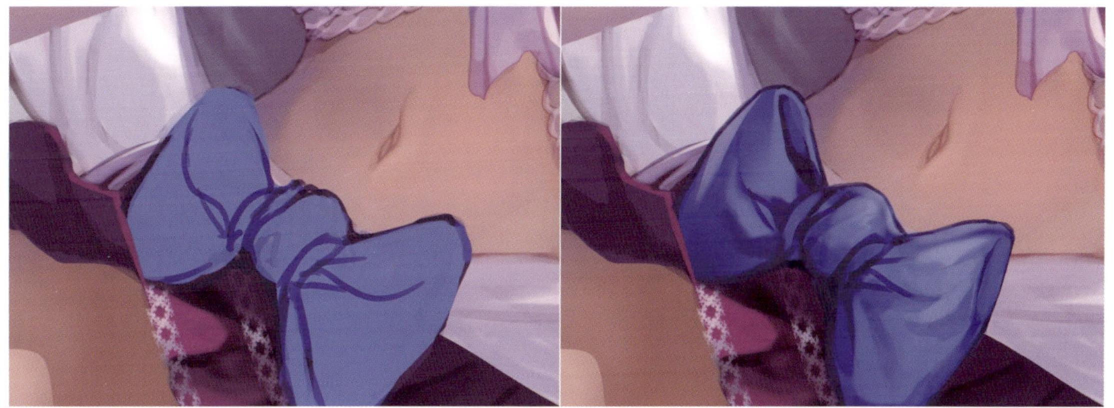

40 리본 부분의 묘사를 진행합니다. 리본의 주선 부분의 색을 스포이드 도구로 찍은 뒤 브러시로 중앙 매듭에 모이듯이 주름을 넣어줍니다. 밝은 부분을 위쪽으로 하여 빛이 오는 방향과 어긋나지 않게 합니다.

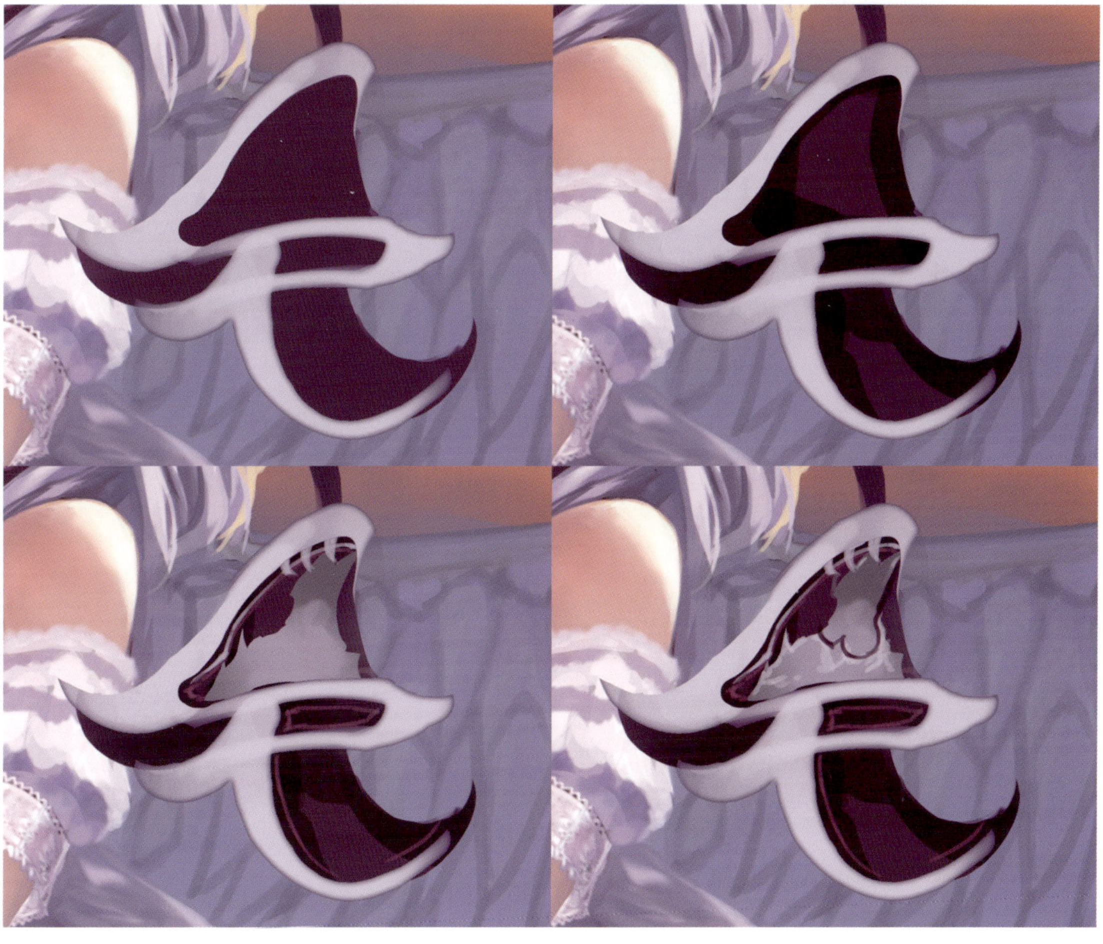

41 곱하기 레이어를 생성 후 갑옷 장식 안쪽 부분의 그림자를 추가합니다. 표준 레이어로 내부에 실루엣 디자인을 추가하여 밀도를 추가해줍니다.

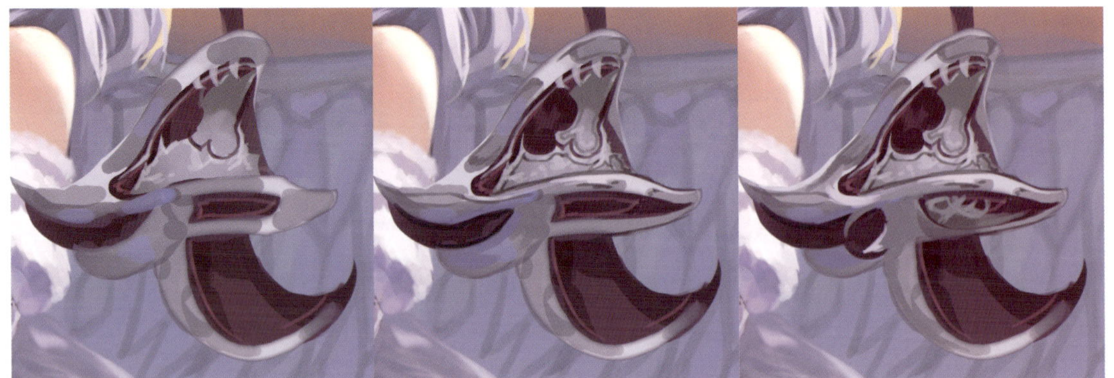

42 다시 곱하기 레이어를 생성 후 철 부분의 그림자를 추가합니다. 그림자는 너무 스무스하지 않게 거친 느낌으로 추가하여 철의 딱딱한 느낌을 강조합니다. 표준 레이어로 철 부분의 빛의 강약을 조절하며 묘사를 진행합니다.

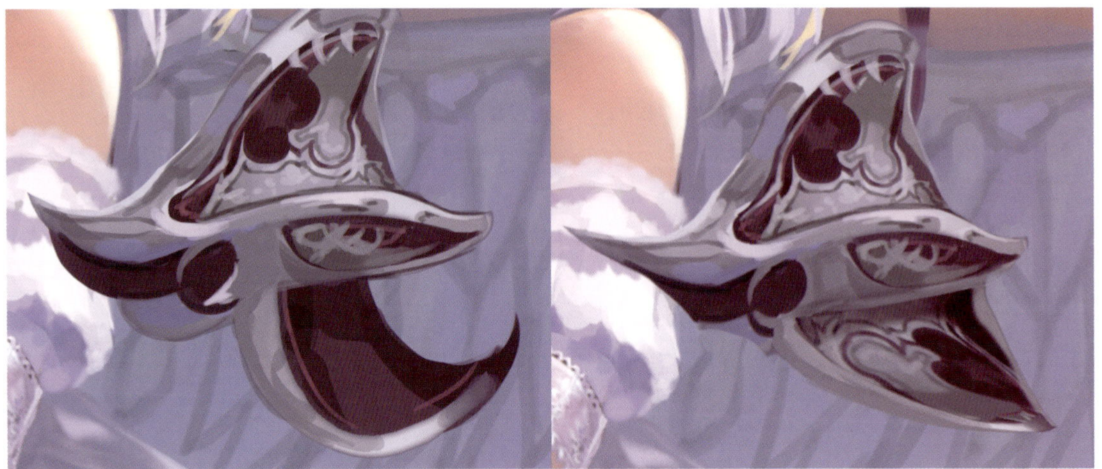

43 갑옷 장식의 실루엣을 보다 샤프하게 다듬습니다. 아래 부분의 디자인도 윗부분과 마찬가지로 묘사를 해줍니다.

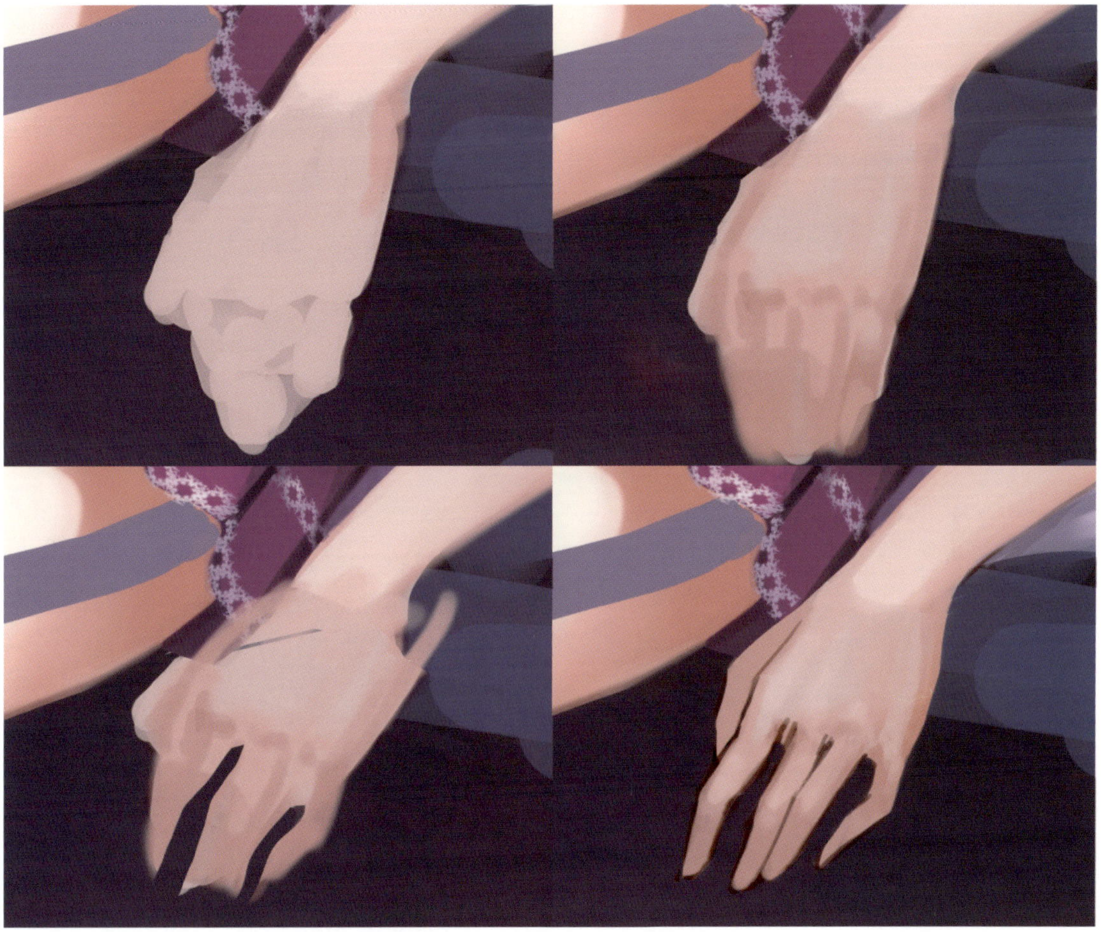

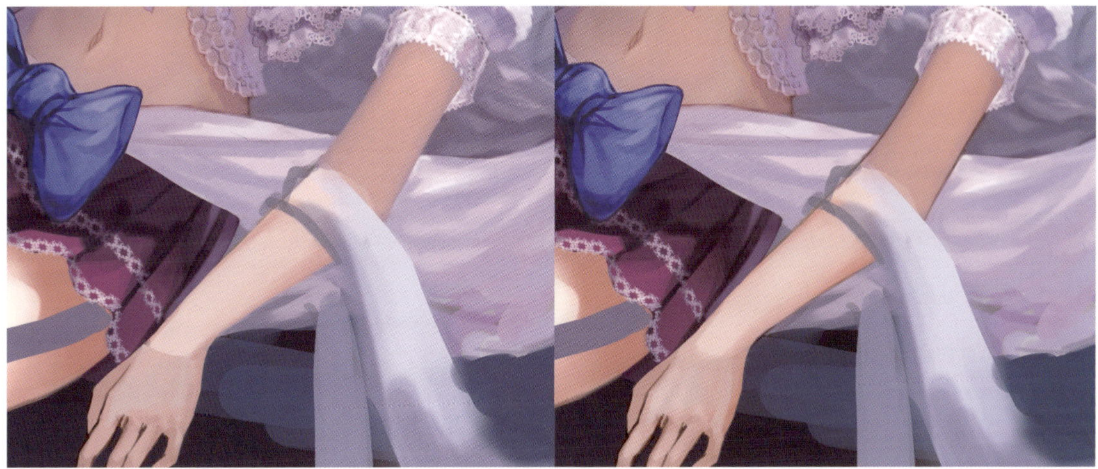

44 손 부분의 묘사를 진행합니다. 진행하면서 조금 더 자연스러워 보일 수 있는 각도로 올가미 도구를 이용하여 각도를 돌려줍니다. 그 뒤 손가락의 묘사를 주선을 조금씩 추가하며 다듬어줍니다. 손가락 같은 다른 부분 대비 얇은 실루엣은 주선을 넣어 실루엣을 강조해줍니다.

45 곱하기 레이어를 추가하여 브러시로 팔 테두리 부분에 음영을 넣어 입체를 강조해줍니다. 주선을 추가하여 선명도를 올리고 브러시로 묘사를 다듬습니다.

46

리본 부분에 테두리를 추가하여 디자인의 완성도를 올립니다. 테두리는 금색의 테로, 밝은 부분과 어두운 부분의 음영의 차이를 크게 해서 철의 재질 감을 올리고 약간 푸른색으로 반사광을 표현해줍니다.

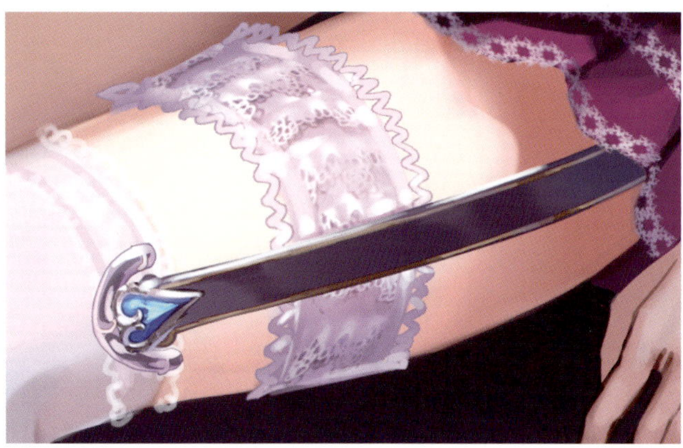

47

실루엣으로 처리했던 디자인의 묘사를 진행합니다. 금속 부분은 티아라의 묘사처럼 진행한 뒤 브러시로 하이라이트를 강조해주었습니다. 디자인은 티아라와 세트로 보일 수 있도록 합니다. 띠 부분에 안쪽 테두리를 그리는 것으로 밀도를 올려주었습니다.

디자인의 크기가 큰 편이 아니라서 아래에 그림자는 넣지 않습니다. 작은 부분에 그림자를 넣으면 축소했을 때 형태가 물려서 보일 수 있기에 옅게 넣거나 넣지 않는 편이 좋습니다.

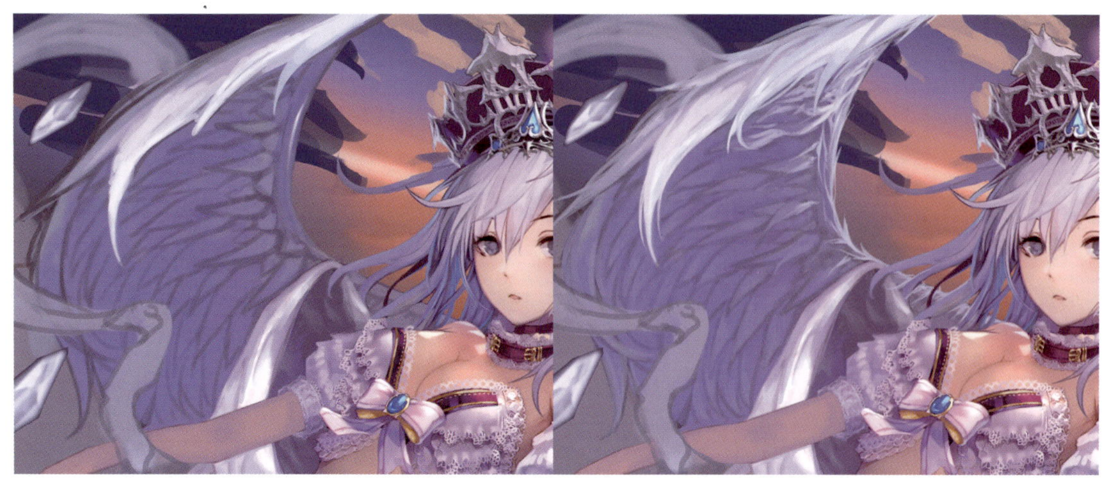

48 날개 부분의 스케치를 덮으면서 삐쳐나가는 깃을 묘사합니다. 먼 쪽은 가늘고 옅게, 가까운 쪽은 크고 선명하게 묘사하며 거리감을 줍니다. 단조로워 보이지 않게 터치의 느낌을 남기면서 그려줍니다.

49 흩날리는 천 부분의 밝은 편을 묘사합니다. 천이 아래로 떨어지는 부분에 빛을 일부만 주는 것으로 천의 앞 뒤를 알 수 있게 해주어 입체감을 표현합니다. 허리에 감기는 천의 뒷편은 푸른 느낌의 색으로 어둡게 깔아주고, 장식 부분에 주름을 조금씩 추가해줍니다. 포인트로 가는 리본 끈을 좌우로 하나씩 넣어주었습니다.

50 캐릭터의 진행이 어느 정도 되었기에 배경의 이질감이 들지 않게 배경의 부분을 묘사합니다. 구름 부분의 실루엣을 브러시와 지우개로 섬세하게 반복하며 형태를 잡아갑니다. 구름은 형태가 비슷하되 반복적이지 않아야 단조로운 느낌을 피할 수 있습니다. 묘사 과정에서 많은 터치가 발생하기에 푸른 구름과 밝은 구름의 레이어는 따로 두어야합니다.

깊이를 가중하기 위해 붉은 노을 빛이 닿는 듯한 구름을 추가했습니다. 노을 빛은 멀리 있기에 이 구름은 가까울 수록 덜 선명하게 해줍니다.

51 구름의 레이어의 투명도 보호를 하여 브러시로 조금 밝은 푸른색으로 그라데이션을 그리듯이 옅게 펴줍니다. 이 그라데이션은 구름에 색감을 더욱 풍부해 보이게 해줍니다. 어두운 느낌의 구름을 추가로 넣어주고, 밝은 부분의 구름을 넣어주어 구름의 디테일을 올려줍니다. 밝은 부분의 구름은 빛이 오는 방향에 몰릴 수 있도록 해주어야 구름이 어색해 보이지 않습니다.

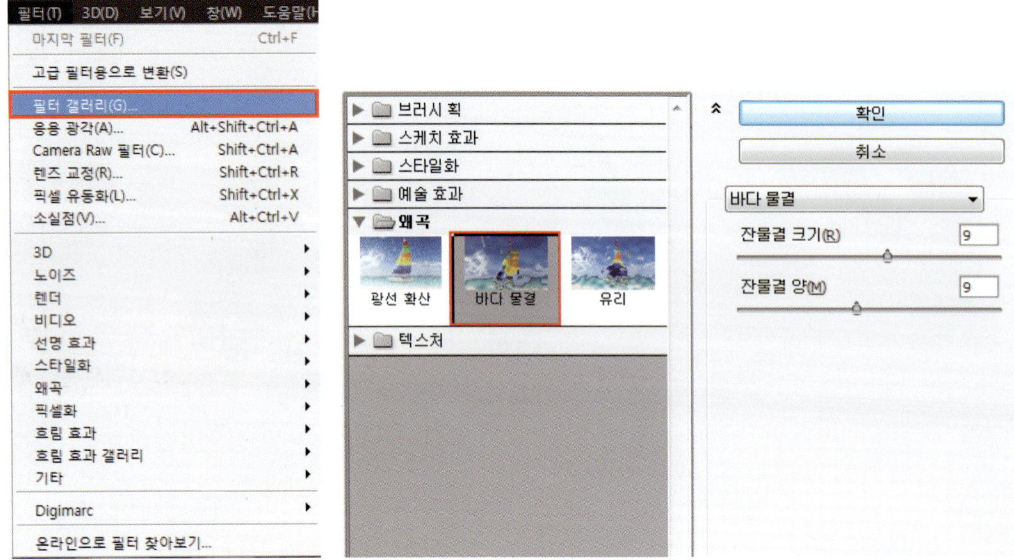

52 캐릭터 아래 부분의 바다를 표현하기 위해 배경 레이어에서 필터 - 필터 갤러리 - 왜곡 - 바다 물결을 선택합니다. 이 필터는 상을 물결 느낌으로 바꾸어줍니다. 배경에 명암 차이가 뚜렷할수록 보다 좋은 물결 느낌을 만들 수 있습니다.

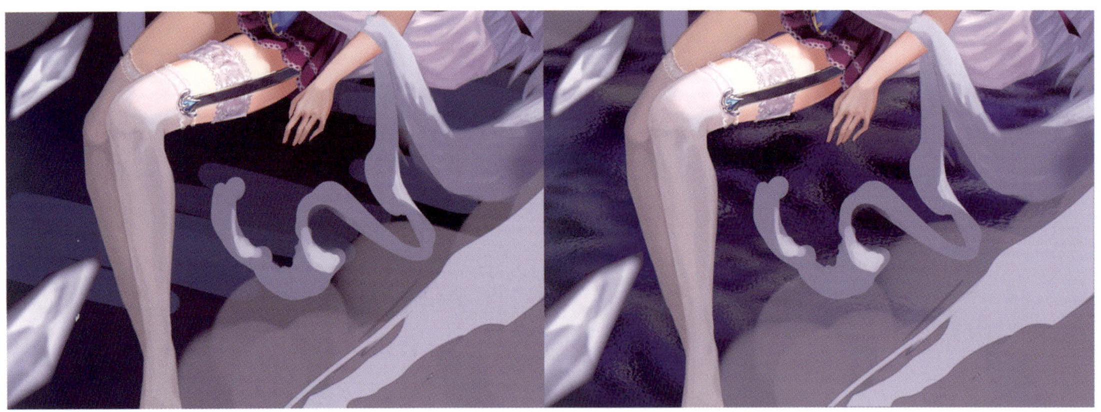

53 필터가 적용된 모습입니다.

TIP　필터 갤러리

포토샵에는 여러 가지의 필터가 있습니다. 상단 메뉴에서 필터 - 필터 갤러리를 선택하는 것으로 손쉽게 불러올 수 있습니다. 파스텔 효과, 바다 물결, 목탄 등 여러 가지 효과를 손쉽게 줄 수 있고, 좌측에 미리보기가 바로 가능하여 필터를 선택하는 것으로 효과의 범주를 알 수 있습니다. 효과를 선택한 뒤 우측에 필터마다의 값을 조절하는 것으로 필터의 범위를 제어할 수 있습니다.

54　일러스트의 완성도를 더욱 주기 위해 캐릭터 좌우로 구름을 그려 묘사를 합니다. 구름이 가깝게 있는 것으로 형태를 크게 잡아주었습니다. 물 부분의 배경에 오버레이 레이어를 사용하여 조금 더 채도가 높은 느낌을 주었습니다. 캐릭터와 배경의 색 차이를 주어 이미지가 선명해진 것을 알 수 있습니다.

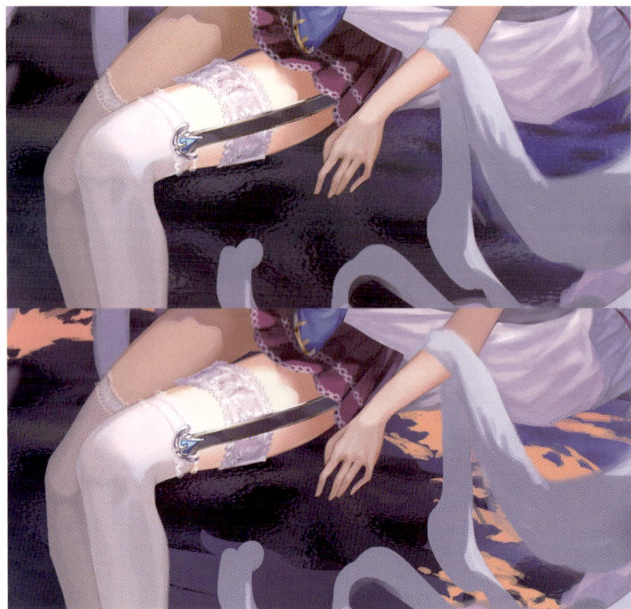

55

캐릭터가 공중에 뜬 것을 보다 잘 느껴질 수 있게 캐릭터 아래 뒤편에도 구름을 추가했습니다. 노을이 떠있으므로 구름의 빛이 닿는 부분이 보여야 자연스러우므로 주황색으로 구름을 묘사합니다.

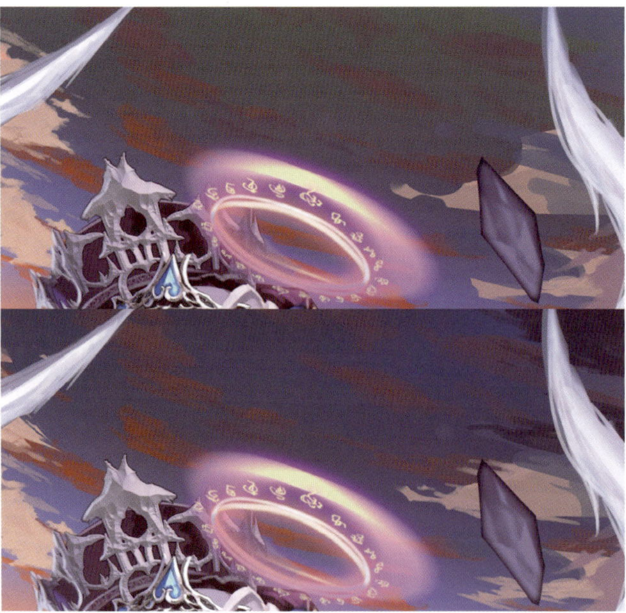

56

배경 레이어에서 곱하기 레이어로 푸른색을 선택한 뒤 그레이디언트 툴로 우측 상단에 어둠을 더해줍니다. 그리고 어두운 구름 등을 묘사하여 배경의 깊이를 살립니다. 노을에서 멀어지고 있으므로 일러스트 테두리 부근은 어두운 편이 보다 설득력이 있습니다.

57 구름 레이어 위에 오버레이 레이어를 추가하여 주황색 #ee613b을 부드럽게 펴주며 노을이 퍼지는 느낌을 강조합니다. 노을에서 조금 먼 부분은 분홍색 #c9599b을 추가하여 풍부한 느낌의 난색으로 보이게 만들어줍니다.

58 천의 실루엣이 너무 들쭉날쭉하면 누더기처럼 보일 수 있어서 조금 완만하게 만들고, 그림자와 빛을 경계가 부드러운 브러시로 옅게 나누어줍니다. 천은 부드러운 재질로 터치가 너무 강하지 않게 들어가게 주의합니다.

59

천 가장 자리에 작은 레이스를 브러시로 하나씩 추가하는 것으로 디테일을 올려줍니다. 또 천이 살짝 바람에 틀어진 것처럼 만들어서 실루엣의 단조로움을 피해주었습니다. 가장 자리 레이스는 얇다는 느낌을 주기 위해 모든 부분을 다소 밝은 색으로 튀게 만듭니다.

60

반대편 천도 묘사를 진행합니다. 작은 레이스는 상당히 인내심이 필요합니다.

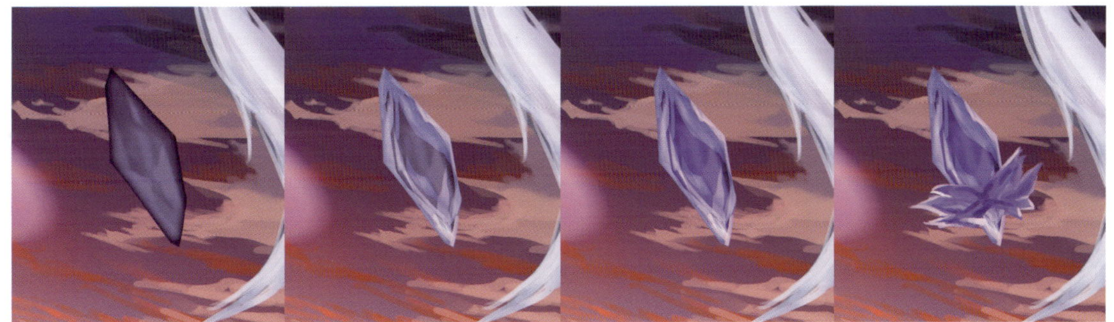

61 떠다니는 오브젝트의 묘사를 진행합니다. 선형 닷지 레이어를 하나 추가하여 빛이 투과되는 느낌의 크리스탈로 보일 수 있게 가장 자리를 기점으로 터치를 감싸듯이 칠해줍니다. 오버레이 레이어로 색감을 바꿔준 다음 표준 레이어로 아래에 장식을 추가하였습니다. 다른 오브젝트도 같은 방식으로 묘사합니다.

62 캐릭터 무기의 위치가 손을 가리고 있어서 살짝 내려준 뒤 형태를 조금 묘사합니다. 티아라와 허벅지에 보석이 있어서 세트로 보이게끔 무기에도 보석을 추가해주었습니다. 단조롭지 않도록 보석 모양을 다르게 합니다.

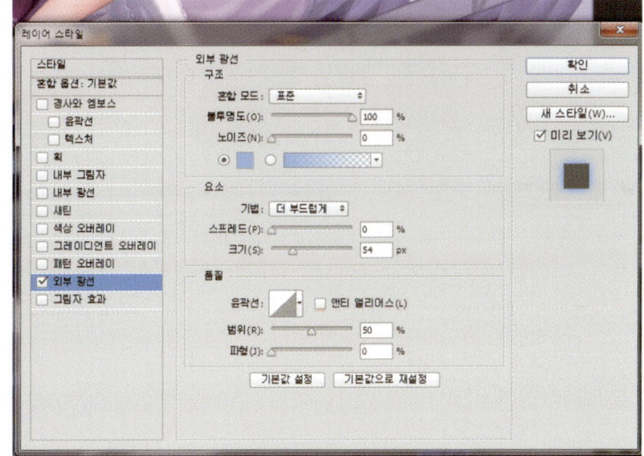

63 올가미 도구로 이펙트의 형태를 그려줍니다. 느낌대로 적당히 그려주고 브러시로 이펙트의 색을 적당히 입힙니다. 보석같은 느낌의 오브젝트가 깨진 것 같은 느낌을 주면 설득력이 있을 것 같아서 보석 오브젝트와 비슷한 느낌의 형상으로 묘사를 합니다. 해당 레이어의 혼합 옵션을 띄운 뒤 외부 광선으로 빛나는 느낌을 추가합니다.

64 외부 광선을 넣기 전과 후 이미지 입니다. 외부 광선으로 간단히 이펙트가 빛나고 있게 보이게 됩니다. 다른 위치에도 이펙트를 그려줍니다.

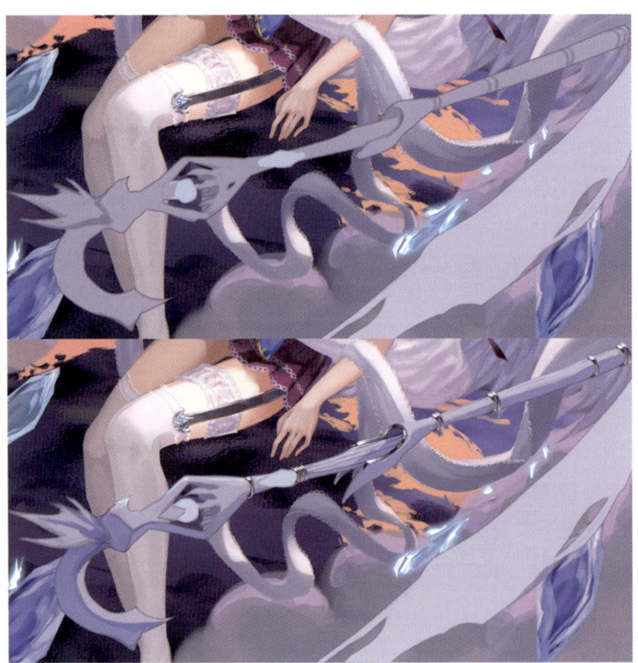

65

곱하기 레이어를 추가하여 무기의 형태 각을 잡아줍니다. 입체적으로 보일 수 있도록 빛이 오는 방향을 고려하여 그림자를 넣어주고 그림자에도 진한 부분과 연한 부분을 두어 각이 덜 단순하도록 보이게 합니다. 허벅지 장식처럼 철 고리 부분을 하나 만들어서 레이어 복제(단축키 Ctrl + J)로 무기의 이음 부분마다 배치해줍니다.

66 무기에 오브젝트와 같은 질감을 내어주기 위해 오브젝트를 복사하여 무기 레이어 위에 두고 클리핑합니다. 클리핑된 레이어는 소프트 라이트로 두어 질감의 느낌을 내어줍니다. 혹은 소프트라이트 레이어를 만든 뒤 브러시로 오브젝트와 비슷한 무늬를 그려줍니다.

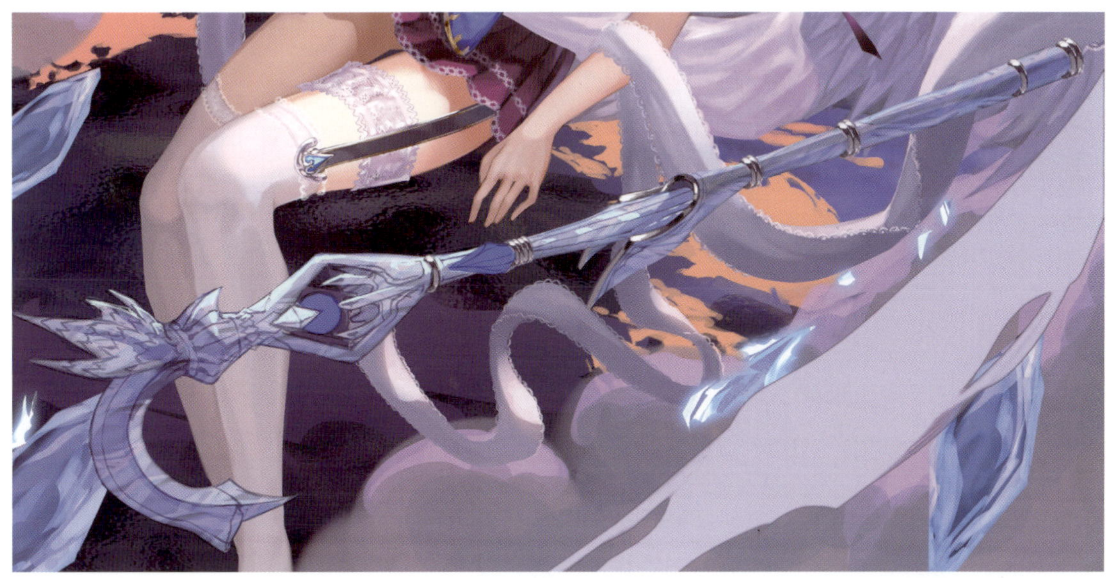

67 곱하기 레이어를 만들어서 무기에 디테일 형태를 잡아가며 주선을 넣어줍니다. 빛을 준 각을 해치지 않는 신에서 형태를 나누어 줍니다.

68 표준 레이어를 하나 만들어서 주선을 따라 강약을 주며 브러시로 광을 표현합니다. 주선을 모두 해치지 말고 조금씩 누그러뜨린다는 느낌으로 칠해주면 디테일을 확실하게 살릴 수 있습니다. 튀어나온 부분은 하이라이트처럼 밝은 색으로 터치를 해줍니다.

69

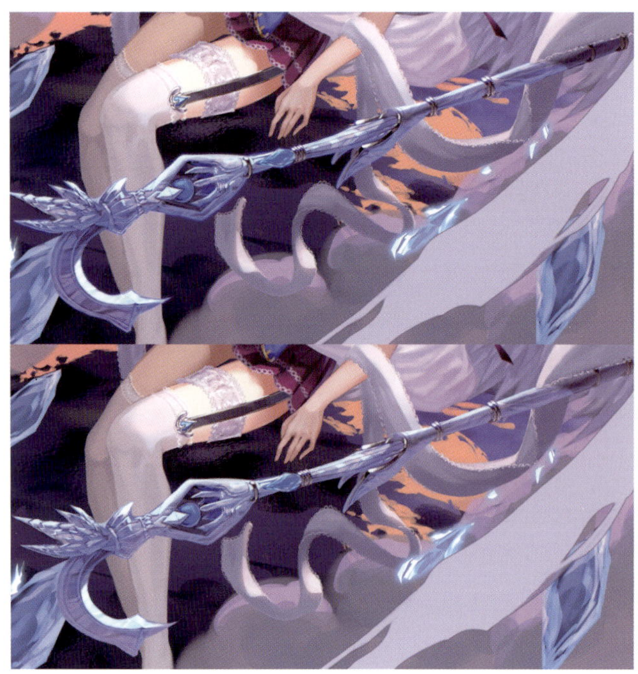

트렌스폼(단축키 Ctrl + T)로 무기의 형태를 소폭 조절합니다. 형태의 앞부분만 조절할 때에는 올가미툴로 앞 부분만 선택하여 조절하도록 합니다. 이후 오버레이 레이어로 무기의 밀도를 조절합니다. 손잡이 끝 부분은 흩날리는 천 아래에 있는 것처럼 지워주고 곱하기 레이어로 그림자를 만들어줍니다. 요소와 요소끼리 그림자의 영향을 끼치게 만들면 이미지끼리의 자연스러운 동화를 얻을 수 있습니다. 마지막으로 표준 레이어로 연한 보라색을 선택한 뒤 아래쪽을 살짝 뭉그러뜨려서 배경의 색감과 튀지 않도록 조절해줍니다.

70 캐릭터 레이어를 모두 합쳐준 뒤 색상 닷지 레이어를 생성하여 갈색 #613c28으로 역광을 표현합니다. 역광이 과하게 끼칠 경우 이미지가 평면적으로 보일 수 있으니 한 방향을 기점으로 멀어질수록 역광이 연하게 만들어주면 효과적입니다.

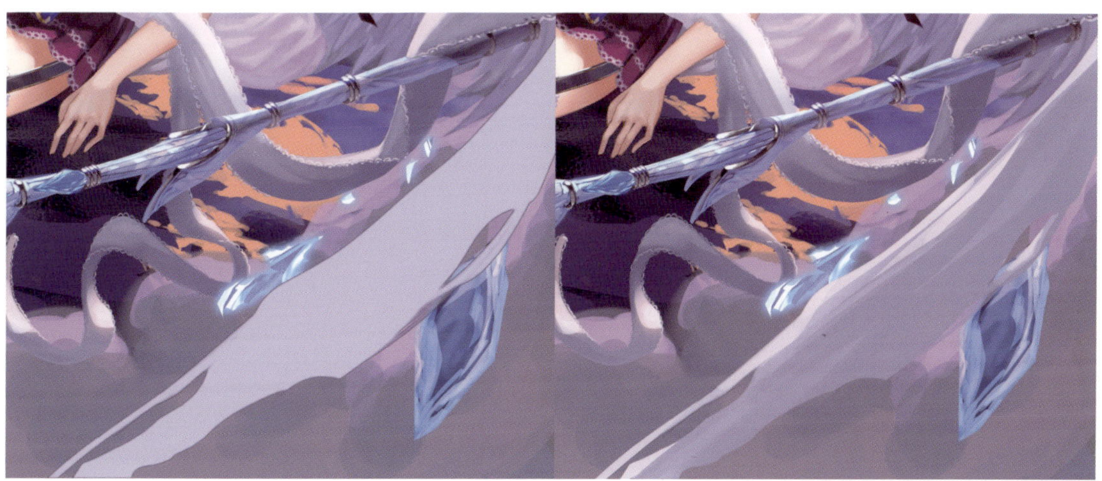

71 근경 오브젝트를 브러시로 묘사합니다.

72 캐릭터에 색상 닷지 레이어를 추가하여 갈색 #43010c으로 전체적으로 빛이 흐르는 듯한 느낌을 끼얹
습니다.

73 구름 부분에 작은 실루엣으로 묘사를 가중시켜갑니다. 노을 빛을 의식하면서 캐릭터에 가까울 수록 퍼지는 듯한 느낌으로 끝은 채도가 낮게, 노을 부근은 채도가 높게 작업합니다. 디테일 작업 시에는 큰 형태를 파괴하지 않고 작은 실루엣으로만 묘사하는 것이 좋습니다.

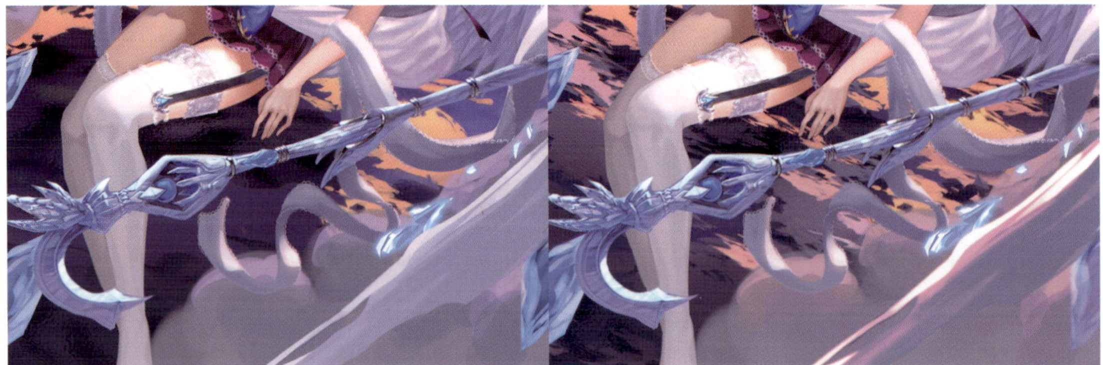

74 더욱 풍성한 느낌을 주기 위해 캐릭터 아래 부분에 구름을 추가합니다. 가까운 구름은 노을 근처에 있는 색과 비슷하게, 멀 수록 채도와 명도를 낮게 하여 원근을 표현해줍니다. 구름의 실루엣은 브러시로 그리거나 노을 근처에 그려 두었던 구름을 사용하는 것으로 시간을 절약합니다.

75 레이어를 생성하여 노란색으로 동그란 원을 그립니다. 브러시의 설정(단축키 F5)에서 전송을 체크 해제하고 그려주면 편합니다. 레이어를 추가 생성하여 주황색의 원을 그립니다.

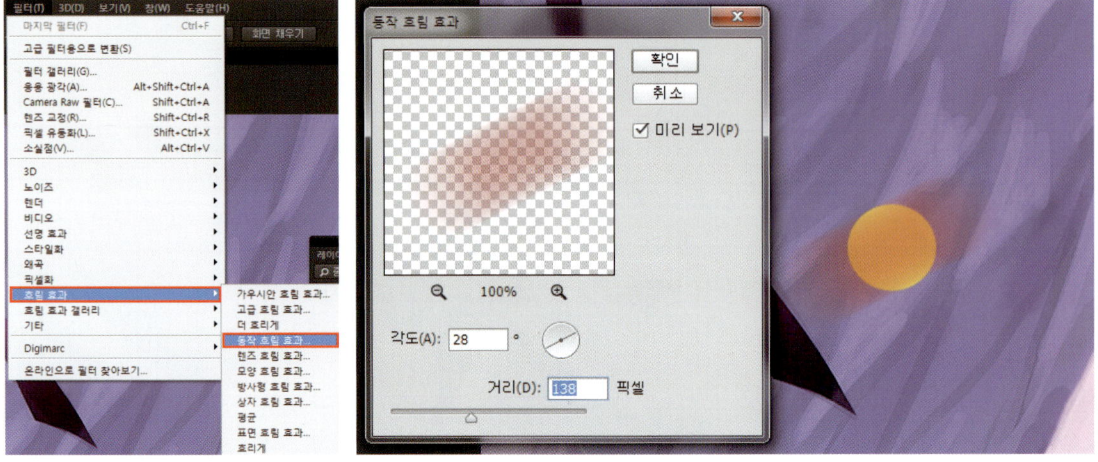

76 필터 - 흐림 효과 - 동작 흐림 효과를 선택하여 주황색 원을 흐리게 만들어줍니다. 주황색 원의 레이어를 복제하여 흐린 부분의 농도를 짙게 만들어줍니다.

77 레이어의 위치를 바꾸어 노란 부분이 위로 오게 두고, 흐리게 한 부분에 밝은 주황과 적색 등을 추가하여 단조롭지 않게 합니다.

78 그려진 이펙트의 레이어를 합치고 화면에 적당하게 배치합니다. 배치할 때는 단조로움을 피하기 위해 트렌스폼으로 크기를 각기 다르게 만들어주면 효과적입니다. 가까운 이펙트는 필터 - 흐림 효과 - 가우시안 흐림 효과로 살짝 흐리게 합니다.

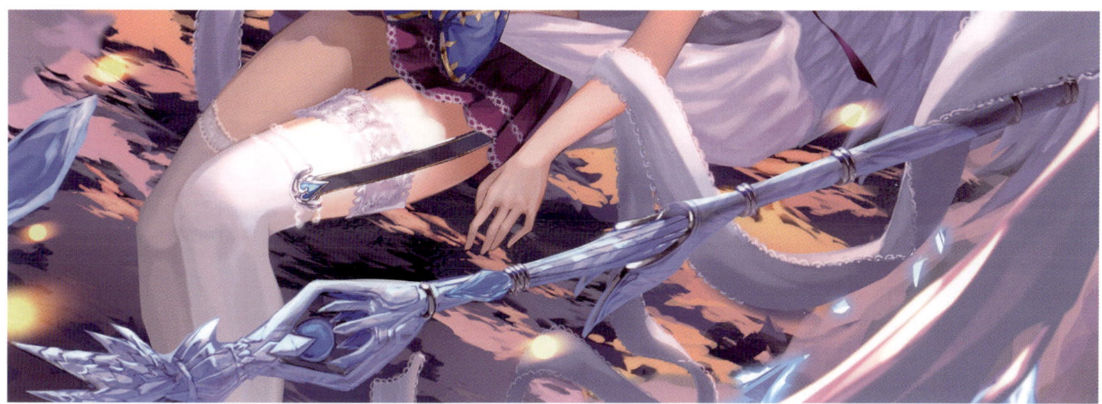

79 그려진 이펙트의 레이어 속성을 선형 닷지로 둡니다.

80

레이어를 복제하여 작은 이펙트와 색상을 바꾼 이펙트 등을 배치하여 화려함을 더합니다. 일러스트 전체적으로 이펙트를 추가해나갑니다.

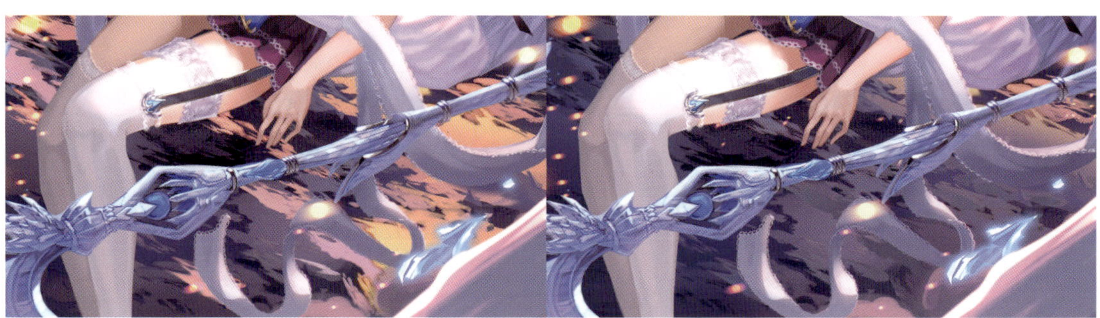

81 캐릭터 뒤 부분의 배경의 느낌을 어두운 색으로 부드럽게 깔아줍니다. 마지막 보정으로 캐릭터를 돋보이도록 눈에 튀는 부분을 조금씩 줄여나갑니다.

82 해의 빛이 퍼지는 느낌을 표현하기 위해 주황색과 노란색을 혼합하여 빛이 렌즈에 비치는 듯한 느낌을 내어줍니다. 레이어를 선형 닷지로 두어 자연스러운 느낌을 내어줍니다.

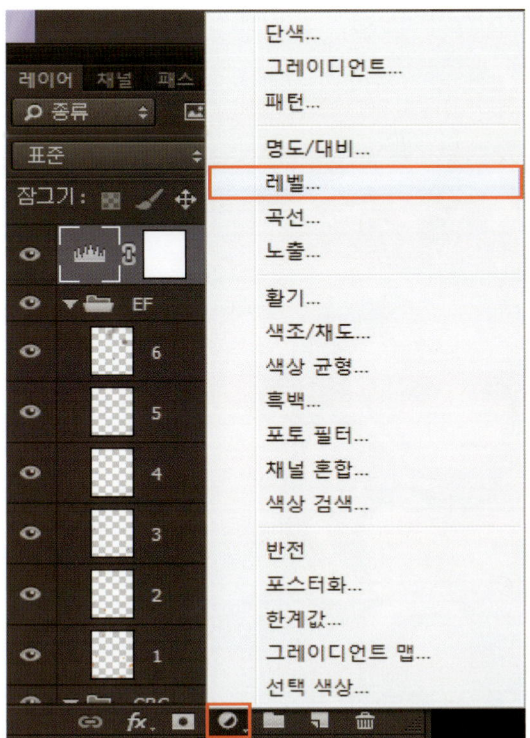

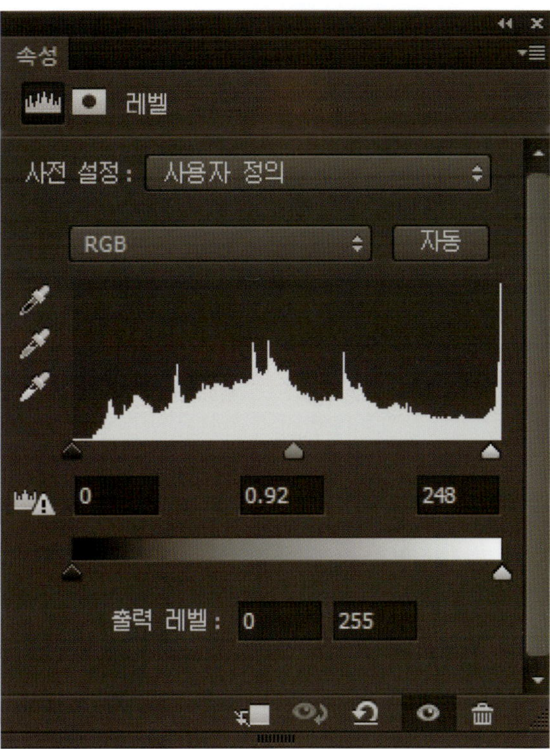

83 최종 밝기 조절을 위해 레이어 창 아래 버튼을 눌러서 레벨 레이어를 만듭니다. 레벨 값을 조절하여 이미지의 전체적인 밝기를 조절합니다. 비교적 밝은 부분이 흰색이 되지 않게 확인하며 조절합니다.

84 완성 이미지입니다.

PART 5
실전 일러스트 튜토리얼
타락한 기사 그리기

구상

스케치

배색

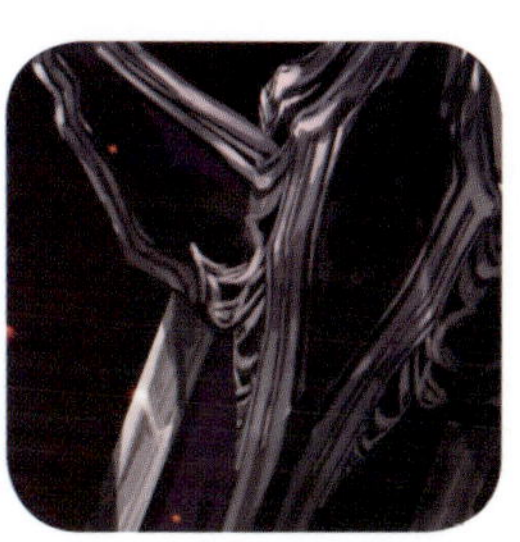

이전 튜토리얼에서 천사의 종족 캐릭터를 진행했으므로 인간에서 악마 정도의 캐릭터를 작업하기로 하였습니다. TCG 아트의 느낌이 들도록 캔버스 비율을 정하고 그 안에서 한 장의 이미지로써 시선이 뚜렷하게 잡히는 퍼포먼스를 가진 이미지가 되도록 하며, 앵글과 포즈, 캐릭터까지 모두 정적인 느낌의 캐릭터라도 좋은 매력을 어필할 수 있도록 하는 것에 중점을 두었습니다.

필자는 구상을 간단히 메모하는 편입니다. 하지만 구상을 스케치를 하며 즉석에서 진행할 수도 있고, 여러 가지의 스케치를 작성하여 아이디어를 얻을 수도 있습니다. 구상에서 중요한 것은 어떤 대상을 어디까지 그릴 것인가에 대한 부분입니다. 범위를 정해둔다면 그림을 그릴 때 어떤 것을 참고해야 하는지, 어떤 아이디어가 필요한지를 쉽게 접근할 수 있습니다.

일러스트 타락한 기사 구상

시대상 : 판타지 : 노을과 천사와 같은 시대상
캐릭터의 인상 : : 20대 초반 : 감정이 없는 눈과 무표정의 정적
컨셉 키워드 : 기사, 흑색, 달
의상 : 기사 갑옷 : 기사 갑옷이지만 어두운 계열의 단체에 소속된 느낌의 의상
상황 : 악마의 성 높은 곳, 해질녘 큰 달이 비치는 위치에서 서있는 모습
앵글과 포즈 : 정면에서 얼굴과 의상을 모두 보여줄 수 있는 위치에서 약간 틀은 정도 손에 검을 쥐고 있거나 팔에 힘을 주는 포즈

전체적인 그릴 것의 범위를 정합니다. 이후 구체적인 머리의 색이나 의상의 색 등은 실 작업을 진행하면서 보완하여 나갑니다.

타락한 기사 그리기
스케치

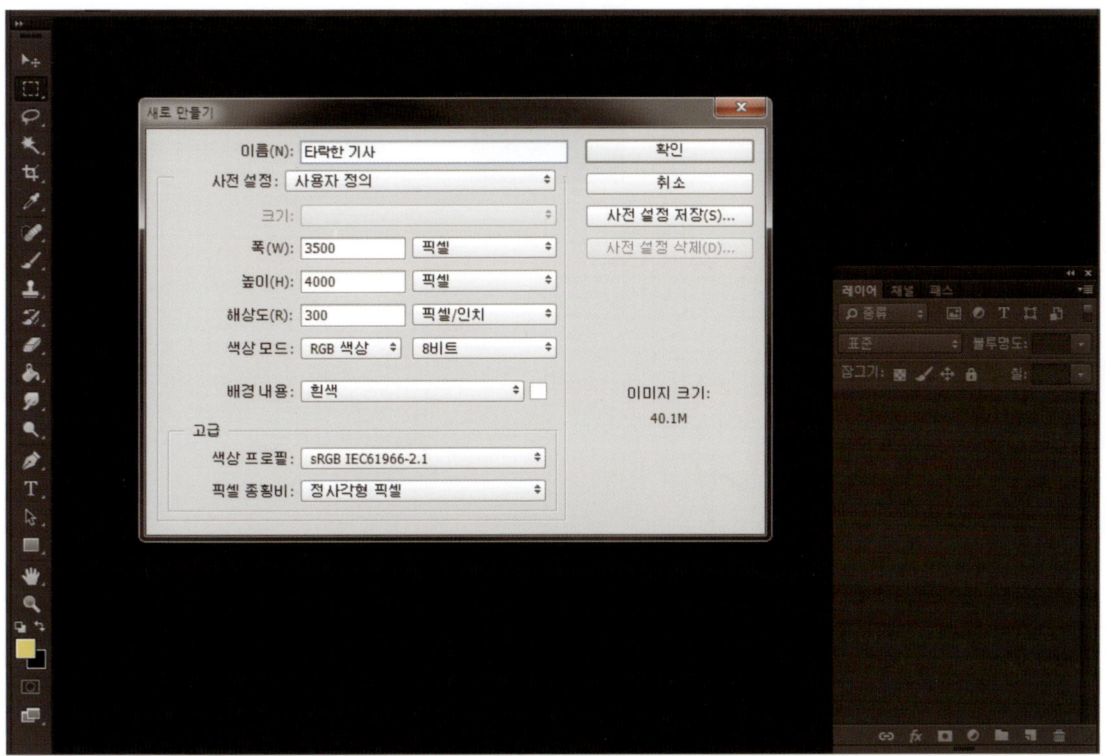

01 포토샵을 키고 새 캔버스를 생성합니다. 폭 3500px, 높이 4000px, 해상도는 300dpi로 설정하였습니다. 바로 레이어를 하나 생성하여 진행합니다.

*보통 TCG는 스마트폰에서 잘 보일 수 있도록 A4의 사이즈 혹은 높이가 폭보다 더 긴 것을 선호합니다. 실제 스마트폰의 비율은 높이가 더 길지만 일러스트 아래에 캐릭터의 이름이나 스테이터스가 삽입될 수 있기에 약간의 직사각형의 캔버스로 진행합니다.

02

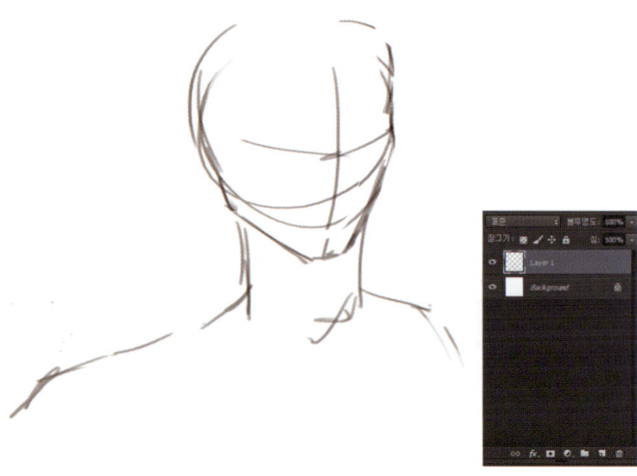

캐릭터의 머리부터 어깨를 스케치해 나갑니다. 선의 색은 갈색 #2a1104 정도를 사용하였습니다. 일러스트 스케치 시에 완전한 정면은 특별한 이유가 아니면 피해주는 것이 좋습니다. 캐릭터의 약간의 각도를 주어 단조로움을 줄였습니다.

03

캐릭터의 이목구비의 위치를 선정합니다. 가볍게 머리카락을 추가하여 얼굴의 면적을 가늠합니다.

04

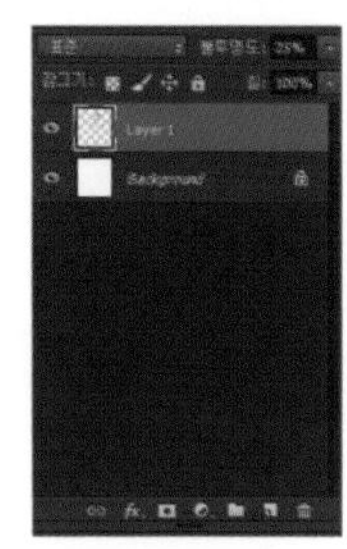

캐릭터의 몸 정도를 가볍게 스케치하여 크기를 잡아줍니다. 초반에 빠르게 스케치를 진행하며 전체적인 비례부터 잡아 나가는 것이 좋습니다. 스케치 레이어의 불투명도를 25% 정도로 두어 연하게 만들어서 위에 디테일 작업에 용이하도록 합니다.

05

레이어를 하나 생성하여 얼굴의 구체화를 진행해 나갑니다.

06

비례가 아닌 스케치의 구체화 순서는 이목구비 -> 얼굴의 윤곽 -> 목과 두상 정도의 순이면 무난합니다. 꼭 정해져 있는 것은 아니니 손에 익은 대로 진행하면 됩니다. 얼굴은 약간의 뒤틀림만 있어도 인상이 확연히 달라져 보일 수 있으므로, 레이어를 따로 생성하여 작업하면서 올가미 도구와 트렌스폼을 이용하여 조절해 준다면 보다 빠르게 정리해나갈 수 있습니다.

07

레이어를 다중 선택(Ctrl + 레이어 클릭)하여 트렌스폼을 해서 각도를 돌려줍니다. 캐릭터 보다 아주 살짝 높은 위치에서 보는 느낌을 주어 정면 앵글의 답답한 느낌을 완화시킬 수 있습니다. 자세는 팔을 하나 살짝 들어 올리는 것으로 진행합니다.

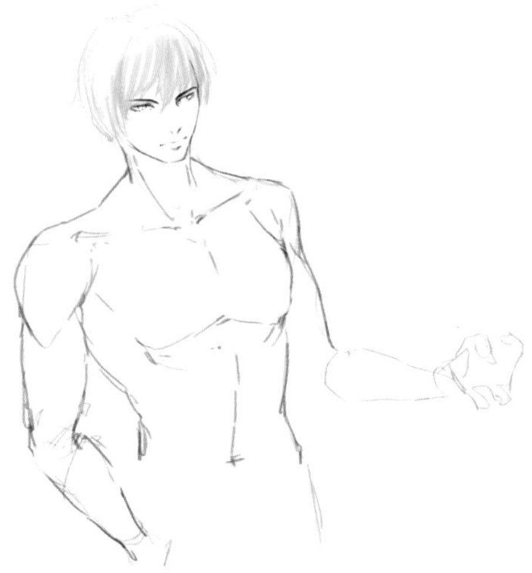

08

캐릭터의 기본 인체를 스케치합니다. 캐릭터에는 전신을 감쌀 기사 갑옷을 입힐 예정으로, 전체적인 몸의 발달을 의식한 크기와 각도 등에 중점을 두어 가볍게 스케치해줍니다. 어깨의 넓이나 허리의 가늘기, 팔의 길이 등을 의식하면 좋습니다.

09 기본 베이스 스케치를 토대로 캐릭터의 머리카락과 의상을 잡아 나갑니다. 최초 느낌을 잡기 위해 스케치했었던 셔츠의 느낌이 좋아서 셔츠를 내의로 입고 있도록 의상을 작성했습니다. 기사의 느낌을 내주기 위해 등 뒤에 칼의 실루엣도 추가합니다.

10

캔버스에서 캐릭터가 벗어난 것 같기에 캐릭터를 중앙으로 배치합니다. 스케치는 선명한 실루엣을 위한 보조로 사용 될 예정으로, 갑옷이나 형태 등 실루엣만 작성하고 디테일을 작성하지 않습니다. 하반신과 의상 등 처음에 구상했던 내용을 토대로 스케치를 계속 그려나갑니다.

11 다소 정적인 자세에서는 캐릭터가 정적이기 때문에, 최소한 의상은 바람에 나풀거리는 등 움직임이 있도록 그려준다면 단조롭지 않고 역동감이 살게 되어, 보다 생생한 느낌을 들게 할 수 있습니다. 이때 나풀거릴 수 있는 장식이 많다면 모든 파츠를 바람을 의식하며 어색하지 않게 해주어야 합니다. 이 그림은 탁 트인 곳의 배경에서 캐릭터 다리에서 가슴 쪽으로 바람이 온다라는 느낌으로 흩날리는 느낌을 잡아주었습니다. 가죽 벨트 같은 무거운 파츠는 아주 약간 흔들림이 있는 정도로 각 요소의 재질 감이나 무게를 유추할 수 있게 그립니다.

필자는 이 정도의 스케치에서 바로 배색 단계로 넘어갑니다.

01 스케치의 아래에 기본 베이스 실루엣을 그립니다. 스케치만 되어 있을 때와 간단하게 베이스 실루엣이 들어갔을 때 실루엣의 느낌의 차이가 생길 수 있으므로 이 단계에서 실루엣을 수정합니다.

*필자는 레이어의 명칭을 큰 부분은 약자로 CBG(캐릭터 베이스), L(라인 선화), R(러프 스케치)등으로 잡고 디테일 요소는 한글로 해두는 편입니다.

CBG 레이어에 기본 베이스 실루엣으로 회갈색 #968988을 넣은 뒤 조금 밝은 색으로 캐릭터의 두상이 있는 위쪽으로 그라데이션을 넣어줍니다. 뒤에 있는 칼의 경우 조금 어두운 색으로 실루엣을 넣어 차이를 두었습니다.

02 배경의 배색을 하기 위해 간단하게 배경의 스케치를 진행합니다. 지평선을 그려주면서 약간 원경에 성이 있다는 느낌으로 스케치했습니다.

03 주제 중 하나인 달의 실루엣을 넣고 오브젝트 요소로 나무의 실루엣도 첨가합니다. 달은 작은 것 보단 큰 달이 더 드라마틱하고 느낌이 좋기에 크게 넣어주었습니다.

04 지금 상태의 그림의 시선 처리를 보면 캐릭터의 얼굴에 시선이 가고 난 뒤, 팔 부분에서 목의 펄럭이는 장식으로 가는 것으로 끝나는 느낌입니다. 이 경우라면 포인트나 화면의 밀도가 없어서 그림이 단순해 보이거나 시선이 짧기에 눈길이 가지 않는 느낌이 많습니다. 이 부분을 보완하기 위해선 포인트 요소의 추가나 오브젝트의 추가가 필요합니다. 이미 시선이 위와 아래에 잡혀있기 때문에 그 외 부분에 시선이 갈 포인트 요소를 배치하면서 캐릭터의 존재감이 사라지지 않게 해야 합니다.

05 현재 캐릭터의 느낌이 좋아서 캐릭터의 느낌이 깨어지지 않게 배경의 오브젝트를 추가하는 것으로 화면에 밀도를 줍니다. 중경의 보석 같은 장식과 근경의 부러진 칼 등을 배치하여 시선의 안정감이 들게 하면서 풍성하게 보이도록 합니다.

06 오브젝트가 추가 됨으로써 시선이 오브젝트가 있는 구석에도 흐를 수 있게 되었습니다. 오브젝트의 위치를 적절하게 배치하여 다시 캐릭터의 두상에 맺히도록 조절합니다. 시선은 꼭 두상에 다시 맺힐 필요는 없지만 화면에서 시선이 순환한다라는 느낌을 주는 것이 중요합니다. 시선이 순환하게 되면 다시 시선이 흐르기 때문에 그림을 더 오래 보게 됩니다.

07

배경의 스케치를 따라 원경의 성의 실루엣
으로 밑 부분을 다 채우고, 레이어를 하나
추가하여 상단에 밤 하늘의 남색을 페인트
통 도구로 채워 넣습니다.

08 배경은 약간의 노을이 이는 느낌으로 진행하기로 했습니다. 일반적인 노을의 주황색으로 하나의 색
으로 넣는다면 색이 무척 가벼워 보일 수 있습니다. 다소 배경보다 밝은 느낌의 연푸른색을 에어브러
시로 넣고, 붉은 색을 첨가하여 보다 깊이 있는 색을 연출합니다.

09

진행하며 추가 될 캐릭터에게 비쳐지는 빛의 느낌을 미리 생각해두기 위해서, 캐릭터 밑색 레이어 위에 레이어를 추가합니다. 클리핑한 후 곱하기 옵션으로 레이어를 둡니다. 기본적으로 앞에서 오는 확산광으로 이미지를 표현 할 것이지만, 포인트 요소로 달에서 비쳐지는 역광의 느낌을 고려하여 추가합니다. 이 작업에서 전체적인 빛을 고려해두면 묘사를 진행할 때 수월합니다.

10

칼에도 역광 느낌을 추가해준 뒤, 배경에 노을의 주황색 빛까지 추가하여 색의 풍부함을 더합니다.

11 그림자를 추가 한 레이어를 잠시 꺼둔 뒤, 얼굴의 묘사를 진행합니다. 레이어를 하나 생성하여 곱하기 레이어로 회갯빛 색 #dac2bc 정도의 느낌으로 목 부분을 터치합니다. 눈과 얼굴 테두리에 터치를 조금씩 넣는 것으로 이목구비의 이질감을 조금씩 완화시킬 수 있습니다.

12 일반 레이어를 추가하여 머리카락 아래에 그림자를 넣습니다. 그림자는 채도가 조금 더 높은 색으로 직접적인 그림자와 얼굴의 입체감으로 형성되는 그림자의 구분을 두어줍니다. 구분을 두지 않으면 뒤에서 축소하여 보았을 때 얼굴이 평면적인 느낌이 나게 됩니다. 입술과 코 부분에 약간의 그림자를 추가하고 보다 밝은 색으로 빛을 추가합니다. 뒤에 달이 있기 때문에 의식하여 한 쪽으로만 빛이 오는 느낌으로 해주는 편이 자연스럽습니다.

13 볼 아래 부분에 약간의 어두움을 추가하여 얼굴에 입체감을 살려줍니다. 목 부분에는 곱하기 레이어로 한 단계 더 어두운 그림자를 추가합니다. 그림자는 한 번에 모두 추가하지 않고 단계별로 추가해 나가야 어두운 부분에도 채색의 밀도를 줄 수 있습니다.

14 레이어를 하나 추가하여 눈 부분의 채색합니다. 눈의 흰자 부분의 채색은 파란빛, 보라빛이 약하게 도는 색으로 베이스를 깔아두면 피부와 구분도 쉽게 가며 자연스럽습니다. 머리의 베이스 색상을 깔고 난 뒤, 해당 레이어를 불투명도 보호를 하여 그라데이션을 살짝 주는 것으로 투명한 느낌의 색을 연출할 수 있습니다.

15 각 파츠마다 레이어를 추가하면서 밑색을 깔아 나갑니다. 밝은 색이라도 그림자가 많이 진다면 어두워 보일 수 있기 때문에 밑색을 추가할 때, 그림자가 많이 지는 부분 같은 경우는 미리 간단하게 그림자를 추가합니다. 밑색의 색상을 정할 때에는 너무 같은 밝기의 색상을 쓰지 않게 주의합니다. 모두 어둡거나 모두 밝은 느낌 등, 같은 밝기만 있게 되면 상당히 단조로운 느낌과 함께 평면적인 인상이 될 수 있습니다.

16 의상의 부분도 조금 더 다채로울 수 있게 하단에는 적색을 추가하였습니다.

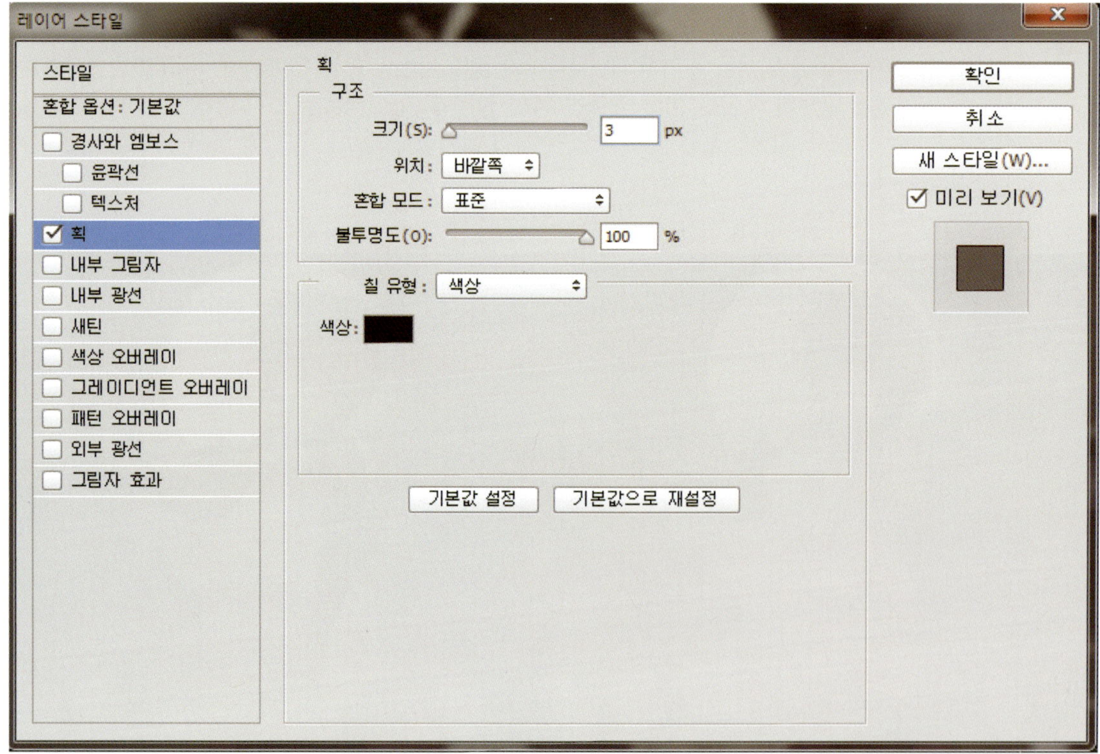

17 넥타이 장식의 베이스 색상을 머리색과 비슷한 계열 색으로 잡았습니다. 가장 흩날리는 부분으로써 시선이 얼굴보다 자칫 더 갈 수 있기 때문에, 비슷한 계열 색으로 동화되게 하였습니다. 악세서리 장식의 러프 진행하고 레이어 혼합 옵션(레이어 - 우클릭 - 혼합 옵션 - 획 - 3px, 색상은 갈색)으로 설정하여 테두리를 입혀줍니다.

18 얼굴 부분의 세부 묘사를 진행합니다. 이목구비의 주변을 조금 더 어두운 피부색으로 칠하는 것으로 인상의 뚜렷한 강조할 수 있습니다. 특히 눈 아래와 입술 사이 등을 잿빛으로 강조하는 것이 인상에 영향을 많이 미칩니다.

19 모양이 거친 브러시로 달의 묘사를 진행합니다. 달의 홈이 파인 곳을 어두운 색으로 묘사한 뒤, 묘사된 부분에 테두리를 거칠게 내는 것으로 묘사를 하였습니다. 멀리 있는 요소이고, 후에 빛이 들어갈 예정이기 때문에 묘사를 많이 하지 않습니다.

20 칼 대 부분에 붉은 느낌의 색상을 추가하여 포인트를 주었습니다. 칼 부분은 칼집 대신 날이 드러나게 하여 색의 단조로움을 피하면서, 칼집도 없이 착용하는 상남자 다운 느낌을 줍니다.

21 가죽 등으로 된 허리띠로 생각하고 실루엣을 추가하였습니다. 천처럼 무게가 가볍지는 않기 때문에 아래로 떨어뜨리는 실루엣이 자연스럽습니다.

22 배경 중경에 하얀 구름을 추가합니다. 이 구름은 캐릭터가 높은 곳에 있는 느낌을 주면서 배경의 어두운 느낌과 캐릭터의 어두운 느낌을 구분 짓는 역할을 하게 됩니다.

23 색상 닷지 레이어로 중간 밝기의 주황색 #daac83을 선택하여 노을과 달에서 빛이 온다는 느낌으로 캐릭터 주변 부분에 추가합니다. 빛을 추가하면서 면을 나누어 준다는 느낌으로 의상이나 머리카락이 비치거나 각이 나뉘는 부분을 의식합니다.

24 배경 어두운 부분에 명도를 떨어뜨린 색으로 터치를 가볍게 하여 깊이 감을 추가합니다. 선형 닷지 레이어로 갈색을 선택한 후 노을의 먼 부분을 에어브러시로 가볍게 터치하여 빛이 퍼져서 오는 느낌을 내어줍니다.

25 바지의 배색은 어두운 편이 더 멋있겠다고 판단되어 바지의 색을 수정하였습니다.

26 색상 보정을 진행합니다. 캐릭터에 머리에 들어오는 색은 푸른 느낌으로 바꾸어 배경의 달과 뚜렷한 차이를 두고, 노을 빛은 조금 약하게 두어 캐릭터가 확실히 살게 합니다. 또, 달의 크기를 조금 줄이고 색조를 더 붉게 만들었습니다. 어깨 갑옷도 약간 올려주었습니다. 배경은 부수 적인 것이기에 캐릭터를 강조할 수 있게 색이 너무 겹치지 않게 잘 조절하여 줍니다.

27 빛이 오는 방향의 피부에 밝은 부분을 넓게 펴서 확실히 빛이 들어오는 느낌을 주었습니다. 이때, 이전에 코 부분에 작업한 빛이 희미하게 보일 수 있도록 합니다. 이런 세세한 명도 층이 밀도가 있어 보이게 합니다.

28 터치를 정수리에서 머리 결 방향으로 여러 번 겹쳐서 머리카락 느낌을 내어줍니다. 터치를 층이 보이도록 연하게 해주는 것이 좋습니다.

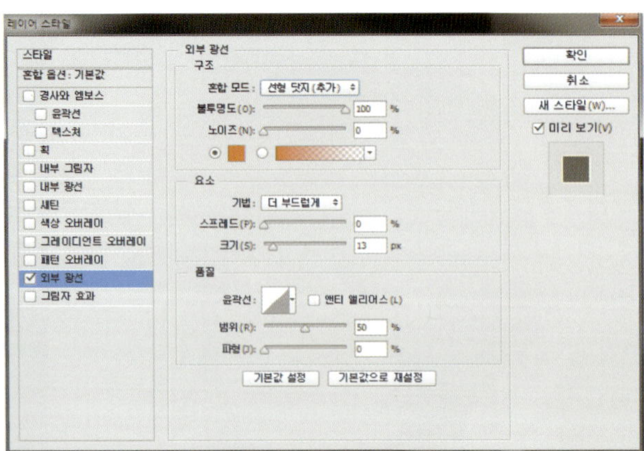

29 이펙트의 모양을 만든 다음 레이어의 혼합 옵션 창을 띄워서 외부 광선에서 선형 닷지로 불투명도 100 을 입력합니다. 노을 빛이 지고 있기 때문에 이펙트도 노을 빛에 맞추어 추가합니다.

30 현재까지 진행 된 전체 이미지입니다. 이 정도에서 이펙트, 러프와 선, 캐릭터, 배경, 작은 악세서리만 정 도로만 분류하고 레이어를 합쳐줍니다.

31 캐릭터를 강조하기 위해 러프 단계에서 시선 처리로 쓰여진 5번의 오브젝트 대신, 원경에 노을에 집중되도록 일러스트가 진행이 되었습니다. 일러스트가 러프와 분위기가 같은 느낌으로 오기 위해선, 시선 또한 러프 때와 같은 방향으로 흐를 수 있게 신경을 써주어야 합니다.

32 전체적인 흐름의 의식이 시계 반대방향으로 돌고 있는데, 시선이 외곽으로 빠져나갈 수 있으므로 중앙 부분에 디자인을 중점으로 실루엣을 보다 복잡하게 변경합니다. 이전 보다 음영 차이의 실루엣을 더 심화하여 중앙에 시선을 주어 외곽으로 너무 빠져나가는 흐름을 잡아줄 수 있습니다. 진행하면서 갑주에 밝은 톤으로 빛이 오는 부분을 러프하게 그립니다.

*빛이 퍼지는 이펙트의 레이어는 꺼두고 작업하는 것이 좋습니다. 옵션 레이어가 상단에 있을 때 해당 레이어 아래에서 작업하면 색이 변형될 수 있습니다.

33

러프 레이어와 선 레이어가 삐쳐나가는 곳을 정리합니다. 파츠마다의 이질감을 줄이기 위해 각 파츠와 계열인 색을 선택하여 에어브러시로 뭉게줍니다. 셔츠 부분의 음영을 얼굴과 마찬가지로 우측에서 빛이 오는 느낌으로 잡아주었습니다.

34 러프 때 꺼두었던 그림자 레이어를 킵니다.

35 머리카락의 실루엣을 다듬고, 색조와 명도를 조금 변경하여 머리의 밝은 부분을 터치합니다.

36 곱하기 레이어를 추가하여 그림자 부분을 묘사합니다. 머리의 결을 의식하며 층을 내어준다는 느낌으로 진행합니다. 이때, 너무 균일한 층이 나지 않게 주의합니다. 그림자를 추가 한 뒤 밝은 색으로 빛이 투과되는 느낌의 머리카락을 추가하여 입체적인 밀도를 내어줍니다.

37 빛 레이어를 꺼둔 뒤, 의상의 그려지지 않은 부분을 그려서 정리합니다. 넥타이 장식이 너무 현대적이기에 가슴에 디자인을 하나 추가합니다.

38 목 장식의 실루엣을 추가하고 깃의 실루엣도 캐릭터의 컨셉과 분위기에 맞추어 불길한 느낌이 들도록 실루엣을 찢는 느낌으로 묘사합니다. 실루엣 묘사시에는 일반 레이어를 사용합니다.

39 견갑의 디자인도 묘사해나갑니다. 갑주는 실루엣이 평면적이지 않게 디자인하고 묘사해 나가는 것에 중점을 둡니다. 견갑 사이에 밝은 색의 띠로 층을 내주는 것으로 심심하지 않은 느낌을 내어줍니다.

40 넥타이 장식에 주름을 흩날리는 실루엣을 고려하여 추가합니다. 또, 가슴 갑옷의 테두리를 넣어 정형화된 느낌을 내어줍니다.

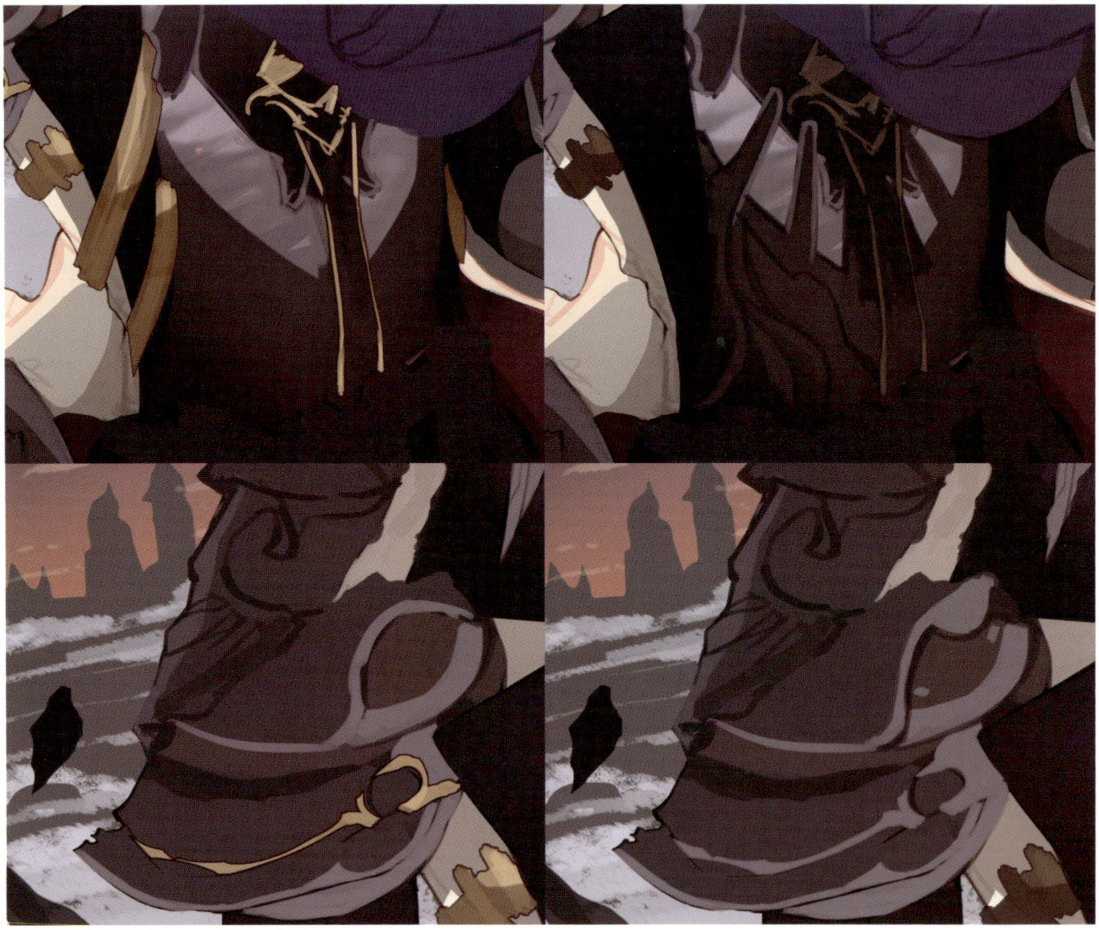

41 배 부분의 노란색 장식은 장착하기에 무리가 있는 느낌으로 부자연스러워서 제거하였습니다. 대신 배 부분의 장식 실루엣을 더 추가하여 썰렁한 느낌을 줄였습니다. 마찬가지로 견갑에 노란 장식도 제거하고 견갑에 있는 하얀 철 부분과 같은 색상으로 변경합니다.

42 넥타이 장식의 묘사를 진행합니다. 일반 브러시로 빛이 오는 오른쪽에서 스며들듯이 표현합니다.

43 기존 노란색 이펙트의 색조를 변경하고 채도를 올려서 불꽃이 흩날리는 것처럼 변경하고, 같은 방식
으로 이펙트를 추가합니다. 어두운 느낌의 기사의 분위기에 맞추어서 보라색과 남색의 조합으로 외
부 광선을 주어 추가하였습니다.

44 목의 형태를 의식하며 빛이 오는 부분과 남성의 목젖의 느낌이 나도록 음영을 브러시로 줍니다. 밝은 부분이 너무 많아지게 되면 그림자의 영역이 애매해 질 수 있으니, 빛이 들어오는 포인트만 묘사합니다.

45 갑주 장식을 추가합니다. 철 부분의 색 실루엣을 만든 뒤 선으로 모양을 잡아줍니다. 명도와 채도가 더 높은 색을 선택하여 빛이 오는 부분의 터치도 간단히 합니다.

46 배경의 깊이 감을 위해 멀리 있는 구름 같은 느낌으로 적당히 대비를 내어줍니다. 이전에 어둡게 해 둔 그림자는 레이어의 불투명도를 낮추어서 자연스럽게 녹아 들도록 해둡니다.

47 갑옷의 디자인을 다듬으면서 빛 부분을 묘사합니다. 빛 받는 부분은 갑옷의 둥근 형태를 의식하며 길게 넣습니다. 전체적으로 들어가버리게 되면 평면적인 느낌이 나므로 주의합니다.

48 곱하기 레이어를 추가하여 깃 부분의 어두운 부분을 추가합니다. 깃의 실루엣과 마찬가지로 찢어지는 느낌이 나도록 묘사합니다.

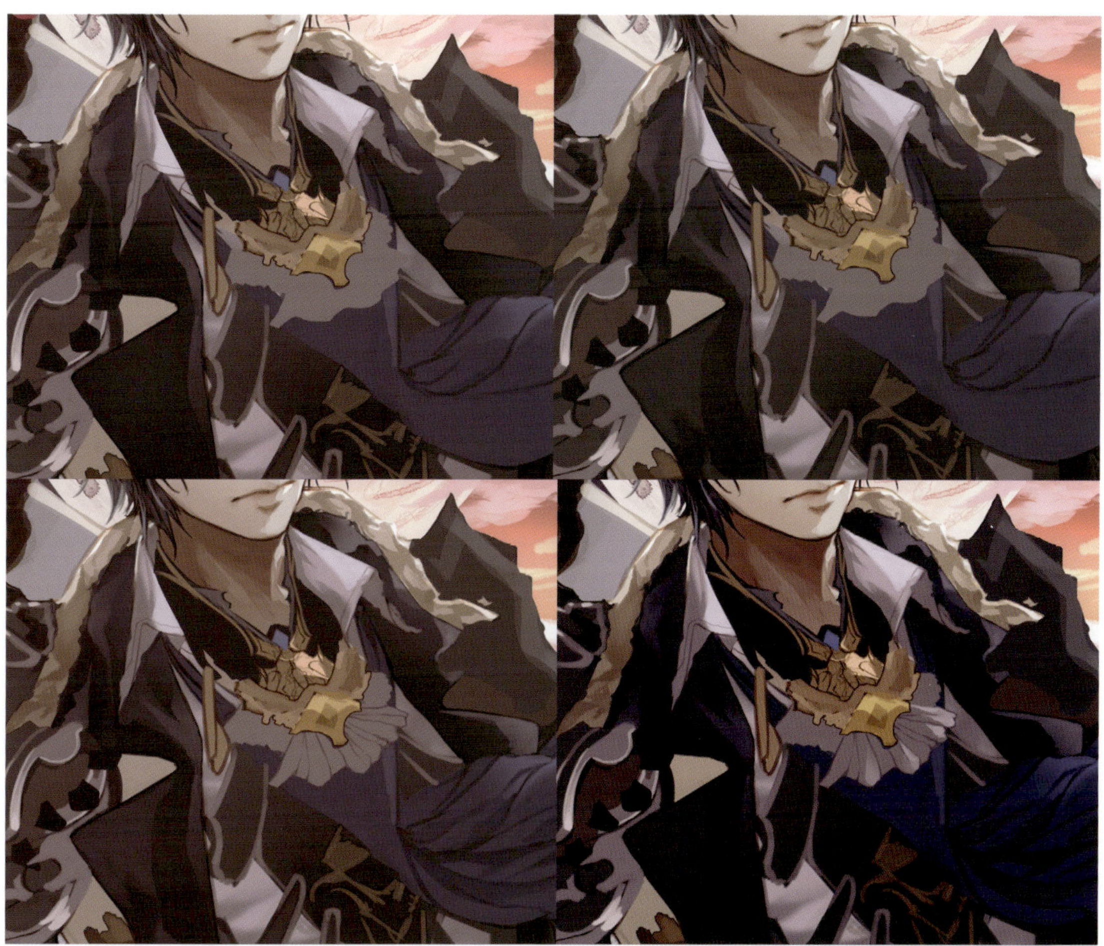

49 코트 부분의 묘사에서는 재질을 고려하여 빛이 받는 부분만 아니라 반사광으로 반대편도 묘사하여 재질이 약간 매끈하다는 느낌을 줄 수 있습니다. 천 재질의 묘사에서는 주름이 천 재질을 이해할 수 있게 해주기에 적당하므로 약간의 선으로 주름을 추가하고 묘사하여 줍니다.

50 배경위에 레이어를 추가하여 올가미 도구를 이용하여 원경의 성을 그려줍니다. 브러시로 그려도 되지만, 원경의 부분은 큰 묘사 없이 실루엣을 중점으로 진행하므로 올가미 도구를 애용해줍니다. 원경의 구름을 약간 그려주는 것으로 배경의 밀도를 올립니다.

51 바로 전에 추가한 원경의 성처럼 한 층의 성을 더 그려주어 배경의 요소를 늘려줍니다. 가까울 수록 더 어둡게 작업하여 공간감을 표현합니다.

52 선형 닷지 레이어로 붉은 느낌을 더욱 추가하여 노을의 깊이를 추가합니다. 배경 상단에 어둡게 그라데이션을 넣어서 어둡게 하여 배경이 노을과 밤 사이에 있는 느낌을 연출합니다. 캐릭터의 위치를 우측으로 소폭 조정하였습니다.

53 밝은 색을 선택하여 브러시로 별을 불규칙적으로 찍어줍니다. 별이 찍어진 레이어를 복제하여 여기저기 적당하게 배치합니다. 필자는 조금 작은 별들을 밀집시켜서 은하수가 있는 느낌을 내어주었습니다.

54

둥근 큰 달이 눈에 띄는 것 같아서 달을 초승달로 변경하기로 하였습니다. 달을 지우지 않고 어두운 보라색과 적색으로 그림자를 찍어주는 것으로 행성의 그림자에 가려진 초승달의 느낌으로 연출하였습니다.

55 캔버스의 아래를 살짝 늘려주었습니다. 그리고 달이 초승달로 바뀌면서 머리의 실루엣이 다소 많은 비중을 차지하기에 조금 줄여주었습니다.

56 견갑의 묘사를 진행합니다. 선형 닷지 레이어를 생성하여 에어브러시로 밝게 입체감을 준 뒤 실루엣을 지우개로 다듬습니다.

57 먼저 베이스가 될 무늬를 넣고 음영을 묘사합니다. 포인트 디자인이 될 견갑의 장식도 러프하게 추가합니다.

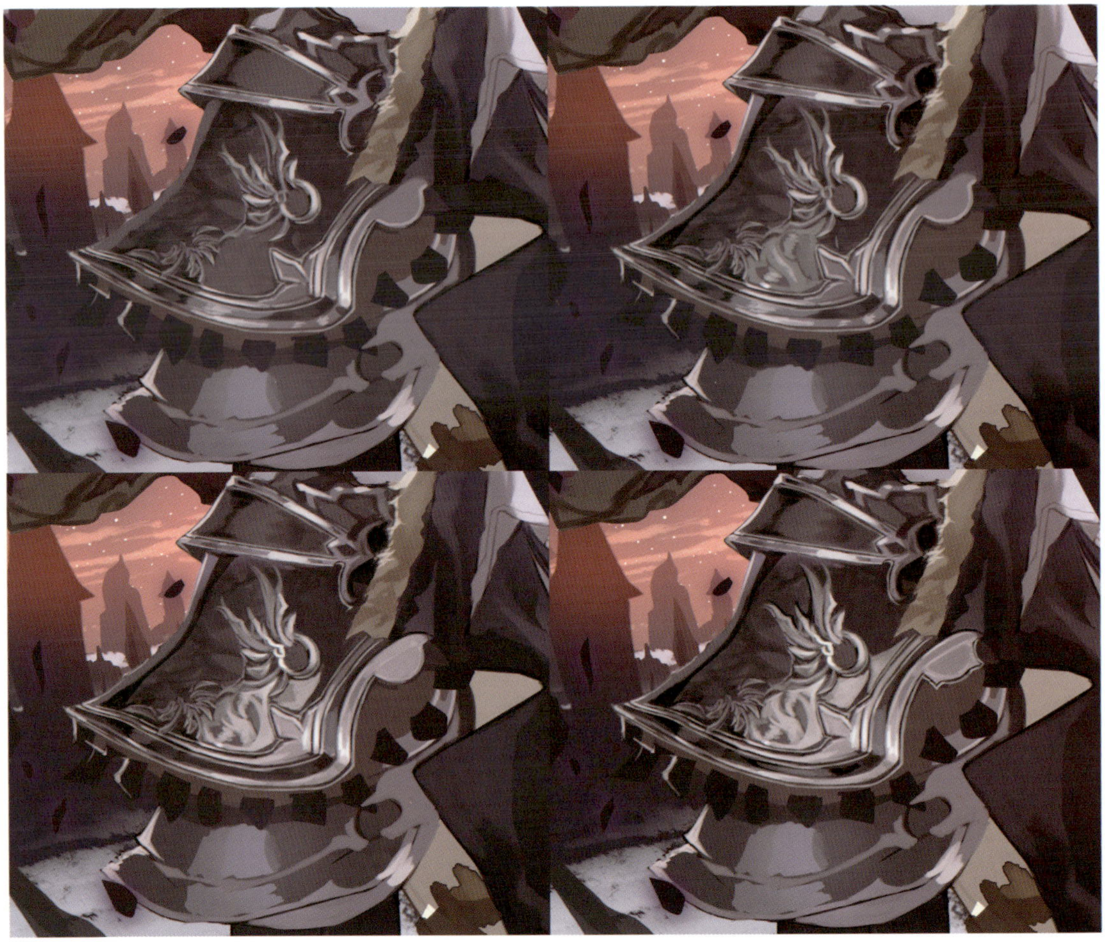

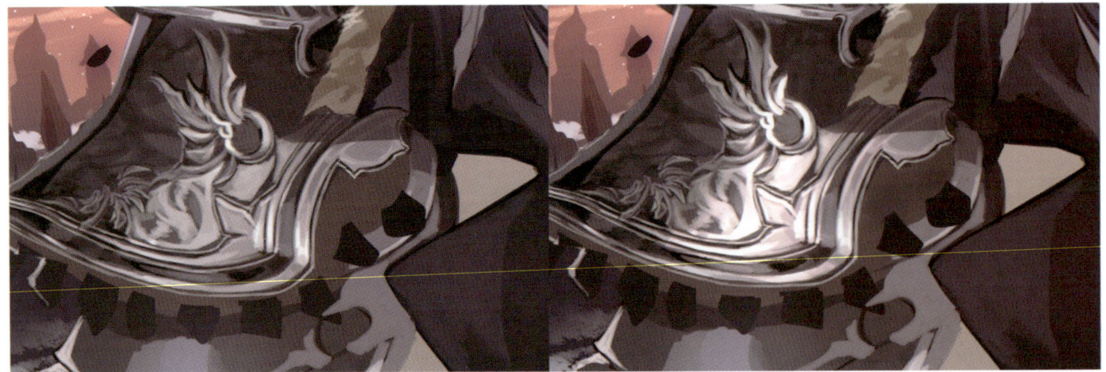

58 묘사 된 부분을 브러시로 깔끔히 정리하고 문양을 계열색으로 지저분해지지 않게 실루엣을 확실하게 잡아 나갑니다. 빛 받는 부분은 갑옷과 마찬가지로 한 부분에 집중적으로 주는 느낌으로 지저분해지지 않게 포인트로 줍니다.

59 색상 닷지 레이어를 생성하여 갈색 #3d180a으로 빛을 내어줍니다. 빛 받는 부분에는 조금 더 밝은 색으로 터치하여 자연스러움을 줍니다.

60 견갑 아래 부분도 같은 방식으로 묘사합니다. 코트의 깃 테두리 부분에 금속 띠를 넣어서 완성도가 있게 만듭니다. 금속 테두리는 레이어를 따로 그려둔 뒤에 불투명도 보호하여 그림자를 넣으면 쉽게 표현할 수 있습니다.

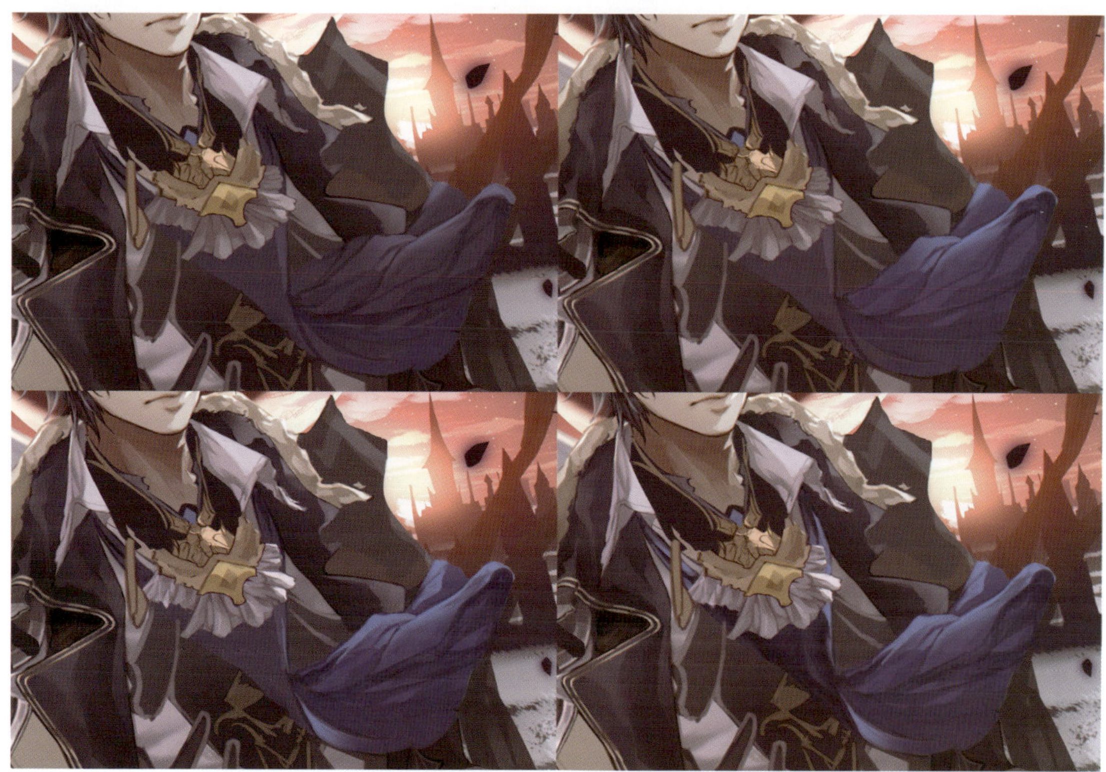

61 가슴의 장식을 올가미 도구로 선택한 후 색조/채도 툴(단축키 Ctrl + U)로 올려줍니다. 일반 레이어로 장식의 어두운 부분을 먼저 묘사한 뒤 밝은 부분을 묘사합니다. 흰색 레이스 장식에는 보색을 사용하여 탁한 느낌을 제거해 줍니다. 마지막으로 넥타이 장식 뒤 부분을 가장 어둡게 해서 장식이 흩날려 그림자가 강하게 진 느낌을 내어줍니다.

62 역광의 느낌을 추가하여 실루엣이 잘 보이도록 살려줍니다. 진행하면서 너무 묻혀지는 실루엣은 역광이나 반사광으로 살려주면 이미지를 축소했을 때 동화되는 현상을 줄일 수 있습니다.

63 허리 부분의 선 느낌을 완화하고 주름 묘사를 하여 바람이 들어와 접히는 느낌을 내어줍니다.

64 곱하기 레이어를 추가하여 코트 안쪽 부분을 어둡게 하여 코트의 두께가 두꺼워서 빛이 새 들어오지 않는 느낌을 내줍니다.

65 견갑 반대편 부분은 크게 비중이 없기에 그려진 앞쪽 부분의 견갑을 복사하여 명도를 낮추어서 붙여 넣습니다. 각도 등 다른 부분의 경우는 브러시로 터치하여 조정합니다. 앞쪽 장식도 같이 묘사하여 줍니다. 목 부근은 하이라이트로 빛이 강하게 오는 느낌을 내어주어 포인트를 줍니다.

66 흉부 쪽 의상의 묘사를 진행합니다. 약간 불길한 느낌의 문양을 형상화한 가슴 장식을 추가하기로 하였습니다. 그 뒤 묘사가 된 부분들에 하이라이트를 브러시로 조금씩 추가하여 재질감을 더해갑니다. 색상 닷지 레이어로 의상에 빛을 더합니다.

67 역광의 느낌을 추가하여 실루엣이 잘 보이도록 살려줍니다. 진행하면서 너무 묻혀지는 실루엣은 역광이나 반사광으로 살려주면 이미지를 축소했을 때 동화되는 현상을 줄일 수 있습니다.

68 빛의 표현이 끝난 후 어깨의 높이와 머리카락의 볼륨을 소폭 조절하였습니다.

69 견갑에 붙어 있는 장식의 묘사를 진행합니다. 작은 부분은 일부러 거친 터치로 묘사합니다. 작은 부분에도 부드러운 터치를 진행하면, 축소했을 때 더 작아지기 때문에 묘사가 안된 느낌이 날 수 있습니다.

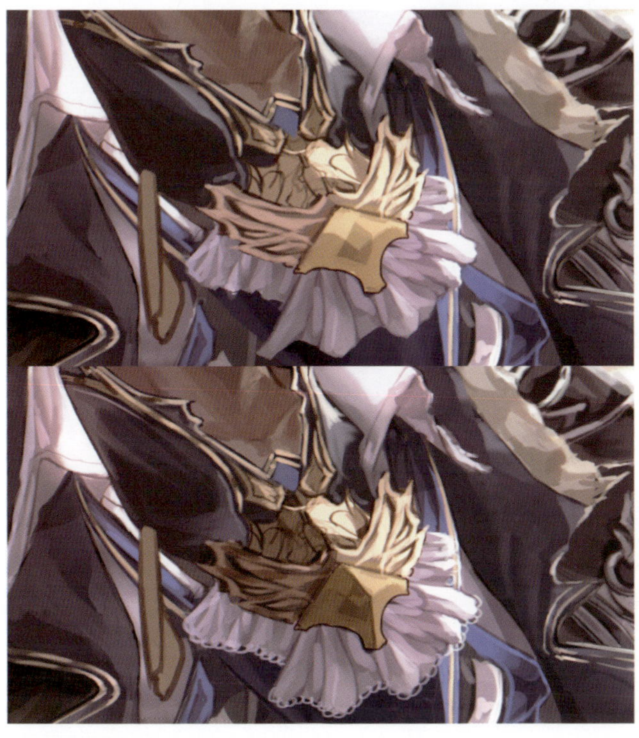

70

곱하기 레이어로 장식에 그림자를 추가합니다. 그림자는 일자가 아닌 약간 다각형으로 추가하여 장식의 입체감을 보여줍니다. 레이스 끝 부분에 작은 레이스를 그려서 디테일을 살립니다.

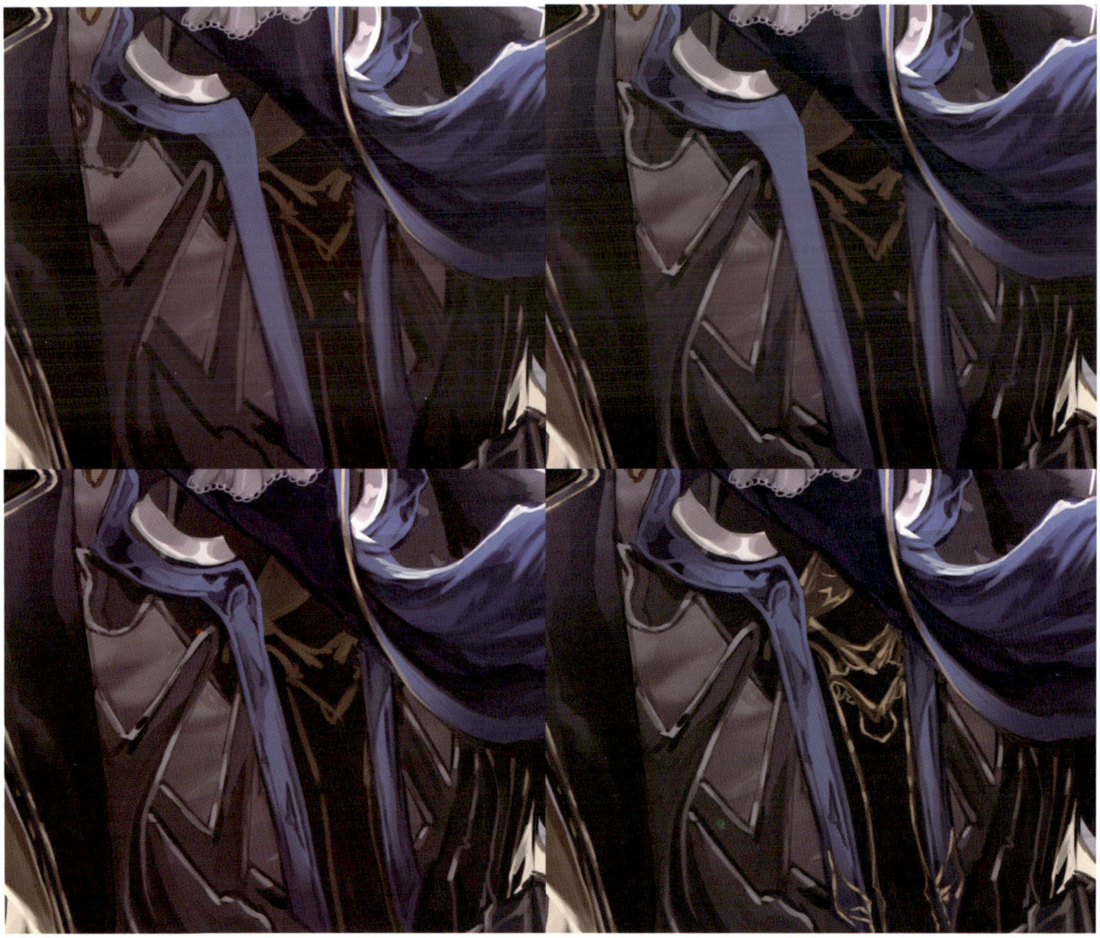

71 테두리와 안 부분의 음영의 차이를 두어 재질감이 다르다는 것을 강조합니다. 금속 장식에 더 매끄러운 표면을 가질 수록 뚜렷한 음영의 차이를 두면 좋습니다.

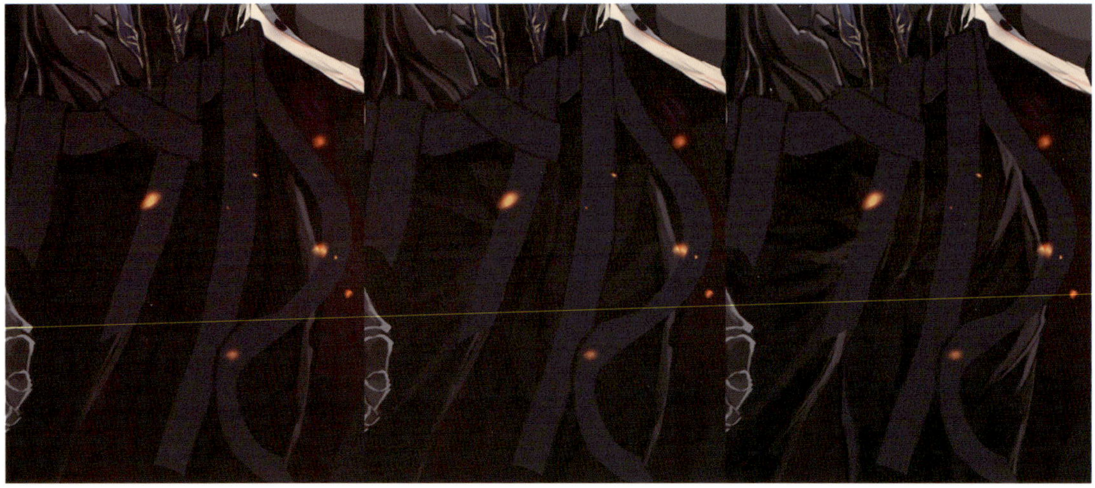

72 지퍼 부분에서부터 퍼져 나오는 느낌으로 주름을 추가하고, 퍼진 부분은 아래쪽으로 모이는 느낌으로 그려줍니다. 바지의 무게와 재단 된 부분과 당겨지는 부분을 의식하며 주름을 그려주면 자연스럽게 보입니다.

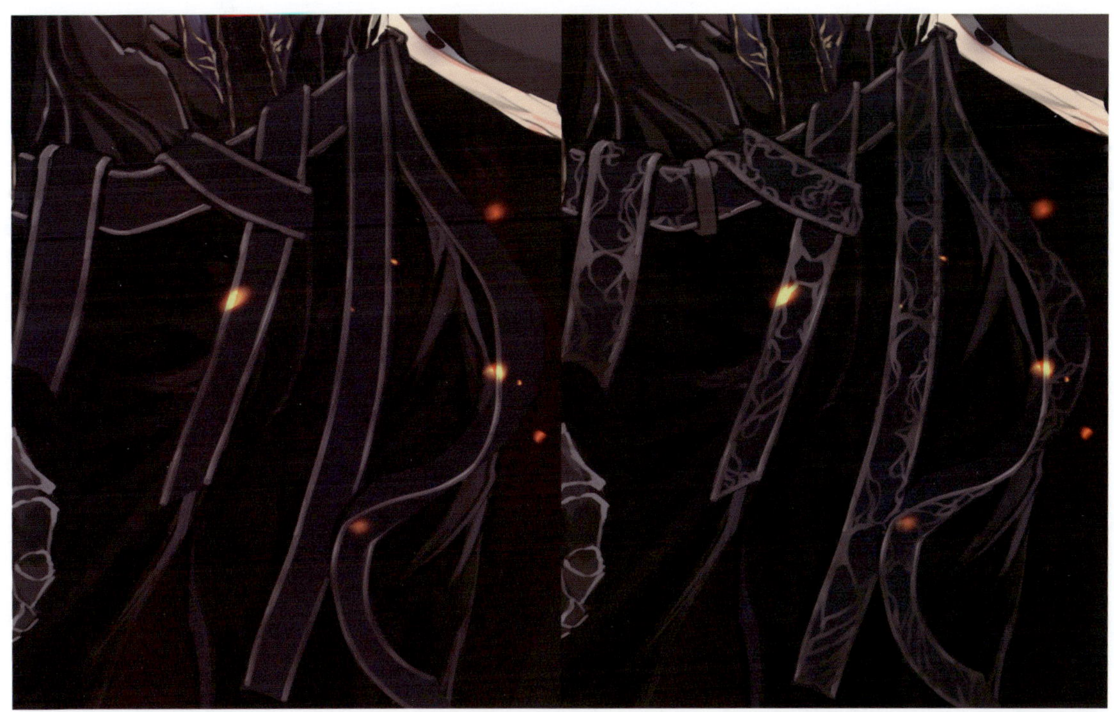

73 벨트에 테두리를 입혀 재단된 느낌을 내어주고, 문양을 추가합니다. 문양은 기하학적으로 그려서 악마의 벨트를 가져온 것 같은 느낌을 내어주었습니다.

74 곱하기 레이어를 생성하여 전체적으로 묘사 된 디자인들의 두께와 입체감을 의식하며 그림자를 추가합니다. 상체에 비하여 하체가 묘사가 적어서 심심해 보일 수 있으므로 벨트 윗부분에 밝은 빛을 추가하였습니다.

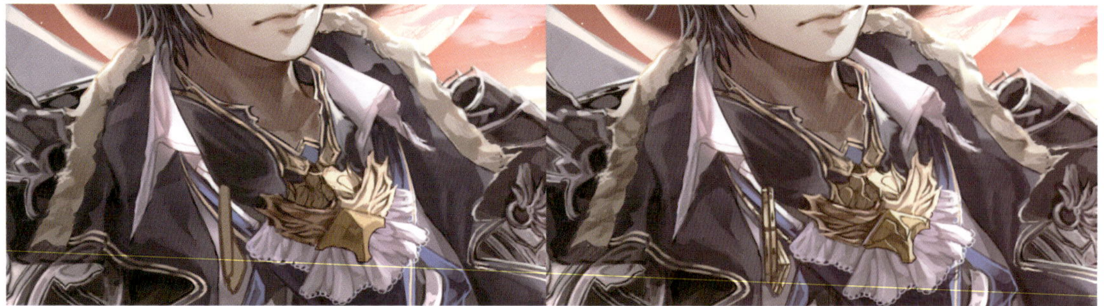

75 장식의 묘사를 심화합니다. 빛을 받을 수 없는 부분에도 약한 빛을 추가하여 장식을 더 돋보이게 만들어줍니다. 이는 이론적으로 빛이 들어오지 않는 부분에 묘사하는 것이므로, 너무 빛 받는 부분이 남발되지 않게 주의합니다. 약간의 재량으로 묘사의 느낌을 강조할 수 있습니다.

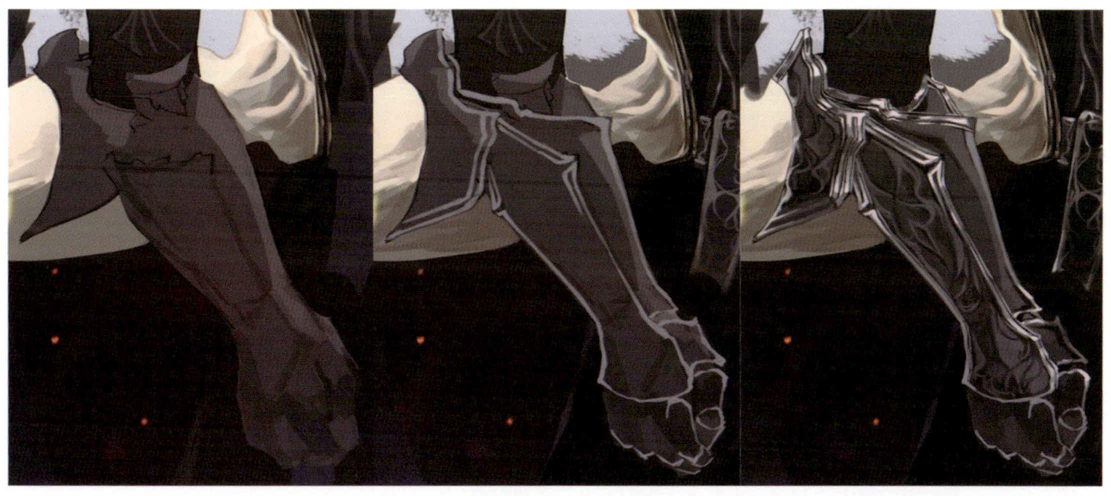

76 견갑을 그린 방식과 같이 갑옷의 테두리를 그린 뒤 묘사를 진행하고 마지막에 빛을 추가합니다.

77 갑주에 테두리를 하나씩 더 넣는 다는 느낌으로 실루엣 주위의 디테일을 올립니다. 너무 과하게 넣으면 형태를 알아볼 수 없으므로 적당한 선에서 묘사를 마무리 짓습니다.

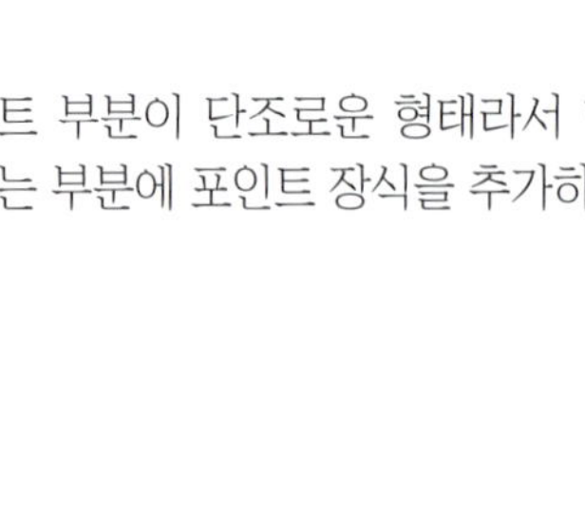

78
코트 부분이 단조로운 형태라서 형태가 물리는 부분에 포인트 장식을 추가하였습니다.

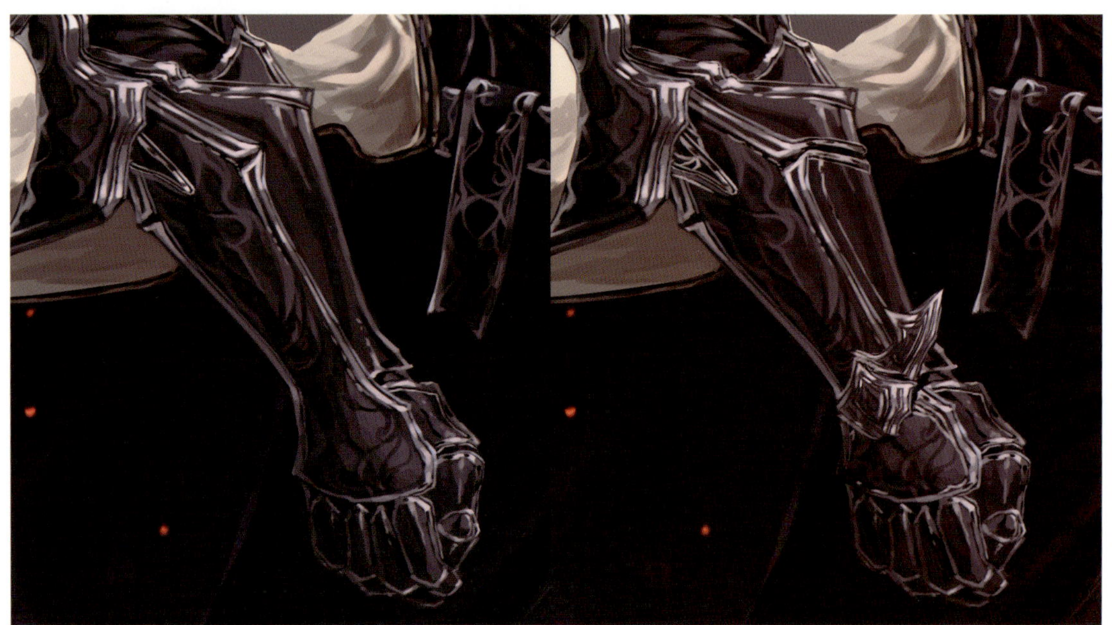

79 팔 갑옷의 실루엣이 다른 디자인을 추가하여 단조로움을 줄입니다. 관절 부분에 디자인을 추가하는 것으로 디자인의 이질감을 줄였습니다.

80 오브젝트이지만 캐릭터보다 앞에 있는 근경이므로 묘사를 섬세하게 진행합니다. 칼 손잡이 부분부터 테두리를 입히며 갑옷과 비슷한 느낌으로 작업해나갑니다.

81 칼 날 부분을 추가한 뒤 날 부분에 흠이 난 느낌을 내어주는 것으로 디테일을 추가합니다. 칼 대 부분에는 스크래치를 넣어 거친 느낌을 살려줍니다.

82

반대편에 있는 오브젝트도 같은 칼이므로
그린 칼을 복제하여 가져와서 묘사를 수정
합니다.

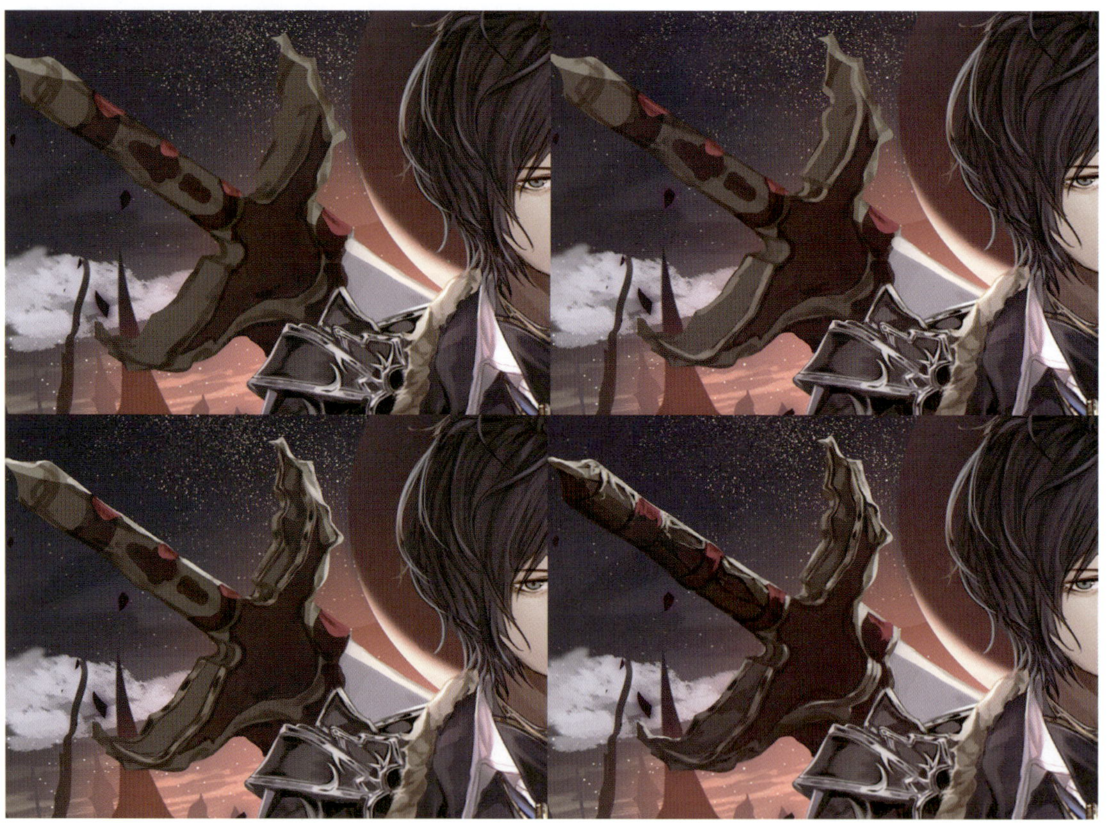

83 등에 있는 칼 부분의 테두리부터 묘사합니다. 한 쪽으로 빛이 들어오는 느낌을 내어주어 입체감을 살려
주고, 나머지 부분에는 그림자를 추가하여 형태를 만들어줍니다. 캐릭터보다 뒤에 있는 오브젝트이므로
갑옷을 묘사한 것 보단 굵은 느낌으로 묘사합니다.

84　빛이 오는 방향의 반대에 보색을 추가하고 날 부분까지 묘사하여 끝냅니다.

85　배경을 빛이 비치는 색으로 간략하게 빛이 오는 방향을 묘사합니다. 캐릭터를 살리기 위한 배경으로 배경에 퀄리티보단 빛이 흐르는 느낌을 중점으로 캐릭터를 뒷받침 할 수 있도록 진행하였습니다. 남색의 실루엣이지만 약간의 보라색도 첨부하여 색의 단순함을 줄였습니다.

86

오버레이 레이어를 추가하여 적색 #c92f2f
을 선택하여 에어브러시로 노을 빛과 달빛
이 퍼지는 느낌을 심화하여 줍니다. 남색
#332556을 사용하여 배경 윗부분을 보다 어
둡게 해서 캐릭터에 시선이 가도록 합니다.

87

분위기를 해치지 않는 선에서 구름을 더
추가하여 밀도를 올립니다.

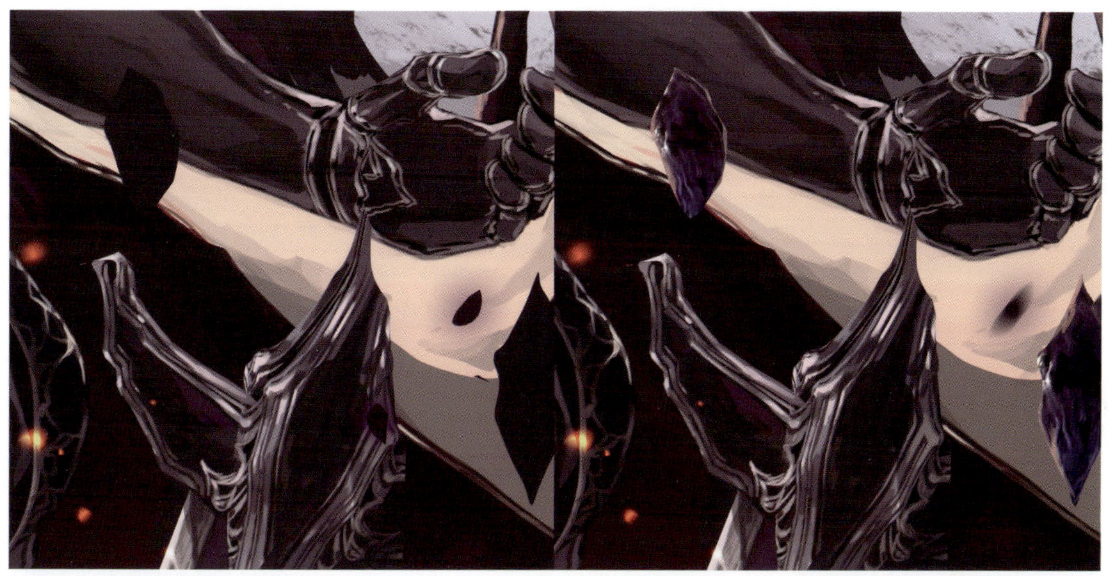

88 부유하는 파편 오브젝트의 묘사를 합니다. 계열 색의 역광을 사용하여 캐릭터와 같은 공간에 있는 느낌을 내줍니다.

89 에어브러시로 각 배경 마다 노을이 스며드는 느낌을 내어줍니다. 스크린 레이어와 선형 닷지 레이어로 약하게 주변 색을 뿌려주는 것으로 빛이 스며드는 느낌을 줄 수 있습니다. 중경의 성의 실루엣 등에 빛을 주었습니다.

90 오버레이 레이어를 생성하여 갈색 #9b2400을 선택하여 거친 모양의 브러시로 구름과 먼지가 뒤섞인 느낌을 냅니다. 필터 - 흐림 효과 - 가우시안 흐림 효과를 사용하여 흐린 느낌을 줍니다.

91 선형 닷지 레이어를 생성하여 주황색 #8f603c을 선택하여 뒤에서 빛이 강하게 비치는 느낌을 머리카락에 내어줍니다. 머리에 있는 머리카락보다 흩날리는 머리카락이 흩어지며 얇은 층을 만들고 있으므로 그쪽을 위주로 빛을 내어주면 효과적입니다.

92 완성 이미지입니다.

포토샵 스킬 응용 :

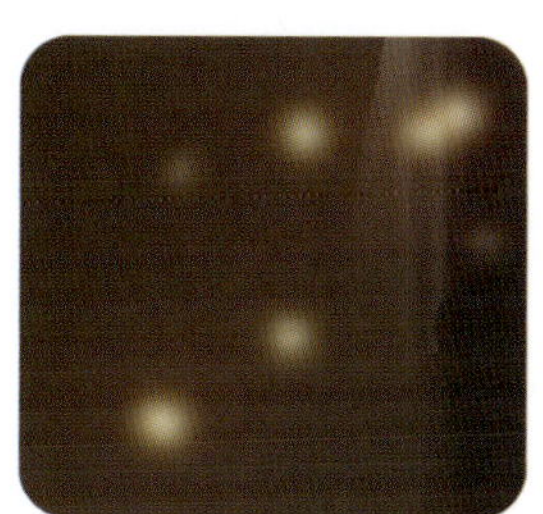

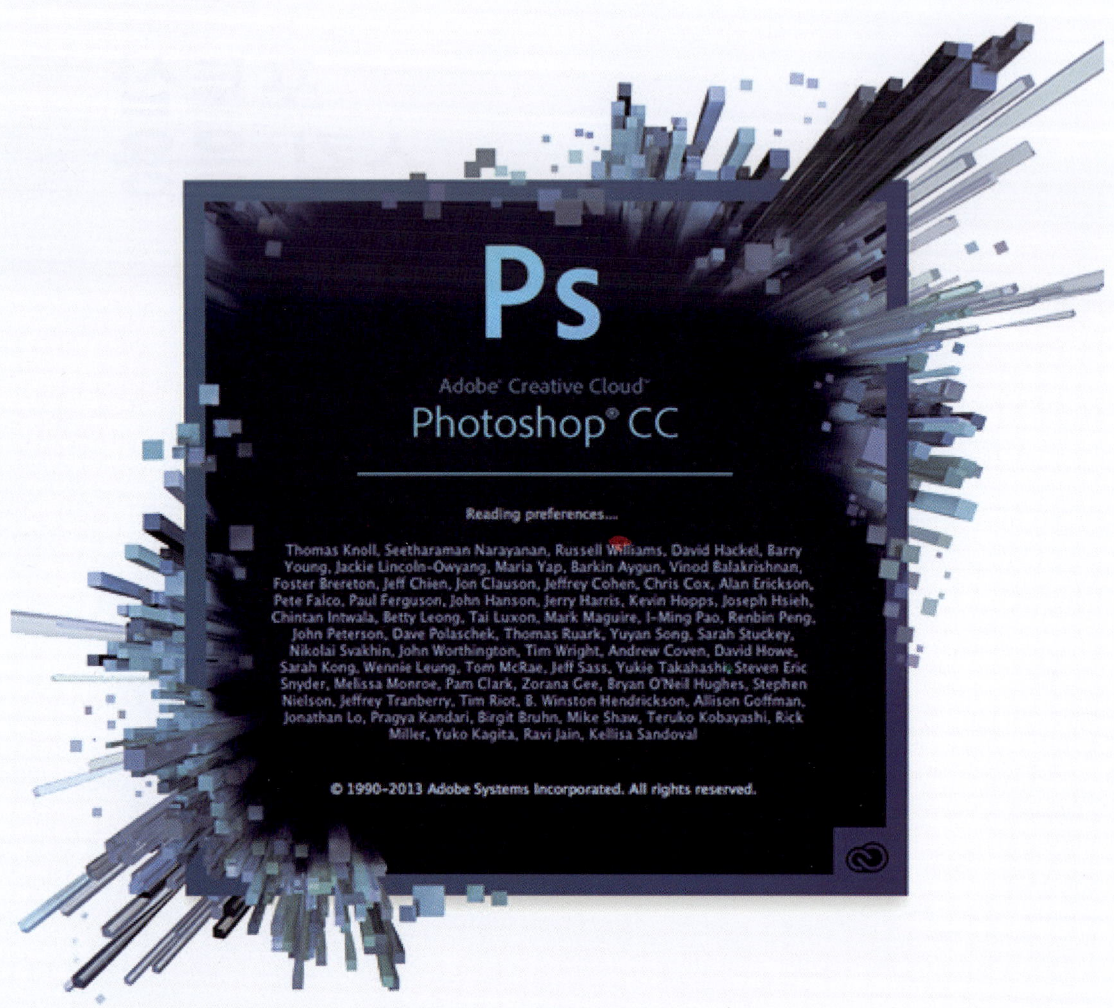

파트 1과 파트 2에서는 실무에서 빈번하게 사용하는 조절 창과 툴의 응용만을 제시하였습니다. 응용 방법에 따라 사용할 수 있는 구간은 상당히 많으므로 틈틈이 보정 툴에 대한 방법을 공부하는 것이 일러스트 작업에 있어 상당한 도움이 될 것입니다.

이미지
보정 기능

포토샵을 사용하여 일러스트를 작업할 때에는 기본적인 그림 그리는 능력만큼 중요한 부분이 툴을 다루는 능력입니다. 툴을 능숙하게 다룬다면 보다 효율적으로 좋은 이미지를 단시간에 작업할 수 있으며, 여러 가지 응용 방법으로 디테일한 색감과 느낌을 살릴 수 있습니다.

레벨 창은 이미지의 밝기와 어둡기를 조절할 수 있습니다. 또한 입력 레벨을 통한 콘트라스트의 조절이 용이합니다. 그림의 명암이 침침하거나 흐릿한 느낌이 들 때 사용하면 효과적입니다.

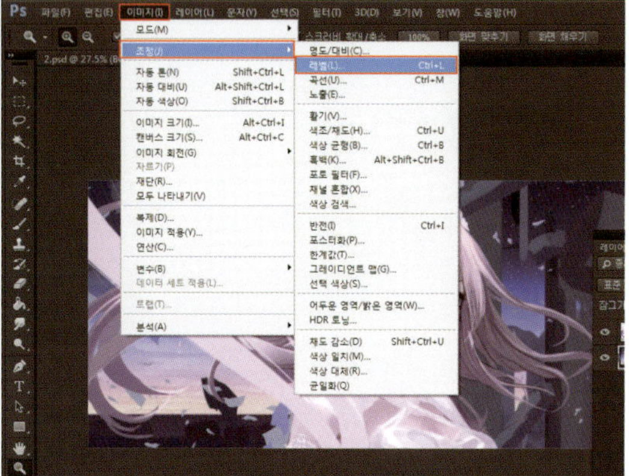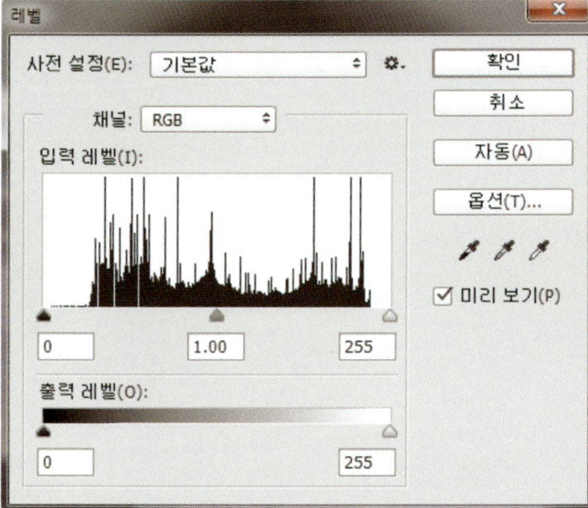

이미지 - 조정 - 레벨 혹은 단축키 Ctrl + L 로 레벨 창을 띄울 수 있습니다.

채널 : RGB, 빨강, 녹색, 파랑을 선택할 수 있습니다. 채널에서는 빛의 3원색의 색 빨강, 녹색, 파랑 중 해당 색상 정보를 가지고 있는 색상만 조절할 수 있습니다. 보편적으로 레벨에서는 RGB만 사용합니다.

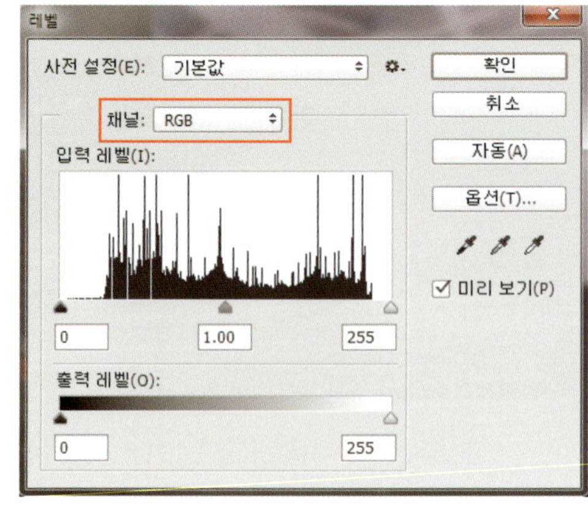

입력 레벨 : 좌측부터 0의 값은 이미지의 색상 중 어두운 영역을, 중간 1.0의 값은 중앙 영역을, 우측 255의 값은 밝은 영역에 관여합니다. 값 위에 있는 작은 화살표를 좌우로 당기는 것으로 입력 레벨을 조절할 수 있습니다. 좌측으로 조절하면 콘트라스트가 줄어들고 우측으로 조절하면 콘트라스트가 강해집니다.

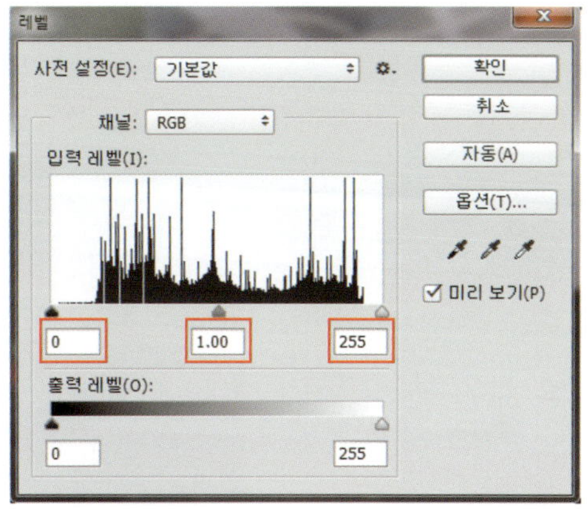

출력 레벨 : 좌측의 0의 값은 어두운 영역을 관여하고 우측 255의 값은 밝은 영역에 관여합니다. 0의 값을 우측으로 조절하면 명도가 올라가고 255의 값을 좌측으로 조절하면 명도가 내려가게 됩니다.

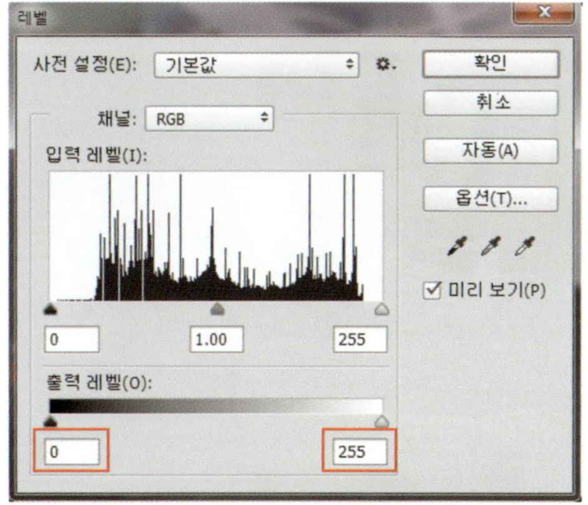

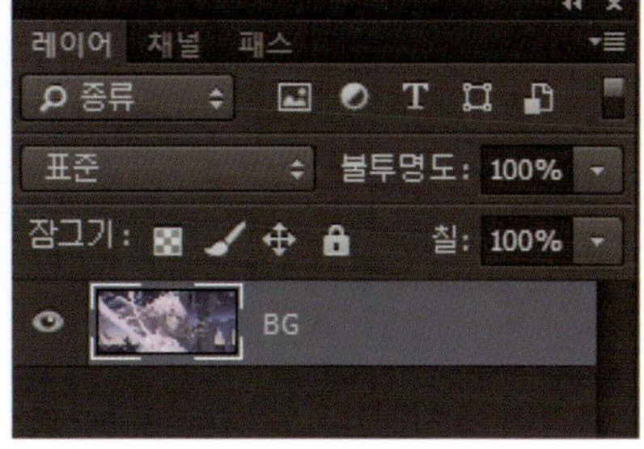

01 조절 할 일러스트입니다. 일러스트의 레이어는 편의상 전체를 병합하였습니다. (전체 레이어 병합 단축키 Ctrl + Shift + E) 일러스트를 작업하는 도중에 사용하거나, 최종적으로 이미지를 보정할 때 사용합니다.

02

단축키 Ctrl + L 로 레벨 창을 띄웁니다.

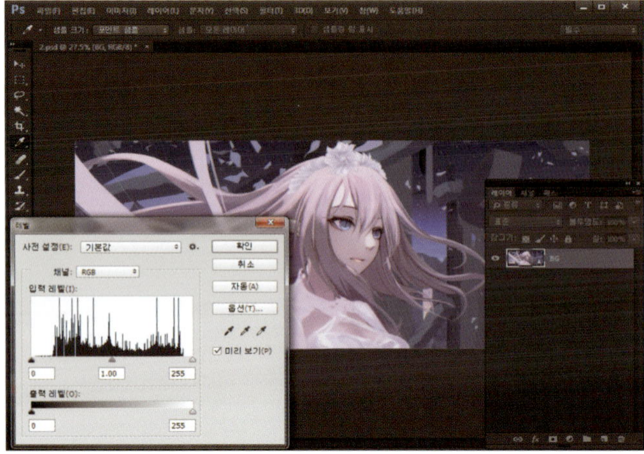

03

입력 레벨에서 각 값을 10, 0.85, 230으로 조절합니다. 어두운 영역을 10으로 만들어 주는 것으로 어두운 영역을 조금 더 어둡게, 중앙 값을 0.85을 주어 중앙 영역의 톤을 무겁게, 밝은 영역의 값을 230을 주는 것으로 더욱 밝게 만들었습니다. 화면에 바로 적용되는 상황을 알 수 있으므로 적당하게 조절해줍니다. 조절이 완료 되었으면 확인을 누릅니다.

*화면에 변화가 없다면 해당 레이어에 쓰여진 이미지가 화면에 보이지 않거나, 병합이 되어 있지 않는 이유입니다.

04 조절 전과 후를 비교하면 이미지의 콘트라스트가 확실해져서 뚜렷한 존재감이 느껴지는 것을 알 수 있습니다.

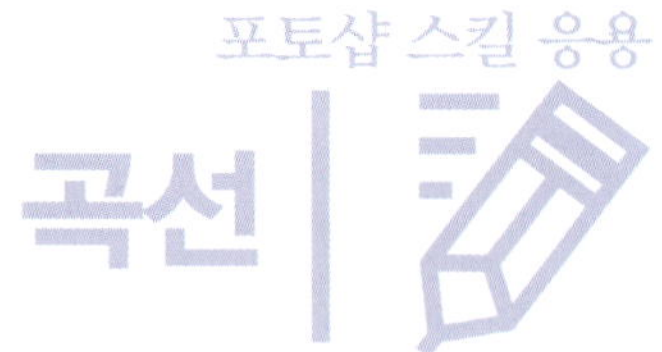

곡선 창은 레벨 창과 비슷한 역할을 합니다. 레벨 창보다 더 섬세하게 조절할 수 있다는 장점이 있지만, 원하는 톤을 정확한 값으로 조절하기는 다소 어렵습니다. 이 단점은 곡선 값을 자주 다루면 익숙해져서 커버가 가능합니다.

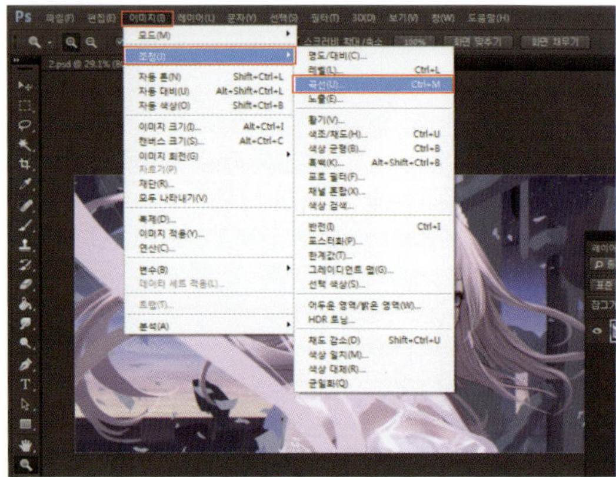

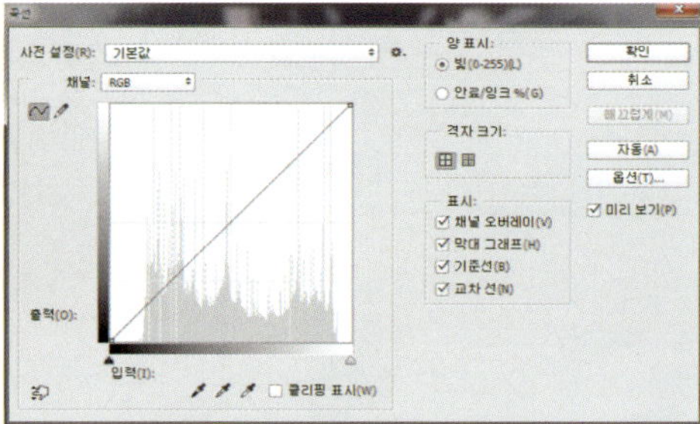

이미지 – 조정 – 곡선 혹은 단축키 Ctrl + M으로 곡선 창을 띄울 수 있습니다.

채널 : RGB, 빨강, 녹색, 파랑을 선택 할 수 있습니다. 보편적으로 곡선에서도 RGB만 사용합니다.

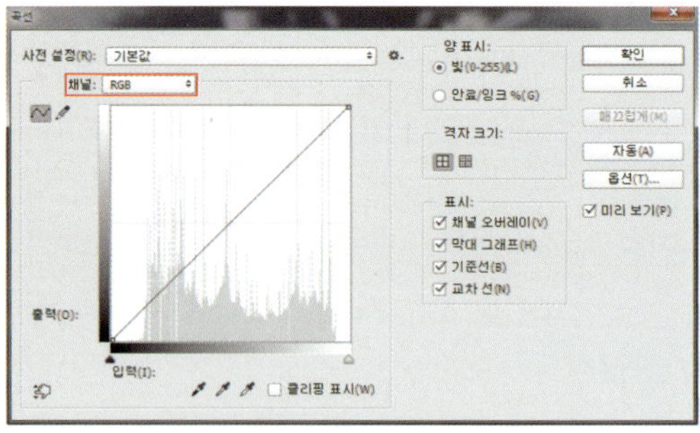

곡선 창의 조절을 할 수 있는 부분입니다. 대각선으로 있는 선이 기준이 되며, 위로 끌어올리면 콘트라스트가 줄어들고 아래로 당기면 콘트라스트가 강해집니다.

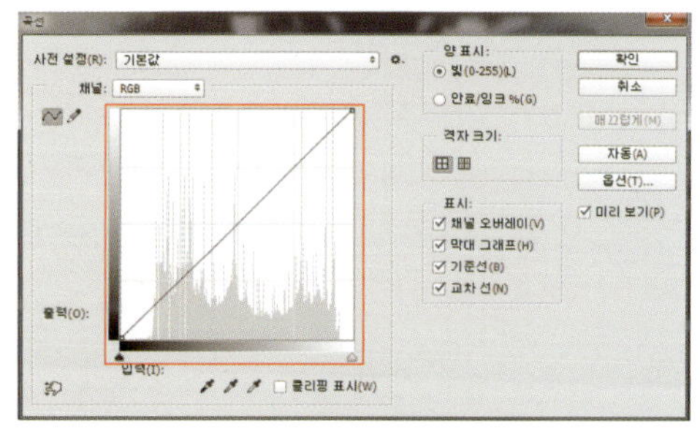

곡선의 중앙에 끊어지는 점을 클릭으로 생성할 수 있습니다. 곡선이 점을 기준으로 나누어서 휠 수 있게 됩니다. 점의 삭제는 Ctrl + 클릭합니다. 그리고 대각선 위쪽은 밝은 영역을, 아래로 갈 수록 어두운 영역을 관여합니다.

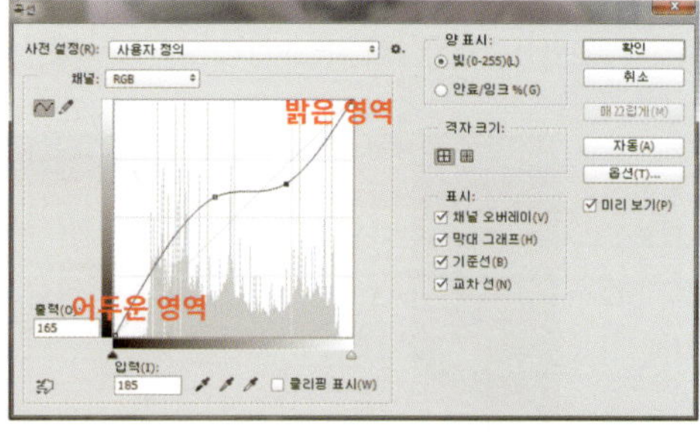

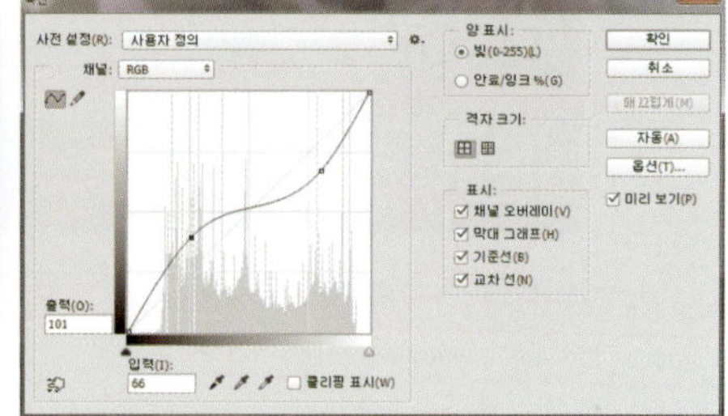

01 이미지에 곡선 창을 띄워서 위쪽의 점을 아래로, 아래쪽의 점을 위로 조절하면 밝은 쪽의 콘트라스트는 어둡게, 어두운 쪽의 콘트라스트는 밝게 되어 이미지가 상당히 빛 바랜 느낌으로 변합니다.

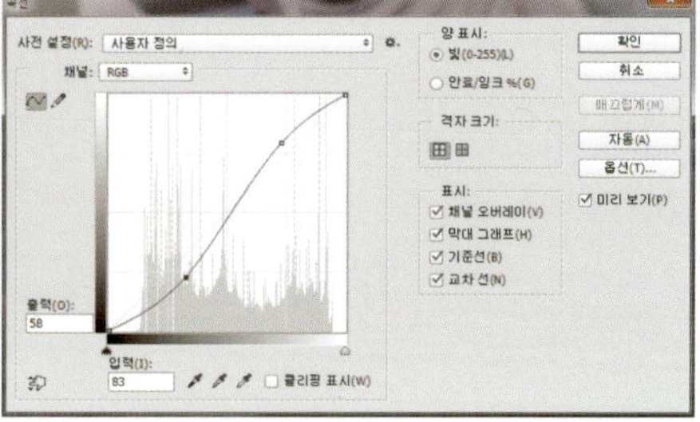

02 반대로 위쪽의 점을 위로, 아래쪽의 점을 아래로 조절하면 콘트라스트가 강한 느낌으로 오게 됩니다.

색조/채도

색조/채도 창에서는 색상의 색조와 채도의 선명도, 명도의 밝기를 조절할 수 있습니다.
어디서든 가장 빈번하게 사용하는 조절 도구입니다.

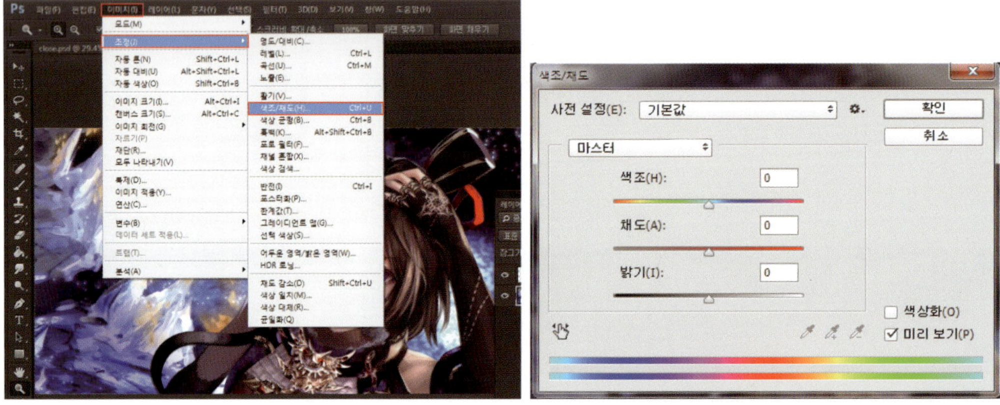

이미지 − 조정 − 색조/채도 혹은 단축키 Ctrl + U 로 색조/채도 창을 띄울 수 있습니다.

색상 선택 창 : 빨간 계열부터 마젠타 계열
까지 총 6가지의 색상 계열에서 조절할 수
있습니다. 대부분 마스터에서 조절합니다.

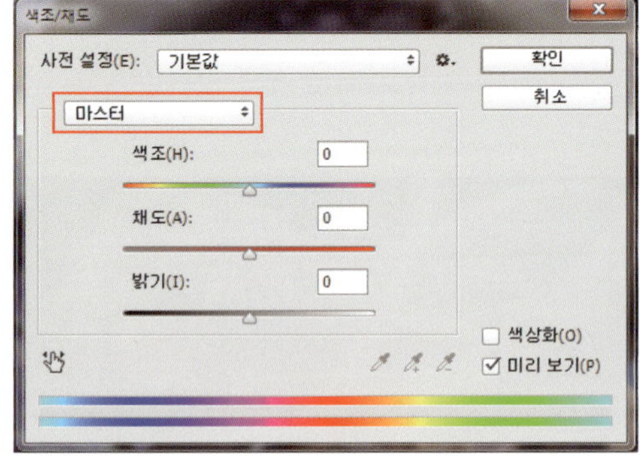

각각 색조, 채도, 밝기(명도)를 조절할 수 있습니다. 채도는 좌측으로 조절할 수록 낮게, 우측으로 조절할 수록 높게 변경됩니다. 밝기는 좌측으로 조절할 수록 어둡게, 우측으로 조절할 수록 밝게 변경됩니다. 우측 아래 체크박스에 기본적으로 미리 보기가 활성화 되어있어서, 조절하는 상황을 화면을 통해 바로 알 수 있습니다.

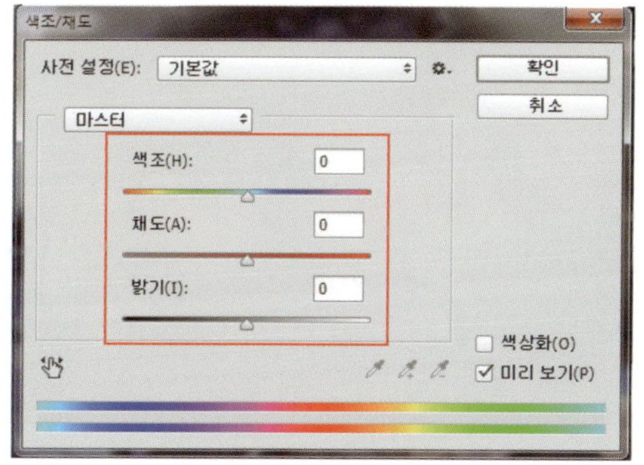

01 조절 할 일러스트입니다. 편의를 위해 캐릭터의 레이어를 CBG, 배경의 레이어를 BG로 설정하였습니다.

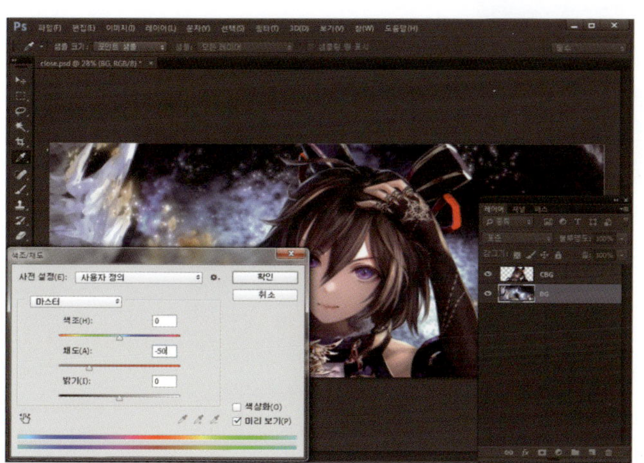

02

배경 레이어에서 단축키 Ctrl + U로 색조/채도 조절 창을 띄웁니다. 그 뒤 채도 부분을 -50을 두었습니다.

03

색조/채도 조절 창을 통하여 배경의 채도를 어느 정도 제거 한 이미지입니다.

04

올가미 도구로 영역을 잡아서 색조/채도 조절 창을 사용하여 리본의 색이나 눈동자의 색 등 일부분만 조절할 수 있습니다.

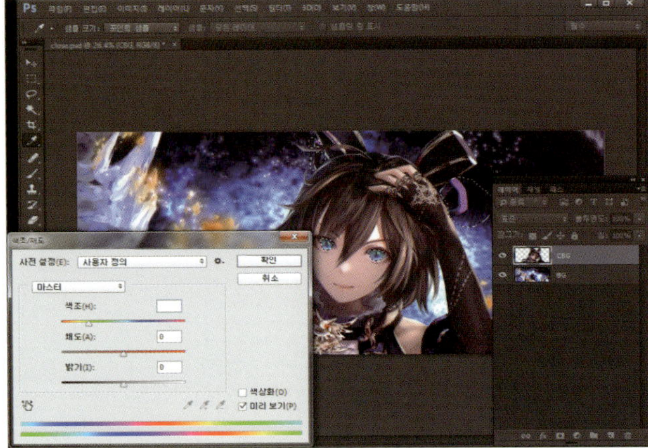

필터 : 흐림 효과

포토샵에는 많은 필터가 있지만, 가장 많이 사용하는 필터는 흐림 효과 필터로 다른 필터는 거의 사용하지 않습니다. 흐림 효과 필터는 이미지를 흐리게 해줍니다.

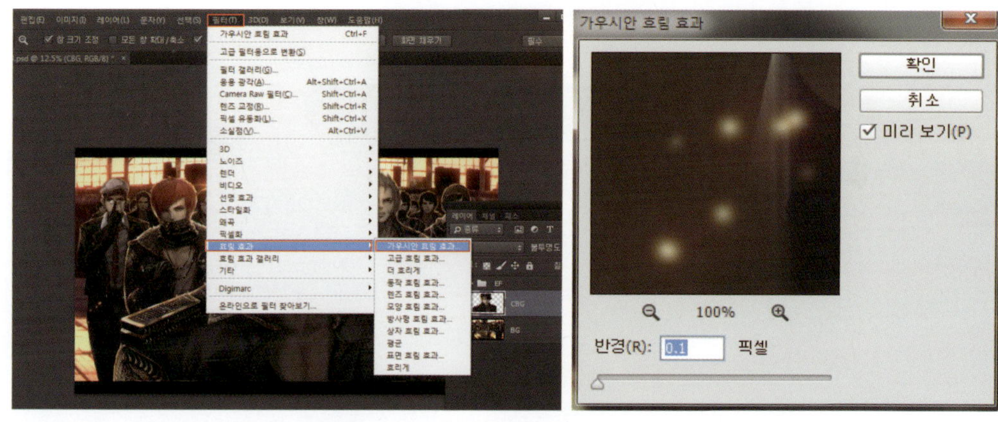

필터 – 흐림 효과 – 가우시안 흐림 효과를 선택하여 흐림 효과 창을 띄울 수 있습니다. 반경 부분의 픽셀을 조정 하는 것으로 흐림의 영역을 조절 할 수 있습니다. 반경의 수치가 클수록 더 흐려지게 됩니다.

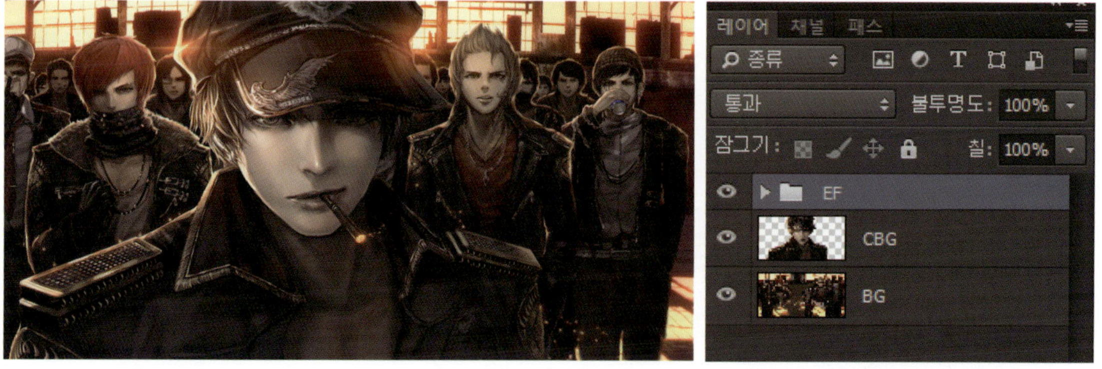

01 조절 할 일러스트입니다. EF 폴더에는 이펙트가 있고, 캐릭터와 배경으로 레이어를 두었습니다.

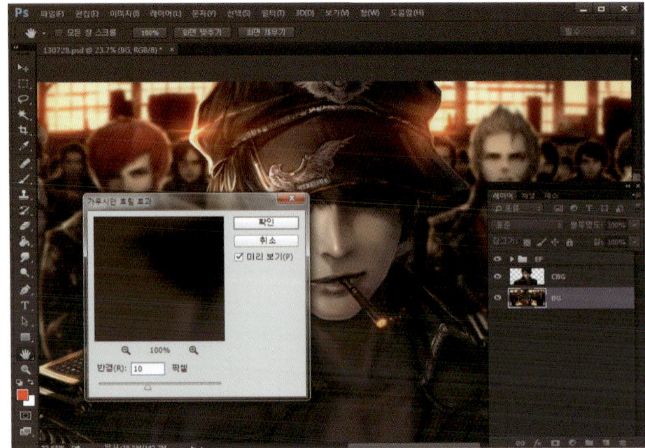

02

배경 레이어에서 필터 - 흐림 효과 - 가우
시안으로 들어가서 흐림 효과 창을 띄웁니
다. 수치를 10 픽셀로 조정합니다.

03 메인 캐릭터를 제외 한 배경과 서브들이 흐려진 것을 알 수 있습니다. 흐림 효과로 원경의 거리감을
더 나타낼 수 있습니다.

필터 : 동작 흐림 효과

흐림 효과와 비슷하지만 마치 흔들리는 듯한 느낌으로 적용되는 필터입니다. 근경의 사물을 표현하거나, 흩날리는 잎이나 이펙트, 역동감을 줄 때 용이합니다.

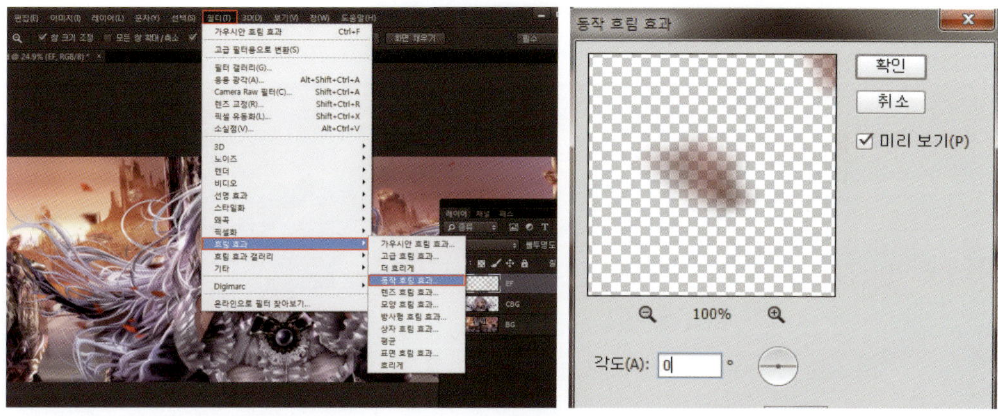

필터 – 흐림 효과 – 동작 흐림 효과로 불러올 수 있습니다. 각도의 수치를 입력하면 흔들리는 방향을 설정할 수 있고, 거리의 수치를 조절하면 흔들리는 정도를 조절할 수 있습니다.

01 조절 할 일러스트입니다. EF의 레이어에는 효과를 적용 할 꽃잎이 그려져 있습니다.

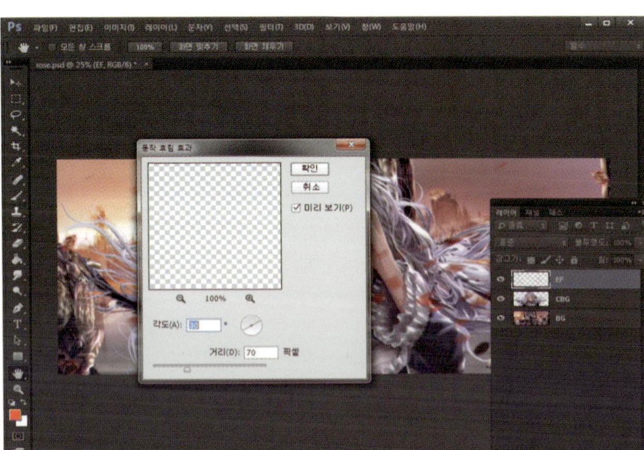

02

필터 - 흐림 효과 - 동작 흐림 효과의 창을
띄워서 각도 30, 거리 70을 입력합니다.

03 꽃잎이 보다 역동적으로 흩날리는 느낌을 내어줄 수 있습니다.

트렌스폼으로 이미지의 형태를 변형할 수 있습니다. 비율을 조절하거나 왜곡, 원근 등 기본적인 비례를 조절할 수도 있고, 뒤틀기를 통하여 형태를 틀 수도 있습니다.

변형 할 레이어에서 **편집 – 자유변형**으로 활성화 할 수 있습니다. 혹은 단축키 Ctrl + T 로 사용합니다.

01 사슬 레이어에서 트렌스폼(단축키 Ctrl + T)하여 꼭지점을 드래그하며 키워서 사슬을 확대하거나 축소
할 수 있습니다. Shift를 누른 상태로 조절하면 정비례로 조절이 가능합니다. 조절이 완료되면 엔터를 누
릅니다.

02

꼭지점에서 Ctrl을 누른 상태로 드래그를
하면 점을 하나씩 조절할 수 있습니다. 이
것으로 한 쪽을 찌그러뜨려 원근을 줄 수
있습니다.

03 트렌스폼 한 상태에서 우클릭하여 뒤틀기를 선택합니다. 칸이 9등분이 되면 칸을 드래그하여 이미지를 뒤틀 수 있습니다. 이런 방식으로 직선의 요소를 곡선으로 변경할 수 있습니다. 뒤틀기는 활용을 잘 하면 상당히 사용할 곳이 많습니다.

포토샵 스킬 응용

선화의 배경 분리

스케치와 선화를 작업 시에 흰 색이 베이스로 된 캔버스에 합쳐지거나 Background에 병합되어 있을 때 마스크를 이용하여 분리하는 방법입니다.

01 배경 레이어와 선화 레이어가 병합이 되어있습니다. 이 경우 레이어를 추가하여 색상을 입힐 때 선화 위에 색이 오게 됩니다.

02

병합이 된 레이어에서 전체 선택(단축키 Ctrl + A)한 뒤, 클립보드에 복사(단축키 Ctrl + C)를 합니다. 그 뒤 영역 선택 해제 (단축키 Ctrl + D)를 합니다.

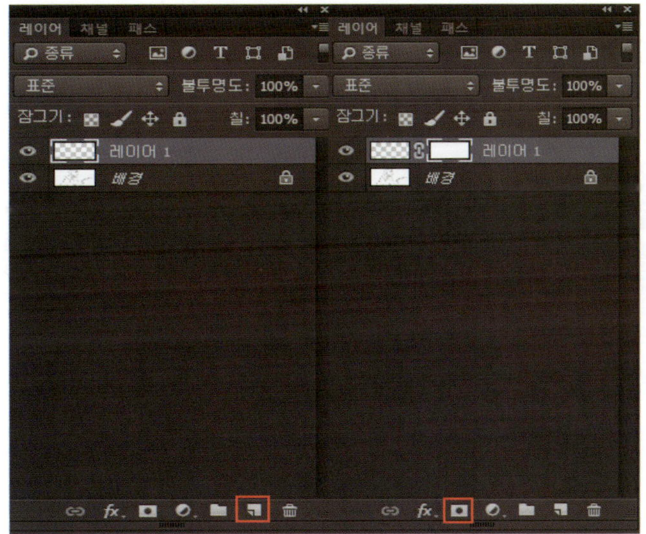

03

레이어를 하나 생성하여 레이어 패널 아래
에 있는 마스크 버튼을 눌러서 마스크를 씌
웁니다.

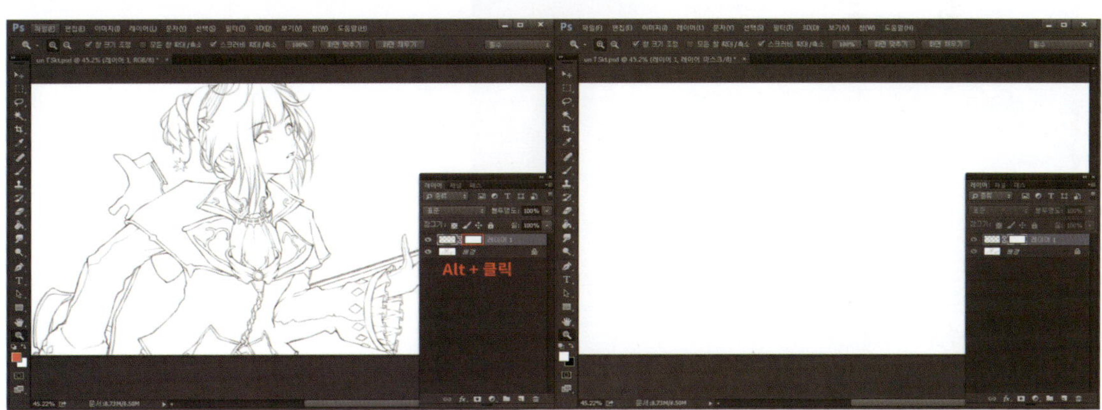

04 생겨난 마스크 부분을 Alt + 클릭하여 마스크로 들어갑니다. 캔버스가 하얗게 변하게 됩니다. 마스크의
하얀 부분은 불투명도가 활성화 된 부분입니다.

05 현재 상태에서 클립보드에 복사해 두었던 이미지를 붙여 넣기(단축키 Ctrl + V)합니다. 그 뒤 색상 반전
(단축키 Ctrl + I)합니다. 배경과 합쳐졌던 선 부분이 하얗게 되면서 배경은 검은색으로 불투명도 값이 비
활성화 되었습니다.

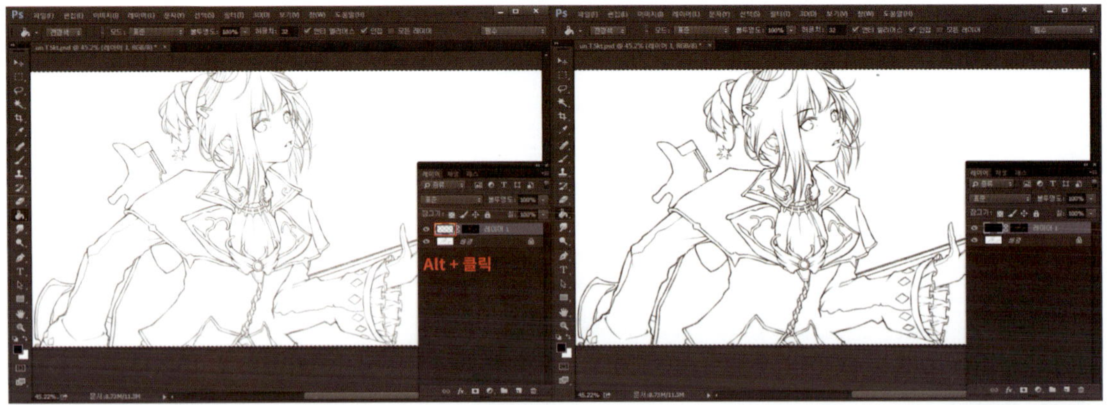

06 레이어 부분을 Alt + 클릭하여 들어가서 페인트 통 도구로 색을 붓습니다. 마스크 부분의 흰색에만 채워지게 됩니다.

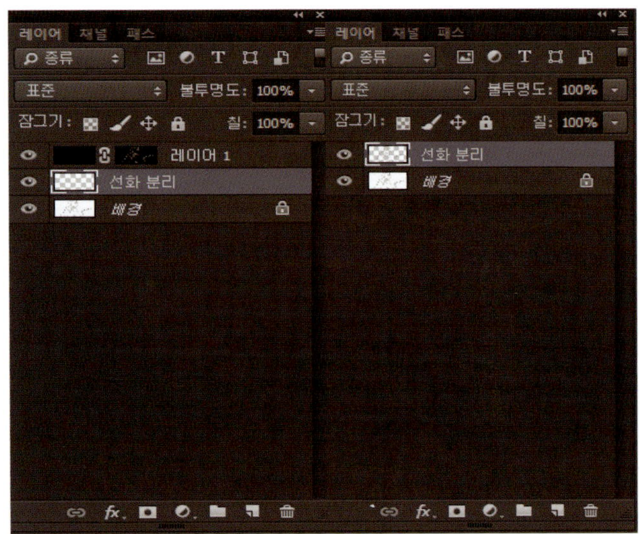

07 레이어를 하나 생성하여 아래에 둡니다. 그 후 레이어 병합(Ctrl + E)하여 합쳐줍니다.

08 배경 레이어에 원래 있던 선화를 제거해주면 완료됩니다. 흰 색의 캔버스와 깔끔하게 분리되어 아래에 레이어를 생성하여 색을 채울 수 있게 됩니다.

플레어 이펙트

사진에서 밝은 부분이 빛이 퍼지는 듯한 느낌이 드는 이펙트입니다.

01

레이어를 하나 생성하여 주황색 #e28001 으로 큰 원을 하나 찍습니다.

02

지우개로 중앙을 원형으로 지워줍니다. 지 우개 사이즈를 키워서 한 번 찍어주는 것으 로 간편하게 지워줍니다.

03

레이어의 옵션을 색상 닷지로 변경합니다.

레이어를 하나 복제하여 필터 - 흐림 효과 - 가우시안 흐림 효과 10픽셀을 적용합니다.

색조/채도 창을 띄워 색조를 -50 해주었습니다. 색상 닷지 레이어는 아래에 깔려 있는 색에 따라 색이 바뀌므로 상황에 맞추어 적절하게 조절합니다.

두 레이어를 합친 다음, 레이어를 복제하여 트렌스폼을 이용하여 조절 하여 작은 원을 하나 만들어줍니다.

플레어를 끼칠 위치로 레이어를 이동한 후, 레이어의 불투명도를 약간 줄입니다. 레이어를 하나 더 복제하고 크게 키워서 색조를 -180하여 근경에 비치는 이펙트도 추가합니다.

자연스러운 느낌을 만들기 위해서 에어브러시 지우개로 위 아래를 지워줍니다.

09

색상 닷지 레이어를 하나 더 만들어서 주황
색과 푸른색 등의 원을 2~5개 내외로 추가
합니다.

10

다시 색상 닷지 레이어를 하나 만들어서
플레어가 끼칠 부분에 에어브러시로 갈색
#381905을 선택하여 크게 터치합니다. 빛
이 약간 추가되는 정도면 충분합니다.

11

방금 추가한 갈색 에어브러시를 넣은 레이
어를 2~5번 복제합니다. 그러면 닷지의 레
이어가 겹치면서 자연스러운 빛의 흐름이
생깁니다. 색상 닷지의 특성상 레이어를 겹
친 부분은 하나의 레이어로는 표현이 어렵
습니다. 레이어가 겹쳐지면서 닷지가 과하
지 않게 퍼지듯이 생깁니다.

12

빛 레이어를 복제하여 트렌스폼으로 세로
만 찌그러뜨린 후 지평면 부근에 추가합니
다. 추가하면서 뒷 부분의 과한 레이어의
불투명도를 더 낮추었습니다.

위 방식으로 간단하게 플레어 이펙트를 추
가할 수 있습니다.

흩날리는 조각 이펙트

깊이감을 줄 수 있으면서도 풍성함과 분위기를 연출할 수 있는 이펙트입니다.

01 올가미 도구로 깨진 조각들의 실루엣을 그려줍니다. Shift를 누른 상태에서 작업하면 한 번에 여러 개를 더 만들 수 있습니다. 다 그려지면 페인트 통 혹은 브러시로 주황색을 채웁니다.

02 레이어를 색상 닷지로 둡니다.

03 레이어를 복제하여 필터 - 흐림 효과 - 가우시안 흐림 효과 10 픽셀을 줍니다.

04 흐림 효과를 준 레이어를 2~5번 정도 복제합니다.

필자가 자주 사용하는 이펙트로 일러스트에 풍성한 느낌을 주고, 표현하기가 쉬운 장점이 있습니다. 모양을 나비나 꽃 등으로 바꾸어서 여러 가지 이펙트를 연출할 수도 있고, 색상을 바꾸어 얼음이나 불 등의 느낌을 낼 수도 있습니다. 활용하면 일러스트에 좋은 현장감을 줄 것입니다.

난색 확산광 보정

일반적인 레벨이나 곡선의 보정 외에 추가로 레이어 옵션과 흐림 효과를 활용한 보정법입니다. 전체적으로 퍼지는 빛이 들어오는 느낌을 주도록 하겠습니다.

01 캐릭터와 배경 모두 레이어를 합쳐줍니다. 그 뒤 레이어를 복제합니다.

02

복제 된 레이어에서 레벨(단축키 Ctrl + L)을 사용하여 중앙 값을 0.18로 둡니다.

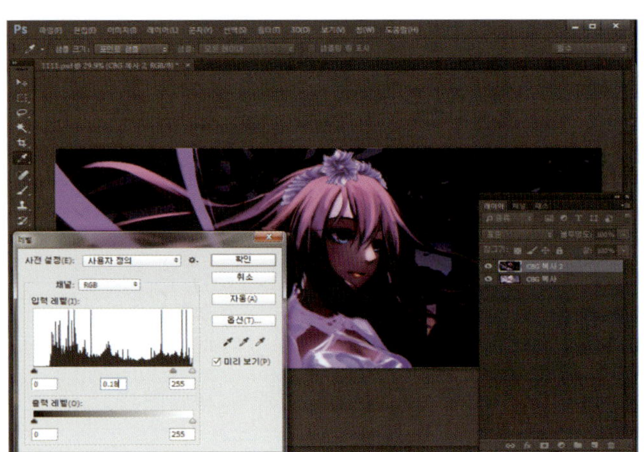

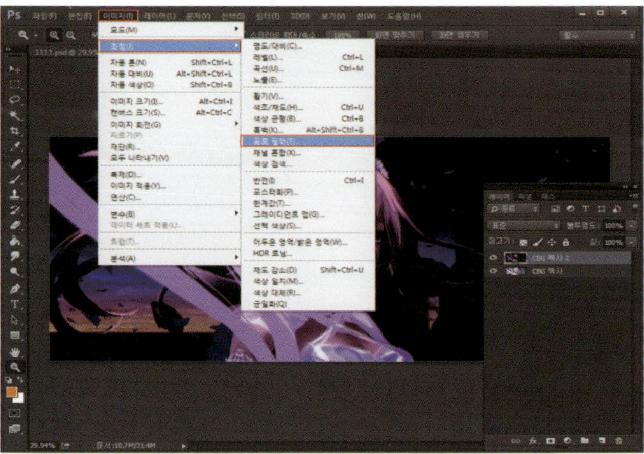

03

이미지 - 조정 - 포토 필터로 들어갑니다.

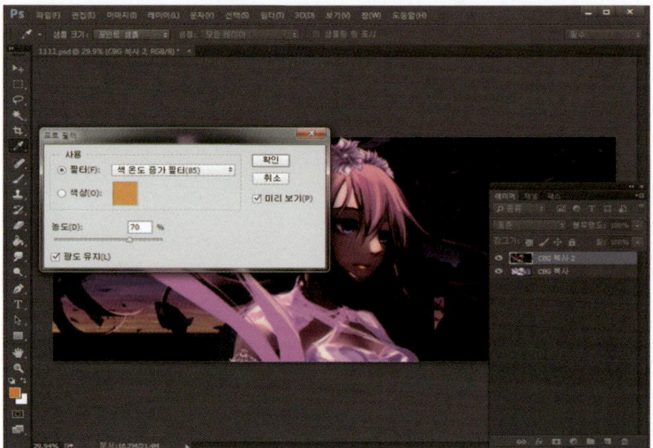

04

70%의 값을 주어 전체적으로 주황색의 느낌이 들어가게 만들어줍니다.

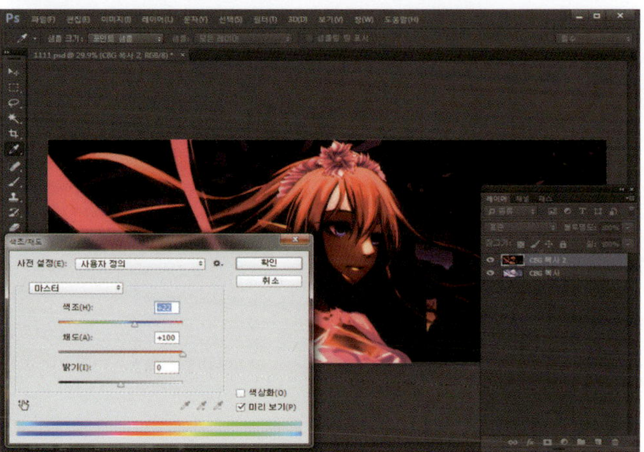

05

색조/채도 창 (단축키 Ctrl + U)을 띄워서 채도를 끝까지 올리고 색을 조금 더 난색이 되도록 만듭니다.

06 레이어를 스크린으로 두고 필터 - 흐림 효과 - 가우시안 흐림 효과를 7픽셀로 줍니다. 캐릭터의 밝은 부분을 기준으로 난색이 퍼지는 것을 알 수 있습니다.

07 은은하게 태양광이 직접 비치는 느낌을 자아낼 수 있습니다.

한색 실루엣 보정

캐릭터 외곽 실루엣을 따라 캐릭터의 하나의 층을 만들고 캐릭터에 푸른 느낌을 주어 차가운 느낌이 들도록 해보겠습니다.

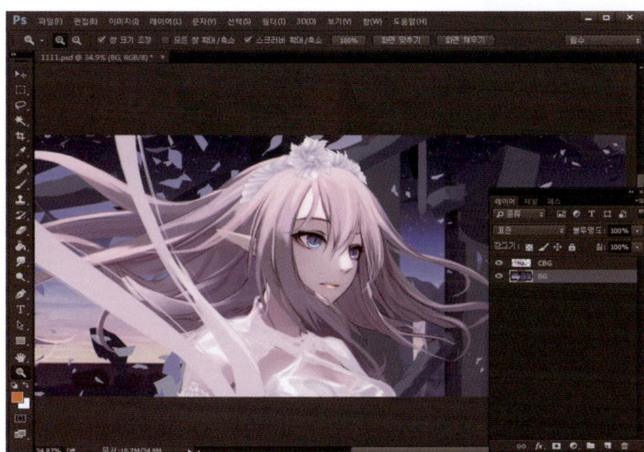

01

캐릭터와 배경을 각각 하나의 레이어로 만듭니다.

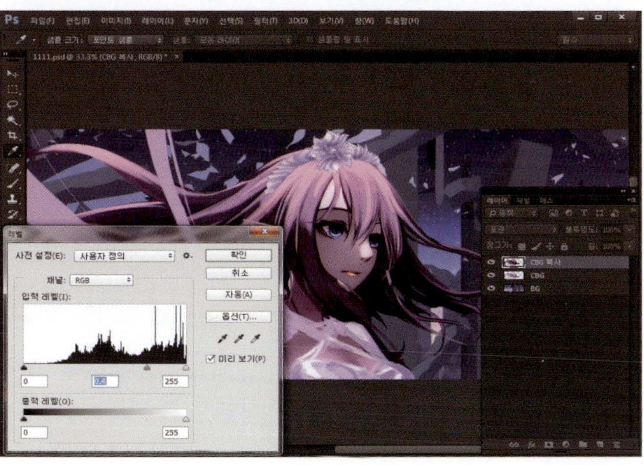

02

레벨(단축키 Ctrl + L)을 사용하여 중앙 값을 0.4로 둡니다.

03 색상 레이어를 하나 생성하여 클리핑 합니다. 그라디언트 도구로 파란색을 선택하여 한 쪽으로 적용합니다.

04 레이어를 복제하여 캐릭터 레이어 밑에 둔 뒤 색상 닷지 레이어로 변경하고, 필터 - 흐림 효과 - 가우시안 흐림 효과를 줍니다. 상위 레이어는 꺼두었습니다.

05 상위 레이어를 소프트 라이트 옵션으로 둡니다. 색조/채도 레이어로 밝기와 채도 등 조절합니다.

06 배경 레이어를 복제한 후 필터 - 흐림 효과 - 가우시안 흐림 효과를 주고 오버레이 레이어로 둡니다. 주변의 색이 퍼지는 느낌으로 영화 같은 한 장면을 구현할 수 있습니다.

GUEST

게스트 튜토리얼

일러스트레이터 – 소야

신현우(Soya)
soya@eightstudio.co.kr

현 에이트스튜디오 리드 아티스트
(JP) Square enix.inc '乖離 性 ミリオン アーサー'
(JP) Gaming.inc
(JP) Siliconstudio.inc 'Fantasica'
(JP) Gumi.inc 'Dragon Genesis' 'Kishidou'
(JP) Attractive.inc
(KR) 블랙위키드
Netease.inc 외 다수

개인 홈페이지 : torga0.blog.me
메일　　　 : torga0@naver.com
　　　　　　 soya@eightstudio.co.kr

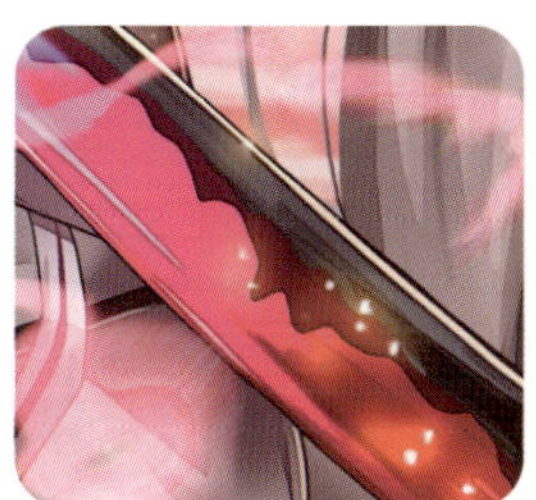

인사말

반갑습니다. 일러스트레이터 Soya입니다. 현재 에이트 스튜디오에서 리드 아티스트를 맡고 있습니다.

 제가 그림을 그려오며 가장 중요하다고 생각하는 부분은 타인에게 호응을 얻을 수 있는 자신만의 개성이 담긴 그림체입니다. 그 다음은 눈길을 한 번이라도 끌게 해주는 실루엣이라 생각합니다. 결론만을 담으면 결국 잘 그려진 그림이 가장 중요하다고 봅니다. 하지만 그림의 방향성의 중요도도 엄청나게 높다고 생각하는데, 아무리 그림을 잘 그려도 사람들에게 인기가 없는 방향에서 잘 그려도 좋아하는 분야에서 잘 그리는 것보다 호응이 낮다는 이유가 있기 때문입니다. 결과 저의 그림의 방향성은 SF를 제외한 대부분의 것을 섞은 느낌입니다.

다른 그림쟁이들처럼 추구하는 것은 있습니다. 저의 그림이 이쁘고, 멋지게 보이는 것이 다른 사람들에게도 똑같이 까지는 아니더라도, 그에 준하게 보여지게끔 노력하고 있습니다. 그래서 이런저런 방향을 합쳐 어떻게든 예뻐 보이기 위해 발악하는 것과 비슷한 느낌으로 그림을 그리는 것일지도 모릅니다.

그림을 그리는 이유로는 직관적으로 그림을 그리는 것이 언제나 즐겁습니다. 돈과 명성보다 본인의 재미를 추구하는 마음이 더 강하기 때문에 천천히라도 많은 작가분들의 그림을 보고 배우며 성장하는 것이겠죠. 욕심을 가지지 않는다면 분명 좋은 일이 일어날 것이라 생각합니다. 이번 책에 게스트로 참여하면서 튜토리얼에서 보여주고자 하는 것은 처음 그림을 공부하시는 분들이 제 미흡한 과정을 보면서 조금이라도 도움이 되었으면 하는 마음입니다. 또한 이렇게 그릴 수도 있구나 정도가 보여지면 좋겠습니다.

검성 소녀 그리기

설정

게임을 하기 위해서 캐릭터가 필요하듯이, 그림을 그리기 위해 캐릭터의 설정을 짜도록 합시다.

검성 소녀 구상

세계관 : 판타지
캐릭터의 인상 : 10대 초 중반
컨셉 키워드 : 검성, 수 많은 검
상황 : 수 많은 검을 사용하는 어린 소녀의 모습

간단한 구상으로 치면 이러한 모습입니다. 분명 이 컨셉에서도 캐릭터를 만들 수는 있습니다만, 그래서는 몇 가지가 아쉬운 상황이 연출됩니다. 그렇기에 여기에서 조금 더 세분화를 시킬 필요가 있습니다. 물론 이러한 설정은 무조건 어딘가에 적어 둘 필요는 없습니다. 자신의 머릿속에서 정리가 되어 있다면 바로 시작해도 좋습니다. 하지만 무언가 아쉬운 부분이 있다면 노트 혹은 메모장에다 적어두어 어떠한 부분을 보완할지 고민하는 것도 좋은 그림을 그리는 발판이 됩니다.

세계관　유명한 영화, 반지의 제왕의 세계관은 그 누가 보아도 판타지라고 할 수 있습니다. 그리고 영화 내에서도 그 세계관에 맞추어 그 시대에 있을법한 재질의 물건들로 의상을 만들고 건물을 짓습니다. 그런데 여기서 갑자기 '후드 티셔츠에 청바지를 입고 선글라스와 헤드폰을 착용한 남자가 차를 타고 등장한다'라는 황당한 상황이 일어난다면?

모두가 입을 다물지 못할 어처구니 없는 상황일 것입니다. 이와 같이 다수의 캐릭터가 존재하는 곳에서의 세계관의 중요도는 굉장히 높습니다. 그저 외국 어딘가의 오래된 성이 있는 장소를 차를 타고 달리고 있을 것이다 라고 말한다면 납득할 수 있을 겁니다. 하지만 엘프와 오크, 마법이 난무하는 도중에서라면 두말할 것 없이 NG입니다.

이토록 그림을 그릴 때 무엇이 들어가야 어울리고 어울리지 않는지를 생각해보는 것은 중요합니다.

캐릭터의 인상　캐릭터를 관찰해보면 행동과 표정이 다른데 캐릭터 성으로 인식이 되어있는 것이 몇 가지 있습니다. 대표적인 얀데레와 츤데레입니다. 친절을 베풀면서도 얼굴을 붉히며 화를 내는 츤데레와 분명 얼굴은 웃고 있으나 무언가 위험한 분위기를 보이는 얀데레. 인상의 중요성을 알려주는 캐릭터성이기도 합니다.

위의 두 캐릭터성은 살짝 비틀린 캐릭터성이며 일반적으로 활발한 캐릭터는 웃음을, 우울한 캐릭터는 언제나 시무룩한 표정을 보입니다. 다혈질인 캐릭터는 표정이 미묘하게 화가난 표정을, 눈물이 많은 캐릭터는 무언가 울먹거리는 표정으로 본연의 캐릭터성을 나타내 줍니다. 저는 작업을 하기 위한 캐릭터의 성격을 몇 가지 골라보았는데 차갑거나 도도한 , 용맹한 성격 등 전사 계열의 캐릭터이기에 우울한 느낌들의 성격은 배제하였습니다.

물론 캐릭터성을 꼬아 언제나 울며 검을 휘두르는 캐릭터를 만들 수는 있습니다. 하지만 만화처럼 출현 빈도가 높아 그 캐릭터의 성격이 지속적으로 보여지는 것이 아니라, 하나의 포즈만으로 성격을 나타내야 하는 그림에서는 캐릭터의 행동의 의미를 잘 이해하지 못할 수 있습니다. 그렇기 때문에 그림을 보았을 때 미묘하게 알기 어려운 부분은 단번에 잘라버리는 것이 좋습니다.

캐릭터의 나이 역시 인상과 함께 중요한 부분입니다. 성격이 같다고 할지라도 대상이 어린아이와 여성과 남성으로 나뉘면 보는 사람들의 인식과 해석 의미가 변질될 수 밖에 없는 심리적 부분이 있습니다. 크게 신경 쓰지 않아도 될 것에서도 사람들의 인식에 따라 해석이 달라지니 상대방에게 확실하게 표현 할 수 있는 것을 찾아내셔야 합니다.

컨셉키워드 컨셉 키워드면 캐릭터에게 있어 어필 포인트가 될 수 있을 만한 것들을 칭합니다. 예를 들자면 사신의 컨셉 키워드는 망토나 해골이 있습니다만, 그보다 더 대표적인 것은 '낫'입니다. 이렇듯, 해당 캐릭터의 캐릭터성을 보조해줄 수 있는 물건을 정해 주시는 것이 좋습니다. 이 컨셉 키워드가 확실치 않게 잡힐 경우 독자가 이 캐릭터가 어떠한 컨셉인지 이해하기가 힘들다는 점을 주의하셔야 합니다.

시나리오 그림에서 말하는 시나리오란 캐릭터의 과거 배경을 나타낸다고 생각하시면 편합니다. 그리고 시나리오를 설정하는 것은 역시 자신이 생각한 캐릭터의 직업을 바탕으로 하나씩 짜맞추시면 좋습니다.

예를 하나 들자면, 왕관을 쓴 드레스 차림의 소녀가 있다고 가정하면 이 소녀의 시나리오는 '왕국의 차기 국왕'이라는 식으로 설정할 수 있습니다. 게임 홈페이지의 캐릭터 설정 페이지를 보면 각 캐릭터마다 이것보다 자세한 개인 시나리오가 짜여져 있는 경우가 많습니다. 이러한 배경이 깔려있는 상태로 작업에 들어가면 보다 정확하게 캐릭터의 상황과 감정을 표현하실 수 있습니다.

시나리오

어리지만 천재적인 재능을 살려 수 많은 검을 다루고, 싸움을 상당히 좋아한다. 성격은 차분하며 말수가 많지 않다. 나이와는 다르게 손익계산을 따지고 드는 등, 어린 나이임에도 전장에 오래 있어서 그런지 어떠한 일이든 비관적으로 보는, 동년배의 아이들보다는 성인의 사고방식을 가진 어딘가 살짝 비틀린 아이다.

이런 느낌으로 설정 하였습니다.

캐릭터의 설정을 정하셨다면 이제 이것들을 토대로 작업을 시작합니다.

러프 구상

그림을 그리면서 제가 가장 안타깝게 생각하는 것은 머릿속에서 떠오르는 아이디어를 100퍼센트 가져올 수 없다는 것입니다. 좋은 작품들은 언제나 머릿속에서 번뜩 떠오를 때 탄생한다 라고 저는 생각합니다. 제가 생각하는 좋은 작품은 완성도의 부분이 아닌 분위기 쪽입니다.

실제로 사람들은 좋은 생각이 떠오르면 즉시 그 아이디어를 적은 후에 사용합니다. 하지만 어째서인지 결과물로 뽑아내면 머릿속에서 떠오른 것과는 미묘하게 다르다는 경험이 한 두 번 정도씩은 체험하셨을 겁니다. 결국 저는 벗어나게 된다면 벗어난 것에서 보완을 시키는 것으로 대체를 하는 것으로 만족하게 되었습니다.

인체 구상

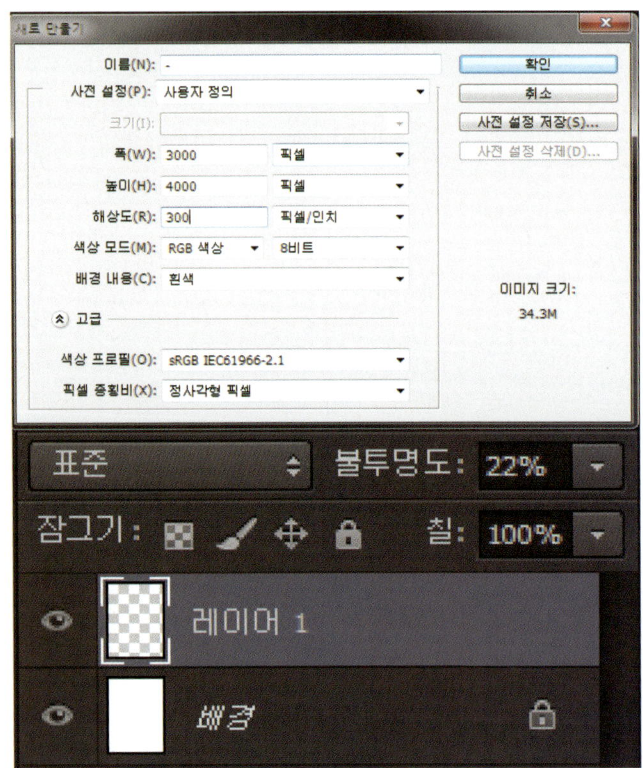

01

라면을 끓이려면 라면도 있어야 하지만 먼저 물과 냄비가 필요하듯이 그림을 그리기 위해 필요한 캔버스를 생성해 줍니다. 저는 캔버스 사이즈를 가로 3000px, 세로 4000px, 해상도 300dpi로 설정하였습니다.

캔버스를 생성하면 레이어 창에 기본적으로 배경 하나가 생성되어 있습니다.

포토샵을 처음 접하신 분들은 대체적으로 위의 배경에 바로 작업을 하는 경우가 많습니다. 물론 '나는 레이어를 하나도 쓰지 않고 작업을 할 자신이 있다!'라는 분들에게는 아무 말도 못하겠습니다만, 이러한 분들이 아니신 경우 언제나 캔버스를 생성 후 새 레이어(단축키 Shift + Ctrl + N)를 생성하여 작업합시다.

*캔버스의 사이즈에 관해서는 본인의 컴퓨터 사양에 따라 다르지만 캔버스 사이즈가 너무 작은 것은 피하도록 합니다. 캔버스가 작아질수록 브러시의 사이즈가 작아도 두껍게 인식되어 나오게 됩니다.

그림을 그리는 사람마다 인체를 그릴 때 시작 부위가 꽤나 제각각입니다. 머리를 시작으로 하는 분도 있으면 다리를 시작으로 하는 분도 있고, 몸통이나 머리카락으로 시작으로 하는 분들도 있습니다. 저는 머리부터 시작하며, 더불어 러프이기 때문에 이 부분은 크게 신경 쓰지 않아도 됩니다.

현재는 간단한 캐릭터의 인체 밸런스와 실루엣을 잡는 과정이기에 몸의 굴곡이나 이목구비를 세세하게 표현할 필요는 없습니다. 다만 캐릭터의 나이 대에 맞는 인체 등신대 비율을 정하여 거기에 맞추어 포즈를 정해야 합니다.

검을 많이 다루는 설정이기에 복수의 검은 필수적으로 캔버스 안에 들어가야 한다고 생각하여 저는 캐릭터와 함께 검들이 잘 보이는 각도를 생각해 러프를 짜봤습니다.

02

로우 앵글(Low Angle)에서 보는 시점으로 인체를 잡아 보았습니다. 설정 상 어린 소녀이지만 앵글이 밑에서 위로 올라가게 되면 밑의 부분은 굵게, 위로 올라갈수록 점점 얇아지는 느낌으로 잡히기에 몸의 굵기나 비율 등을 고려하며 짜봤습니다.

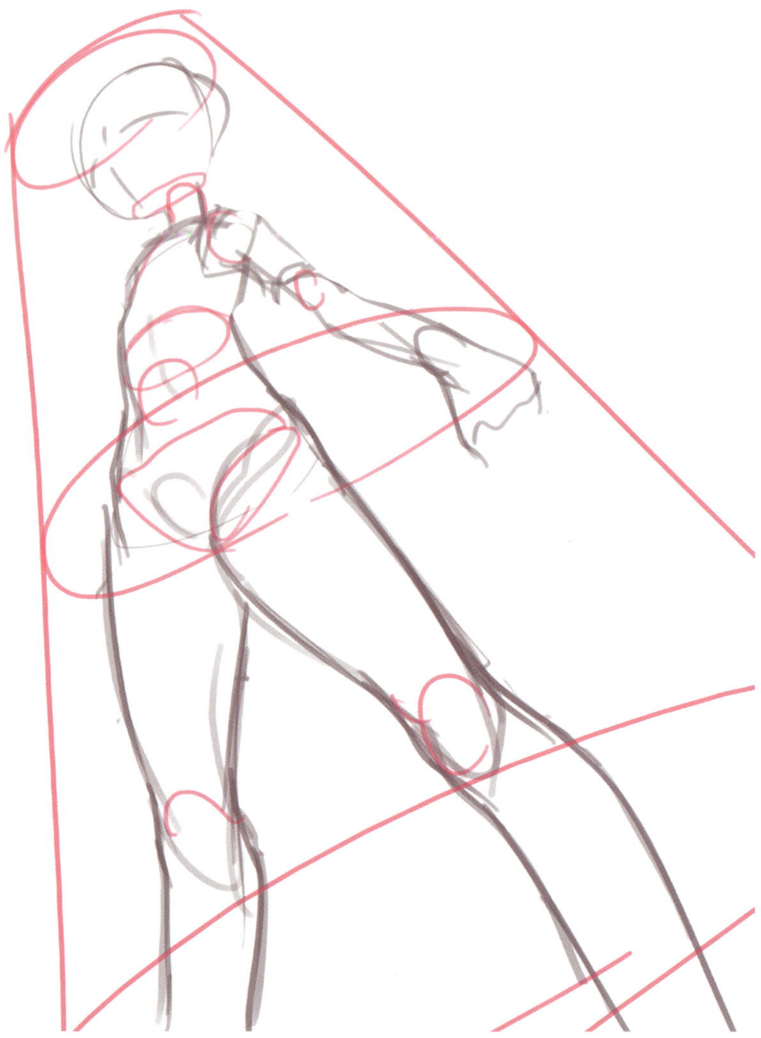

03 로우 앵글 기법을 간단하게 설명하기 위해 캐릭터의 위에 원기둥을 그려 넣었습니다. 로우 앵글로 앵글이 잡힌 상태에서 원기둥을 보면 그림처럼 폭이 올라갈수록 좁아지게 됩니다.

사실상 캐릭터에 앵글을 넣을수록 난이도가 올라가게 되기에 처음 공부를 하시는 분들에게 과도한 앵글을 넣은 그림은 추천 드리고 싶지 않습니다.

*그림을 그리는 사람들은 한 번이라도 봤을법한 인체의 비율에 대한 팁을 짧게 설명 드리겠습니다.

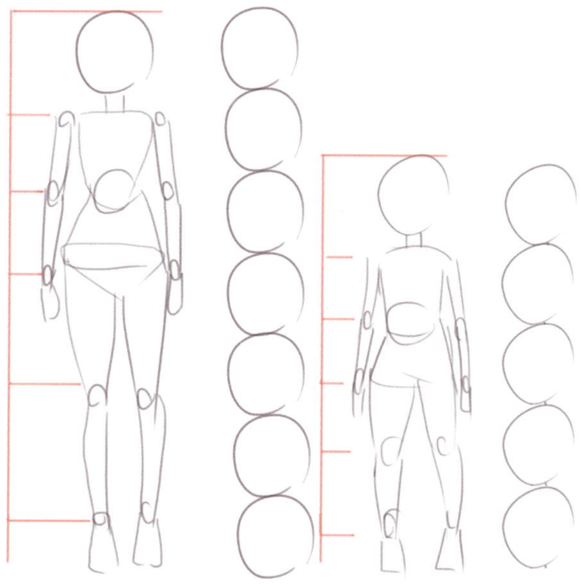

04 간단하게 인체를 잡아보았습니다. 등신대 비율에 관해서는 그림체마다 다르지만 평균적으로 쓰이는 비율은 6~7등신입니다. 본인의 그림의 등신대 확인 방법은 위와 동일하게 캐릭터의 머리를 복사하여 쌓았을 때 나온 머리의 수가 그 캐릭터의 등신대 비율이 되겠습니다.

현재 그림들은 이전의 그림은 그림이다! 라는 현실과 동떨어진 비율의 느낌을 최대한 지우고 실제 사람과 흡사한 느낌의 현실감이 있는 몸처럼 그려지고 있습니다.

어린아이의 경우 나이에 따라 다르지만 13살 이하로는 기본적으로 신장이 작게 그립니다. 아이 특유의 비율인, 몸이 짧고 머리가 큰 느낌을 주기 위하여 아기 체형이 아닌 이상 어린아이의 평균 등신대는 5~6등신으로 그려집니다. 아기는 3~4등신으로 그려집니다.

또한 아이들을 그릴 땐 특유의 젖살 때문에 포동포동한 느낌으로 볼살을 살짝 통통해 보이도록 그려 표현합니다.

이것은 그림에 관한 것이 아니라 인체에 관한 내용인데, 팔꿈치 부분, 팔이 접히는 부분을 쭈욱 따라가 가로로 그어보면 본인의 배꼽과 명치의 중간에 도달하게 됩니다. 또한 발바닥 전체를 팔이 접히는 부분에서부터 팔목 부분에 대보면 팔목의 길이와 발바닥의 길이가 같다는 점을 알 수 있습니다. 주위 사람에게 알려주면 대부분 신기해합니다.

이러한 인체의 비율은 그림에 정확하게 그려질수록 현실감이 조금씩 올라가 보았을 때 비율의 위화감이 사라져 더욱 보기 좋은 그림이 됩니다.

05　인체를 잡았다면 그림의 전체 분위기를 확인하기 위하여 자신이 생각해둔 파츠들을 달아봅니다. 이러한 러프는 결과적으로 사용하지 않는다 하더라도 그림의 러프 분위기가 본인의 머릿속에서 떠오른 그림과 느낌이 비슷한지, 자신의 마음에 드는지, 캐릭터의 설정에 어울리는 분위기인지 등을 따져보는 것이 좋습니다. 이대로 작업해도 무난하게 결과가 나올 것 같다면 진행을 하시고 무언가 잘 되지 않을 것 같다거나, 마음에 들지 않는다면 망설이지 말고 수정을 하시는 것을 추천 드립니다. 파츠를 바꿔보거나 포즈를 수정해보시는 것을 추천 드리며 그래도 마음에 들지 않는다면 새로운 러프를 짜 이전에 만든 러프와 비교하여 고르는 것도 좋은 방법입니다.

저는 러프의 결과물이 마음에 들지 않아 파츠나 포즈를 바꾸는 것으론 해결될 것 같지 않아 새로운 러프를 짜기로 결정하였습니다.

새로운 러프는 위처럼 인체를 잡는 과정들을 생략하고 전체 러프로 바로 보여드리겠습니다.

06 사실 그림을 엎는다는 것은 딱히 좋은 일은 아닙니다. 저의 경우 과거에 새로 그려야 한다는 생각이 우선 부정적으로 들어와 '하다 보면 괜찮아지겠지'라는 안일한 생각으로 작업을 지속하여 완성을 하는 경우가 있습니다. 그리곤 후에 끝난 일이니 괜찮다며 생각하며 완성된 그림을 보고는 아쉬워하고는 했습니다.

하지만 현재는 약간의 수고를 들여서 좋지 않다고 생각하는 부분을 잘라내고 좋은 것으로 대처를 해, 결과적으로 만족스러운 그림이 나올 수 있도록 합니다. 과거의 그냥 넘어가는 버릇은 작업 도중에도 눈에 걸리는 부분이 계속 밟혀 집중이 안되었기 때문에, 지금은 그러한 행동을 피하며 작업을 하고 있습니다.

제가 러프를 엎으며 이전의 러프의 동세와 전혀 다른 버전으로 한 이유도 비슷한 이유입니다. 처음 러프가 저의 마음에 크게 들지 않았기에 계속 진행해도 전혀 마음에 들지 않을 것 같아 다시 하였습니다. 러프를 그리실 때 너무 깔끔히 하실 필요는 크게 없습니다. 러프는 느낌만을 보기 위한 작업이기 때문입니다. 러프로 분위기를 알아보고 합격선이라면 그 후에 깔끔하게 정리하는 것이 좋습니다.

러프를 토대로 묘사, 실루엣 처리하기

01

앞의 러프에서 약간의 차이점이 생겼는데 그것은 러프의 위치가 살짝 위로 올라가고 인체를 나타낸 선은 종아리까지 표현되어 있습니다. 그림을 그릴 때 전신상이 아닌 경우에는, 캔버스의 중앙의 반경에서 캐릭터의 얼굴이 들어가야 그림을 보았을 때 반사적으로 얼굴을 먼저 인식하게 됩니다. 물론 위치가 중앙에서 놓지 않는다고 하여도 그림을 보는 순간 캐릭터를 먼저 보게됩니다. 제가 생각하는 가장 좋은 것 역시 시선이 캐릭터를 찾는 시간을 주지 않고 한번에 캐릭터의 얼굴로 향하도록 하여 매력을 단번에 어필하는 것이라 생각합니다.

02 불투명도를 낮추면 해당 레이어의 투명도가 퍼센트에 맞춰 투명해져 기름 종이와 비슷한 느낌으로, 위에 종이를 얹은 것 같이 뿌연 느낌으로 변합니다. 저는 러프를 그릴 때 브러시의 두께를 살짝 두꺼운 편으로 작업하기에 형태를 잡을 땐 사이즈를 줄여 러프의 불투명도를 줄이고 새로운 레이어에 얇게 선을 다시 따주었습니다.

이목구비의 경우 원을 그리고 십자가를 그어 위치를 선정하시는 분들이 다수 계십니다. 저도 이런 방법이 안정적이며 좋은 방법이라 생각합니다. 하지만 저의 경우 십자가를 너무 많이 그려서 익숙해져 머릿속에서 위치를 선정해 눈의 실루엣을 잡았습니다.

03 저는 얼굴을 그릴 때 무엇이든 한 번에, 라는 자만은 버리고 어떤 것이 좋을지 실험하는 정신으로 머릿속에서 생각나는 것들을 한 번씩 그려서 어떤 표정이 좋을지 고르곤 합니다.

이 그림은 포즈가 경계를 하는 포즈임으로 웃음을 보이거나, 그렇다고 기합을 내는 표정도 맞지 않는 것 같습니다. 그래서 한쪽 눈을 살짝 찡그리는, 흔히 말하는 언짢아해 하는 표정을 그려보았습니다. 후에 어떨까 하며 눈 크기를 미세하게 수정해보았지만 결국, 일반적인 표정이 가장 어울리겠다고 판단하여 언짢아해 하는 표정은 포기하였습니다.

얼굴을 정했으니 다음은 머리카락을 그릴 순서입니다. 머리카락을 그리기 전에, 만화와 일러스트에서의 멋의 차이는 몇 가지로 분류 된다고 생각합니다. 만화의 경우 말 그대로 멋진 표정, 혹은 기술로 분류한다면 그림에서는 마찬가지로 멋진 표정과, 휘날림이라는 생각을 가지고 있습니다.

휘날림이란 만화에서도 자주 사용하는 표현이기도 합니다. 남자의 멋을 살리기 위해 코트나 망토를 입힌 캐릭터의 의상을 크게 휘날리게 하거나, 여성의 경우 머리카락을 부드럽게 휘날려 아름다움을 더해주는 장면 등, 만화는 매 등장마다 캐릭터의 포인트를 쌓아 매력 포인트를 보여준다면 일러스트에서는 단 한 장으로 매력 포인트를 보여주어야 한다는 것이 저의 견해입니다.

저는 무언가 휘날리는 요소가 있으면 분위기가 크게 바뀐다고 생각하여 일러스트를 그릴 땐 휘날리는 느낌을 자주 넣습니다.

04 그림에서 보면 러프에서의 더벅머리에서 묶은 머리로 변하였습니다. 그림의 매력 포인트와 멋을 잘 표현하기에는 더벅머리보다 이러한 스타일이 더 좋을 것 같다 생각했으며, 복장도 러프에서 수정을 더할 것이기에 수정할 디자인에 어울릴법한 느낌으로 형태를 바꿔주었습니다.

앞머리의 경우 설정에서 강풍이 몰아치거나, 얼굴을 향하여 강한 바람이 부는 식의 설정이 아닌 이상 단정한 느낌으로 두는 것이 좋다고 생각합니다. 물론 주위의 물건들이 강하게 휘날리는데 앞머리만 멀쩡한 상태라는 점은 이상하다고 말할 수 있습니다. 하지만 앞머리를 주변에 맞추어 휘날리게 만들면 헤어스타일이 지저분해 보일 것 같아 저는 앞머리는 단정하게 놔두되 최소한의 웨이브를 넣어 흔들리고 있다, 라는 정도로 그렸습니다.

05 추가로 묶은 머리의 밑에 약간의 포인트로 땋은 머리를 넣어 주었습니다. 남은 뒷머리는 역시나 크게 휘날리는 것으로 처리했습니다.

헤어스타일에 관해서는 실제 헤어스타일들을 참고하거나 기존에 존재하는 스타일들을 본인이 섞어 너무 평범하지 않으면서도 크게 튀지 않는 느낌으로 잡는 것도 좋은 방법입니다.

머리 색에 관해서는 저는 핑크색으로 할 생각은 없습니다만, 형태를 잡기 위해 아무런 색으로 집어 넣었습니다. 후에 형태를 다 잡은 후에 진행할 때 색을 바꿀 것이기에 색은 뒤로 나누고 진행을 계속하였습니다.

06

헤어스타일을 어느 정도 잡아놨으니 의상의 실루엣을 잡아 주었습니다. 의상의 디자인은 살짝 퓨전 스타일로, 긴 치마와 미니스커트의 느낌을 합친, 종류로 따지면 스커트를 그렸습니다.

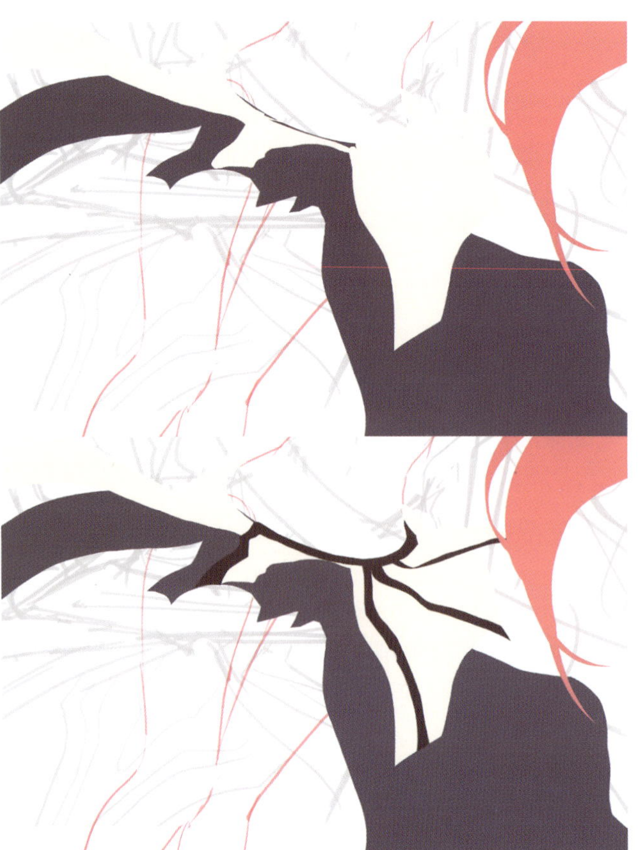

07

스커트 위에 비슷한 형태의 실루엣의 천을 얹었습니다. 옷은 밋밋한 형태를 하나 입는 것보다 무늬가 들어가있고 단추나 색이 다른 형태의 옷을 껴입는 것이 더 느낌이 있어 보입니다. 제 그림에서도 밋밋하게 옷 하나를 입히더라도 무언가를 추가시켜 풍성해 보이게 하거나 색이 단조로워지는 것을 피해 작업합니다.

남색과 아이보리 색의 천으로는 그래도 아쉬운 점이 있기에 여기에 추가로 줄을 넣어 주었습니다.

08 밝은 천에 줄을 넣어 골반을 감싸는 형태가 되어서 어두운 천의 윗 부분이 가려졌습니다. 디자인을 조금 이라도 더 좋게 만들기 위하여 어두운 천을 허리 뒤쪽에 둘러주었습니다. 결과 완벽한 현실에선 볼 수 없는 디자인이 되었습니다. 그러나 오히려 판타지 장르에서는 용납할 수 있는 디자인이기에 이 실루엣을 사용하기로 하였습니다.

뒤쪽의 천에 굴곡을 크게 넣어 바람에 휘날리는 느낌과 함께 남색 천이 밑으로만 퍼져 뒤쪽에 없는 볼륨감을 채워 주었습니다.

그리고 하의가 너무 세로의 폭이 좁고 허벅지 부분이 많이 트이는 디자인이라 후에 어떻게 처리할지 고민을 해보았습니다. 그 결과 하의 스패트를 입히면 의상이 머릿속의 디자인과 심하게 달라질 것 같아 결국 끈 팬티의 디자인을 사용하였습니다.

09

허리에 금속의 실루엣을 잡아 뒀습니다. 허리띠를 넣어도 나쁘지 않겠지만 후에 허리띠를 대신할 파츠가 있기에 금속을 넣기로 하였습니다.

또한 상체에 들어갈 금속 파츠의 비율과 비교하였을 때 상체보다 하체에 눈에 띄는 실루엣이 많습니다. 그렇게되면 자연스럽게 눈에 띄는 부분, 화려한 부분에 시선이 가장 먼저 향하게 되는 것 같아 하체 부근의 디자인들은 얼굴과 상체 근처의 디자인을 보조해준다는 느낌으로 넣어 주기로 하였습니다.

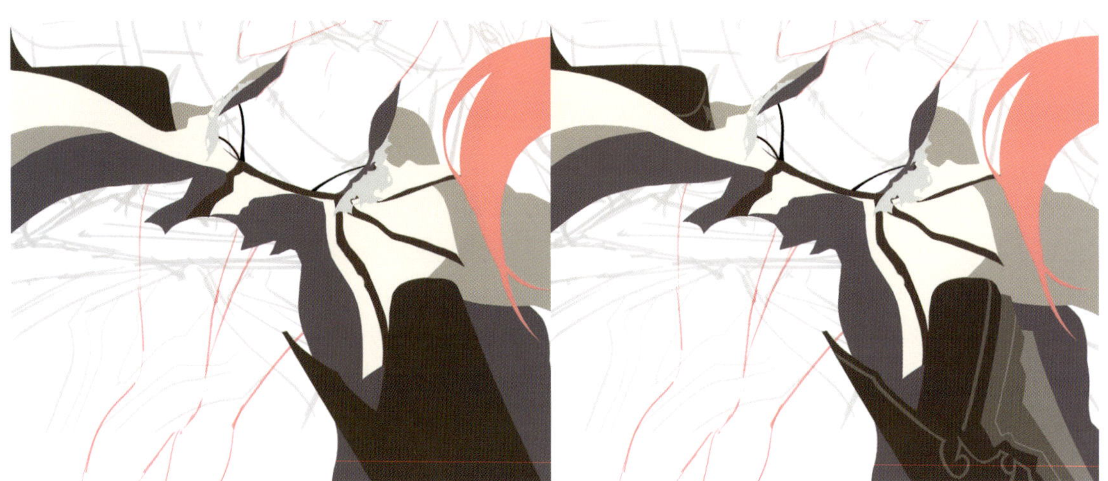

10 '검 집'이라고 하기보다는 검을 고정시키는 금속 파츠를 넣었습니다. 물론 이러한 것들을 선으로 그려도 문제는 없으나, 저의 경우 실루엣을 잡아 넣었기에 계속하여 새로운 레이어를 만들어 금속의 무늬와 실루엣을 약간 추가 시켰습니다. 선으로 형태를 잡는다면 하나의 레이어로도 충분하지만 저는 실루엣으로 작업을 하여 수정이 불편하다고 생각하여 새로운 레이어를 만들며 합치는 방식으로 작업합니다.

11

제가 봤을 때 최대한 아쉬움이 없으며, 너무 너저분하지 않는 느낌들로 파츠들을 추가 하였습니다. 허리를 크게 두르고 있는 천을 넣었는데, 천을 넣을 때 자연스럽게 들어가 는 느낌을 줄 수 있도록 부드럽게 곡선이 되 도록 표현해 주었습니다.

12 피부 색을 넣고 팔의 장갑이나 손등을 덮는 경갑 등을 추가하였습니다. 파츠들은 되도록 색이 구분되도 록 색조를 떨어뜨려놨습니다. 머리카락과 마찬가지로 모든 파츠들의 색은 후에 제가 생각하는 색들로 바꿀 예정이기 디자인 추가만을 신경 썼습니다.

13

핑크색이었던 인체 선을 흑갈색 쪽으로
바꾸었습니다.

*선의 색을 사용할 때 검은색을 피하였습니다. 검은
색으로 선을 따면 색이 너무 강해 색이 떠보여 저
는 최대한 밝은 색에는 그 색에서 몇 톤 어두운 색
으로 선을 넣습니다.

선을 정리하며 손가락을 제대로 표현을
하였습니다. 러프 때 제가 알 수 있게 라인
을 짜놨기에 후에는 굵기나 길이, 손의 크
기 등을 주의하며 형태를 잡아줬습니다.

14

손가락을 그릴 때 구체관절 인형처럼 각
마디를 그려 연결시키는 것으로 손가락의
각도나 형태를 잡았습니다.

15 상체는 비키니를 입은 느낌이기에 이 위에 코트와 로브 이 두 가지 중 무엇을 입혀야 하나 생각해보았는데 코트를 입힐 시 소매의 폭이 상체를 가려 포즈의 실루엣이 무너질 것 같아 2중 로브 형태로 정했습니다.

추가로 머리와 안쪽의 뒷머리를 하나 더 실루엣을 넣어 헤어가 바람에 흘러 갈라짐에도 숱이 풍성해 보이도록 만들었습니다.

16 의상이 판타지의 느낌을 내기 위함에 있어 가장 보편적인 것은 현실에서는 잘 쓰이지 않는 무늬를 넣는 것이라 생각하여 현실에서 쓰이지 않는 패턴으로 무늬를 넣어주었습니다.

17

직업에 따라 필수 불가결한 파츠들이 있는데, 판타지에선 역시나 금속의 장신구가 대표격이라 생각합니다. 이러한 형태의 파츠들은 실제 전쟁에서는 방어구의 역할을 제대로 이루지 못하지만 어차피 판타지스러움의 아름다움을 주는 것이 목적이기에 괜찮다고 생각합니다.

18 계속해서 파츠들을 추가하여 디자인의 밋밋한 느낌들을 없애줍니다.

19

11에 이미지의 천과 허벅지의 흰색 천 부분에 추가로 무늬를 추가했습니다. 밋밋한 장소에 무늬, 혹은 금속 파츠를 넣게 되면 약간의 추가로도 디자인의 분위기가 크게 달라질 수 있으므로 밋밋한 디자인은 피했습니다.

20 로브의 한 쪽에 끈을 추가해주었습니다. 추가로 캐릭터의 머리 부분도 비어있어 살짝 아쉬운 감이 있어 가면을 머리에 쓴 것처럼 철 장식을 넣어주었습니다.

21 타투를 과하게 넣으면 무섭다는 이미지가 강해 보이지만 그림의 형식이 아닌 문양의 형식으로 넣어 포인트로 만들었습니다.

저는 그림의 컨셉 상 반지와 귀걸이를 넣는 것이 아니라 타투로 대체하여 악세사리와는 약간 다른 느낌을 주었습니다.

22

무기를 그릴 때 같은 디자인은 피하였습니다. 동시에 비슷한 느낌의 디자인들로 채워주었습니다.

23 실루엣이 완성되었습니다. 이 후 각각 파츠들의 색을 사용할 색으로 변경합니다.

24

과거 색상 변경 기능을 사용하지 않았지만, 사용해보니 기능이 좋아 자주 사용하고 있습니다. 특히 현재의 그림에 꼭 필요한 것 같습니다. 파츠들의 색상을 자신이 사용할 색으로 하나하나 바꾸어 색의 밸런스가 맞는지 확인합니다.

25

캐릭터의 색상 변경을 끝내고 이제 배경의 느낌을 내줄 하늘을 그립니다. 옆의 이미지에선 위는 남색 계열로, 밑은 붉은색 계열로 색이 나뉘어 있습니다. 저녁 시간, 아침 해 뜨는 시간 쯤 하늘을 올려다보면 볼 수 있는 느낌으로, 태양 빛으로 하늘이 물들어가는 분위기로 살짝 어둡게 맞추었습니다.

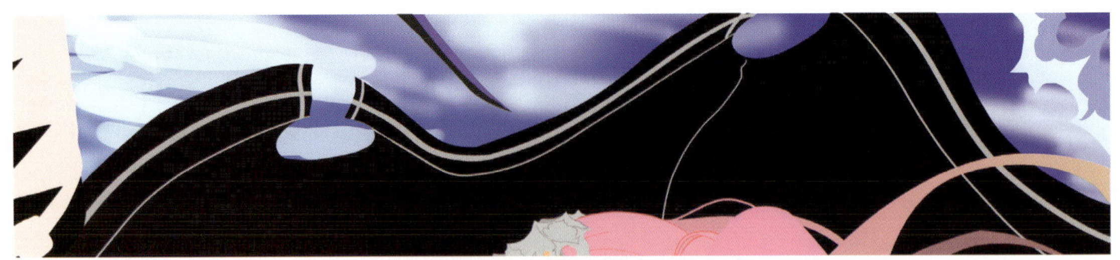

26

새로운 레이어를 생성하여, 하늘 색에서 밝으나, 너무 튀지 않는 색조로 약하게 터치를 넣어줍니다. 구름의 형태를 잡는 것이기 때문에 형태를 구름 같아 보이는 실루엣으로 넣어 주었습니다. 현재 그리는 구름은 어디까지나 러프이기에 결국 구름의 위치나 간단한 형태만 필요하기 때문에 이 정도면 충분합니다.

27 이렇게 러프가 완성 되었습니다. 저는 러프는 다른 작가들의 러프들과 비교하면 방식이 특이한 편이라 생각합니다만, 저의 취향상 작업으로 들어갈 때 수정을 최소화 시키기 위하여 최대한 완성 때까지 가져 갈 실루엣을 그대로 잡아두며 진행해 버립니다. 밑 색을 깔았으니 묘사 준비를 합니다.

초벌 배색 작업

초벌 배색이라고 해도 크게 달라지는 것은 없습니다. 그저 캐릭터가 빛을 받았을 때 그림자가 나뉘는 부분을 나누는 정도 이지만, 이 초벌 작업으로 캐릭터가 받는 빛의 위치를 간략하게 잡아둘 수 있습니다.

01

우선 피부의 전체 배색 이미지를 보여드 렸습니다. 초벌 배색을 하면서, 후에 묘사 를 하게 될 때 길잡이가 될 수 있도록 미 묘한 굴곡 등을 그림자로 표현합니다.

색을 넣는 순서 역시 사람마다 미묘하게 다릅니다. 어두운 색에서 밝은 색으로 들 어가는 사람과 밝은 색에서 어두운 색으 로 들어가는 사람이 있습니다.

어느 쪽이든 기본 베이스 색에서 어두워 질 때 같은 색조에서 색이 돌아가는 것은 피하셔야 합니다.

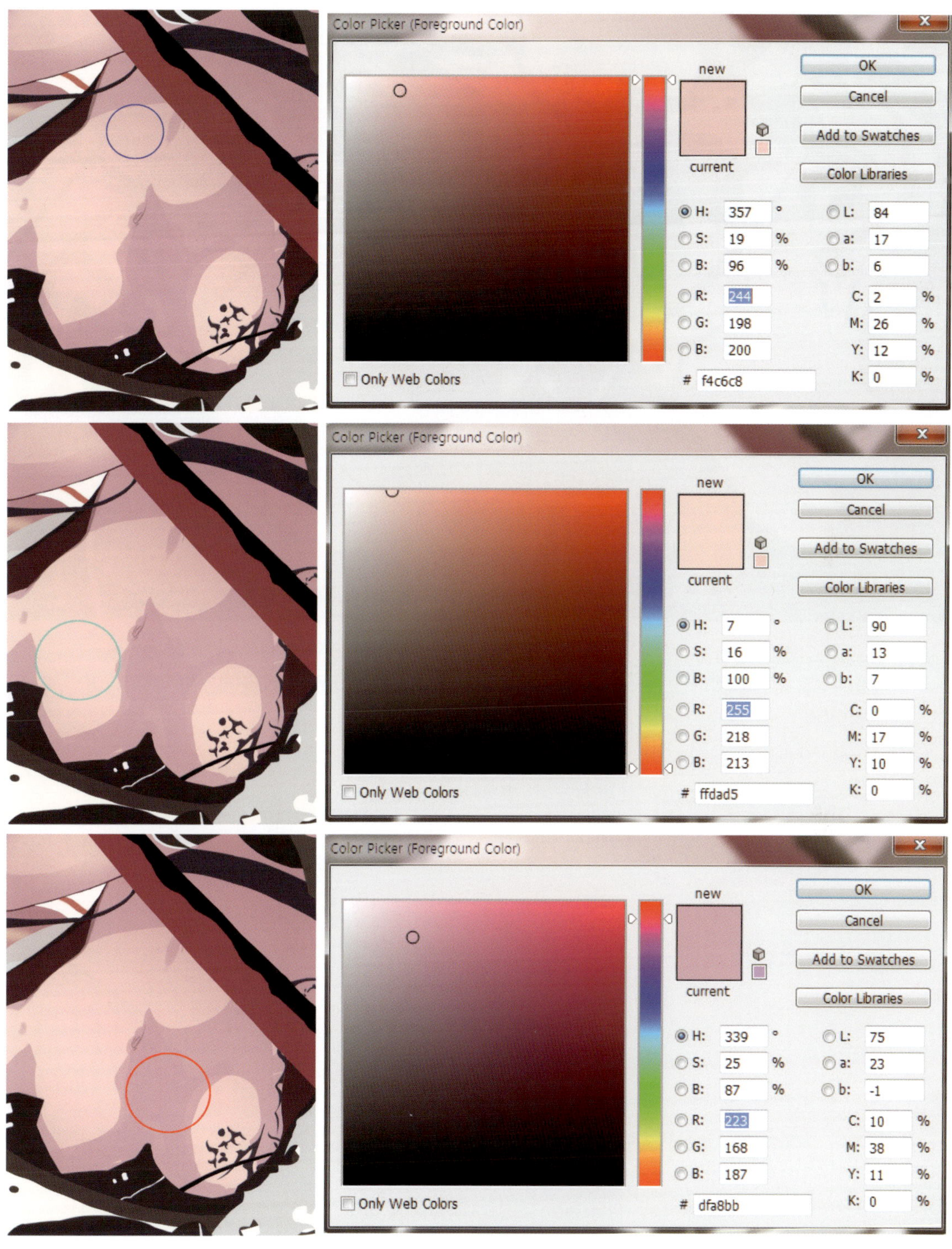

02 파란색의 원 내부의 색 입니다. 밝은 곳과 중간, 어두운 곳의 색을 비교해 보겠습니다.

03 부드럽고 매끈한 다리를 만드는 방법은 간단합니다. 피부 레이어 위에 새로운 레이어를 만들고 클리핑 (Ctrl + Alt + G)을 걸어 고정시킵니다. 후에 에어브러시용 브러시로 위 아래 경계를 약하게 그어주면 완성입니다.

04 그림체에 따라 채색법이 갈리지만 그 중 상당히 많이 갈리는 파츠는 머리카락이라 생각합니다. 머릿결의 표현 방법에 따라 그림의 분위기가 나뉘기 때문입니다. 가볍고 깔끔한 캐쥬얼 느낌의 그림에서의 머리카락의 표현은 머리카락의 결이 두껍고 매끈하게 표현을 많이 합니다. 점점 실사풍의 경계로 넘어갈수록 머릿결이 얇아지며 머리가 긴 사람들이 자주 겪는 잔 머리가 살짝 뜨는 듯한 표현도 들어가 리얼리티 성이 높아진다고 생각합니다.

하지만 어떠한 계열의 그림체라도 기본적으로 따라야 할 것이 머리 모양과 흩날리는 위치에 따른 머릿결의 표현입니다. 머리가 뒤로 묶여있는데 뒷머리 부분이 묶인 부분으로 따라 올라가지 않고 밑으로 내려가있는 표현을 하는 분들은 없을 것 입니다.

이와 같이 표현을 자세하게 하느냐, 심플하게 하느냐의 차이는 있어도 기초적인 것은 당연하게 지켜야 하므로 빛을 받았을 때를 상상하며 뭉뚝하게나마 결을 표현해 주었습니다. 묶인 머리와 땋은 머리의 경우 보다 더 형태에 신경을 써 고유의 형태가 무너지지 않는 느낌으로 크게 잡았습니다.

결과적으로 후에 묘사가 들어가게 될 땐 이 머릿결의 형태가 온전하게 남아있지는 않을 테니, 대략적인 느낌만 준다면 다음 작업으로 넘어갑니다.

포니테일은 그림에서 캐릭터의 매력을 상당히 끌어 올리는 스타일입니다. 2D가 아닌 현실 포니테일을 좋아하는 사람들도 있겠지만, 특징을 잘 드러낼 수 있는 2D의 포니테일을 보다 선호할 수 밖에 없다고 생각합니다. 실루엣을 풍부하게 표현할 수 있으며 결의 풍성한 느낌으로 캐릭터의 매력을 살릴 수 있습니다.

캐릭터의 매력을 높여주는 머리이지만, 이것을 그림으로 표현할 때 머릿결의 표현에 애를 먹는 분들을 제 주위에서도 상당수 보았습니다. 또 저도 경험을 한 적이 있음에 이 부분에 관해서는 언급을 하기로 마음 먹었습니다.

제가 생각하는 포니테일에서의 주의할 점은 머리가 묶인 부분의 결 표현이라고 봅니다.

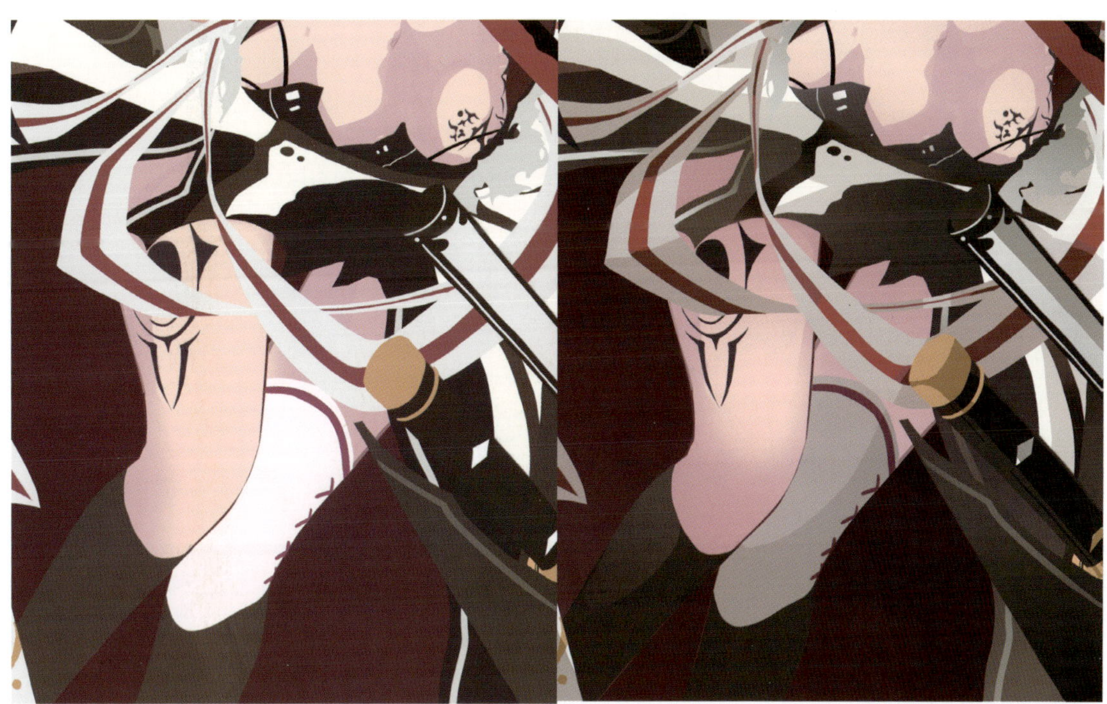

06 제가 생각하는 캐릭터의 매력에서 가장 기초적인 베이스 부분은 몸매입니다. 남성 캐릭터라면 연예인 같은 마른 근육을, 여성 캐릭터라면 나이대에 따라 달라지지만 아마 잘록한 허리와 넓은 골반, 그리고 굴곡이 있는 다리 라인이라 생각합니다.

허리와 골반은 여성스러움을 표현해주는 대표격이기에 이 부분의 라인의 조심성은 캐릭터 나이대의 매력을 어필할 수 있는 포인트가 되며 굴곡이 있는 허벅지는 한 때 유행하였던 엘린의 꿀벅지와도 같은 섹스어필을 할 수 있는 포인트가 됩니다.

수정 전의 허벅지와 후의 허벅지를 비교해보면 수정 전에서는 살짝 쭉 뻗었지만 굴곡이 잘 거의 보이지 않는 느낌이지만 수정 후는 약간 굴곡이 들어갔습니다.

07

우선 초벌되어 있는 머리카락 레이어 위에 새로운 레이어를 만들어, 클리핑을 걸어 고정시킵니다. 우선은 앞머리부터 진행을 합니다. 머리카락의 볼륨감을 나타내주기 위하여 브러시의 강약을 조절하여 머리카락의 위아래를 베이스 색보다 어두운 색으로 살짝 깔아줍니다. 터치가 약간 더럽지만 이것으로 약간의 볼륨감 생기게 만들었습니다.

08 머릿결을 표현하기에 앞서 제가 머리카락을 묘사할 때 주의하는 것은 '머리카락이 뭉치는 두께를 잘 조율하라'입니다. 이것은 퀄리티를 높이기 위해 머릿결의 표현을 해주지만 너무 세세하게 표현할 시 그림체와 맞물리지 않는 느낌으로 들어가 그림이 어색해 보이지 않을까 하고 생각합니다.

　적당한 두께를 유지하며 깔아두었던 색이 유지될 수 있게 터치를 넣습니다. 전부 같은 두께가 되어버리면 단조로워지는 느낌이 들며, 캐릭터의 얼굴 부근은 캐릭터의 매력의 가장 많이 보여주는 곳이라고 생각하기에 그림을 멀리서 봤을 때 머릿결이 같은 두께가 되지 않도록 묘사하였습니다.

09

포니테일 묘사의 경우 그림을 보면 밝은 부분을 중간 톤으로 결을 나누어주고, 어두운 톤으로 세밀하게 결을 나누는 것으로 묘사를 하였습니다. 여기서 집중적으로 봐야 할 부분이라고 한다면 머리카락이 돌아가는 부분들은 색이 가장 진하고, 돌아간다는 느낌이 날 수 있도록 굴곡이 들어가 있는 주위의 머릿결과 달리 거의 일자로 결이 펴져 있는 것으로 돌아가는 느낌을 표현해 주었습니다.

10

기존의 색들은 상당히 탁한 느낌으로 색이 빠져있는 상태이기에, 밝은 부분의 레벨 값을 조정하여 채도가 강해지도록 만들었습니다.

11

제가 작업 도중에 살짝 고민을 하게 된 부분 입니다. 저의 계획으론 은발을 베이스로 다른 계열의 색이 퍼지는 것은 어떨까 하며 조절을 해보며, 어떤 색이 좋을까 고민을 하여 붉은색을 넣었습니다. 하지만 진행 도중 어중간하게 색이 퍼져 들어가 눈에 거슬리게 보여 결국 붉은색을 빼 전부 다 은색으로 바꿔버렸습니다.

은색으로 바꿔버렸을 때가 대부분의 진행을 끝냈을 쯤이라 마지막에 한번에 색이 바뀔 것 입니다.

12

제가 그림을 그리며 꼭 사용하는 방법입니다. 잔머리를 넣어주는 것으로 두껍게 뭉쳐있는 머리카락이 조금씩 풀린 느낌이 들도록 넣었습니다.

눈동자

01 눈동자는 어떻게 보면 가장 적게 시간을 들이면서도 캐릭터의 매력을 살리는 파츠 중 하나라고 생각합니다. 초벌이기에 베이스 색보다 어두운 색으로 브러시 색을 지정한 후 눈동자 레이어를 잠금으로 설정합니다. 에어브러시용 브러시로 윗 부분을 살짝 터치를 넣어 밝은 톤과 어두운 톤이 부드럽게 연결되도록 만들어 줬습니다.

02 이제 세부 묘사에 들어갑니다. 초벌 채색에서보다 더욱 어두운 색으로 눈동자의 라인을 넣어 깊이감과 누가 봐도 눈동자다, 라는 느낌으로 색을 넣어줍니다. 다음은 베이스 색과 비슷한 계열의 밝은 색으로 빛에 약하게 반사되는 빛을 넣어 약간의 디테일을 추가하고 레벨 값을 올려 베이스 색의 채도를 살짝 높여주었습니다.

마지막으로 위에 새로운 레이어를 생성하여 레이어 옵션을 오버레이로 설정합니다. 계열 색을 지정하여 에어브러시용 브러시로 터치를 넣어주시면 청량한 느낌의 눈동자가 완성됩니다.

01 매력을 뽐낼 시간입니다. 남자 여자 가릴 것 없이 사람 된 자 이성의 몸매가 약간 아쉬운 것은 넘어가도 못생기면 그것만큼 안타까운 일은 없을 것입니다. 그 안쓰러움을 본인의 손으로 고칠 수 있는 시간이 왔습니다. 얼굴 묘사를 하러 오는 과정까지 다른 파츠를 작업하며 얼굴에 시선을 많이 주지 않은 결과, 어색한 부분이 눈에 들어오게 되었습니다.

본래 한 그림을 그릴 때 너무 오래 그 그림을 바라보는 것을 추천 드리고 싶지 않습니다. 이유는 미세하게 그림에 에러가 생기는데 같은 그림을 계속 보게 되면 그 그림이 눈에 익어 이상한 부분을 찾을 수 없게 됩니다.

그림을 시간을 두고 그리게 될 때 퀄리티가 올라가는 이유는 파츠의 묘사를 할 시간이 늘어나는 것도 있지만, 눈에 익을 때 쯤 휴식을 취하고 다시금 그림을 보면 이전에는 놓쳤던 어색한 부분들을 발견하여 그 부분을 보강할 수 있다는 점이 있습니다. 보다 완벽을 추구하시는 분들에게는 무조건 추천 드리는 방법이기도 합니다.

02 비교를 위하여 앞에 이미지를 다시 가져왔습니다. 얼굴의 경우 매력을 최대한으로 뽑내주어야 하기에 이전 그림을 가져와 비교를 하는 부분이 몇 번 생길 것입니다. 바뀐 점은 관자놀이 부근이 붉은 느낌으로 그림자가 연하게 들어간 점과 코와 입의 위치, 사이즈가 약간 이동하였습니다.

또한 이미지를 보며 피부의 톤 역시 미묘하게 붉은 느낌으로 변경하였습니다. 표정에 따라 인상이 달라진다는 말은 유명하며, 실제로 저의 그림 역시 코의 위치를 제외하더라도 입의 길이가 달라짐에 인상이 달라진 느낌이 듭니다.

03

빛이 옆에서 올 때 콧대가 얼굴의 경계선의 역할을 대신합니다. 그래서 얼굴에서 각을 나눠보라고 한다면 역시나 코를 중점으로 각을 나눌 것 입니다. 추가로 경계를 나눌 때 눈가의 그림자의 어두운 색을 그대로 사용하여 경계를 나눕니다. 그렇게되면 얼굴의 각이 왼쪽 오른쪽으로 평평하게 나누어져 있는 인상이 들 수 있으므로 베이스 색과 어두운 색의 경계색으로 연하게 라인을 나누어 얼굴의 입체감을 표현했습니다.

04 남자들이 여자들의 화장을 변장이라고 할 정도로 화장의 기법에 따라 인상이 엄청나게 달라지는데 이것은 남자도 역시 적용되는 단어며 그림조차 남일은 아닙니다. 아이라인 처럼 눈가의 두께를 살짝 더 두껍게 해주며 볼 터치를 넣어 부드럽게 홍조를 넣어주었습니다. 홍조를 넣을 땐 피부 레이어 위에 새 레이어를 생성하여 핑크색과 붉은색의 중간 계열로 색을 선정하여 에어브러시용 브러시로 터치를 작게 해주시면 됩니다. 언제나 부드러운 느낌의 터치는 에어브러시를 이용하시면 됩니다.

눈가에 살짝 붉은색으로 터치를 넣어 눈매의 인상이 강해 보일 수 있도록 해주었습니다. 마지막으로 얼굴의 디테일 작업으로, 빛에 따른 머리카락의 그림자를 넣어 얼굴의 묘사를 끝냈습니다.

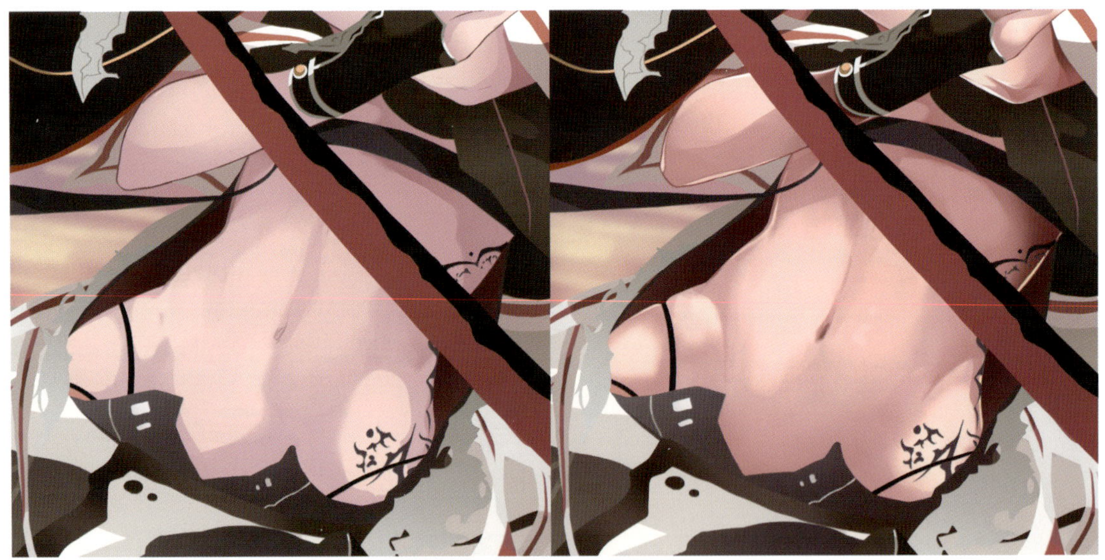

05 인체의 묘사 중 조심해야 할 부분은 배일지도 모릅니다. 배의 굴곡에 따라 민자로 보일 수도 있으며 마른 근육이 될 수 있고, 식스팩이 생길 수 있으며 임산부가 될 수도 있습니다. 굴곡의 묘사에 따라 천차만별로 나뉘게 되는 부분이며 미묘하게 표현하기가 힘든 부분이기도 하기에 이 부분의 묘사는 휘리릭 갈기고 넘어갈 수는 없습니다.

저는 배를 그릴 때 배꼽 위에 경계를 그어 복부를 절반으로 갈라주는 것으로 둥근 배를 피합니다. 이 둘로 나뉜 배의 중간에 다시 한 번 경계를 넣어주면 여성들이 선호하는 11자 복근으로 변하게 됩니다. 하지만 저는 11자 복근을 피하고 골반에 빛으로 볼륨감을 넣어줌으로 전체적으로 어린 소녀의 배라는 느낌이 들도록 작업을 하였습니다.

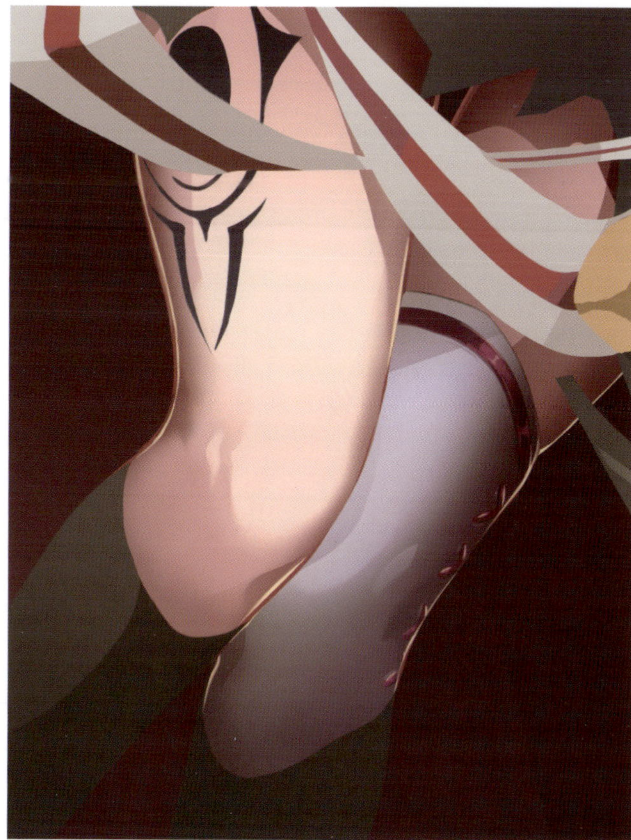

06

여느 때와 다름없이 다리를 묘사를 할 레이어 위에 새 레이어를 생성하여 클리핑, 에어브러시로 어두운 색으로 한 번 밀어 굴곡감을 표현합니다. 하지만 무릎은 세밀하게 묘사할 수록 골치 아픈 부분입니다. 사실상 사람의 인체 자체가 형태가 골치 아픕니다. 인체의 굴곡감을 가장 확실하게 볼 수 있는 방법은 인터넷에서 검색을 해보는 것인데, 자신이 필요한 부위를 검색하여 본인이 작업하는 파츠의 각도와 흡사한 자료를 찾아보고 형태를 참고하시는 것도 좋은 공부가 되겠습니다.

묘사를 하셨다면 새로운 레이어의 설정을 곱하기로 잡아 검붉은 색으로 잡아 에어브러시로 약하게 깔아 명암처리 해주었습니다.

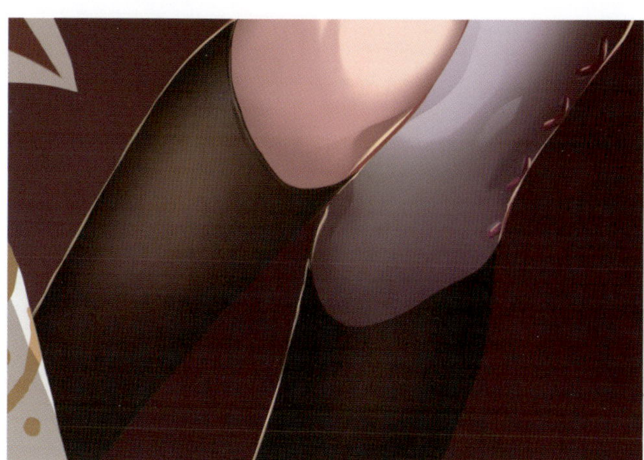

07

스타킹을 그릴 때 편하게 그리는 방법 중 하나입니다. 에어브러시로 양 옆을 눌러 부드럽게 입체감을 만들어 준 후 새로운 레이어를 오버레이로 설정합니다. 그리고 살색 계열로 색을 잡고 피부를 비출 부분에 살짝 눌러주면 색이 피부색으로 부드럽게 들어가 매끈한 스타킹의 느낌이 완성됩니다.

스타킹이 완성되면 피부의 경계부분에 얇게 있는 노란 빛을 따라 같이 그려줍니다. 이 노란 빛은 태양빛에 의한 역광의 경계선이라고 생각하시면 편합니다.

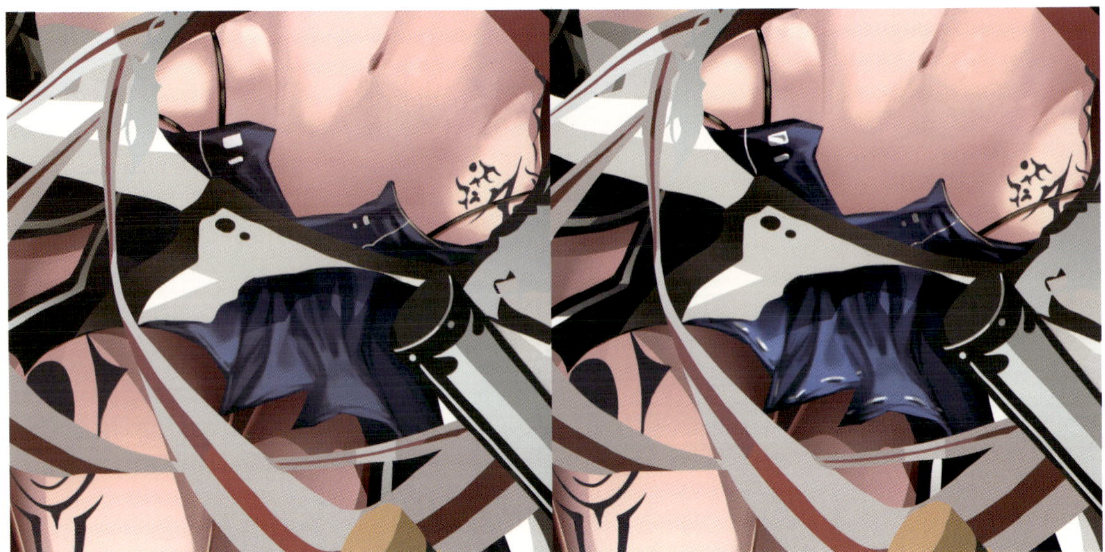

08 사용하실 색으로 파츠의 색감을 변경한 후 형태의 묘사를 해줍니다. 본래 저는 밝은 부분에서 어두운 부분으로 묘사가 들어가지만 베이스 색이 어두운 경우, 어두운 색만으로 묘사를 하기엔 표현이 힘들며 밝은 톤과 중간 톤 어두운 톤 자체에 구분이 힘들 수 있습니다. 그렇기에 이럴 땐 반대로 밝은 부분으로 형태를 잡아 묘사를 넣었습니다.

치마의 무늬에 치마의 그림자 같은 위치에 맞추어 함께 명암 표시를 해주며, 남색 계열로 밋밋한 느낌이 있어 흰색의 선을 그어 넣어 살짝 무녀복과 비슷한 느낌으로 디자인에 포인트를 넣어주었습니다. 그림을 그리며 보강해야 할 부분은 보강하며 엎을 부분은 확실하게 엎어주는 것이 더욱 좋은 그림으로 향하는 지름길입니다.

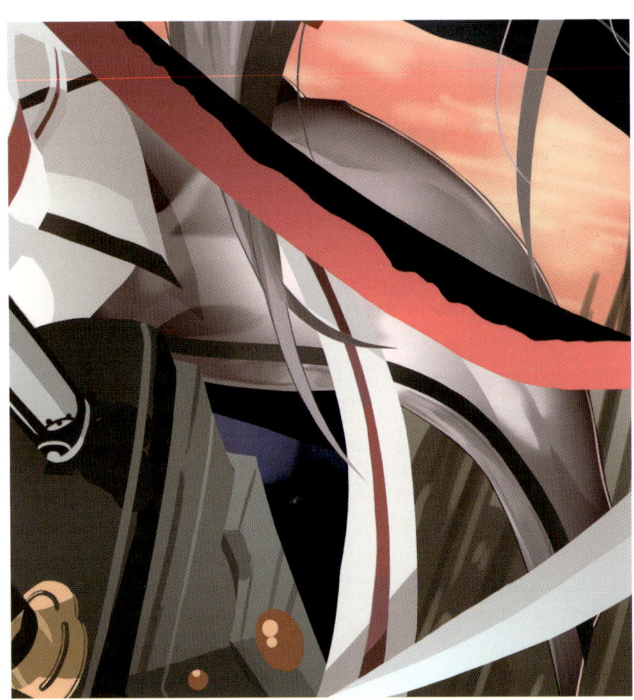

09

묘사에 들어가기 전 천의 색을 회색조 계열에서 붉은 기운이 도는 색으로 잡아주었습니다. 치마와 다르게 이 부분은 바람을 타고 펑퍼짐하게 휘날리는 느낌을 주어야 하기에 자잘한 주름을 피하고 넓고 크게 주름의 형태를 넣어버립니다.

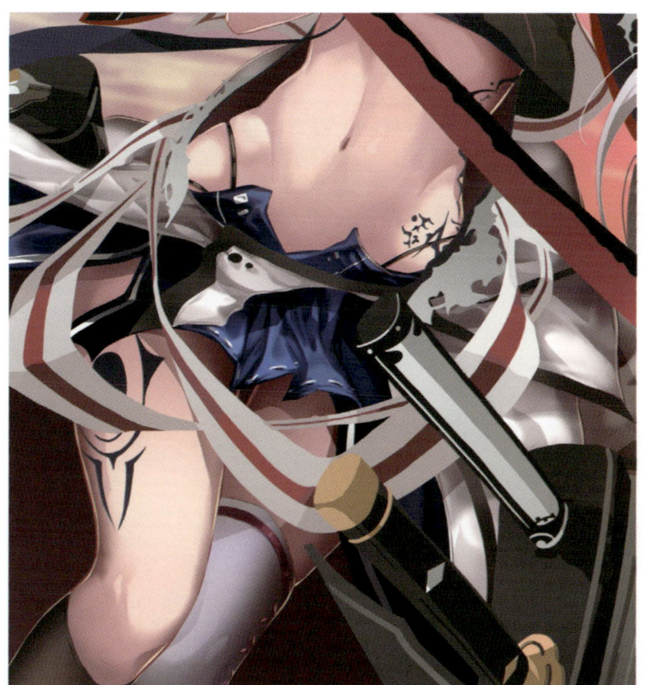

10

남은 밝은 천 부분 역시 방금 전의 천과 마찬가지로 주름을 잡고, 색조 또한 같은 색으로 수정해줍니다. 더하여 검은 무늬의 그림자도 밝은 천의 그림자 위치와 동일하게 잡아주었습니다.

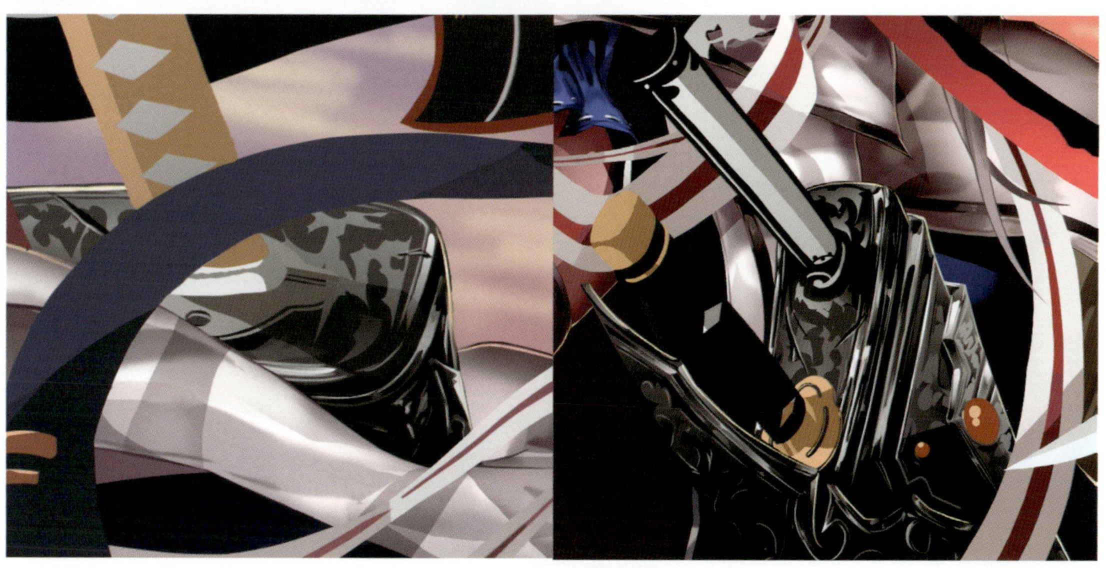

11 철제의 빛이 받았을 때의 매끄럽게 퍼지는 느낌 등을 고려하며 라인을 잡아주고, 철제가 사용한 흔적을 주기 위하여 크게 기스 자국을 넣어 최소한의 질감 표현들을 해줍니다.

12 남은 파츠들은 지금까지의 언급된 것들의 복습판이라고 생각하면 편합니다. 결국은 똑같은 패턴을 주름의 위치만 다르게 표현해주면 완성됩니다. 묘사가 끝난 후 색이 탁한 느낌이 있다면 레벨 값 조정으로 밝은 색으로 바꾸고 다음 단계로 넘어갑니다.

13

저의 금속 묘사는 실제 금속에서 판을 아주 얇게 깎아 문양을 세기는 느낌으로 지향하고 있기에 확대하지 않고 전체적으로 보면 내부가 어떠한 형태인지 알기가 힘든 부분이 있습니다.

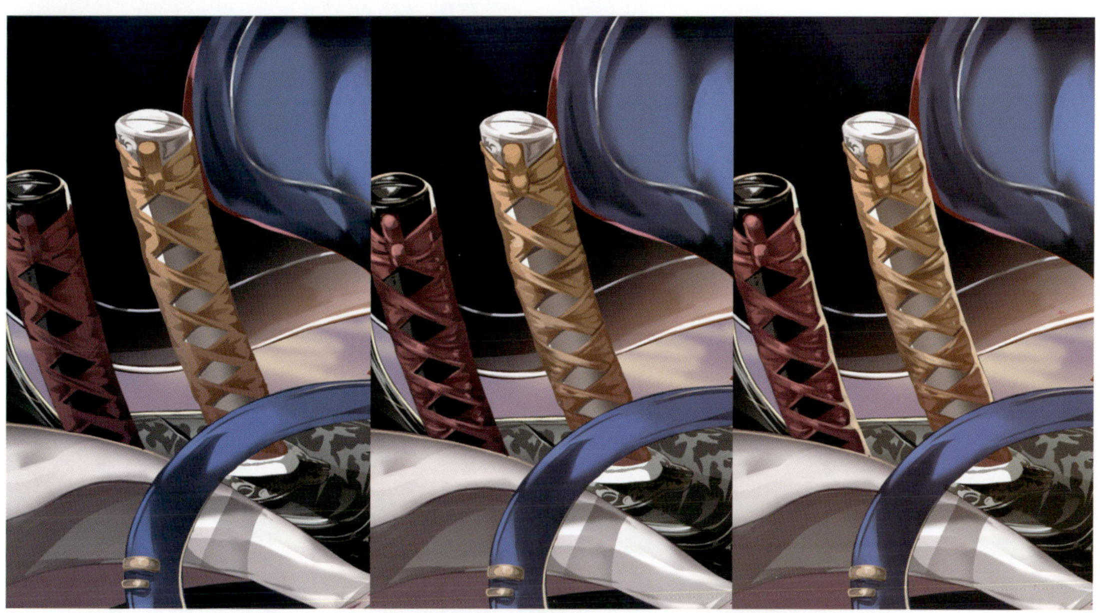

14 베이스 색에서 어두운 색으로 형태를 잡아준 후 밝은 부분으로 한 번 더 묘사합니다.

15 캐릭터 설명의 마지막입니다. 일본도의 검 날을 그리는 방법은 띄엄띄엄 어두운 색으로 얇게 긁어 날의 면을 따라 터치를 넣습니다. 레이어를 곱하기로 생성하여 일본도 특유의 물결무늬를 그립니다. 마지막으로 선형 닷지 레이어를 생성하여 빛이 받는 곳에 색을 뿌려준 후 레벨 값을 올리는 것으로 마무리 합니다.

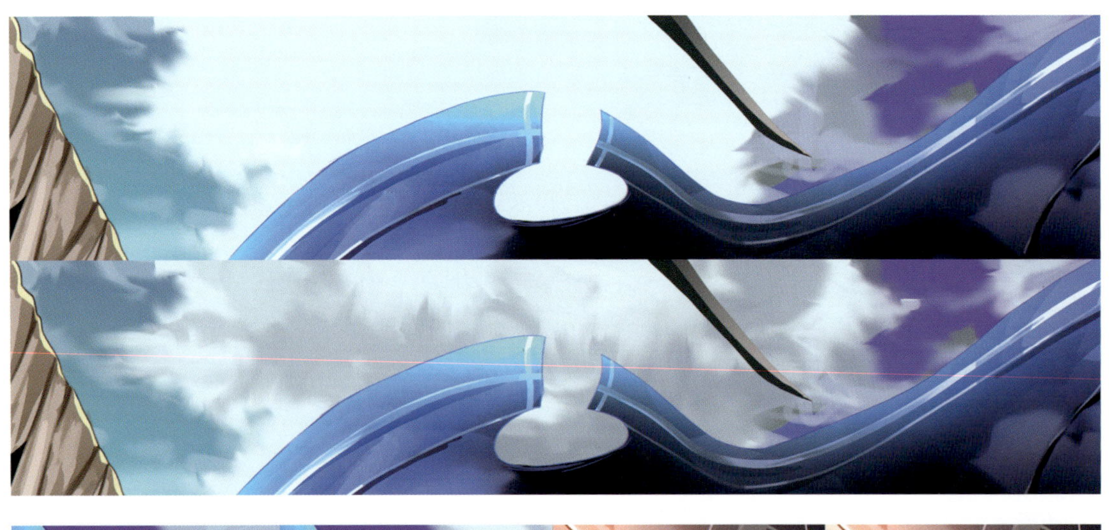

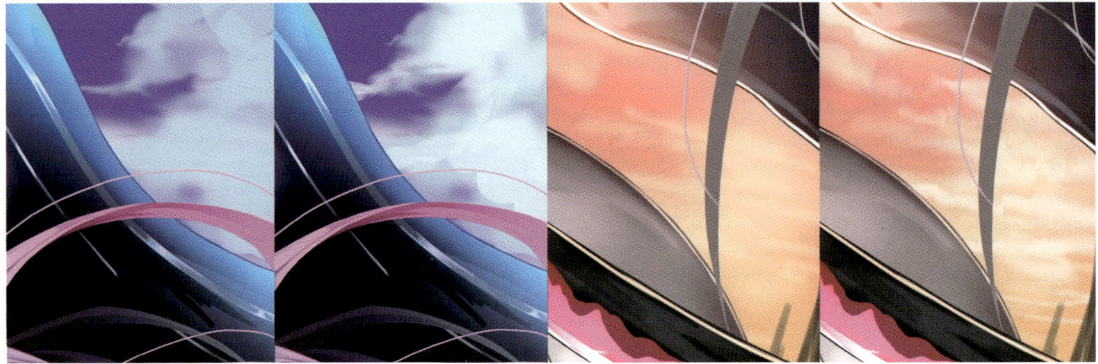

16 러프로 대충 긁어둔 구름 위에 새로운 레이어를 생성하여 자신이 상상하는 구름의 형태를 그려줍니다. 구름 같아 보이는 실루엣이 나왔다면 또 다시 레이어를 생성합니다. 어두운 색으로 밑 부분에 생기는 그림자 부분을 그려 손가락 툴로 문질러 부드럽게 만들며 구름의 형태가 나올 때까지 반복합시다.

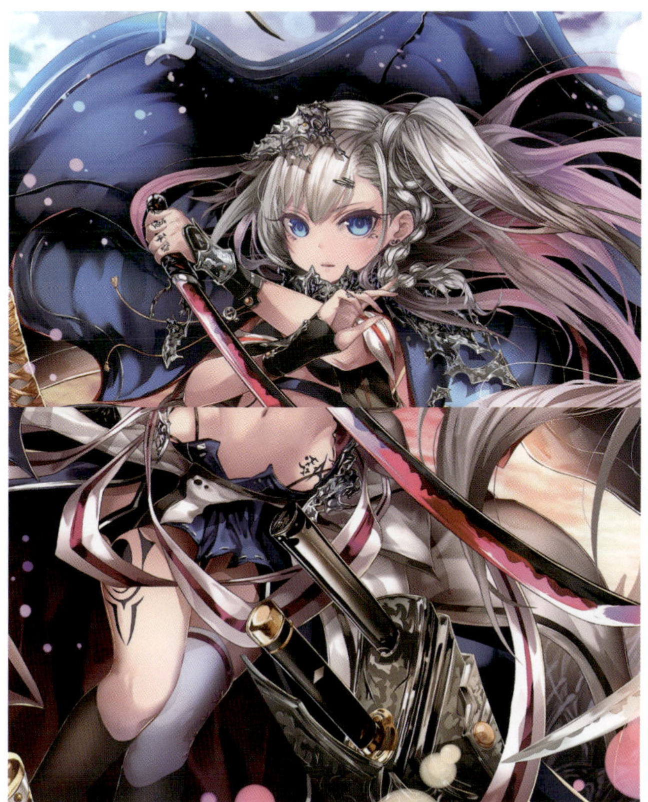

17

스크린 설정의 레이어를 생성합니다. 브러시의 강약을 조절하며 빛들을 찍습니다. 필요한 부분들은 올가미 툴을 이용하여 색상 변경을 하여 화려한 느낌으로 색을 조절해 줍니다.

18 이번에는 노말 레이어로 빛의 알갱이들을 찍어 입자가 떠다니는 형태를 잡아줍니다. 레이어를 더블 클릭하여 레이어 스타일로 들어가줍니다. 창에서 외부 광선을 체크하여 모드를 선형 닷지로 설정, 색상은 본인이 필요한 색으로 정합니다. 그 후 요소에서 사이즈를 높여 빛이 번지도록 설정하면 끝입니다.

19 완성이미지

GUEST

게스트 튜토리얼

일러스트레이터 – 완케

이민규(완케)
wan_ke@eightstudio.co.kr

현 에이트스튜디오 리드 아티스트
(JP) Square enix.inc ' STAR GALAXY'
(JP) Crooz.inc 'ラグナブレイクー'
(JP) Siliconstudio.inc 'Fantasica'
(JP) Grani.inc '神獄のヴァルハラゲ〇ト'
(JP) Exquad.inc 'Dragons Shadow'
Gaming.inc 외 다수
네오아카데미 대표 강사

개인 홈페이지 : blog.naver.com/wan_ke
메일 : wan_ke@naver.com
　　　 wan_ke@eightstudio.co.kr

인사말

반갑습니다. 일러스트레이터 완케입니다. 현재 에이트스튜디오에서 Soya님과 같이 리드 아티스트를 맡고 있습니다.

일러스트는 작가의 역량을 최대한 끌어 내어 밀도 있는 한 폭의 완전한 이미지를 구성하는 만큼 세련되고 화려한 색채의 완성도와 디자인과 묘사의 디테일은 시각적인 일러스트에서 과반수를 차지한다 해도 과언이 아닙니다.

러프 스케치부터 완성까지의 튜토리얼 과정을 통해 독자 분들에게 조금이나마 제가 전달하고 싶은 노하우와 그림의 대한 이해, 그 것을 통해서 초심자라도 매력적인 일러스트를 완성까지 이끌어낼 수 있도록 하고, 이 분야를 지망하는 분들에게 일러스트제작의 자그마한 도움이 되었으면 합니다.

일러스트 컨셉 구상

이번 일러스트의 대략적인 소재와 목표는 몽환적이고 음침하게 빛나는 마계, 검은 날개, 거대한 마검, 슬림한 갑주, 뒷태입니다.

기본색은 검은색, 금색, 붉은색입니다. 마계의 검사의 어두운 느낌과 무게감을 검은색을 사용해 베이스로 잡고, 금색으로 고급스럽고 세련된 분위기와 붉은색으로는 검은 느낌과의 대비된 강렬한 포인트를 잡아낼 계획입니다. 동세는 가벼운 듯이 거대한 마검을 가뿐하게 어깨에 지고 뒤를 돌아보며 희미한 미소를 짓고 있는 인상의 여성입니다.

컨셉을 구체화해야 합니다. 캐릭터가 어떤 시대에 살고있는지, 캐릭터의 연령과 무슨 복장을 입는지 구체화할 필요가 있습니다. 전체적인 배경은 판타지 세계관의 마계, 밖으로는 안개가 자욱하고 가로등과 등불이 잔뜩 비추고 있는 마치 악마를 불러올듯한 신전의 제단입니다.

캐릭터의 연령은 19~20살 정도로 헤어 스타일은 신비로운 연한 보라색을 띄는 롱 웨이브 헤어이고, 강렬한 붉은 눈을 가졌습니다. 의상은 노출이 많고 면적이 적은 악마가 떠오르는 가죽재질의 의상을 베이스로 갑옷들이 팔다리에 장비되어 있습니다. 여유로운 미소와 모습으로 제단을 배회하고 있는 모습입니다.

무엇을 그릴 것인지 준비가 다 되었다면 이제 생각한 이미지를 화면에 표현하도록 하겠습니다. 구상한 이미지의 느낌을 최대한 살려 러프 스케치를 시작합니다.

러프 스케치의 진행

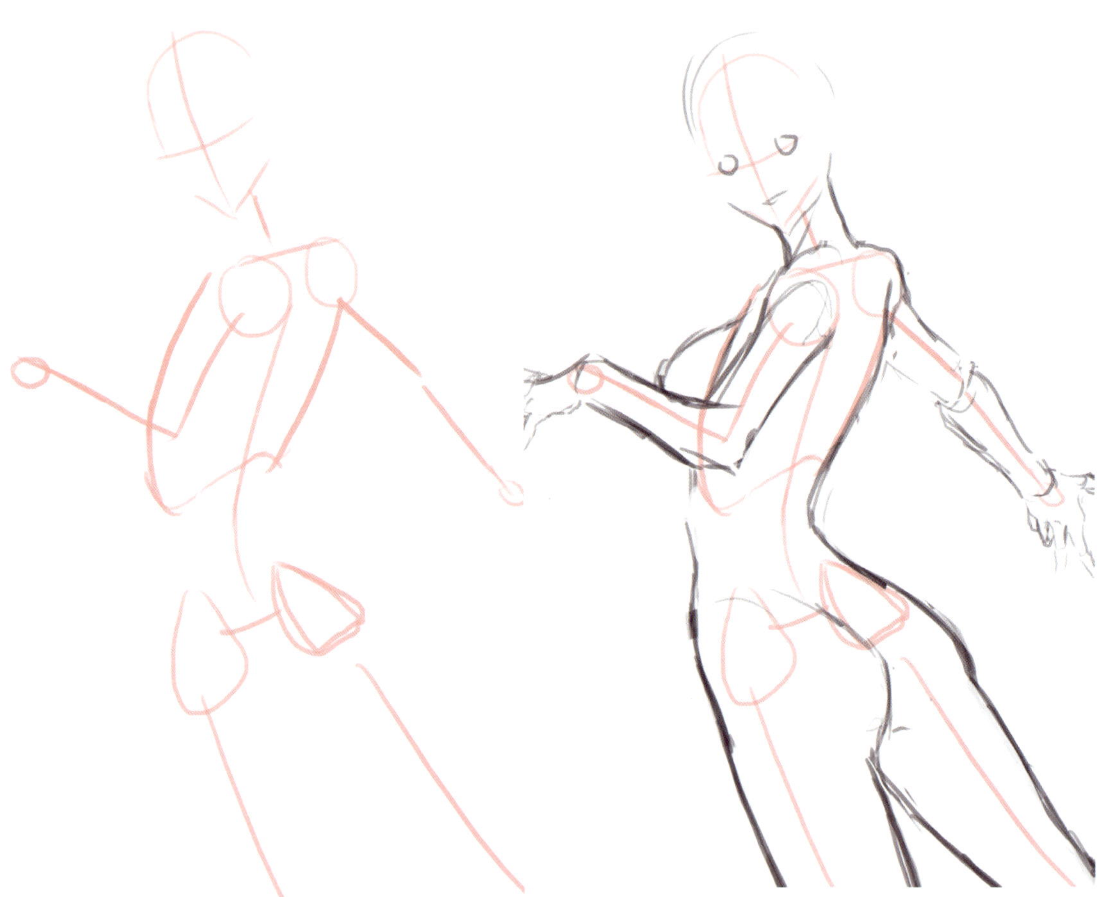

01 가장 기초적인 레이어 속성의 '표준' 레이어를 생성해서 가장 우선 캐릭터의 뼈대를 잡아줍니다. 일러스트의 메인이 되는 캐릭터는 가급적으로 캔버스의 중심에 두어야 시선이 제대로 주인공인 캐릭터에게 집중될 수 있습니다. 이어서 캐릭터의 실루엣을 웅크리지 않고 펼쳐주어 공간을 풍부하게 채워주는 것도 처음 이미지의 매력을 어필하는 것에 중요한 역할을 합니다.

02 뼈대를 기반으로 인체를 잡아나가 날개와 무기들 오브젝트도 포함한 대략적인 큰 실루엣을 표현합니다. 여기에서 캐릭터의 대략적인 실루엣이 거의 확정 나게 됩니다. 캐릭터가 대검을 어깨에 지고 반대편 팔의 손을 펼쳐 뻗은 모습으로 이 단계는 아직 언제든지 작업물에 더 나은 방향으로 수정이 들어가질 수 있는 상태입니다.

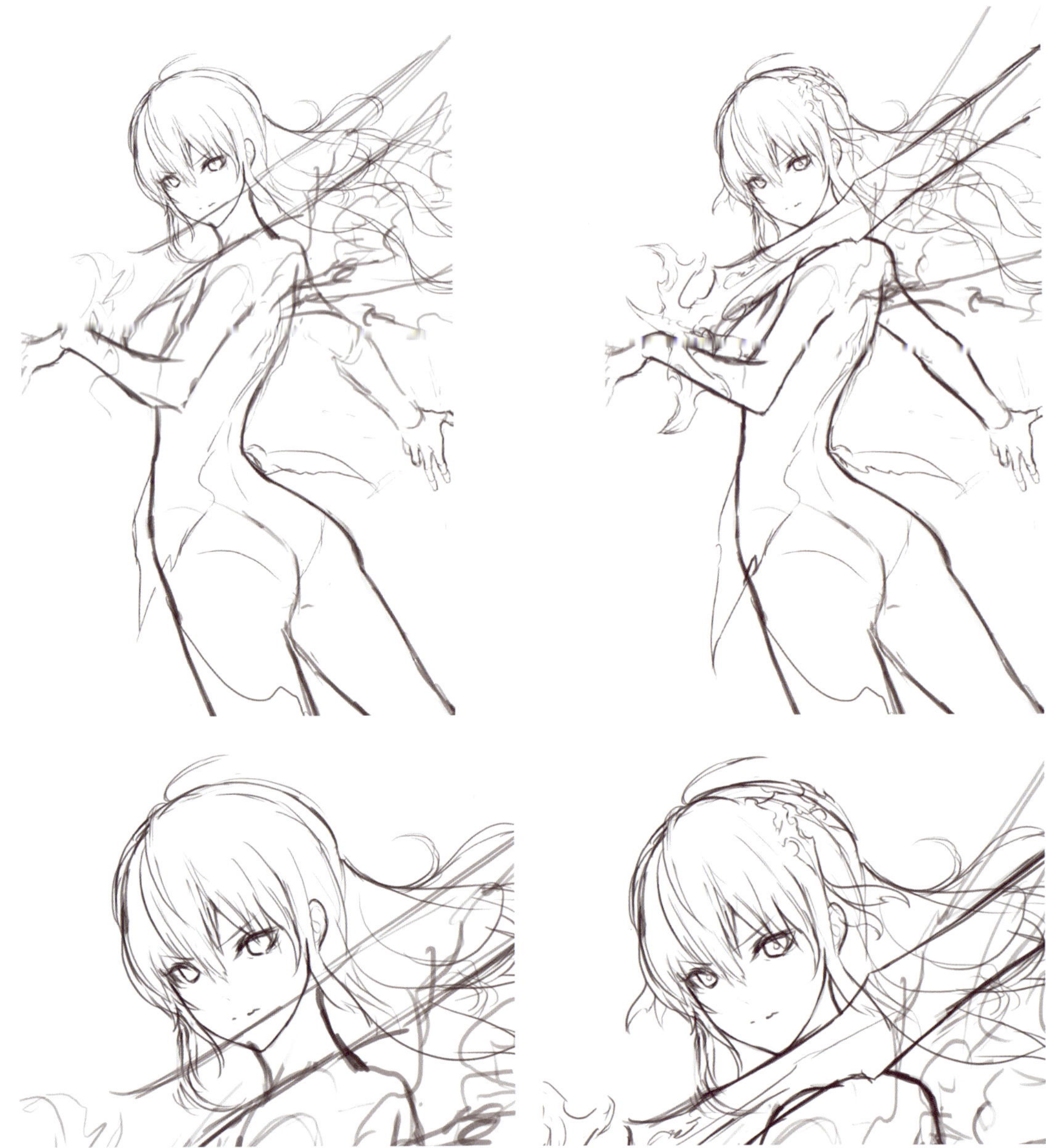

03 캐릭터의 대략적인 실루엣이 잡혔다면 캐릭터의 얼굴과 큰 의상 디자인을 진행합니다. 대검에 캐릭터의 주된 볼거리인 얼굴이 조금 과하게 가려지므로 조금 위치를 조정해 잘 보이도록 수정을 했습니다. 계속해서 스케치를 조금씩 조정하고 정리해 나가주어 색을 채워 넣을 때 무리가 생기지 않도록 주의합니다.

검성 소녀 그리기

배색 진행

캐릭터 배색

04 레이어 속성 '표준' 레이어를 만들어 작업한 스케치에 밑색을 어두운 명암과 밝은 명암의 중간 정도 색이 될 톤으로 깔아줍니다. 정해 놓았던 검은색, 금색, 붉은색들을 바탕으로 작업하겠습니다.

같은 검은색 이라도 상의, 하의, 날개, 갑주처럼 요소마다 색을 조금씩 다르게 넣어주게 되면, 비교 이미지처럼 요소마다 나뉘게 됩니다. 그렇게 되면 형태를 보다 확실히 알 수 있게 되고 조금 더 색채가 풍부해 보이게 되어 단조로움을 피할 수 있습니다.

TIP 실루엣(silhouette)

실루엣은 사물의 외형 윤곽을 뜻합니다. 일러스트레이션에서는 이 실루엣이 캐릭터의 성격을 표현하는 경우도 있고 화면의 구성을 밀도 있고 풍부하게 보이게 하기 위해 이를 과장하거나 도드라지게 표현합니다.

05 지저분한 선들을 정리하고 진행할 때의 가이드가 될 명암을 깔아주는 단계입니다. 빛의 방향은 기본적으로 우측 상단에서 내리쬐는 직사광과 좌측 뒤에서 오는 역광을 적용할 생각입니다. 어두운 명암을 레이어 속성의 '곱하기' 를 클리핑 마스크(단축키 Alt + Ctrl + G)로 적용하여 빛의 방향을 고려하여 그려줍니다.

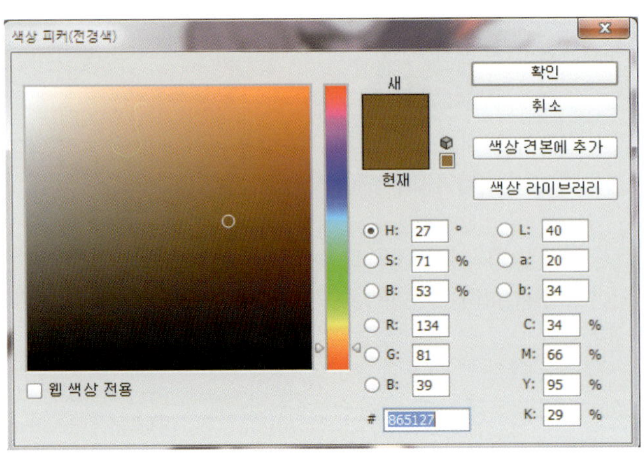

06

머리에 밝은 톤은 레이어 속성의 '색상 닷지'를 클리핑 마스크를 적용한 후에 이미지와 같은 색상을 사용하여 채도와 밝기를 올리고 머리칼의 찰랑이는 느낌을 러프하게 잡아주었습니다. 마찬가지로 하의의 반질반질한 질감도 러프하게 표현해 줍니다.

07 뒷머리에 풍부한 색의 변화를 추가하기 위해 레이어 속성의 '오버레이'를 만들고 마찬가지로 클리핑 마스크를 적용하여 자연스럽게 한(寒)색으로 빠질 수 있게 푸른빛을 머금은 보라색을 에어브러쉬로 그라데이션을 줍니다.

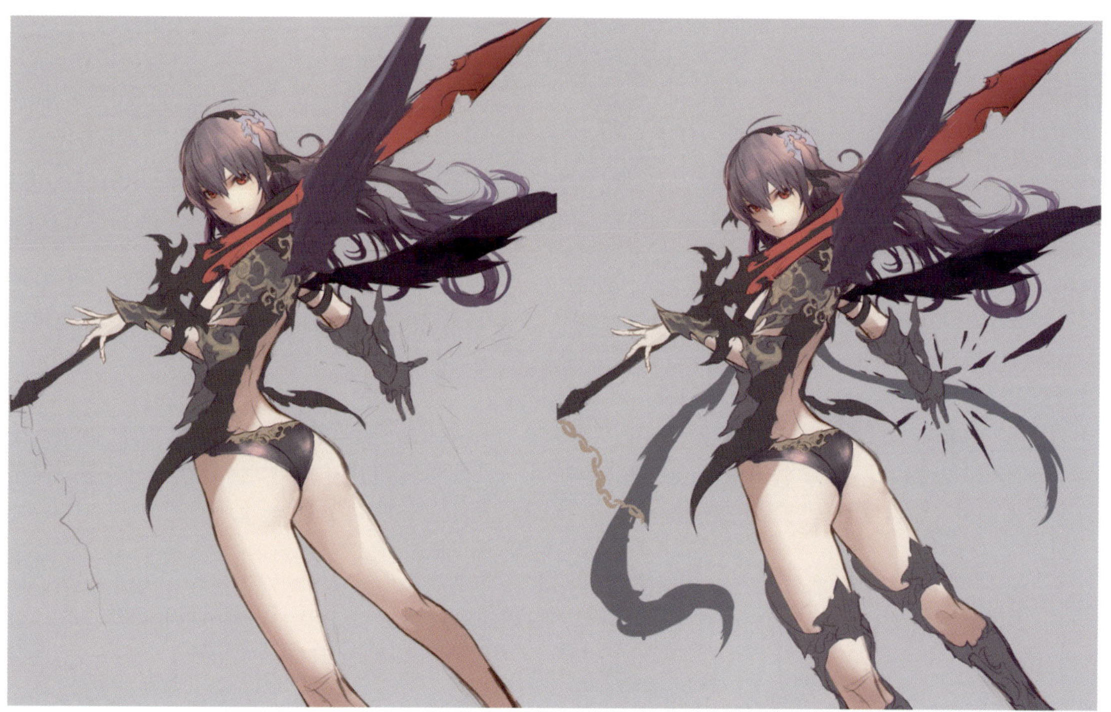

08 작업을 계속 진행하면서 수시로 체크를 하여 화면의 밀도가 아쉬운 부분에 디자인을 추가해 주거나 실루엣을 만들어줍니다.

다리에 디자인이 없어 심심한 느낌이 들어 다리에도 갑주를 추가해주고 허전한 공간을 휘날리는 천으로 채워주어 동적인 느낌도 추가해주었습니다. 그림을 지속적으로 첫 러프에서 더 보완해가면서 좀더 완성된 이미지를 뽑을 수 있게 됩니다.

배경 배색, 전체적인 마무리조정

09　캐릭터의 배색이 끝이 났으면 배경 러프 단계로 넘어갑니다 배경의 기초 밑바탕 색을 정해줍니다. 처음 구상하던 마계의 어둡고 살짝 몽환적인 느낌을 위해서 기본적으로 남색과 보라색으로 베이스를 깔아줍니다.

색상이 탁해지지 않고 자연스러운 색조로 변하면서 그라데이션이 생길 수 있도록 '선형 닷지' 모드의 레이어를 만듭니다. 그 후 클리핑 마스크를 적용하여 중앙에 보색 관계인 노란색을 에어브러쉬로 퍼지게 해 시선이 중앙으로 돋보여질 수 있도록 했습니다.

이 분위기 색을 반영해서 배경의 형태를 그려냅니다. 캐릭터 너머로 보이는 제단으로 마계의 느낌을 표현하고 주위에 램프들이 신비롭게 캐릭터의 주위를 밝히는 화면을 상상하면서 그려냅니다.

10 어두운 배경 때문에 캐릭터가 동화됨으로 '곡선 창(단축키 Ctrl + M)'을 이용하여 캐릭터의 색상 밸런스를 조절해줍니다. 기준점을 오른쪽 하단으로 내리면 명도가 어두워지고 반대로 위로하면 명도가 올라갑니다.

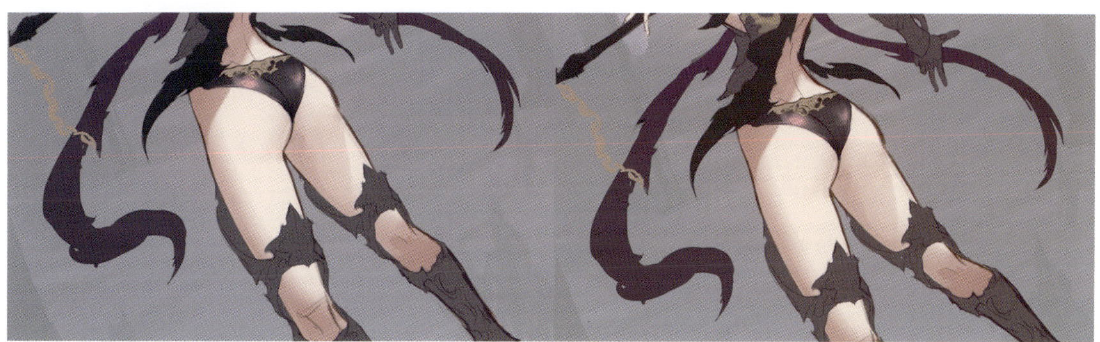

11 수시로 작업물을 체크하면서 찾아낸 조금 자연스럽지 못한 다리의 실루엣을 바로 잡아줍니다. 다리 부분을 좀더 펼쳐주어 수정하기 전처럼 오므린 동세보다 더 자연스러운 동세를 만들어 주었습니다.

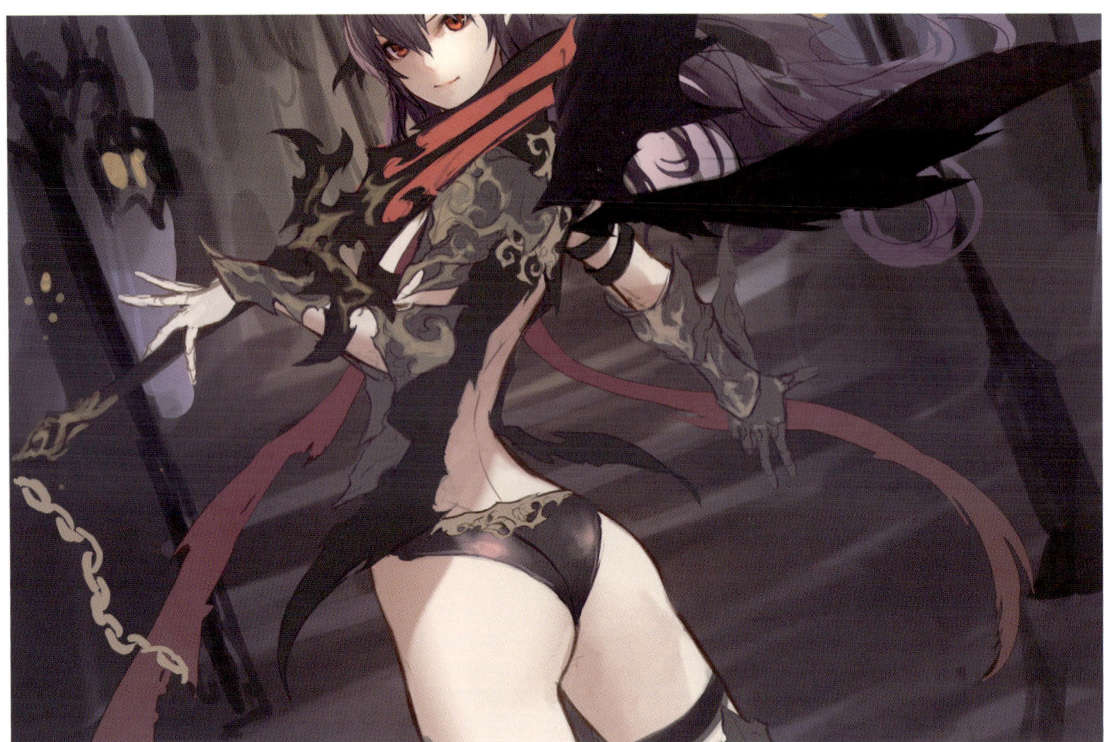

12 전체적으로 이미지를 체크 했을 때, 디자인이 단일 색상으로 단조로운 부분에 디자인적인 디테일을 더하기 위해서 검에 금색 문양을 추가하겠습니다. 뒤로 뻗고 있는 팔에도 금장식을 추가하고, 다리에도 검은 가죽 끈을 그려 넣어 비어있어 보이는 부분에 밸런스를 맞춰주도록 합니다.

휘날리는 천의 색상이 배경과 비슷하기 때문에 동화되어 보입니다. 색상이 잘 보일 수 있게 포인트 색상으로의 수정을 마지막으로 하고, 전체적인 분위기가 거의 뽑아졌으므로 러프 스케치에서 진행으로 넘어가겠습니다.

일러스트 중간 진행

13 얼굴은 인물이 주인공인 이미지를 보았을 때 가장 먼저 시선이 쏠리는 부분입니다. 얼굴을 어떻게 표현
하냐에 따라 이미지 자체의 호감도가 좋아 질 수도 혹은 그렇지 않게 될 수도 있게 됩니다. 얼굴은 호감
있게 표현하는 것만으로도 그림에 큰 플러스가 될 수 있는 요소가 되어줍니다.

14

러프 스케치의 분위기가 대부분 확정이 내
려졌으므로 이 상태에서는 이어서 개체마
다의 묘사를 진행하여 디테일을 올려 나갑
니다.

우선 얼굴과 머리부터 묘사를 진행하여 기
준으로 삼아 다른 요소도 퀄리티를 참고하
여 진행할 수 있게 작업을 진행합니다.

15 곱하기 모드의 레이어를 만들어 러프 스케치 때 잡아놓았던 빛 방향을 바탕으로 하여 묘사를 합니다. 진행하기 전에 인체의 두상은 구체라는 것을 숙지하신 다음에 사람 머리의 골격에서 만화적인 표현을 일부 가미하고 재해석합니다. 윤곽의 명암을 생각하고, 눈 두덩이의 그림자와 코에 영향의 의해 생기는 그림자를 좀더 구체적으로 더 진행해주겠습니다.

이어서 곱하기 모드의 레이어를 하나 더 생성합니다. 얼굴을 작업하실 때는 마치 화장을 하듯이 에어브러쉬를 이용하여 채도가 높고 밝은 색상으로 뺨과 입술을 주변보다 붉게 만들어 핏기가 돌아 캐릭터가 생기 있게 보일 수 있도록 그려줍니다. 눈썹 위에도 마찬가지로 색상을 선택하여 마스카라와 같은 효과를 보여주어 좀 더 이목구비에 깊이감이 느껴질 수 있게 작업합니다.

16 표준 레이어를 생성하여 얼굴의 터치들의 정리와 함께 눈의 하이라이트를 그려줍니다. 좌우 대칭이 조금씩 엇나간 작분들을 맞추어주고, 이목구비의 미세한 부분들을 조절해 더 호감이 가는 이목구비를 만들어 나갑니다. 머리카락도 얼굴에 맞추어서 밸런스있게 그려줍니다. 이때 좌우반전을 자주 해주시면서 이목구비가 엇나간 부분이 없는지 확인을 해주신 후에 계속 진행합니다.

17 배경 사물의 의해서 캐릭터의 색상에 영향을 주어 자연스럽게 상황이 연출될 수 있도록 배경상에 가장 가까운 등불에 의해서 캐릭터의 머리카락에 역광이 비춰지는 것을 표현하겠습니다.

오버레이 모드의 레이어를 생성 후 클리핑 마스크를 적용하여 머리카락의 역광 쪽에 배경의 노란 빛의 등불의 빛을 흡수하여 생기는 노르스름한 색상을 추가해 줍니다.

18 역광에 자연스러운 색조가 생길 수 있도록 현재 레이어를 레이어 창에 잠그기 영역, 투명 픽셀 잠그기 아이콘을 선택 적용합니다.

이 상태에서 비교적 빛과 직선적으로 멀어지는 부분 아래쪽에 부드럽게 색상 변화가 생기도록 붉은색을 선택한 후 에어브러쉬로 칠해줍니다.

19 클리핑 마스크가 적용된 레이어를 병합한 다음 표준 레이어로 묘사를 진행합니다. 흐리지 않고 경계가 뚜렷한 브러쉬를 이용하여 리프 스케치 때 남아있는 잡선과 뭉쳐있는 부분들을 빛을 고려하여 정리하고 묘사합니다.

머리의 앞머리와 옆,뒷머리를 생각하여 머리의 결과 덩어리를 크게 나눠 생각하고, 이어서 좀 더 세부적으로 나누어 묘사를 진행해줍니다.

20 머리 역광쪽에 빛을 좀더 밝은 색으로 마무리를 해주어 완성된 느낌을 내어줍니다. 이어 다른 부분도 머리 결을 나누고 빛을 고려해가며 선명하게 그림을 마무리 묘사 해나갑니다.

피부에는 오버레이 모드의 레이어를 클리핑 마스크 적용합니다. 그 후 에어브러쉬로 얼굴의 그림자 지는 부분 끝에 푸른 보라색 정도의 색상을 칠해주어 색상의 변화가 좀 더 풍부하게 해주었습니다.

21 뒷머리는 머리의 흐름을 자연스럽게 따라 흘러 곡선이 생기도록 표현해 줍니다. 흐름이 단순하게 흐르게 하기보단 꼬이고 엉키고 돌아가며 흘러가는 느낌을 주어 풍성한 느낌을 내어줍니다. 진행하며 실루엣에 선을 넣어주면서 작업해 완성된 느낌을 만들어 갑니다.

22 묘사를 진행하면서 빛을 받는 부분 경계에 어두운 색을 칠해주어 밝은 부분이 더 강조되는 효과를 낼 수 있습니다. 이 묘사방법은 머리카락 뿐만이 아니라 다른 요소에도 대부분 밝은 면을 강조할 때 쓰여집니다.

뒷머리는 톤이 주변보다 살짝 붕 뜨는 느낌이 있어서 마무리로 오버레이 모드의 레이어를 올려 에어브러쉬로 자연스럽게 그라데이션이 생기도록 칠하여 전체적인 톤을 살짝 더 대비가 강하게 하여 맞춰주었습니다.

23 머리카락에 투명한 느낌을 주기 위해서 앞머리 부분에 눈썹과 눈이 살짝 비쳐보일 수 있도록 그려줍니다. 이것을 직접 그리지 않고 빠른 시간에 하기 위해 머리카락 아래에 있는 얼굴 레이어를 복사해 머리카락 레이어 위에 클리핑 마스크를 적용합니다. 그 후에 레이어 속성 '어둡게 하기' 를 선택하면 밝은 색상의 피부는 제외되고 비교적 어두운 색상인 눈썹과 눈만 남게 됩니다. 불투명도 수치를 적절히 조절해서 투명한 느낌을 내줍니다.

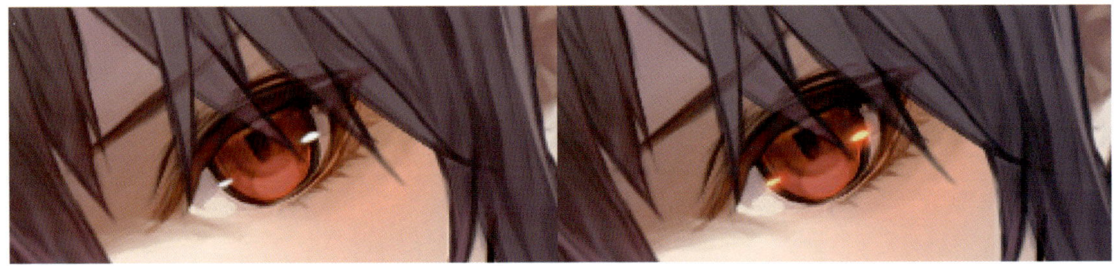

24 얼굴의 마지막 마무리로 눈에 반사되는 하이라이트 부분에 색상 닷지 모드의 레이어를 클리핑 마스크로 적용하여 채도가 높은 색상을 에어브러쉬로 번지게 톡톡 칠해줍니다. 하이라이트의 색상이 완전히 흰색이 되지 않도록 조정합니다. 이 과정을 하게 되면 눈에 하이라이트가 은은하게 빛나는 효과를 볼 수 있습니다.

이후로도 얼굴은 언제든지 묘사 후 전체 분위기를 체크할 때 덧붙여 작업이 진행되거나 수정이 될 수 있습니다.

25 머리 장식은 은색의 철(鐵) 장식과 검은색의 가죽 재질로 이루어져 있습니다. 검은색의 가죽의 재질을 묘사할 때는 빛을 매끈하게 반사하는 느낌이 들 수 있도록 주변색과 조화롭게 어울리도록 노란빛의 하이라이트를 표현해 주고 어둠의 대비를 강하게 넣어줍니다. 의상의 가장자리에는 재봉사가 마감처리한 것 같은 디테일 넣어줍니다.

26 철의 묘사는 빛과 어둠의 강한 대비가 포인트입니다. 밝은 색의 금속이라 해도 주변을 반사하기 때문에 밝은 면과 어두운 면의 대비가 크게 표현됩니다.

처음에는 빛의 방향을 곱하기 모드의 레이어를 만들어 명암을 만들어줍니다. 묘사를 진행하시면서 빛을 받는 면적이 샤프하게 강조 될 수 있게 하이라이트 경계에 비교적 어두운 명암을 깔아주어 보다 선명하게 표현되도록 묘사를 진행합니다.

27 머리 장식의 마무리로 색상 닷지 모드의 레이어를 올려 임의의 난색의 색상을 에어브러쉬로 하이라이트에 칠해주어 자연스러운 빛의 표현을 만들어줍니다.

28 다음으로 넘어가 검의 묘사를 진행합니다. 우선은 디자인의 실루엣과 엇나간 투시 등을 고쳐가며 진행합니다. 실루엣의 디테일을 정리한 후, 빛의 방향을 잡아가며 묘사를 진행할 준비합니다. 검의 재질은 거친 표면의 흑요석과 금색, 붉은색의 철 묘사를 떠올리며 진행하겠습니다. 검은 재질의 반사체는 기본적으로 중간톤이 진한색이지만 하이라이트의 면적이 전체 면적의 비해 적은 편입니다.

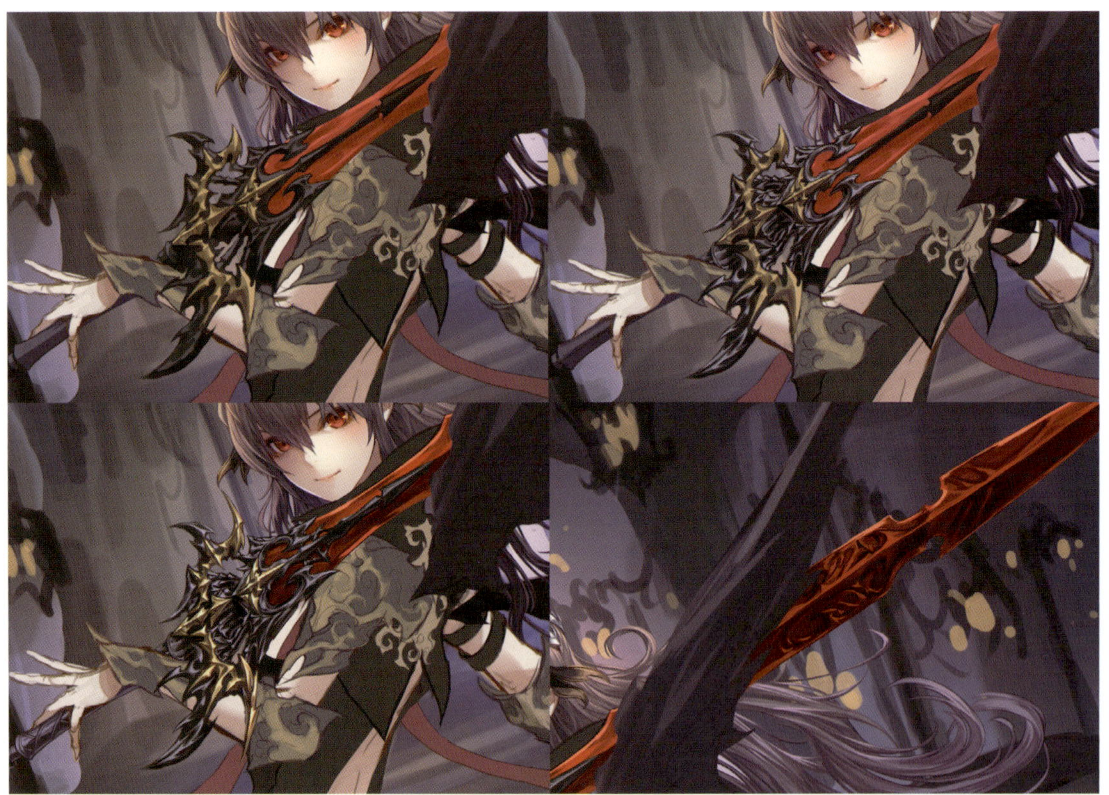

29 검은색 부분의 형태와 명암을 다듬어 나가고, 하이라이트를 더해 묘사를 정리합니다. 마찬가지로 나머지 금색의 철과 붉은 칼날도 빛의 방향을 고려하여 묘사를 진행하고 어긋난 형태를 수정하는 등 조정합니다. 칼날과 손잡이가 단조로워 보여 칼날의 끝부분과 손잡이에 디자인을 추가해 디테일을 넣습니다.

30 진행에 들어가기 전에 전체적으로 어둠은 곱하기, 밝음은 선형닷지 레이어로 명암을 넣어 빛의 방향을 잡아줍니다. 전체적으로 밸런스를 확인하면서 의상의 심플한 부분에 입맛대로 디자인을 추가합니다. 전체적인 빛의 방향을 잡은 후에 러프한 갑옷과 날개의 디자인의 디테일을 좀 더 확실하게 다듬고 추가합니다.

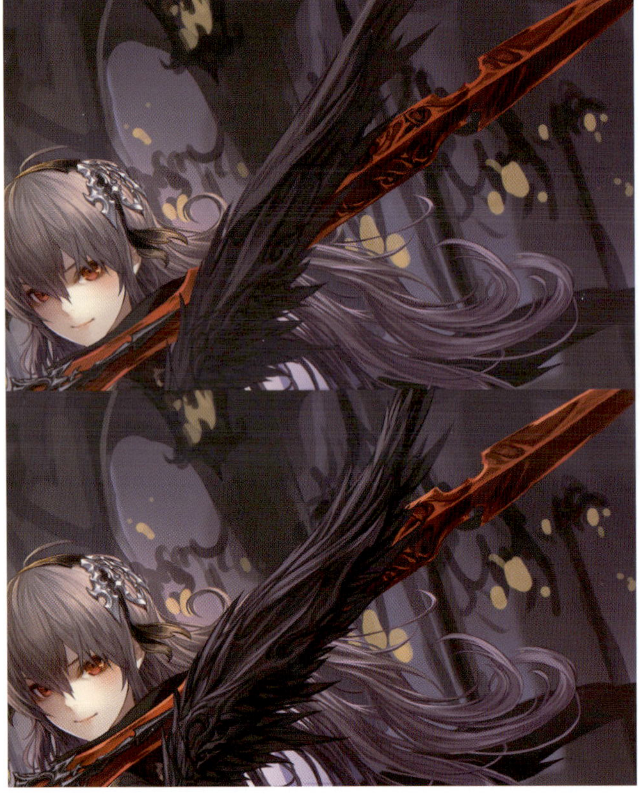

31

날개는 여러 깃털의 개채가 하나로 모인 형태로 묘사와 형태를 만들어가며 작업합니다. 날개의 앞부분에 샤프한 실루엣과 무늬를 넣어 디테일을 단조롭지 않게 합니다. 깃털은 너무 균일한 형태가 패턴같이 반복되지 않도록 주의하여 진행합니다.

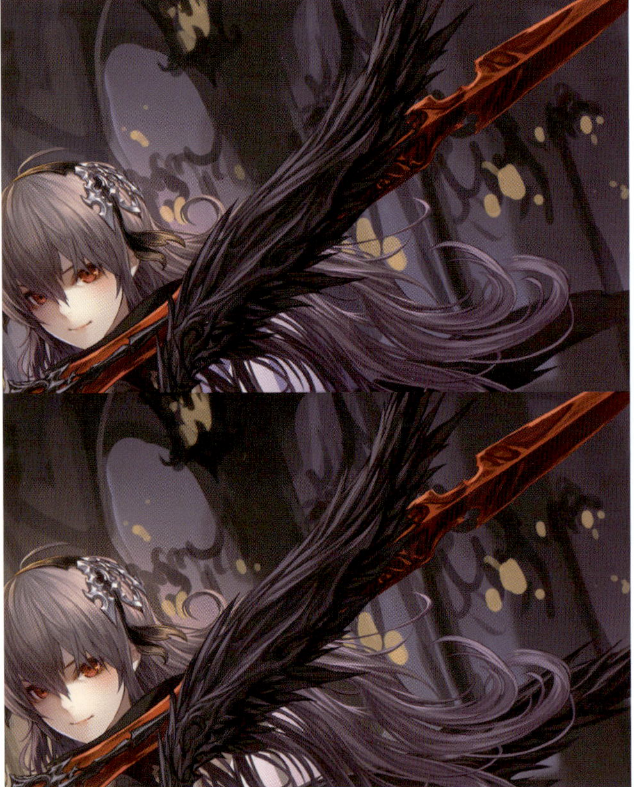

32

작업 진행 중 실루엣이 처음 생각했던 샤프한 느낌과는 조금은 동떨어진 느낌이 나기 때문에 과감하게 실루엣을 원하는 방향으로 다듬고 수정합니다. 뒤에 날개도 마찬가지로 작업을 마무리 합니다.

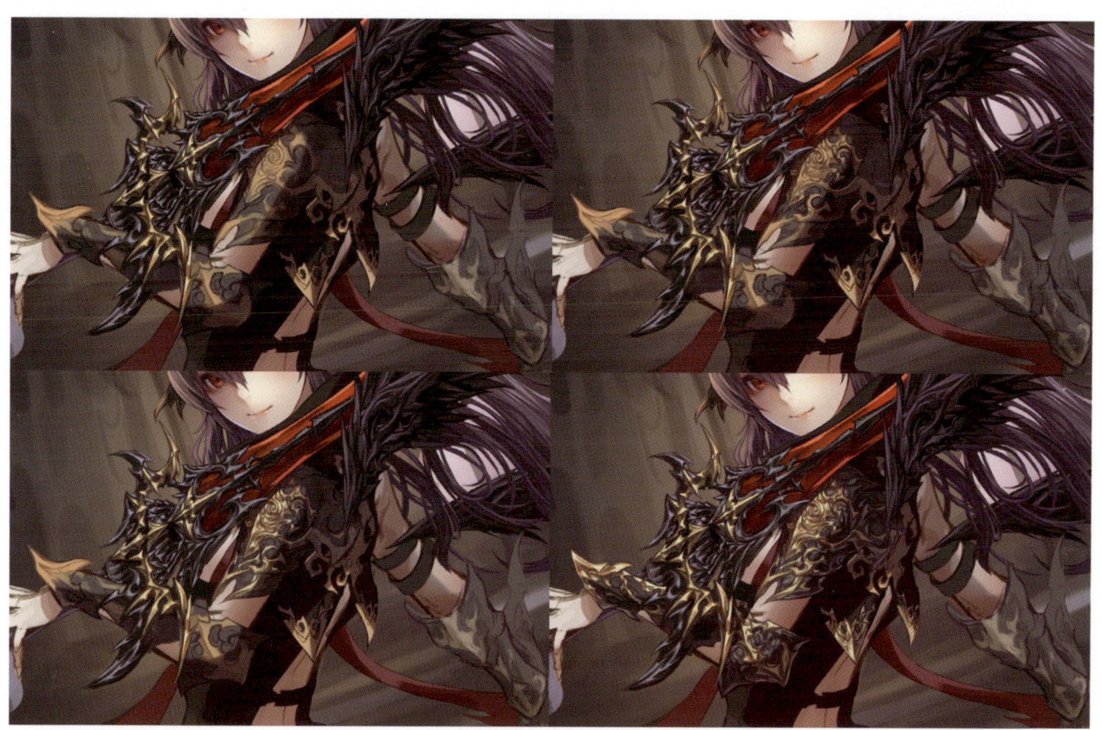

33 갑옷을 묘사합니다. 이전에 이미 잡아둔 명암과 간략한 디테일을 참고로 형태를 계속해서 다듬어 나가 하이라이트로 마무리를 해준 다음, 주변과 색상과 비슷한 어두운 부분의 실루엣이 묻어지지 않도록 경계를 조금 밝게 칠하고 어두운 부분을 묘사해줍니다. 하이라이트에 경계를 선명하게 해주는 것을 잊지 않고 작업합니다.

34 의상의 검은 천 부분도 가죽 느낌이 나도록 질감을 표현하고 가장자리에 재봉한 듯한 마감 처리를 합니다. 진행하면서 캐릭터의 날개 부분에도 하이라이트를 한 단계 추가시켜 주변의 퀄리티와 맞추었습니다.

35 이어서 마찬가지로 나머지 갑옷 부분도 작업을 신속히 진행합니다. 비교적 어깨 갑옷의 비해 뒷편에 위치한 갑옷들은 조금은 채도가 낮게 작업하여 캐릭터의 입체감을 더 부각시킵니다. 어두운 부분에 실루엣이 배경과 동화되지 않도록 연한 푸른빛으로 실루엣을 뚜렷하게 처리합니다.

36 불필요한 디자인을 빼주었습니다. 하체의 의상에 금속과 가죽을 묘사합니다. 엉덩이 부근의 의상은 주름이 쫙 펴져 팽팽한 느낌이 들 수 있도록 빛 방향을 직관적으로 놓고 터치를 다듬어가며 부드럽게 묘사해 줍니다.

37 이미지 전체를 확인하다가 상체 의상을 진행할 때 놓친 목덜미의 의상을 뒤늦게 찾게되어 묘사를 합니다. 엉덩이 부분과 허리 부근의 의상과 같은 재질이지만 비교적 배경의 등불과 가깝게 위치해 있기에 등불의 영향을 고려하여 빛을 좀 더 노란빛이 느껴지도록 표현합니다.

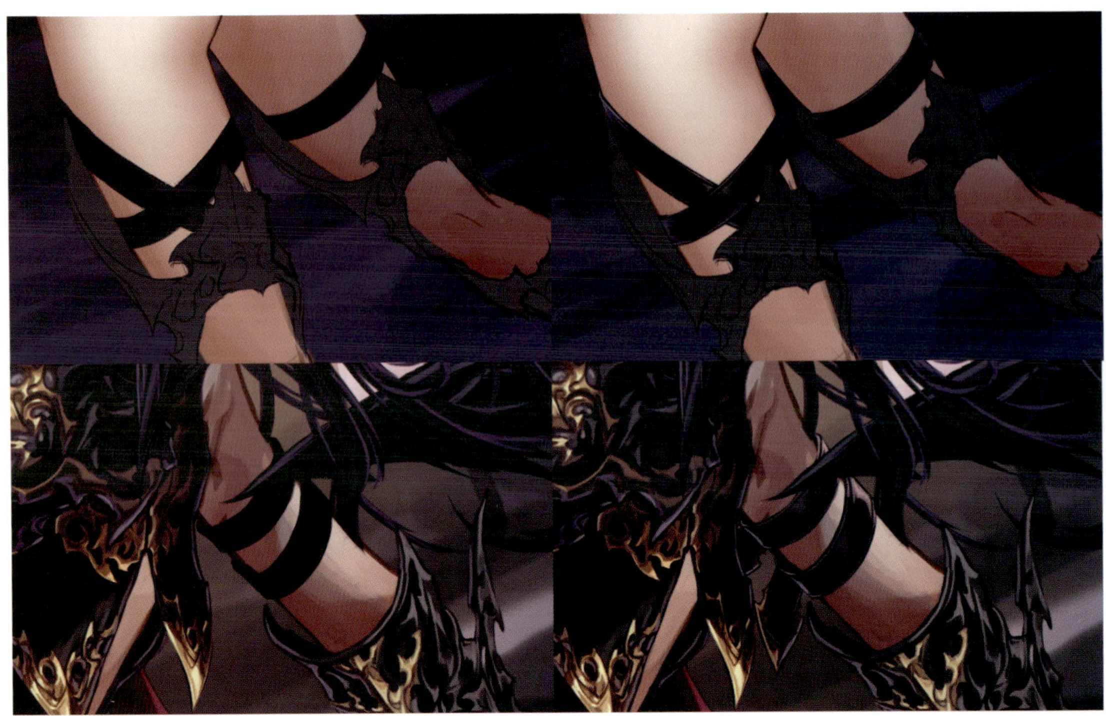

38 뒤로 뻗은 팔과 두 다리에 감겨진 가죽끈을 빛을 고려하며 묘사해 줍니다. 가죽끈이 팽팽하게 감겨있도록 하려면 묘사의 터치를 가죽끈과 같은 방향으로 칠하여 질감을 좀더 현실감 있게 표현할 수 있습니다. 뒤로 뻗은 팔로부터 가죽끈에 돌아 감겨 나오는 실루엣과 디자인을 추가하여 작은 요소도 조금 더 풍부하게 만들어 줍니다.

39 피부의 난잡하고, 러프한 선과 터치를 다듬어 줍니다. 피부는 터치가 너무 많이 남지 않게 주의하며 에어브러쉬를 적절히 이용해 톤을 추가하고 다듬어줍니다. 의상에 의해 만들어지는 그림자를 표현해 줍니다.

40 피부의 미완성 적인 터치가 다듬어 졌으므로 세부 묘사는 넘어가고, 양 옆으로 휘날리는 붉은천의 묘사로 진행을 넘어갑니다. 거친 천의 느낌을 내고 싶으므로 거친 터치들을 마구 넣어 너덜너덜하게 만들어 줍니다.

41 그 터치들을 기반으로 천의 흐름을 생각해 터치를 정리해 나갑니다. 천이 꼬이며 겉과 안이 드러나게 표현하여 단조로움을 없애줍니다. 형태를 다듬고 천이 포인트 색상이 될 수 있도록 채도를 좀더 강하게 조절합니다. 색상이 단조롭지 않도록 천의 어두운 면에 보라색의 터치로 묘사를 더합니다.

42 하체의 형태를 조정합니다. 이전에 조금 처진 느낌이 있는 형태를 수정하여 자연스럽게 만들어줍니다.

43 전체적으로 피부의 어두운 부분까지 채도가 높기 때문에 색상이 너무 튀고 자연스럽지 않습니다. 채도를 낮추고 색상 닷지 레이어를 만들어 하이라이트 부분에 에어브러쉬로 칠해 밝은 면의 채도를 높여 덩어리에 입체감이 더욱 생기도록 표현했습니다. 이어서 하체의 굴곡과 명암을 좀 더 자세하게 표현해 줍니다.

44

스케치에 따라 다리 갑옷에 명암을 주고, 뭉툭한 터치를 선명하게 묘사합니다. 빠른 진행을 위해서 묘사한 다리 갑옷을 올가미툴(단축키 L)로 선택한 다음 복사하여 오른쪽 다리에 붙여넣기 합니다. 복사한 갑옷은 빛이 바르게 들어가 있지 않으므로 곱하기 레이어로 명암을 어둡게하여 왼쪽 다리 보다 뒤에 위치했다는 것을 어필합니다. 보라색 역광을 표현해 단단한 질감을 표현합니다.

일러스트 세부 묘사 진행

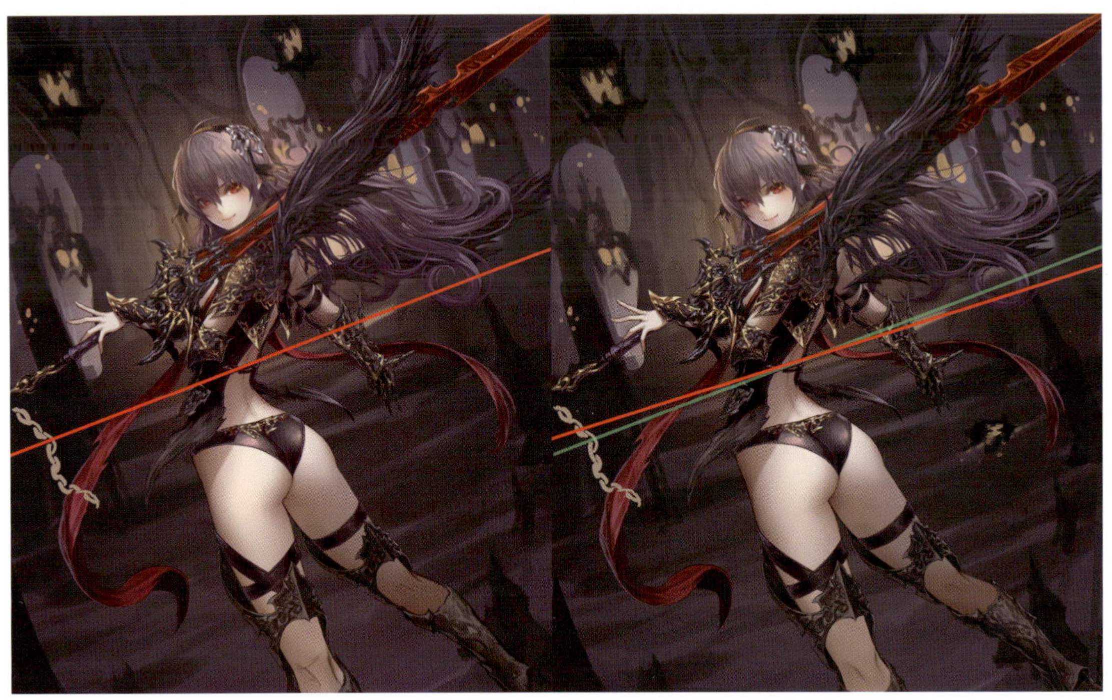

45 배경의 각도와 캐릭터의 목 위치를 소폭 수정했습니다.

46 러프하게 진행되어있는 배경의 분위기를 확정 낼 수 있게 형태를 조금 더 뚜렷하게 만들어줍니다.

47 속눈썹의 디테일을 올리고 얼굴의 각을 다듬은 후에 얼굴의 각도를 약간 수정했습니다. 입모양도 조금
더 자연스러운 표정을 지을 수 있도록 약간 벌려 변화를 주었습니다.

48 캐릭터의 인상이 더 강하게 나올 수 있도록 눈과 눈썹의 선을 좀 더 진하게 표현했습니다. 머리 장식의
자잘한 장식 추가와 앞머리의 터치를 약간 정리했습니다.

49 허리 춤에 등불 장식을 추가했습니다. 휘날리는 붉은 천도 크기를 좀 줄이고 조금 푸른 색을 오버레이 레이어로 추가해줍니다.

50 칼날 끝의 묘사가 전체적인 진행에 비해 아쉬워 디테일과 문양의 퀼리티를 추가했습니다.

51 다리의 피부를 다듬고 무릎 뒤 오금의 표현이 잘못되어 실물을 참고하여 수정했습니다.

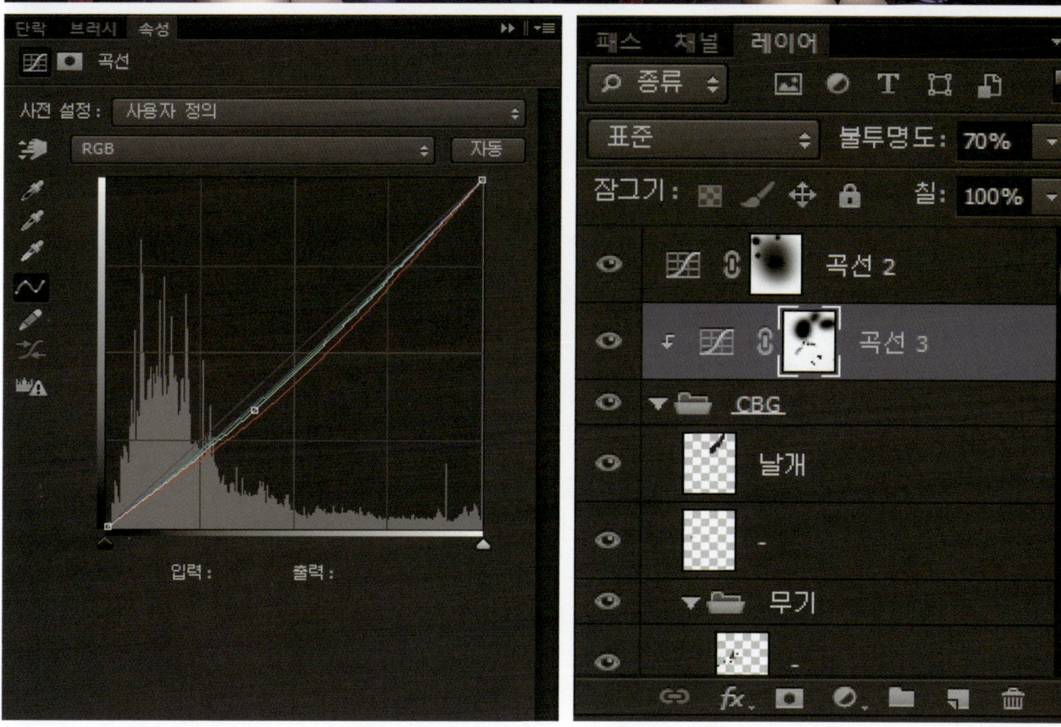

52 일러스트의 배경을 묘사하고 전체 분위기의 색감을 조정합니다. 전체적으로 캐릭터와 배경의 색상이 비슷하기 때문에 '곡선 레이어'를 이용해 RGB 색상을 조정하여 붉은 색상을 빼주고 푸른색과 노란색을 좀 더 돋보이게 한 다음 대비값을 조절했습니다. 캐릭터 얼굴에는 영향이 가지 않도록 에어브러쉬로 주변을 지워줍니다.

53 배경 묘사를 진행합니다. 단순하게 터치를 남겨 가며 질감과 디테일을 표현해주는 작업이라 매우 고된 작업입니다.

54

계단에 일부러 부서진 흔적을 만들어 단조
로움을 없애주고 바닥에 무늬 등의 디테일
을 만들어주는 등 표준 레이어로 묘사를 계
속해서 진행해 나갑니다.

55 배경의 전체적인 형태를 다듬고 허전한 부분에 바위, 파편, 울타리 같은 요소들을 추가하고 묘사합니다.

56 가로등 같은 요소들을 다듬고 디테일을 올려 나갑니다. 배경의 제단 뒤에 건물들이 잔뜩 보이는 원경(遠景)등의 실루엣을 바로 잡고, 멀리서 보이는 희미한 건물들의 불빛을 표현합니다.

57

바닥과 발밑에 안개를 추가하기 위해 '스크린 레이어'를 만듭니다, 브러쉬로 안개의 형태를 만든 다음 에어브러쉬로 터치의 끝부분을 부드럽게 스며들 수 있도록 지워줍니다. 아직은 안개라고 보기 힘든 터치들을 '손가락 도구'를 이용해 문질러 안개처럼 표현합니다.

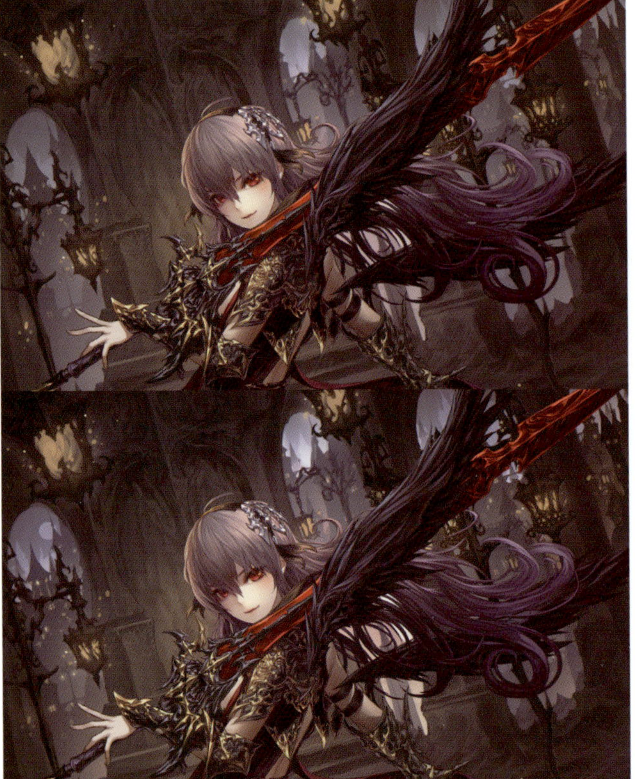

58

멀리 보이는 원경의 색상과 대비를 곡선창으로 조정하고 실루엣을 다듬었습니다.

59 멀리 원경의 건물들 틈새로 새어 나오는 빛을 선형 닷지 레이어로 표현해 건물들의 실루엣을 돋보이게 하면, 배경이 뻥 뚫린 느낌이 한층 더 풍부해집니다.

60 등불 빛에 의해 생기는 다리의 역광을 표현해줍니다. 등불의 이펙트가 좀 더 풍부할 수 있게 약간 동적인 느낌의 이펙트를 추가했습니다. 임의로 원하는 곳에 이펙트를 더 추가시켜 주었습니다.

등불의 이펙트와 캐릭터 하단에 노란색 빛의 이펙트는 '레이어 혼합 옵션' 의 '외부 광선'을 적용한 상태에 레이어에서 브러시 칠을 하여 제작합니다. 안개도 더 추가하여 공간을 좀 더 자연스럽게 만들어줍니다.

61 완성 이미지입니다.

네오아카데미는 TCG 일러스트 작법서 저자가
2016년 설립한 새로운 온라인 일러스트레이터 아카데미입니다.

네오아카데미
2D ILLUSTRATION ONLINE ACADEMY

http://cafe.naver.com/neoaca

TCG TRADING CARD GAME
일러스트 작법서 입문편

1판 1쇄 인쇄 2015년 8월 25일   1판 1쇄 발행 2015년 8월 30일
1판 10쇄 인쇄 2019년 9월 10일   1판 10쇄 발행 2019년 9월 15일

—

지 은 이 노진
발 행 인 이미옥
발 행 처 디지털북스
정   가 28,000원
등 록 일 1999년 9월 3일
등록번호 220-90-18139
주   소 (03979) 서울특별시 마포구 성미산로 23길 72(연남동)
전화번호 (02)447-3157~8
팩스번호 (02)447-3159

—

ISBN 978-89-6088-166-2(13000)
D-15-15
Copyright © 2019 Digital Books Publishing Co., Ltd